ベルファブルファノルの世界

マレーシアの
柔構造時間と
柔構造社会

板垣明美

春風社

ベルブアルブアルブアルの世界——マレーシアの柔構造時間と柔構造社会

目次

はしがき

生きることは素晴らしいことですが、大変な面もあります。大変な一日の中でも、ほんの一瞬心がやわらいだりにっこりしたりクスクス笑ったりすることができます。そういう一瞬があれば一日が良い一日だったような気がします。

一服の薬が病人の身体をめぐり、効果をもたらすとき、ああ助かるかもしれないという、深い感動があります。生き物が治る力を取り戻したとき、その変化は周りでお手伝いする側からも見えて、こちらも安らかな気持ちにさせてくれます。

いつ命が消えるかわからない人の介護の一日であっても、何か面白いことが起きて一緒に静かに笑ったりするとその一日も愛おしい日となります。楽しい一言が二人の間に笑いを起こして、生きていてよかったと思えたりします。そうこうしながら、人々の命が大変な時間や安らかな時間を紡ぎだして、そして終わっていきます。そのような人の身体と共にある時間を「身体時間」とよびたいと思います。

自然や人を慈しみながら、長くても短くても共に天寿をまっとうするための知恵や技法を人類は文化として伝承してきました。いろいろな知恵を生み出し、批判的に検討し、伝承する能力を人類は鍛えてきたはずです。科学が台頭して、いったんは、いろいろな伝承された知恵は役に立たないかに見える時期もありました。しかしながら、忘れ去られていいものばかりではなかったのです。人類が何万年もかけて蓄積した知恵を、世代が変わるたびに一から編み出していたのでは間に合いません。伝承するべきは受け継ぎ、新たなものと取り替えるべきは取り替え、人類は時を紡いでいくでしょう。

とはいえ、文化をすべて鵜呑みにすることはできません。歴史の審判を経てきた知恵であっても、その使い方が課題となる毒物の場合、取扱者が危険を回避する技術を含めて全体を継承して安全な品物を販売しているのかどうか、気をつけていることが大切です。言葉も態度も、良い面と悪い面を併せもっています。すなわち、この文化は大丈夫なのか、常に右手に信頼、左手に批判を用意していなければなりません。文化は、人を助ける一方で、人を傷めることもあるのです。文化の内部から文化批判もする。時間という手がかりを通して文化を考えることが、本書のテーマです。

現在、私たちは産業革命以来の第二の大きなパラダイム転換の中にいるといわれています。産業革命の時代には、長時間労働や児童の過酷な労働などが問題となり、労働基準法などが制定されました。現代においても長時間の残業、過労死、ストレスによる健康被害、介護の問題、少子化の問題など、新しい発想による対応が必要な問題に、私たちは直面しています。ワークライフバランスの改善の取り組みが要請されていますが、子育てや男女共同参画など個別の問題が大きく取り上げられる一方で、「時間」についての分析は立ち遅れているのではないでしょうか。パラダイム転換が進行している今こそ、総合的に人類と文化の問題を扱う人類学の立場から「時間」を論ずるときであると考えます。

ベルブアルブアル

この論考は、一九八〇年代のマレーシアで私自身が実施したフィールドワークをもとにした修士論文に基づいています。一九七〇年に大規模潅漑施設が完成し、コメの二期作化が実施されたマレーシアのケダ州ムダ平野のG村が、本研究の対象地域として選定されました。現地調査は、一九八三年〜一九八四年、一九八五年、一九八七年、一九九八年、一九九九年の五回、総計約二四ヵ月間実施されました。

調査の始まりは、以下のような疑問でした。なぜ人類は農薬という毒物を大量に撒き、そして自分の健康を害するのか。なぜ地球を破壊し、自分で自分の首を絞めるのか。なぜ、このような危険なことをしてしまうのか。マレーシアのこの変化のただ中にある現場で、農薬が使われ始めるその瞬間を捕まえるのだと、意気込んで出発しました。

マレーシアの農村に到着して、一ヵ月経った頃、私は、農薬を勧められても使わない人々を前にして唖然としていました。今度は新たな疑問が起きてきました。新品種の導入も増産もしている。ではなぜ農薬を使わないのか。

私にとってこの調査で二つの大きな気づきがありました。人類全体が同じではない、技術は使う人によって変わるという大切なことに気づいたのです。次々と目の前に現れる私の仮説とはまったく違う現実に落ち込んでしまい、私は混乱していました。私を助けてくれたのはＫＪ法という情報のまとめ方でした。それは私の指導教官、川喜田二郎先生が考案したものでした。私は、彼が小さな紙切れが大量に並んだテーブルに両手をついて、KJ法を実施している静かな後ろ姿を見ながら、大学院の一年生の時間を過ごしました。紙切れには小さな文字で、見聞きした情報が書き込まれていました。外側から決めた枠組みでなく、情報を統合して、それらが示す内的論理・文化の脈絡を見つけ出す試みです。ボトムアップのまとめ上げ、情報自身の語りの発見の方法です。

マレーシアのフィールドで私も見聞きしたことを小さな紙切れに書いて関係の近いものをまとめ、紙切れ同士がまとまりたいと思っているものをまとめて全体像を再構成していくという試みをしていました。私がそれまでにフィールドワークで集めた情報を再配置して、まとめあげていきました。その情報は私を混乱に陥れていたものでした。しかしそのとき、ある一瞬です、私は思わず「嘘」とつぶやきました。テーブルの上の紙の群の、二つの矛盾をつなぐミッシングリンクが浮かび上がっていました。それは、「時間」だったのです。座っておしゃべりをする（ベルブアルブアル）の「時間」は無駄な時間ではありませんでした。一九八三年、私が二四歳の秋でした。

そこは、二種類の文化が出会った現場、人と共にある稲作と増産によるマネーメーキングを目的とした農業の出会いのただ中にあったマレーシアでの集中的な現地調査の現場でした。そこで得られたデータをもとにこの本は練り上げられています。それは近代と前近代の出会いというものではなく、人の時間を増産へと振り向ける「マネーメーキングの理論」と、ゆっくりと流れる時間の中で人をネットワークしマネーを流していくという「人の理論」、異なった中心を持つ二つの文化の接触の現場でした。「お金の理論」と「人の理論」は言い換えれば貯める理論と流す理論、「貯める文化」と「流す文化」とも言えるでしょう。この二つの「お金の理論」と「人の理論」は文化の中に、あらゆる文化の中に共存しているのですが、これらの相互のバランスを取るメカニズムはそれぞれの文化に特有の構造を有しています。より健康で平和な生活のためにチェック・アンド・バランス機能を有する文化が現在必要とされている、そのことを本書によって再確認いたします。集まり、座り、話す「ベルブアルブアル」によってネットワークし、批判し、行動することが、チェック・アンド・バランスにつながると考えられます。

拙著『癒しと呪いの人類学（2003: 22-23）』にも書いたように、マレー人カンポン（コミュニティ）の人々は柔構造時間に支えられた柔構造社会に生きています。

> マレー人コミュニティには生命の時間についてのひとつのイメージがある。生命とはあるときについたり消えたりするものではなく、その瞬間その瞬間を生み出していくものである。瞬間の積み重ねが生命そのものであり、時間を開拓するのが生命である。
>
> だから、他人の時間を操作することは他人の生命を操作することだ。自己の時間の質すなわち生命の質を上げるために、他人の時間の質すなわち生命の質を落とすことは許されない。
>
> 農民のためといいながら実は政府の役人や先進国のためであるような開発はたやすく見破られる。それを見破らなければ自分の生命の質があやうくなる。そうして、お互いに生きつづけるために交渉したり、あたらしい方策を考え出したりする知恵が鍛えられるのである。

男性と女性の諸関係も水平的である。それは「アダット」とよばれる慣習法に支えられている。たとえば、男女を問わず、子供たちは親の財産を均分相続することが望ましいとされ、結婚後の夫婦は妻方夫方の親族双方の結節点となり、その子供たちは両方の親族に共有される。これを軸にして、個々人は父方と母方の都合四人の祖父母と八人の曾祖父母からなる広大な親族のつながりを意識することになる。それが文化人類学でいう双系的親族関係である。

一見難解で、ゆれうごくかに見えながら、水平的人間関係のような基軸を崩さない強さをもつマレー人社会を柔構造社会ということができる。法隆寺の五重の塔は、ゆるみをもって建造された柔構造建築で、たわむことによって地震にあっても崩壊しないしなやかな強さを得ているという。マレー人の柔構造社会は法隆寺のようなすてきな柔構造建築をつくりあげた日本人の心にも響きあう。

そこでの生命についてのイメージは急についたり消えたりするものではなく、瞬間瞬間を生み出して伸びていくのであり、身体から湧き上がってくる時間そのものです。したがって、人々は時間を支配して、生命を脅かそうとする権力に対して敏感です。そのような権力を警戒しているし、それにからめとられないで、かつ、自らも権力的にならないことを誇りにしています。親しくさせてもらったカンポンの人は、「会社で人に使われるよりも、自分で農業や商売をしたい」と言い、私の友人になってくれた若い少女たちは「一旦出ても必ずこのカンポンに帰ってきたい、大好きなところだから」と言っていました。また、「たとえ警察に追われても、カンポンに逃げ込めば絶対に捕まらない」

と、何人もの人々が半ば冗談のように、半ば重要機密のように私にささやきました。この言葉は、カンポンの中が複雑に入り組んでいて隠れやすいということと、国家の警察に協力しないカンポン人の静かな独立心を示しています。この冗談のような本音には、「村の人がかくまってくれる」とは言わないで、ただ「捕まらない」とだけいう柔らかさがあります。村の人々の人生の時間が絡み合ってミクロな独立国のような柔らかな、しかし信念のあるネットワーキングが展開しています。一人ひとりの身体がそのネットワーキングのフロンティアです。

ネットワークする人々の人生はインゴルド（2018: 23-5、2017: 216-217）のいう線（ライン）に似ていますが、私は長いながいアメーバーのようなヴォリュームと波動を感じています。その人生の時間変化と信念の絡み合いをどのように表現するのが適しているでしょうか。ここでは私が八〇年代に用いたコミュニケーション・ネットワークあるいはネットワーキングという言葉をそのまま採用します。ネットワーキングは、人生と人生の縁であり、絡み合いでもあり、物や挨拶の交換の織物であり、そして、固まることなく、付き合いの相互作用によって柔軟に生成変化しています。このようにコミュニケーションによって変化するから、コミュニケーション・ネットワークとよびました。カンポンでベルブアルブアル＝お喋りする＝人々は、筆者が近年研究した社交ダンスで新しい身体技法を生み出すペア二人（板垣・西村 2022）のように、毎日新しい関係を生み出しています。私のホストファミリーは最近、ＳＮＳも使いこなして、難なく国を超えてくるので、私もＳＮＳで彼らとネットワーキングしています。若手たちは、親たちから預かった贈り物を携えて、日本をリアル訪問し、私と大好きなベルブアルブアルを展開します。そして、私と一緒に撮った写真が彼らのＳＮＳを賑わします。写真を使う側と使われる側も入れ替わる柔構造で、双方向の対等なネットワーキングがここにも見られます。

マレーシアの柔構造社会と柔構造時間

ネットワークはきまりでできていない、毎日それを作り続ける人の心と時間の結晶です。人と人との交わりは人を呪う（板垣二〇〇三―二〇一五）というネガティブな考えも発生させますが、一方で人が生きていくことを支えます。人と人がつながる瞬間に立ち上がる煌（きら）めきが、人の心身に感動を残し生きがいとなります。そして、伝統医療と近代医療が共に活用されたきめこまやかな癒しがあります（板垣二〇〇三―二〇一五）。

喜びも悲しみも織り込まれたネットワークの続きに消費者がいます。毒を食べさせるわけにはいきません。ネットワークに生きる人々は遠くの人を身体感覚でわかることができます。身体時間で生きているからです。自分が関係する人々を具体的な友人として、人格のある「人」として感じていれば、その人に自分が作ったコメを食べてもらいたい。その人に危険なものを食べさせることを疑うはずです。それがマレーシアの農民の姿勢ですが、日本にもこれに共通する場面があることを井上論文（2021）から知りました。井上（2021: 500）は、顔を知らない消費者と顔の見える消費者がいて顔の見える消費者に対して「緊張する」と農民が言ったと報告しています。その緊張は、顔の見える消費者の身体感覚を農民が感じているということではないでしょうか。マレーシアでは顔の見える消費者ばかりでなく顔が見えない消費者に対しても、農民は緊張しているのです。農民は政府よりも親族、友人の限りなく広がるネットワークのその外縁に存在すると確かに感じることができる、顔の見えない消費者が気にかかるのです。

井上論文は、顔が見える消費者に対して、農協には出荷しない無農薬の作物を緊張しながら作るという戦略をゲリラ的といいました。しかしマレーシアでは、こちらが隠れた正統です。政府の役人もこの、ネットワークスとネットワーキングする時間を共有しています。つまり支配する側と支配される側が分裂していないのです。役人も村人もネットワークすることに生きている同じネットワーキングの人々です。音楽もミュージッキング（スモール 2011）と言われるように、決められたモノがあるのではなく、毎日のコミュニケーションによって変化します。そのような「ネットワーキング」の実践がベルブアルブアルなのです。

また、一九九〇年代にマレーシアで現地調査を実施した安延久美は、マレーシア・ムダ地域では農地が近い農家が集まったグループ・ファーミングがいくつか形成されているが、稲作生産力格差に基づく大規模稲作農家の形成といった形での農民層分化は未だ生じていないといいます。また、グループ・ファーミングに加入している農家はムダ開発公団から渡される耕作スケジュールを守らなければならない義務があります。そのかわり、就業機会の確保、農業銀行からの融資を受けやすい等のメリットがあるそうです（安延 2002: 242）。

私の調査時に水田の近隣関係が村の近隣関係と異なるために、水利のグループがまとまらないと聞いていたので、安延が報告したグループ・ファーミングが水管理組合的な機能を果たすのか、どのようなユニークな水利組合ができるのか、その動向が興味深いです。

井上氏、安延氏そして私のような小さな個人が、各地の農村での現地の人々と共に実施した調査の積み重ねが、持続的農業生態系、人類と地球の平和的な生存につながると信じています。稲作、その他の農業漁業林業はその重要性から見てもっと評価されていいと考えています。マレーシア、日本のいずれにおいても、稲作をめぐる活動の魅力を現場から効果的に発信したいものです。

粒の文化と粉の文化という言い方がありますが、マレーシアではご飯だけでなく、米粉で作った菓子類の種類が豊富です。ベトナムには、米粉を使用したライス・ペーパーやビーフンが料理に使われています。ウクライナにおける戦争によって小麦が値上がりした現在、日本でも主食としてのコメだけでなく、菓子づくりができる米粉も活用すれば、減反で草地となっている水田が復活するかもしれません。

持続的地域生態系の保全、地球環境の保全、国土が海に沈む危機に瀕している国にとっては国土の保全、そして食料安全保障の面からも、水田およびその周辺を含む水田里山川生態系とそれを支える文化の再評価が必要でしょう。

本書の副題となっている「柔構造社会」という用語を提案したのは父でした。一九八九年、筆者の研究について日本農業新聞の記事で知った父の友人が、修士論文の内容を伊豆東農協農業協同組合婦人部の総会で講演するように私に勧めてくれました。伊豆東農業協同組合は一九八九年当時静岡県の伊豆半島の南東部分に位置する賀茂郡の河津町と東伊豆町の農家を束ねていた農業協同組合でした（今は他の組合と統合されたが）。父はそこで組合長をしていました。父は、講演後のコメントで、マレーシアの農村の農家の人々の活動を「柔構造社会」とよび、これからの日本の農業地域の発展の参考になるとしました。家族同士でも正当な賃金を支払い、付き合い活動と農業活動を支える人的ネットワークが柔軟に変化し、楽しみを重視しながらつくられ、女性も水田で活躍し、農業副業付き合い活動のために時間も柔軟に使われることも魅力あるコミュニティだと感じたようです。また、マレーシアでの女性が賃金を得るシェア・グループの活躍に言及し、日本の農村においても女性のますますの活躍が期待されると指摘しました。二〇二三年現在、筆者は当該地域の農家二軒から女性も含めて家族に給料が支払われていることを聞き取りました。地域のスーパーや観光会館で女性の名前で農産加工品が販売されていることも観察しました。

「柔構造社会」という言葉はマレー・カンポンのコミュニティにぴったりな用語でした。私はそれ以来この言葉を採用しています。決められた時間に決められたことをしなければならないということがない柔構造時間に支えられた一人ひとりが多様なルートで富に接近し多様な役割を果たします。そのような柔構造社会の人々が広大なネットワークを形成します。農業漁業林業に生きる人々と、それを食べる人買う人のあいだに、組織的なつながりでなく個人のネットワーキングの絆が形成されます。会ったことがない消費者であっても自分が栽培したコメを食べる人は農家の人々の心の中で彼らのネットワーキングに入っているのです。

インゴルド、T
2017『メイキング――人類学・考古学・芸術・建築』金子遊・水野友美子・小林耕二訳、左右社
2018『ライフ・オブ・ラインズ――線の生態人類学』筧菜奈子・島村幸忠・宇佐美達朗訳、フィルムアート社
井上淳生
2021「私の作った野菜は、どこの誰が食べているのか――商品の「食べ物」化とサブシステンス概念の拡張」『文化人類学』vol.85-3: 484-504
板垣明美
2003［2015］『癒しと呪いの人類学』春風社
2016「マレー人農村の伝承医の薬と医師の薬：137人の聞き取りと伝承医の治療の観察から」横浜市立大学論叢人文科学系列 67(2): 179-235
板垣明美・西村拓一
2022「身体技法としてのボールルーム・ダンス歩行に関する人類学研究：世界チャンピオンの「ハイブリッド型歩行」の三次元動作解析」『文化人類学』vol.87-3: 367-385
スモール、C
2011『ミュージッキング――音楽は〈行為〉である』野澤豊一・西島千尋訳、水声社
安延久美
2002『国際農業研究叢書第12号　マレーシア稲作経営の新しい担い手』独立行政法人　国際農林水産業研究センター

序章　文化人類学が捉えた「時間」と「環境問題＝持続可能性」の関連

長い釣り竿で夕飯のおかずに水田の魚を捕る。

高床式の家の下に集う。家の下は食事の場ともなる。

一　時間をどう扱うか

1　生きることには二面がある

生きることの一面は見える身体（物質）、もう一つが見えない時間（波）である。生きることは身体を通して行われる。身体には物質という側面と身体を構成する化学物質や電気エネルギーがいろいろに変化する波という側面がある。

身体と表裏一体の時間。身体の持つ波の性質が時間と考える。いわば身体が刻む時間である。これが本書で扱う身体時間だ。

2　生命活動という時間：生理的時間

本川（1997:3）は、「ゾウの時間ネズミの時間」という本の中で、時計で計る物理的な時間とは区別して、生理的時間があるという。

「時間は体重の四分の一乗に比例するという。そのため体重が増加すると時間が長くなる。寿命も長くなる。しかし、体重が小さな動物の方が呼吸や心臓の拍動のテンポが速いから、心臓の拍動を時計として考えるならば、ゾウもネズミもまったく同じ長さだけ生きて死ぬということになるだろう」

心臓の拍動が時計として考えられるという発想は示唆的である。身体が時を生成するのである。

E・ミンコフスキー（1972: 25-28）は、「生きられる時間」という本の中で、時間とは何であろうかと問い、それは生成であるという。彼はさらに時間は生きられる持続と契機／生きられる連続性のある展開の原理という。ここにも、生命が紡ぎ出す時間の概念がある。

そして、身体時間は、身体がその中に育（はぐく）まれている環境、すなわち自然と宇宙と生理的・文化的につながっている。

3 人類学の時間論

石川（一九七八）のまとめや人類学等の諸研究をもとに、時間論を概観しよう。

(1) リズムと反復

それぞれの社会に時計でなく、それぞれの独自の一日の区切り方があった。一年の生活時間は、自然と宇宙の鼓動、すなわち季節変化への適応ともいえるリズム性をもっている。季節によって、労働、食べ物の質や量が変化する。住居、衣類も自然環境と文化的な信仰を反映した設計になる。健康への配慮も、自然と文化の両方からのリズム性がある。

(2) 過去と未来・歴史

時間が積み重なっていくとき、制度や記憶、そして物質的痕跡を残す。そして、それは今に引き継がれて、未来の形成に作用する。

(3) 共時的と通時的

共時的研究とは日常に見られる今の研究である。たとえば生業を共同でする集団、禁忌を共有する社会集団の組成、その制度の構造というようなことがらの現在についての研究は、共時的な研究である。身体時間でいえば、身体時間は止まることがないので現実的には通時的な見方が主流となるが、動画にストップモーションをかけたように、止めて観察することも重要である。解剖学は本来動いている身体を止めて骨格や内臓の作りをわかりやすく見せている。そして、生きて動いている身体を生化学や生理学、そして病理学などが解明していくことになる。

通時的な研究は、短いスパンと長いスパンに分けることができる。グローバル化、新しい制度や技術の導入、人の移動などによって、どのような変化が起きたか起きなかったかの研究は共時的な視点を積み重ねて通時的に見ていく、短いスパンの通時的な研究といえるだろう。長いスパンで見れば歴史的視点があるだろう。ある制度がどのようにしてこの地域で歴史的に成立してきたか、非日常の禁忌がどのように成立しそしてどのように変化してきたか、社会集団の通時的な変化の研究がある。さらに長いスパンでは人類の進化、宇宙の進化の研究がある。いずれの立場もそれぞれの重要性と面白みを備えている。

(4) 境界的時間・コミュニタス

人類は時間に文化的な区切りをつけて構成してきたといわれている。しかし、区切ると即座にそこには、区切られた時間の境界時間が現れる。通常という区切りの中にある日常的時間と、それとは異なるリズム・行動・食べ物などが現れる非日常的時間がみられる。日常的時間と非日常的時間が組み合わさって、二極的リズム性が形成されているという報告がある。たとえば日本の文化についての柳田國男（1931）のハレとケの二極性の報告である。波平（1988）によるハレとケとケガレという、三極的リズム性の報告もある。非日常的時間そしてハレの時間とケガレの時間は、とある日常的時間（ケその1）から別の日常的時間（ケその2）に移動する際の、境界的時間とみることができる。それが何のためにあるのか。波平のいうケガレの時間は、死者を弔うための忌引きや産後の休息の時間をさし、心身のエネルギー切れからの回復を目指す時間と考えることができる。われわれの三浦市での調査によれば、忌（イミ）は汚れているということよりも、共同体から見れば祭りや行事への参加を免除する、個人からみれば哀しみを哀しみ尽くすために無理に明るい場へ出ることを遠慮し、コモルという背景がある。身体時間ということを考えるとハレとケとイミの三極構造であった（横浜市立大学文化人類学研究室 2007）。ヨーロッパからの報告では聖と俗という二極構造（デュルケム 1975）が報告されている。

また、祝祭などにみられる、地位の逆転や規範の転換をともなう時間の特徴を、ターナーはリミナリティ（境界性）とし、周辺性、劣位性とともに重視し、そしてそのような特徴をもちつつ発生するコミュニティをコミュニタスとよんだ（ターナー 1976: 174-175）。コミュニタスにはエネルギー創造と、パラダイムシフトの時空を導く可能性、紛争を予防する可能性もあるといわれている。

マレー人が大切にしているゼロ時間（*masa kosong*（マサ コソング））、無の時間とはこのような、ある質の時間から別の質の時間へと移行する際の境界的時間を無理なく移行するため、言い換えれば、滑空するための真空の無の時間と言えるかもしれない。心身を休めることと、移行のための無の時間・無構造と見ることができる。

(5) 身体変化を了解する通過儀礼

文化人類学では身体的自然を儀礼という非日常で区切り、文化に組み込むといわれている。誕生、七五三、結婚、葬儀などの通過儀礼は身体の連続的変化に区切りをつける。これが禁忌をともなうことによって、区切りをさらに明確化する文化もある。ヘネップ(1977〔1961〕)は通過儀礼の三段階を提案した。第一段階は分離、第二段階は移行(境界的時間)、第三段階が統合である。成人儀礼の移行の段階には村からの追放(分離)、その後に苦行というような、境界的な状況が組み込まれる。境界的な状況の中で若者は、インスピレーションを得て村に帰り、新たな成人として再統合される。

(6) ポリリズム、ポリタイム

時間というと単調に流れる物理現象のように思うが、同一の空間であっても常に単一の時間が流れているわけではない。多様な質の時間が同時に流れることをポリタイム(多重時間)、多様なリズムが同時に存在することをポリリズム(多重的リズム)という。たとえば、バリの影絵芝居にはポリタイムがある。影絵芝居の上演中であっても、弁当を食べている食事時間の人がいたり、眠っている睡眠時間の子どもたちがいたり、走り回っている遊び時間の子どもがいる中で、真剣に影絵芝居を見ている影絵モードの人もいる。全員が影絵芝居を真面目に見なければならないということはないのである。そこには多重な時間が流れている、ポリタイムで影絵芝居が出来上がるのである。その影絵芝居を支えているのはガムラン音楽である。ガムラン音楽には、リズムの多重性がある。さまざまなリズムが折り重なってポリリズムで音楽が出来上がっている。

ポリタイムは日本にもある。相撲も歌舞伎も弁当を食べながら観ることができる。土俵や舞台に声をかけて観客が参加することもできる。バリの影絵芝居のように子どもが横になって眠ったり走り回ったりはしていないが真剣に相撲だけを見なければならないという画一化は見られない。

一方で、大学の授業では授業を理解する、オーケストラのコンサートでは音楽を聴くという単一の時間がその場を満たすことを楽しむこともある。このように、さまざまに時間がデザインされうる。

(7) 経済と時間

互酬性あるいは互恵性とは、何かを与えられたら、何かを与え返すという原則である。何も与えずに奪い取るのみの行為は非難の対象となる。サーリンズ(1984: 230-236)によれば、一般的互酬性と均衡的互酬性と否定的互酬性の三種類があるという。それは、以下のように説明される。第一に一般的互酬性とは、親族内の分かち合いのような返礼に対する期待はあるが、いつ誰からどのような返礼があるかは定かではない。第二に均衡的互酬性は、同価値のものを一定期間内に返す必要がある。たとえば、稲刈りにみられる労働交換のようなもので、日本ではユイ(結)とよばれる慣習にあたる。同じ量の労働を一定期間に返す必要がある。第三に否定的互酬性は、何も与えずに奪い取ることで、詐欺や泥棒がこれにあたる。本書で詳しくみるようにマレーシアにみられたグループの成員によるシェアリングは、技能の高低や施主的人物がいたとしても、グループ全員に等しい取り分がある場合である。

このような富をため込まないための行動様式によって富が分有されると考えられる。そのことによって必要な労働時間がある程度に抑えられる可能性がある。経済とはその基本は、いかにうまく生産し、必要なものを必要な人が手に入れる仕組みである。マネー経済においては、マネーに使われることなくマネーを使うことが重要である。上述の互酬性はマネーを介さない経済の事例で、現在も家族内、地域社会に生き生きと観察される。メールのやりとりなども、互酬性として読み取ることができる。マネーに使われないことが肝要であるのと同様に、メールに使われることなく、メールを使いこなすことが重要である。互酬性の活発な社会は、労働時間がある程度に抑えられる傾向がある。リチャード・リー（1968）はアフリカの採集狩猟民族サンの人々の研究から、労働時間が三時間程度であることを報告した。サーリンズ（1984［1972］）は『石器時代の経済学』の中で、採集狩猟民族が決して食料獲得に毎日を費やし、余暇のない暮らしをしているわけではないことを報告した。

掛谷誠（1983）はアフリカのタンザニアの焼畑農耕民トングェの研究からその生業形態に最小努力化の傾向を見出した。ここに生態学のエナジーマキシマイザーとタイムミニマイザーの概念を参考にして、トングェ社会はタイムミニマイザーに、近代社会はエナジーマキシマイザーに分類できるとした。タイムミニマイザーは邪術師の告発によって可視化される妬みを恐れる社会であり、生産に費やす時間を最小にして余分の富を持たない文化、エナジーマキシマイザーは妬みを競争に転換して大量生産の方向へと発展させた形であると考察した。エンブリー（1950）はタイの「ルーズリー・ストラクチャー（緩い）社会構造」と日本の密（close）なソサエティーの両方を報告した。板垣（1984：本書の土台となった修士論文）はマレーの柔構造社会とその中で四時間程度という労働時間が実現されていることを報告した。その背後に、人的ネットワークに根ざした細かい富の分配のシステムと互酬性があった。時間や富の配分の不具合は、呪術による病気を仕掛けられる危険があるため人々は富の配分に気をつけている（板垣 2003［1993］）。

トングェでは、裕福だと呪術を仕掛けた側といわれ、マレーでは裕福だと呪術を仕掛けられる側といわれる。方向は真逆だが、富や時間の操作に注意しなければならないことは共通している。トングェ研究の掛谷は、呪術の告発のエネルギーを妬みに、マレー研究の板垣は呪術を仕掛ける原因を哀しみに求めた。

以上が、人類学的な時間研究の概観である。次にエティックとエミックという考え方を概観しよう。

(8) エティックとエミック

時間の研究にはエティックとエミックの立場がある。まずエティックは、外側からの客観的視点あるいは手法である。たとえば人々の生活や生業を何年か観察して暦を作成しリズム性を描き出す手続きは、エティックな手法である。遊牧社会、農耕社会、漁労社会などで自然のリズムと暦が関連しているという結論が得られている。しかし、それは我々の時計を使用して計測した結果であり、客観的であるが、現場の人々がそのような時計で測った時間を意識しているかどうかは別の問題である。すなわち、暦を作成し、リズム性を確認しても、そのリズム性とは違うものを現場の人々が感じていることはあり得る。現地の人たちの内的なリズムを探求する視点がエミックな視点である。

現場の人々が、本当にエティックな手法によって確認できたリズム性で暮らしているかどうか、何をもって時間とするのか、内的理論を問うのがエミックである。

エミックとエティックは、定性的と定量的という性質もある。定性的研究と定量的研究は相補的なものであり、食物の成分分析においても、まずは、どんな成分が含まれているか組成が把握されて(定性分析)、次にそれぞれの成分がどのくらいの分量で含まれているかを把握する(定量分析)。定量する前に何を定量するか定性ができていなければ、定量に着手することはできない。

文化人類学者の西井凉子(2011: 6-22)は新たな時間論の展開に向かって、アクター・ネットワーク理論に着目している。アクター・ネットワーク理論を提唱したラトゥール(2008)は、西洋人はこれまでに近代人であったことはないという。彼は、「近代」を特徴づける思考法、すなわち自然と文化の分断に無理があると指摘し、モノ、人物を問わず、相互作用と移行を考慮しようという。また、彼は、自然は自然科学、文化は人文科学、動物は生態学というように分断するのではなく自然(モノ)と文化をつなげて総合的に考えることの重要性を指摘している。総合的に考えることは、人類学分野に課せられた使命といっても良いだろう。しかし、このことはすでに「文化を含む生態系」として生態人類学・文化生態学が少なくとも一九八〇年代から研究対象としてきたものであった。

時間は身体の外側に置かれて議論される傾向にあるが、本書においては身体の一つの側面としての時間つまり身体である時間ということを考察しようとしている。それは、自分たちの生命としての時間ということもできるだろう。止まらない共時性(まさに身体はそのようなものだが)というような感覚である。

マレー人のエミックな時間として、定性的に捉えることができる重要な時間感覚がある。それは、ゼロ時間（*masa kosong*）である。私が生活時間の調査をしているときに、「ゼロ時間は必ずなければならない」と村人たちは言った。ある出来事から別の出来事へと移る中間のような時間、外からも内からも命令が届かない真空のような時間。ハンドルの右へまわしても左へまわしてもタイヤには届かない「遊び」のような時間がある。それは誰にも支配できない時間なのかもしれない。

二　時間を支配できない

人類学に現れた時間と本編をつなぐ課題として、時間の概念が違う社会を支配することができないというイシューを取り上げよう。これがマレー人たちとのフィールドワークによって得られた筆者の見解と「近代」をつなぐ架橋の役を果たしてくれるだろう。

内山（1993: 256-257）は、「ある社会がひとつの時間秩序によって形成されているとき、時間の概念が異なる他者を、その社会は支配することも管理することもできない。たとえば、今日この問題がもっとも顕著な形で現れてきているのは、現代社会と自然の関係であろう。かつて近代社会は、近代科学や技術を用いて自然を自己のコントロール下に置こうと考えた。だが今日明らかになったことは、そのような試みを重ねるほど、私たちは自然をコントロールできるようになったのではなく、自然を破壊しただけだったということである」「かつて近代国家が非ヨーロッパ社会を支配した時、そこで生じた事は、非ヨーロッパ型の伝統社会の破壊以外のものではなかった。……それは一人の人間と社会構造の間でも、私たちが現代の時間秩序から離れた存在の形式を獲得すればするほど、世界構造は私たちを圧迫してくる形で現れてくる」という。

支配できない時間を支配しようとするとき何が起きるのだろうか。身体感覚としての時間が、抽象的な時間に置き換えられ、マネーに換算され、身体感覚と関係のないものに変化したとき、支配は進んだのではないだろうか。自然が破壊されたように、人間も破壊されるのだろうか。

マイケル・オマリー（1994: 12-13）は、以下のように指摘する。

> ひとつの仕事で時間が節約できても、その時間はほかの仕事によって埋められるように思われる。……
>
> 働くことはいいことだ、とほとんどの人は信じて疑わず、のらくらしている者に対して深い猜疑の目を向けるのである。八〇年前にマックス・ウェーバーはこれを「プロテスタントの倫理」と呼んだ。ユダヤ教とキリスト教で時間はつねに神のものだった。……懸命に働けば働くほど神を喜ばせることになる。また、太陽の日時計と平均時計は正午がずれているという指摘により、時間というものが構築物だと知ることができる。

内山（1993: 147-148）は以下のようにいう。テーラーは労働者がムダなく目一杯働く工場をつくりだすことを目指していて、その第一歩は、標準作業時間の設定にあったという。また、内山（1993: 233）

は、①私たちは時計の時間に身を委ねながら、しかし自分自身に与えられた時間は、自分だけの孤独な時間として理解するしかなくなったのである……②固有の時間を確立した人間たちが自己の時間存在を維持するために時間を取引し、そのことによって自分の存在をも取引しなければならなくなった。それは「稼ぎ」を山里の人々が優れた労働形態とは考えないということと関わっている。マレー人農村の人々もマカンガジ（食うために時給で働くような仕事）を良いこととは思っていない。

真木悠介（1981: 6）は以下のようにいう。（過去から未来へ向かう直線的な）現代の時間感覚には……未来が現在の意味であるという感覚がある。しかし、どのような未来の果てにもその先には必ず死があるのだから、存在の意味も生きることの意味も虚しい。したがって、主体の存続を時間的に無限のものとして幻想しない限りは自己を虚無感から救い出すことのできない構造を持っているという。また、自然的景観は歴史をこえたアイデンティティの基盤を形成している。真木（1981: 40）は第一に「虚無化してゆく不可逆性としての時間の観念」は、自然からの人間の自立と疎外、それによる自然の〈生きられる共時性〉の解体に関わる要因ではないか。第二の「抽象的に無限化されうる等質的な量としての時間の観念」は、共同体からの個の自立と疎外、それによる共同体の〈生きられる共時性〉の解体に関わる要因ではないかという。真木（1981: 289）は時間のニヒリズムとして時間と貨幣は同じという。物質化された時間が成立したのである。

そのような時間は個人間の媒体となり、この頃ベンジャミン・フランクリンは「時は金なり」と言った。固有な時間、過去の固有性は解体された。

文学の世界からは、エンデ（[1973] 1976: 129）が『モモ』という物語の中に時間泥棒を登場させて、人間が節約したと思っている時間は、人間の手には残らず、何者かに奪われているという問題提起をした。『モモ』の主人公の少女モモは時間泥棒が差し出すオモチャやマネーに興味をしめさなかったため、支配を免れる。

無欲なことや遊びは時間泥棒が苦手とするものである。支配されない時間、すなわち「遊び」の時間は、ホイジンガの『ホモ・ルーデンス』（1963 [1938]: 67）によれば、日本語における遊戯、緊張の弛み、娯楽、時間つぶし、気晴らし、遠足、物見遊山、浪費、賭事などにあたる。……オランダ語、ドイツ語、英語と同様に、車輪などの限られた形の動き、工学上、応力を受けるべきものが、応力を受けない状態（自動車のハンドルの「遊び」など）をいうことがある。茶の湯も遊ばれるものである。チクセントミハイ（1975）は、チェス、ダンス、外科手術など（遊びと仕事）において、身体感覚・行動様式が集中と的確さと楽しみに満ちている充実している時間が得られることを報告し、この没頭の状態をフローとよぶことにした。

必ずしも生産性とは結びつかないこともある遊びや楽しみが、繊細かつ活発で淀みない流れのような生命の時間を生成することができる。これはマレー人のいう「ゼロ時間」とも通ずる時間である。

これから本書で紹介するのはマレー人農村のネットワーク社会の「ゆっくりと流れる時間」である。また、ベトナム人村落の計算・情感時間と若干の比較を加える。そこには、近代化のパラダイムが通用しないため、近代化によって崩壊せずに、近代化の波を受けて変容しながらも身体時間を維持している人々がいる。季節、年齢、そして出来事によって柔軟に生活時間が変化する、「柔構造時間」がそこにある。

その地域では、仕事も楽しみのうちである可能性をもっていて、仕事は単純に時間の切り売りではない。人々は「楽しく仕事をすると速く終わった気がする」という精神的時間生産性あるいは身体時間生産性を大切にしている。家々や植物、そして水田という、景観の中に過去が生き、食べ物も生き、人々とアイデンティティも生きている。過去と今の人々が身体時間をかけた手作業が景観となって、目の前に美と風をともないつつ広がっている。

三　生活者が主人公

スコット（1977）の『モラル・エコノミー』は、ビルマとベトナムの農民一揆の研究に始まる。そして彼のその後の『弱者の武器』『ゾミア』に至る一連の議論のテーマは、地域の生態系に根ざした生計維持のための生産様式・社会組織・政治・宗教を含む総合的な仕組みの再評価にある。そこにある生態系と生命の共存のための合理性を取り上げている。このような仕組みから、それを破棄しつつ富を吸い上げる経済合理性との衝突が農民一揆であると彼は分析した。

スコットはこのような生態系と互酬性に根ざした生計維持のシステムをモラル・エコノミーとよんだのではないだろうか。モラル・エコノミーの基礎として、彼は互酬性に着目し、それこそは正義

(justice)であると述べている。お互いに得るものがあるという互酬性の考え方、与えられたら与え返す(give and takeではなく、given and give)によって、生産品の分配や流通が生まれる。スコットは地主と小作というパトロン・クライアント関係について言及しているが、パトロン・クライアント関係にのみとらわれるとさまざまな形態が組み合わさって成立している互酬性全体の重要性を見失ってしまう。地域の土地所有形態によって、さまざまな互酬性が住民の生計維持機構の一部として存在したと解釈する方が、多様な地域の比較が可能であり、実り多い議論が展開すると思われる。

互酬性は、時間の考え方を入れることによってより明確になる。一人一人の時間が命そのものであると考えると、その時間を使った活動は、ともに生きる他の人々の時間と連携して、必要なものが時間の経過に従って行き渡るように設計されている。筆者が滞在したマレーシアのマレー人農村においては、生産の時間と分配・流通(互酬性の一部として)のための時間、そしてネットワークのための時間が一人一人の活動の中に存在し、自分たちの命の時間を売り渡さなくて食べていけるようなスタイルの生計維持をしようとしている。

スコット(1977)が採用したモラル・エコノミーという用語は生活維持倫理とも訳され、産業革命後のイギリスで発生した貧富の格差の拡大、食糧不足などに対抗する蜂起についての分析から発生した用語である。自然に任せた経済ではなく、国民の生計を守る機構を必要としているという。スコット(1985)は一九八〇年代のマレーシアの稲作農村(筆者と同じケダ州)でも調査し、『弱者の武器:日常の中の抵抗』というタイトルの著作を発表した。彼は農民のサボタージュ等の行動はレジスタンスだと主張する。

一方でポプキン（1979）はスコット（1977）が分析したベトナム農民の蜂起は地域の生計維持を企図した倫理的経済ではなく、農民個人の合理的な判断によっていて、収益を増加させる方向への行動であるという（同上：245）。そして、農民の蜂起がスコットの解釈に合致しない部分として以下の三点をあげている。①農民運動は封建制への抵抗であり、市場経済を自分流に弱体化させる方法ではあったとしても、伝統の保護のためのものではない。②生計維持の危機と集合的レスポンスの関連は明らかではない、③問題（イシュー）は階級への脅威としてではなく参加者の個人的なリスクの問題として存在した。

マレーシアとベトナムという筆者の二つのフィールドを舞台にしたこの二人の研究は非常に興味深いが、二人とも外部からの視点で分析している点に注意すべきである。ベトナム農民が自身の収益を増加させるために行動することはある。しかしそれは、収益を吸い上げていく資本主義のために時間を売り渡すことではなかったはずである。自分自身の収益につながることはするが、収益の増加につながらない労働時間の増加を受け入れるタイプの人々ではない。とはいうものの、ベトナム人は人のためを考えない血も涙もない経済合理主義者ではない。ベトナムの人々と暮らしていると、商売の現場のように個人の収益を増やすための「計算」をし、そのために激しく交渉する場面と、計算を度外視して人助けの行動をとる「情感」が優先される場面があることに気がつく。共食や病気治療などは「情感」場面であり、ハーブ販売の場面は商売としては例外的に値切り交渉もなく、売り手は安価で販売し、買い手は売り手の言い値で購入することが習わしとなっている。これを板垣（2003）はベトナムの人々の生活に見られる戦いと癒しの「拮抗的二重支配」とよんだ。それぞれの文化にそれぞれの合理性と時間がある。宮澤（2008）は、ベトナムのある合作社に、少なくとも調査が実施された二〇〇二年までは、互酬性と生存維持を基本とするモラル・エコノミーが存在していると報告した。

マレーシアでは、マレー系農民が新たな技術を導入しつつも、その技術が内包していた農業の規格化工業化は進まなかった。外から見ると、結果的にはそれは、近代経済システムの富の吸い上げシステムに抵抗したかのように表現することはできる。しかし、筆者のフィールドワークによれば、支配する側とされる側という意識はないと思われる。論理が違いすぎて、工業的な支配の論理がかみ合わないのである。すでに述べたように農民と都市民を支配する側とされる側に内部分裂させることができないことが重要である。基本的には農民と都市民、そして公務員すら、同じ原理、すなわち、他者に時間を決められることはあり得ないと信じていること、お互いにそれを保証していることにある。そして、彼らもベトナム農民と同様に、見えないもののために時間を売り渡すことはなく、自分と顔の見えるパートナーの収益になると確認する注意深さがある。マレーシアの特徴は、その自分とパートナーのネットワークが濃淡を持ちながら、際限なく広がることができる点である。稲作農民にとって、コメの消費者もネットワークに入り、農民は消費者の健康を気遣うことができるのである。ネットワークは濃淡を持ちながら広がり、コメ生産者にとって、消費者も包み込む。身体時間的配慮に包括される人々の広がりは大きい。

そこには、豊かな自然の生産力を壊すことなく安全な食料を生産し、互酬性のきめの細かい慣習を時代に合わせて変化させせつつ維持して、収益を分配分有するところにも気を配る人々がいる。

四　分配する楽しみという合理性

スコットがモラル・エコノミーとよんだ行動様式は、実は当該システムにおいては合理的なのではないだろうか。アメリカ人のスコットから見るとモラルに見えるが、それはもう一つの合理性と捉え直すことができる

スコット（1985）は農民の生活様式に抵抗という名前をつけたが、マレー人たちにとってそれは、違和感があるのではなかろうか。マレー人たちとの会話の中には上の者に抵抗している様子はなく、対等の交渉をしている。交渉を受け付ける政府関係者も不満を発することは確かだが、上下関係を表現しないのである。

農民は支配される者でなく、対等な者として、話し合いをしようとしているのだ。国家が支配する枠組みが張り巡らされていて、私たちは、それに踊らされるかそれに抵抗するかだという見方は、刺激的だが、その構想をここに用いることを避ける。ある生活様式を維持することによって、他の生活様式に組み込まれないだけのことである。

スコット（2012）はアナーキーという言葉を採用したが、生活の主人公はそれぞれの仕組みをもって

生きているのであり、アナーキーではない。国の仕組みではなく、主人公を生活者と捉えるならば、国の方こそ、理にかなっていないと見えてくる。

このように時間構造と社会構造は関わり合っている。日本とタイを調査したエンブリーは日本の村落の社会構造を「密な構造」、タイの村落の社会構造を「ルーズリー・ストラクチャー（緩い）社会構造」（Embree 1950）と表現した。マレー人農村の時間の可塑性と時間軸上で活動を移動できる柔軟性、男性側女性側のどちらの親族にも属し、どちらにも居住でき、どちらの親からも相続でき、女性も財産を所有しているといった社会構造を板垣（2003）は柔構造社会とよんだ。

これから、実際にマレーシアのとある農村の人々と二年あまり暮らし、共にフィールドワークした筆者の視点から、伝統と近代化の狭間にあり、変化のただ中にあったマレーシアの時間についてみていきたい。それは、二つの極端な文化が出会った現場だった。すなわち増産を目的とした近代農業と雨を頼りとして稲作を営む伝統農業との衝突の時期であった。筆者の長期滞在型であり、ホームステイ型、農作業や儀礼にも参加する参加型、かつ集中的な現地調査によって得られたデータをもとに、この時期の技術変化と時間とライフスタイルについて検討しよう。ライフスタイル、環境・生業・経済活動、食物、生活時間、社会組織、医療、言語、家族・親族、世界観などの相互に関わりあった総体、すなわち文化について、時間という手がかりをもとに読みとく試みでもある。それは、近代と前近代の出会いではなく、人の時間を増産へと振り向けるお金第一の文化と、ゆっくり流れる時間の中で人をネットワークする人第一の文化の衝突だったのである。急いでつけ加えなければならないのは、ここでいう「人」とは、自然を支配してその頂点に君臨しようとする「人」ではなく、自然の一部として自然と共に生きる「人」であるということだ。しかし、文化と文化が全体として衝突しているという大雑把な捉え方をしてはならない。むしろ細かい部分が何箇所かで鋭くぶつかっているのである。

さぁ、これから、一九八〇年代から九〇年代初頭のマレーシアの現場で筆者の目から見た、平和を維持しながら、時間泥棒に奪いとられなかったマレー人農民の身体時間、そしてその柔構造とそれが実現する柔構造社会に生きる人々の営みをふり返ることにしよう。二〇一〇年代の調査でも、柔構造時間と人のために時間を使って創生する多様なネットワークに生きる人々の営みの基本は変わっていなかった。

引用文献

Csikszentmihályi, M.
1975 *Beyond Boredom and Anxiety: Experiencing Flow in Work and Play*. Jossey-Bass Publishers（今村浩明訳（1991）『楽しむということ』思索社）
1977 *Finding Flow: The Psychology of Optimal Experience*. Springer（大森弘監訳（2010）『フロー体験入門——楽しみと創造の心理学』世界思想社）

Durkheim, É.
1912 *The Elementary Forms of the Religious Life*. Sage Publications（古野清人訳（1975）『宗教生活の原初形態』岩波書店）

Embree, J. F.
1950 Tailand: A Loosely Structured Social System. *American Anthropologist* 50（republished in 1969 in Cultural Report Series No.17. Yele University）

Ende, M.
1973 *Momo*. K. Thienemanns Verla（大島かおり訳（1976）『モモ』岩波書店）

Gennep, A. Van
1961 *The Rites of Passage*. University of Chicago Press（綾部恒雄・綾部裕子訳（1977）『通過儀礼』弘文堂）

本川達雄
1992『ゾウの時間ネズミの時間——サイズの生物学』中央公論社

Huizinga, J.
1963 *Homo Ludens: A Study of the Play-Element in Culture*. Angelico Press（高橋英夫訳（1971）『ホモ・ルーデンス：人類文化と遊戯』中央公論社）

石川栄吉編
1978『現代文化人類学』弘文堂

板垣明美
1985『伝統と近代化の狭間にて——西マレーシア北西部稲作農村における稲作技術の変化に伴う環境の変容についての研究』筑波大学大学院環境科学研究科修士論文（本書第1章）
2003『癒しと呪いの人類学』春風社

2008「変化する医療と儀礼——まえがきに代えて」板垣明美編『ヴェトナム　変化する医療と儀礼』春風社
掛谷誠
1983「妬みの生態人類学——アフリカの事例を中心に」大塚柳太郎編『現代のエスプリ・人類生態学』至文堂
Latour, B.
1991 *Nous n'avons jamais été moderns*. Essai d'anthropologie symétrique. La Découvert（川村久美子訳（2008）『虚構の「近代」——科学人類学は警告する』新評論）
Lee, R. B. & I. Devore, eds.
1968 *Man the Hunter*. Aldine de Gruyter
真木悠介
1981『時間の比較社会学』岩波書店
Minkowski, E.
1968［1933］ *Le temp vécu: Études phénoménologiques et psychopathologiques*. Delachaux et Niestlé（中江育生、清水誠訳（1972）『生きられる時間——現象学的・精神病理学的研究１』みすず書房）
宮沢千尋
2008「バクニン省ヴィエムサー村に見る富の再分配機構としてのむら」板垣明美編著『ヴェトナム　変化する医療と儀礼』春風社
波平恵美子
1988『ケガレの構造』青土社
西井凉子
2011『時間の人類学——情動・自然・社会空間』世界思想社

O'Malley, M.
1990 *Keeping Watch: A History of American Time.* Viking（高島平吾訳（1994）『時計と人間――アメリカの時間の歴史』晶文社）

Popkin, S. L.
1979 *The Rational Peasant: The Political Economy of Rural Society in Vietnam.* University of California Press

Sahlins, M.
1972 *Stone Age Economics.* Aldine-Atherton（山内昶訳（1984）『石器時代の経済学』法政大学出版局）

Scott, J. C.
1977 *The Moral Economy of the Peasant: Rebellion and Subsistence in Southeast Asia.* Yale University Press
2009 *The Art of Not Being Governed: An Anarchist History Of Upland Southeast Asia.* Yale University Press（佐藤仁監訳（2013）『ゾミア――脱国家の世界史』みすず書房）
1985 *Weapones of the Weak: Everyday Forms of Peasant Resistance.* Yale University Press, New Heaven and London
2012 *Two Cheers for Anarchism Six Easy Pieces on Autonomy, Dignity, and Meaningful Work and Play.* Princeton University Press（清水展、日下渉、中溝和弥訳（2017）『実践　日々のアナキズム――世界に抗う土着の秩序の作り方』岩波書店）

Turner, V. W.
1969 *The Ritual Process: Structure and Anti-structure.* Penguin Books（冨倉光雄訳（1976）『儀礼の過程』思索社）

内山節
1993『時間についての十二章――哲学における時間の問題』岩波書店

柳田國男

1931［1993］『明治大正史：世相篇』新装版　講談社
横浜市立大学文化人類学研究室論文集
2007『創造する文化を継承する』横浜市立大学文化人類学研究室

第1章

マレー人農村の柔構造時間と柔構造社会

――新しい技術も自分たち流に

大型コンバイン・ハーベスタでの稲の刈取り脱穀作業。水田は深水で土壌が柔かいため深い轍（わだち）によってでこぼこになってしまう。

1983年末から1984年1月にかけての水危機の際、用排水路付近に集まり、排水口を閉じたり、水を水田にポンプで上げようとしたりしている農夫たち。

1―1　対象地域の外観

一　マレーシア

マレーシアはタイの南のマレー半島とボルネオ島の北部から成り、首都はクアラルンプール、公用語はマレー語である。面積三三万九七四九㎢、人口一三四三万五八八八人（一九八〇センサス）である。二〇一六年の統計によれば、人口三二〇〇万人、マレー系七六%、中国系二五%、インド系七%、宗教は、イスラム教六一%、仏教二〇%、儒教・道教一・〇%、ヒンドゥー教六・〇%、キリスト教九・〇%、その他である。調査当時の首相は、マハティール・ビン・モハマッド氏（一九八一年七月～二〇〇三年一〇月・二〇一八年五月再び就任）である（日本国外務省ホームページ：mofa.go.jp）。

マレーシアは長期にわたるイギリスの植民地支配のもとで、錫や天然ゴムといった特定の、少数の一次製品の輸出に特化した「モノカルチャー経済」として形成されてきた。またこの過程で、それら特定の一次産品生産を担う労働者として、中国人やインド人が大量に導入された。ペルリス、ケダ、ケランタン、トレガンヌなどの州は、植民地体制下での開発行政の手が届かず、それら地域の主産業である稲作を主とする農業は、停滞の色を濃くした。

マレーシア連邦は、一九六三年九月マラヤ・シンガポール、サバ、サラワクが加わり独立国家として成立したが、六五年八月、シンガポールは分離独立した。六九年五月一三日首都クアラルンプールで華人デモとマレー人デモが衝突し、四八時間にわたる史上最悪の民族暴動になった。この事件が象徴するように社会、経済、文化的に異なった複数の民族が住む国として、マレーシアは魅力があると同時に多くの問題を抱えていた。そこで対立を超える国民的統一と、民族間の格差の是正を目的とする政治制度の実現が急務とされた。マレーシア政府の新経済政策（第二次：一九七一〜七五、第三次：一九七六〜八〇、第四次：一九八一〜八五、第五次：一九八六〜九〇）は、そうした目的を達成するために、民族間の「経済的不公平」の根絶と「貧困からの脱却」そのための前提となる「急速な経済成長および近代化」が重要であるとしている。

マラヤ連邦の独立から一九六九年五月一三日事件に至るまでの経済政策の柱は、①ゴムの植替え、②コメの二期作化のための灌漑排水網の整備、③土地開発の三つに公共投資の重点をおいた。コメの二期作化のための灌漑、排水網の整備はケダ州のムダ下流域およびケラタン州のクムブ地区で大規模に進められてきた（以上、綾部他 1983。マレーシア新経済政策などを参考にして筆者が再構成）。

一九七〇年代にマレーシアは急激に工業化し、年率八％の経済成長率を示す一方でさまざまな環境問題にも直面した（Rajandran et.al. 1981）。

二　ムダ地域

本研究の対象地域であるムダ地域とG村に目を移そう。

ムダ平野はマレー半島の北西部に位置し、平野の西端はマラッカ海峡に面している（図1―1）。ムダ平野は湿地帯であり、かつては広大な沼地森林におおわれていた。ムダ平野には、一九五〇年代まで沼地森林が残っていたが、その後の大規模水田開発によって沼地森林は姿を消し、水田地帯となった。この地域は熱帯モンスーン気候で降雨に恵まれ、排水施設が整えば水稲栽培を容易にできる自然的条件を有していた。

気候は雨季と乾季に分かれる熱帯モ

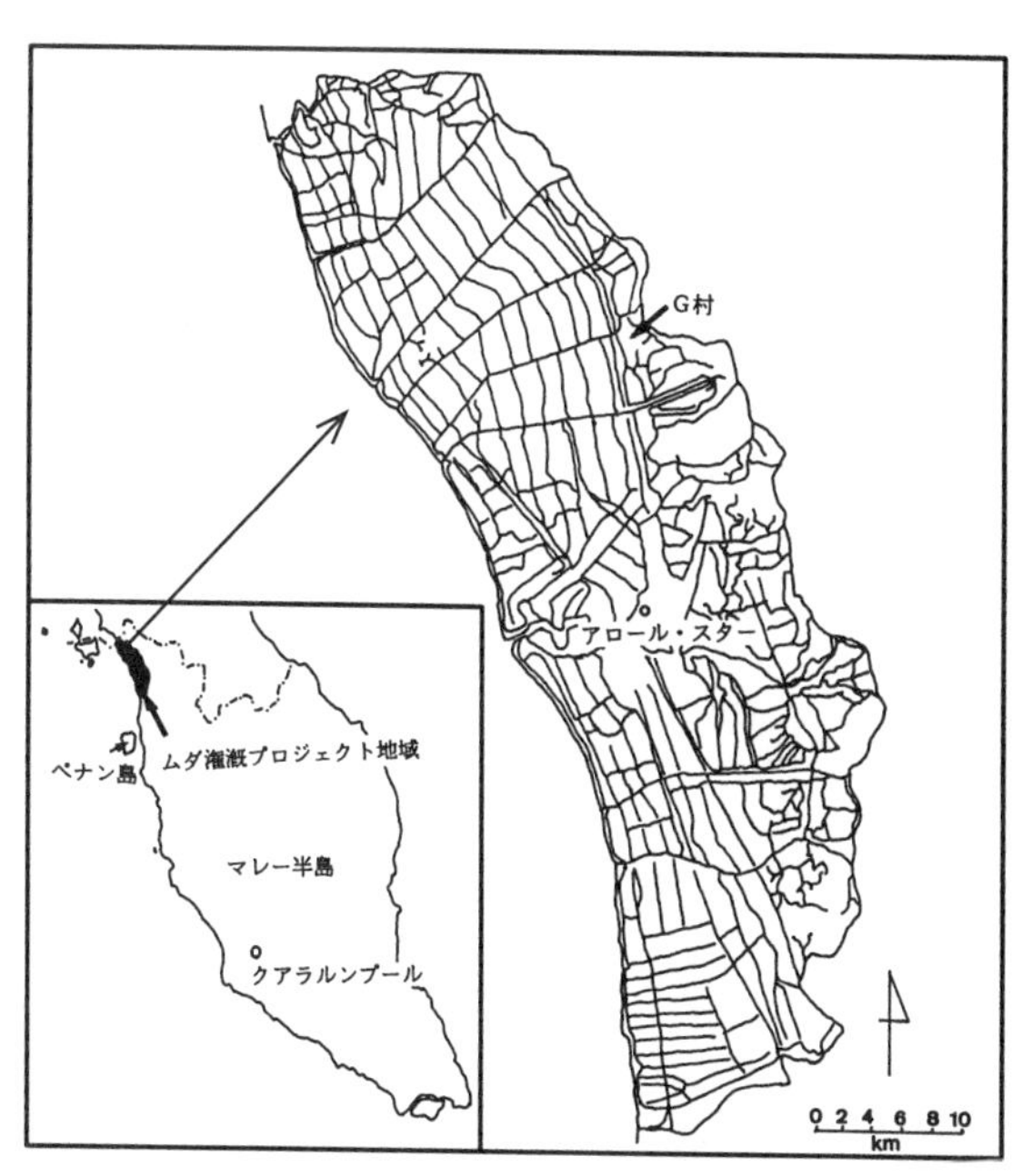

図1-1　ムダ灌漑プロジェクト地域の水路網とG村の位置
（ムダ農業開発公団資料より筆者作成）

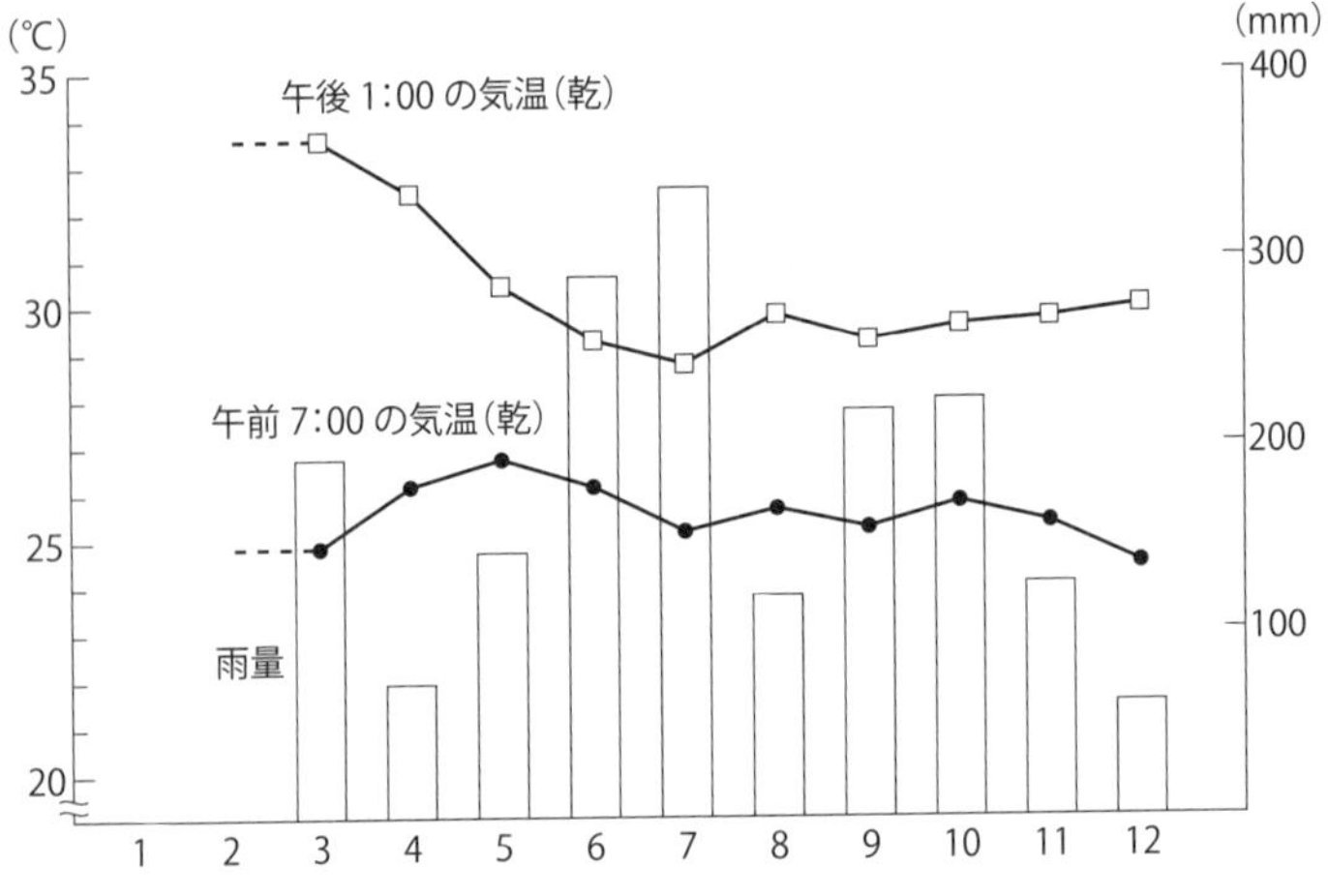

図 1-2- ①　ACRBD4 の雨量と気温（1978）

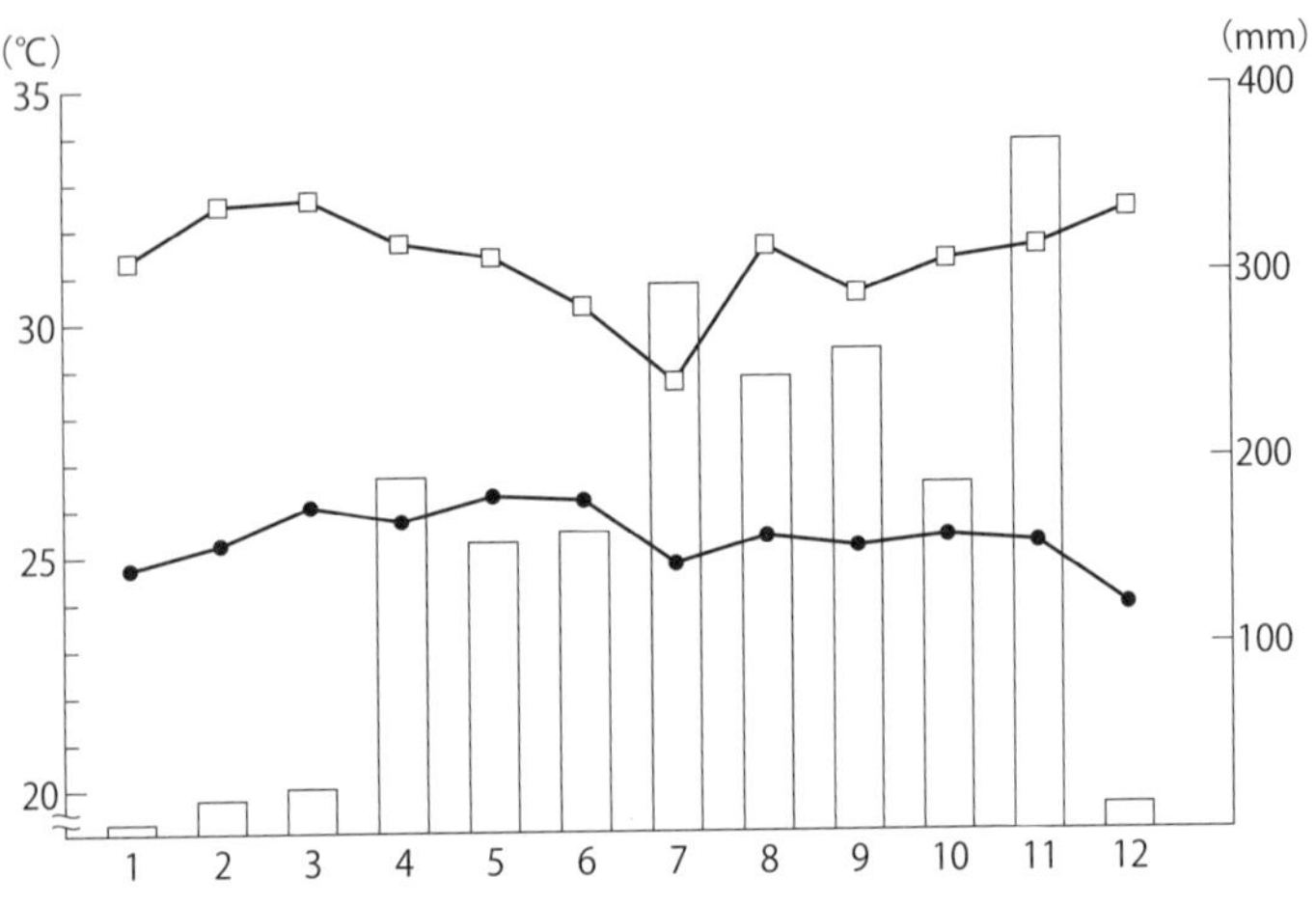

図 1-2- ②　ACRBD4 の雨量と気温（1979）

図 1-2　G 村付近の雨量と気温

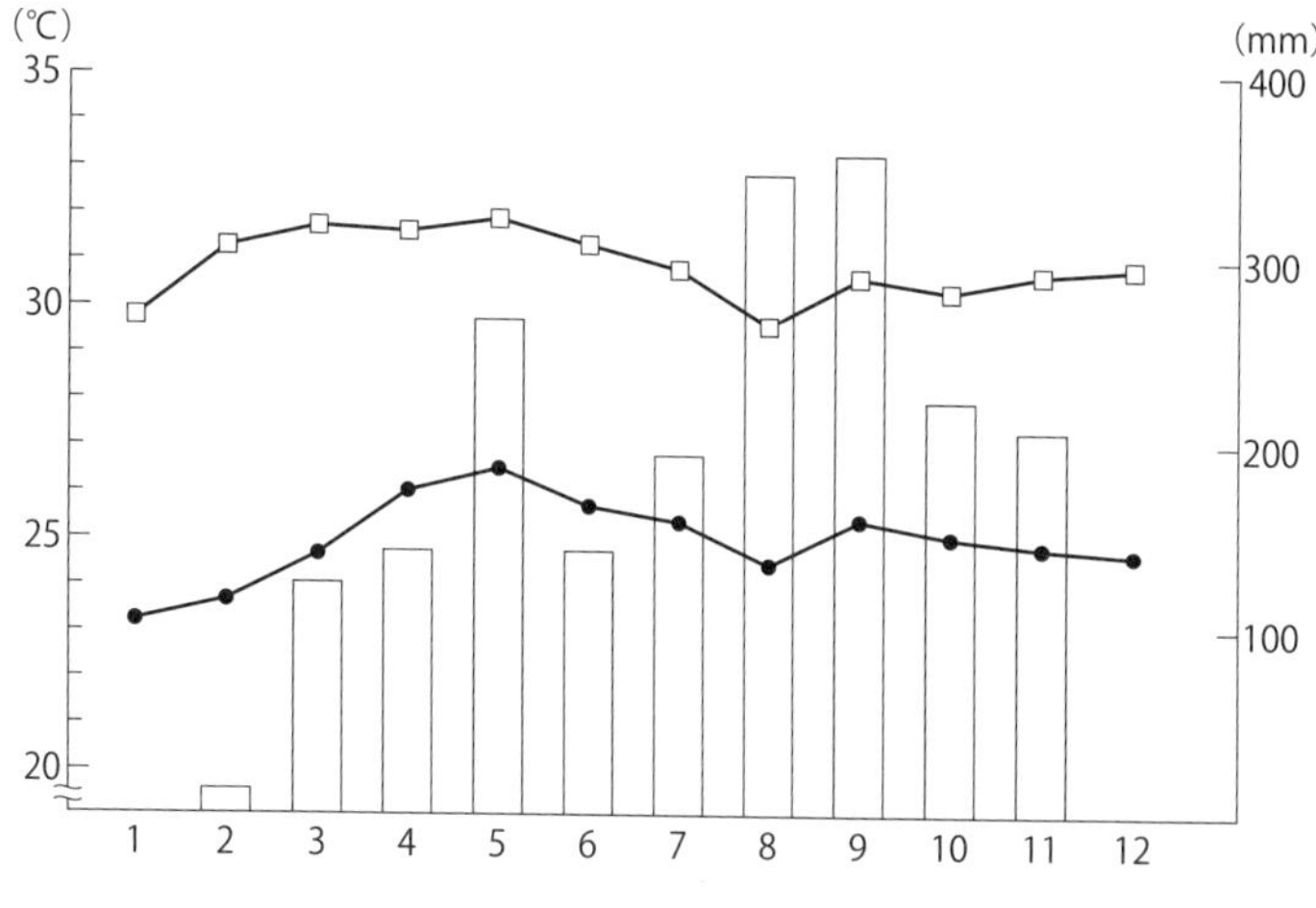

図 1-2- ③　ACRBD4 の雨量と気温（1980）

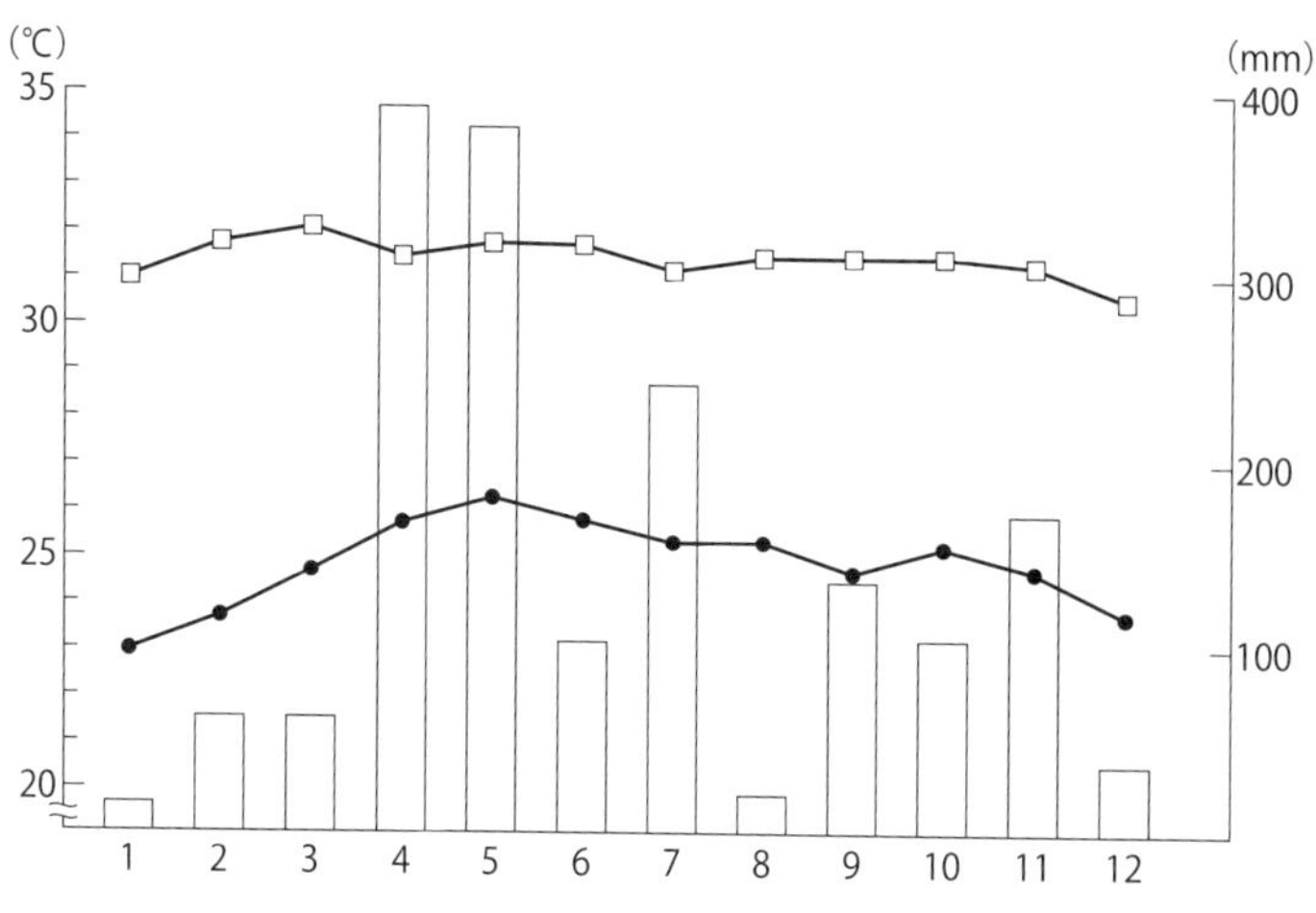

図 1-2- ④　ACRBD4 の雨量と気温（1981）

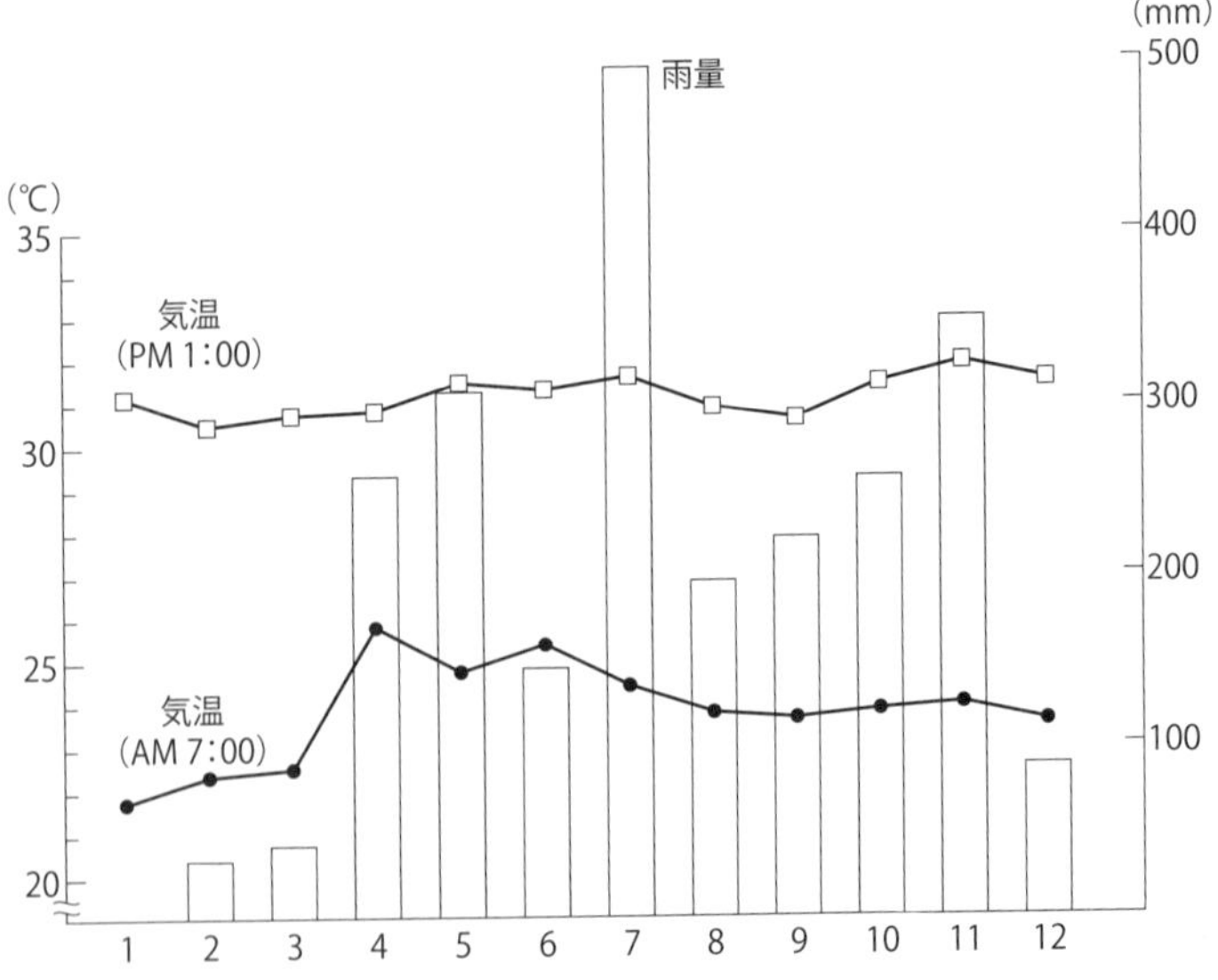

図 1-2- ⑤　ACRBD4 の雨量と気温（1982）

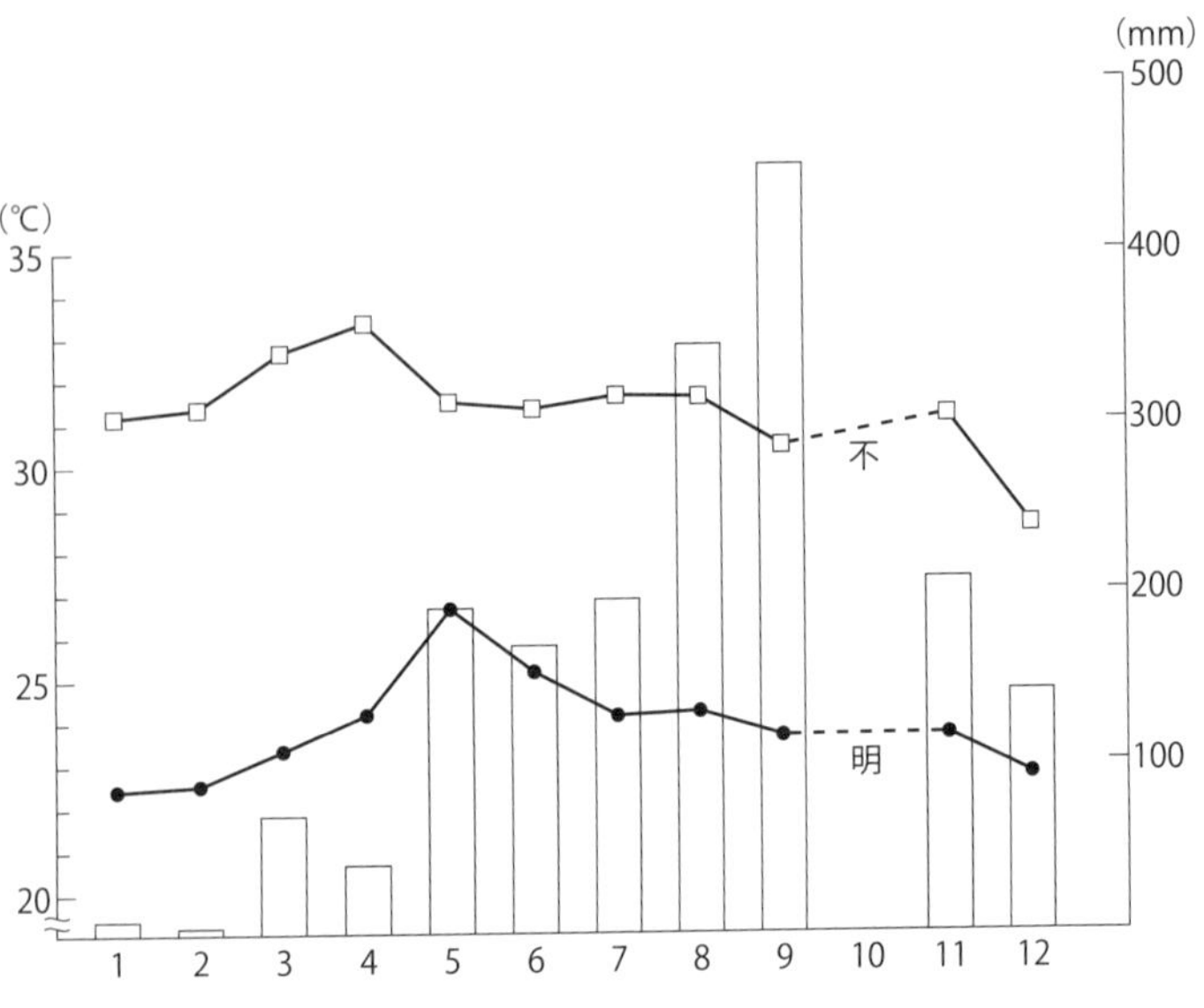

図 1-2- ⑥　ACRBD4 の雨量と気温（1983）

ンスーン気候である。この地域の降雨量と気温を図1－2に示した（当時の日本の政府機関である熱帯農業研究センターが測定したデータから作成。熱帯農業研究センターはG村の南西約八kmのところに実験圃場をもつ）。降雨量と気温の特徴は第一に、年ごとの不規則な降雨パターン、第二に、一時的に集中的に降ったり休止があったりする気紛れな降雨パターン、第三に、午前と日中の温度差である。

ムダ灌漑地域は、海岸低湿地で北西部のクランタン平野と共にマレーシア有数の稲作地帯である。一九三八年の地図によると本研究の対象地区であるG村を含む周辺地域はかつて広大な湿地帯であり、まず排水から開発が始まり、一九七一年には、一面の水田地帯となった（口羽ほか 1976）。

この地域を二期作化するムダ灌漑プロジェクトは、マレーシア政府の経済政策の一環だった。「プロジェクトの直接の目的は米作を通したムダ地域の農民の経済的生活水準の向上である。マレーシア国内のコメの自給もねらいとしている。ムダ・プロジェクトの長期的目標は農業地域全体の社会、経済的発展である」（MADA: Muda Agricultura Developmeht Authovity. 以下ムダ農業開発公団 1972 筆者訳）。ムダ農業開発公団の職員が農民の指導とプロジェクトの実施を担当した。「ムダ農業開発公団は、以下のように二つの目的をもつ。第一に、新品種、水管理、肥料、殺虫剤、農器具、機械化というイノベーションのセットを導入すること。第二に、制度的変化、すなわち農業省のスタッフによって運営される農民組合を組織することである。このためにマレーシア連邦農業省がトレーニングを行う。農民組合は四つの部門をもつ。①普及（農業指導）、②購販、③借付け、④預・貯金である」（ムダ農業開発公団 1974 筆者訳）。

ムダ灌漑プロジェクトは、二つのダム（ムダ・ダムとペドゥ・ダム）に雨季の過剰水を貯め、これを二月に放流して乾季作を行い、八月からの雨季作は全面的に天水に依存するという計画だった。幹線水路七二マイル、第二次用水路六〇三マイル、第二次排水路四五一マイルである。その結果約一〇万haの水田が二期作化された。

ムダの水田はマレーシア全体の水田の二五％を占め、マレーシアのコメの生産量の四六〜四八％を産出する。農家数は六万戸、そのうち九四％が耕作面積三・五ha以下、平均耕作面積は一・六haである。ムダ農業開発公団の作付の計画は、乾季作は二月〜七月、雨季作は八月〜一月である。大地主と小作という両極化はみられない。

三　G村

G村は図1－1から読みとれるように、ムダ灌漑プロジェクトの山側である東端に位置している。西側には広大な水田が広がり、村は水田よりもやや高いところにある。村のまわりの小さな水田は土地が高いので灌漑用水が届かず、今でも一期作をしている。村をはさんで東側はさらに高台になっていて、そこは水はけも良いためゴム林として利用されている。

さらに東にはアロール・スタールとチャングルーンを結ぶ幹線道路が走る。それとほぼ平行して北大用水路が満々と水をたたえている。この水路がムダ・ペデュ二つのダムから灌漑用水を送るムダ灌漑地域の大動脈である。

北大用水路の東側は土地が高いため、引水ができない。一期作の谷地田がこの地域に多く、丘陵部の境界に沿って排水の良い緩傾斜面にゴム林が分布する。村落周辺および山間部に果樹園、村落周辺に畑地がある。この谷地田の一期作地域の村、TB村が筆者のサブ・フーィルドである。

さらに東に進むと山地に入る。この山間部はウォーター・キャッチメント・エリアと考えられる。ムダ地域の灌漑のためのムダ・ダムとペデュ・ダムもここにある。

「マレーのカンポン（村、親や兄弟が集まって住んでいる家屋群、あるいはいくつかの家屋群が集まったもの、村）には、三つの種類がある。クラスター状と分散状と帯状である。クラスター状のカンポンは古いカンポンが多く、強い共通の価値観によって社会構造が確立されている。散状、帯状のカンポンは、よりゆるい構造をもつ。それは、①新しく移住してきた人々が多い。②分散状、帯状というカンポンの特性が社会組織を強くしないからであろう」（Mohd Tamin Bin Yeop 1972 筆者訳）。

G村はクラスター状のカンポンである。ジャラン・ペルリス川沿いの、ケダ州の中でも、一番早い時期に開発が進んだとされている地域に属する。

Shadli（1978）によると、G村は少なくとも一五〇年以上前から存在すると信じられている。政府の最小単位はムキムである。G村は、ムキム・ジュラムに属する。ムキムの首長はプンフルである。G村は戸数二〇三戸、人口九一一人（一九八三年プンフル調べ）の村である。「一九七八年現在、村人によって耕作されている土地二〇五・八ha、コメ一八〇・六ha、ゴム二五・二ha、村外の人の土地五〇・四ha（二五％）、村人の所有は、一五五・四ha（コメ一三一ha、ゴム二三・五二）である」（Shadli 1978）。「平均耕作面積は（一九八〇年現在）一・二三二ha」（Wong 1983）である。

筆者の戸別の聞き取りによれば、村人はマレー系マレーシア人で、イスラム教徒である。

1－2　G村の生活環境

一　村のデザインと生活の概観

G村は緑豊かで涼しい、掃除が行き届いてこざっぱりとした村である。本文中で住宅ナンバー（No.）が出てきたときは、G村の農民組合が作成した地図の住居番号を活用している。プライバシー保護のため住居番号入りの地図を示すことはしないことにする。住居番号を除いたG村の地図が図1－3である。

村の南西約四kmの地点、クアラルンプールとチャングルーンを結び、タイに通ずる幹線道路ぞいに小さな商店街がある。週一回の市の立つトゥンジャン街である。

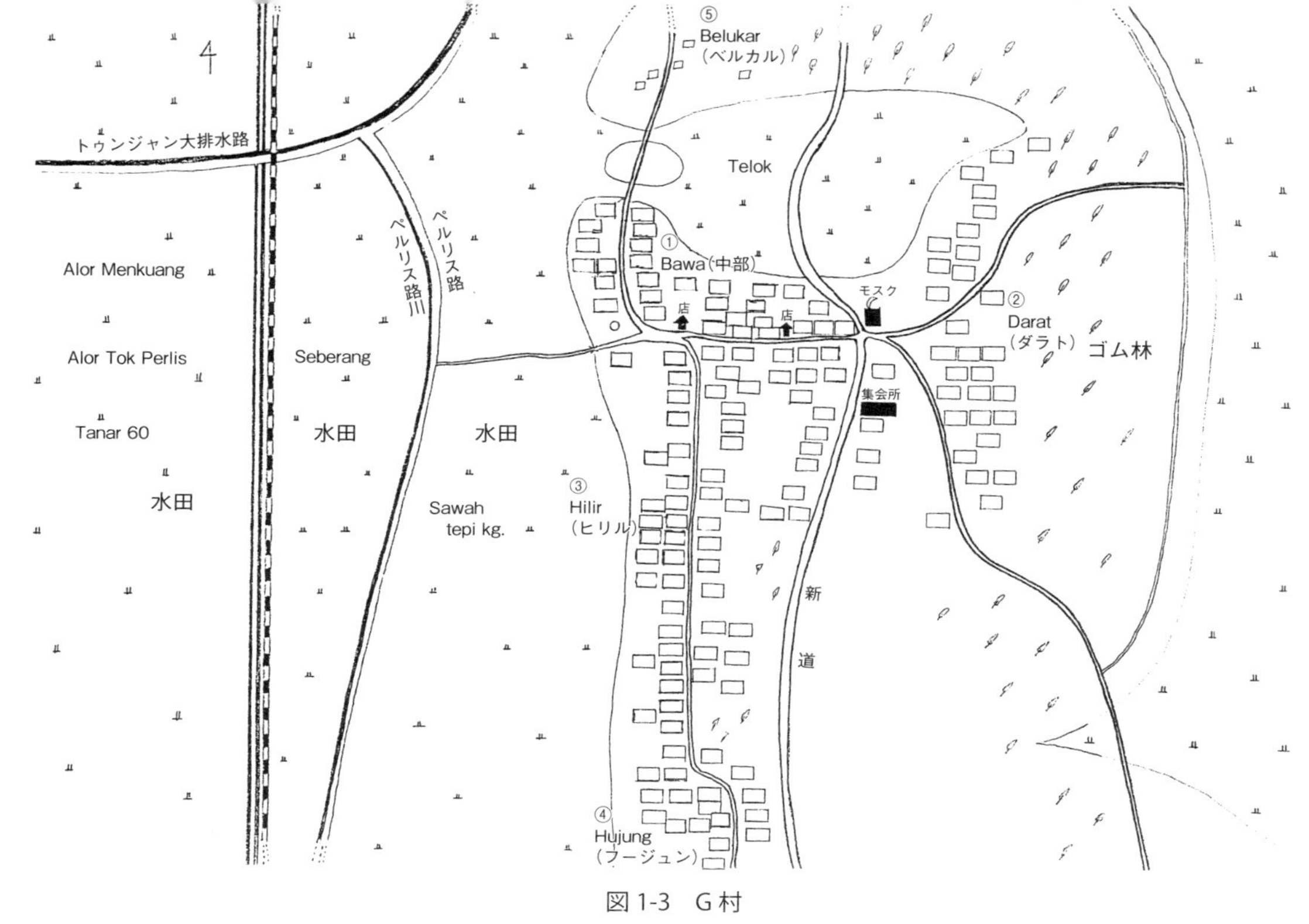
4
トゥンジャン大排水路
Alor Menkuang
Alor Tok Perlis
Tanar 60
水田
Seberang
水田
ペルリス路川
ペルリス路
水田
Sawah tepi kg.
③ Hilir（ヒリル）
④ Hujung（フージュン）
⑤ Belukar（ベルカル）
Telok
① Bawa（中部）
店
店
モスク
集会所
新道
② Darat（ダラト）
ゴム林

図1-3 G村

1　住居と屋敷の構成

図1－4は、ある住居とその周辺の平面図である。屋根を除いて、間取りが見えるように作図した。家々は二軒か三軒に一つずつ井戸をもっている。しかし水の飲める井戸は村に三～四ヵ所しかない。住居にはゆったりとした庭がついている。屋敷地は茶の木の生垣やココナツの木で仕切られているが、生垣の高さは一m程度で中が見えるし、三方に人が通れる切れ目があり、近所の人々はそこから入ってくる。したがってどの家へも裏から裏へとぬけて往来することができる。その他、グァバ（*jambu batu*）、ジャック・フルーツの一種（*chempedak*）、ジャック・フルーツの別の一種（*nangka*）、ウォーター・アップル（*jampu air*）、ランブータン（*ramtan*）、バナナ（*pisang*）、ココナツ（*kelapa*）の木が生い茂っている。樹木は木かげをつくったり、井戸やトイレの目かくしに使われる。端の方にトリ小屋や小さな畑がある。

村の家屋はすべてメッカの方向に窓がある。お祈りのためである。

マレーの家々はほとんどが高床式である。この地域が昔は湿地帯だったため、浸水をさける目的もあったであろう。高床式と、窓の位置と屋根の構造が風通しが良いようになっている（Lim 1984; ギブス 1993）。床下の半開放空間はさまざまな機能をもった豊かな空間である。

床下の機能は以下の七点にまとめられる。

①長椅子や応接セットがおいてあり、気ままなかしこまらないおしゃべり（*berbualbual*）の場や昼寝の場になる。

②コメの一時貯蔵

③自転車、自動車、オートバイのためのいわゆるガレージ

④農機具、機械、肥料、農薬等の貯蔵

⑤雨の日や夜間のものほし場

⑥あまやどり

⑦クンドゥリとよばれる共食の際の各種作業と食事の場になる。

床上については、家ごとに多様性があるが、筆者のホストファミリーの家は基本的に上の部屋と下の部屋と台所と寝室がある。上の部屋は下の部屋よりも五〇cmほど床が高くなっている。上の部屋には大きい階段もしくは、はしごがかかっており下の部屋には小さめのはしごがかかっており、一番低い台所にはさらに小さいはしごがかかっている。結婚式などの儀礼の場合に、正式な出入り口として使われるのは、上の部屋の階段もしくは、はしごである。祖先がインドネシアのアッチェ出身のもう一つのホームステイ先は、上の部屋、下の部屋、台所の高さは同じであった。このように、多様性は見られるが、似通った間取りで構成されている。

2　衣類

主な衣類はろうけつ染(臈纈染)の綿織物であるバテック地でつくったサロンとよばれる腰巻布である(44頁写真)。サロンは、縦約一・一m、横一・七mの布をまるく縫い合わせたもの。女性用はろう

パパイヤ
メッカ
1m
入口
C
トリゴヤ
ビレック・
マカン
(食べる部屋)
ダポール
(かまど)
ビレック・
ティドール
(寝室)
ビレック・
ティドール
(寝室)
トイレ
ルマー・ダラム
(下の部屋)
ポンプ
井
小用トイレ
ハタケ・タンボへ

図 1-4　G 村のある家屋と屋敷地（屋根を除いて屋内の部屋の配置を見せた家屋と家敷地のイメージ図、足測と現地調査による）

けつ染、男性用は格子柄である。

男性は、家ではサロンを腰巻のように腰にまきつけている。上にシャツを着る人もいる。モスク(回教寺院)へ行くときはきれいなサロンとモスク用の上着を身につける。村外へ行くときや、水田作業をするときは、ズボンとシャツを着る。

女性は家にいるときはサロンとブラウス、外出のときは長い上着とロングスカートのアンサンブルである。マレー服を着る。イスラム教のスカーフをかぶる人もいる。マレー服は顔と手以外はなるべく皮膚を見せないようになっていて、長そで、ロングスカートである理由は、イスラム教のしきたりによると村人は説明している。

子どもたちは、日本の子どもたちと同じ様な半ズボン、スカート、Tシャツ、ブラウスなどの遊び着を着ている。

左からホストシスターJとはす向かいの家の娘さんBと私。Jさんが娘さんBの数学の勉強を見ている。

3 水

一九七〇年代の半ばから水道がひかれはじめ、聞き取りによれば現在約八〇％の家が水道をもっている。しかし、井戸の維持管理も良い。村人は水道と井戸を並用している。水道は乾季にはよく断水する。

井戸は二〜三軒で共同で使用している。水の質のいい井戸として有名なドリアン（ドリアンという果物の木がそばにある）井戸には、午前中は洗濯に女性たちが集まる。しかし、水田用水路が近い人々は水路を井戸がわりに使う。

村人たちは一日二回あるいは三回以上、沐浴室か外の井戸で水道水か井戸水あるいは用水路の水を頭からたっぷりかぶる。これがマレー語でマンディとよばれる沐浴である。女性たちは洗濯を沐浴と同時にすませる。「マンディをしないと頭が痛くなったり、声がかれたりする」と村人は言う。沐浴は祈りの前の清めと、熱中症予防など多様な意味を持つ。イスラム教のお祈りの前には浄めのために沐浴をする。沐浴の水は、屋敷地の中を流れる間に鳥が飲み、畑をうるおすという具合に再利用再々利用されながら最終的には水田排水路へ流れこむ。

4 食事

主食はコメのご飯、そしておかずは魚、肉、果物のココナツミルク・カレー、水田の魚の揚げ物・焼物、木の葉サラダなどである。畑のトウガラシで作ったタレで庭の木の葉を食べる。庭のココナツの実からココナツミルクをとってココナツミルク・カレーを作る。住居の周辺に自生・栽培された植物も食用として利用する。

日曜日の市場で食料を購入する場合もある。村の女性たちは、市場での買い物は男性の役割という。食料品の買い物は、マレー語で「チャリ・イカン」すなわり「魚を探す」であり、おかずの魚を捕ってくることに起源をもつ。「魚を捕ってくる！」と肩で風を切って出かける青年に向かって、後から娘たちが「市場で魚捕りー！」とひやかす様子が夕方になるとみうけられる。市場での買物は、魚や肉や、玉ねぎや香辛料や、中国系農民の作った園芸野菜である。

表1―1は八月の食事のメニューである。主食はインディカ米の飯。副食は三品〜四品であり、副食には必ず揚げ魚がある。もう一つはカレーかスープかチリ味の炒め物かココナツミルク煮がある。

副食は皆の分が一盛りにされて円座の中央に置かれる。カレーの大皿がひと皿、木の葉とトウガラシの皿がひと皿、揚げ魚が六、七尾のった大皿ひと皿がまん中に置かれて、すくい取るための大さじが添えられている。食事をする人は、その回りに車座になり、個人用の白米のご飯の皿を受け取る。その皿にさじで副食をとり、ご飯とともに食する。揚げ魚は、一尾から少しの分量を手でちぎって、自分の皿に載せて食べる。筆者は、村についた夜の最初の食事で、魚を取って遠慮なく食べなさいと言われて、一尾の魚を丸々自分の皿に載せたために、居合わせた人々にあっと驚かれてしまった。

表1―1から朝食は身近な果物を用いた軽いもの、昼食がメインで、夕食は昼食のおかずをもう一度食べることがわかる。料理を担当する人の仕事も夜は温め直すのみである。また、表1―1の一四

日間の中に三回のクンドゥリ（共食会）があったことが確認できる。

食事も作法がある。まず右手を手洗い用のボールか、手洗い場で洗い、床に座っている場合は左手を床について、右手で食べる。男性はあぐら、女性は右側に足をずらす横座りで、左手を床について体を支える。右手でご飯を束ねる用にまとめて、口の前に水平に持っていき、親指で口の中へと食べ物を押す。上を向いて、口の中に食べ物を入れるのは美しい作法とは言えない。女性たちは、人差し指を上げてみたり、それぞれに食事スタイルを持っている。おしゃべりをしながら、タイミングよくポンポンと皿を右手を打って音を立てて飯つぶを指から皿に落とし、語りにアクセントをつけることもある。家族・友人で円座になって食べる楽しい食事風景である。

左手はお手洗いで使う手なので、食物にはさわらない。宗教的象徴的にも左手は不浄と考えられており、聖典であるコーランを持ったり、他人から物を受け取るときも右手を使う。

間食はマレー・ケーキや果物を食べ、紅茶やコーヒーを飲むが、紅茶やコーヒーに、ねりミルクをカップの底に一cmたまるくらい入れ、その上砂糖を入れるので、たいへん甘い。

イスラム教においては豚肉を食べることは禁じられている。豚肉以外の牛肉、鶏肉、水牛肉、ヤギ肉などは食べることができる。しかし、それらの肉は、イスラム教徒が祈りを唱えながらほふったものでなければならない。このようなイスラム教徒が食べることができる食品はハラール・フードとよばれる。また、スナック類、インスタント・コーヒー、調味料なども、ハラールかどうかを確かめる習慣がある。そのために、菓子類やインスタント・コーヒー、調味料類のパッケージにハラールのマー

表1-1　G村の8月の献立（1983年）

日／食事	朝食	昼食	夕食
8月2日	チェンパダに衣をつけてあげたもの・紅茶	ご飯・魚カレー・キャベツと小えびのいためたもの・揚げ魚	昼と同じ
4	ドーナツ（小麦粉、ミルク、砂糖等.穴はつくらない）・紅茶	結婚式のクンドゥリご飯・牛肉カレー・鶏肉カレー・サラダ・揚げ魚	不明
5	チャーハン（チリ、小えび、玉ねぎ）・紅茶	ご飯・魚カレー・もやしいため・トウガラシとカシューの葉・キャベツのココナツミルク煮・揚げ魚	昼と同じ
6	とうもろこしのケーキ（とうもろこし、小麦粉、ココナツミルク）・紅茶	ご飯・魚カレー・竹の子カレー・キャベツのココナツミルク煮・トウガラシとカレーの葉とチルベランガの葉	同上
7	チェンパダ（果物）に衣をつけてあげたもの・紅茶	ご飯・竹の子カレー・もやしいため・焼魚	同上
10	チェンパダに（果物）に衣をつけてあげたもの・紅茶	ご飯・魚スープ・おくらと小魚のいためもの・揚げ魚・肉	ご飯・魚カレー・チリソース煮・もやしいため・揚げ魚
11	バナナをつぶして小麦粉、ココナツミルクと混ぜてあげたもの・紅茶	メッカ行きのクンドゥリ　プルト（もち米ご飯）・牛肉と鶏肉の煮ものとカレー・もやしのあえもの・揚げ魚	ご飯・おくらのカレー・玉子のチリソース煮・貝スープ
12	ココナツミルクでたいたご飯・紅茶	ご飯・牛肉カレー・トウガラシとカシューの葉・揚げ魚	昼と同じ
14	チャーハン（チリ、小魚、玉ねぎ少少）・紅茶	ご飯・えびのチリソース煮・トウガラシ・揚げ魚・牛肉と玉ねぎのいためもの・玉ねぎとじゃがいものスープ	同上　注）調査者が牛肉とえびをプレゼントした日
16	チャーハン（同上）、ココナツの内身の入ったドーナツ・紅茶	ご飯・魚カレー・魚スープ・揚げ魚	同上
17	バナナに衣をつけて揚げたもの・紅茶	ご飯・なすカレー・じゃがいもとこえびのいためもの・揚げ魚	同上

18	ココナツミルクでたいたご飯・紅茶	不明	田植え終了のクンドゥリ　もち米ご飯・鶏肉と竹の子のカレー・とり肉のカレー煮・牛肉とココナツミルクのいため煮・デザートにココナツミルクとパパイヤの甘煮
20	穴のないドーナツにカレーをつけて食べる・紅茶	メッカ行きのクンドゥリ　もち米ご飯・竹の子カレー・鶏肉カレー・鶏肉スープ・あえもの・揚げ魚	不明
22	にらのかきあげ・紅茶	ご飯・魚とバナナのカレー・かぶの葉のいためもの・トウガラシとアッサム・揚げ魚	昼と同じ

図 1-5　ココナツ・カレー・野菜炒め・揚魚・ご飯のある食卓（イメージ）

クが印字されている。イスラム教徒はアルコールの摂取も禁じられているので、醤油などにもアルコールが含まれていることに注意しなければならないため、最近ではアルコールを含まないハラールの醤油が製造されている。人数が多いときは、女性と男性とに分かれて食べる。

二　一年のスケジュール

生業や行事などのスケジュールは表1－2に示した。年によって変動が大きいが、だいたい五月から雨季が始まり、一一月は移行期、一二月から乾季に入り、三月はカラカラにかわく。

農繁期は一九八三年の場合は三、四、五月と九、一〇、一一月だった。雨の降り具合や、ムダ農業開発公団の二期作のスケジュールの具合で変動する。

農民は、農間期は水田での労働は少なく、まったく働かない日が続く。副業に出る人もあり、たとえば乾季は魚がとれやすいので魚とりに行き、雨季は果物の季節なので果物売りや果樹園での

表1-2　村の1年（'83）

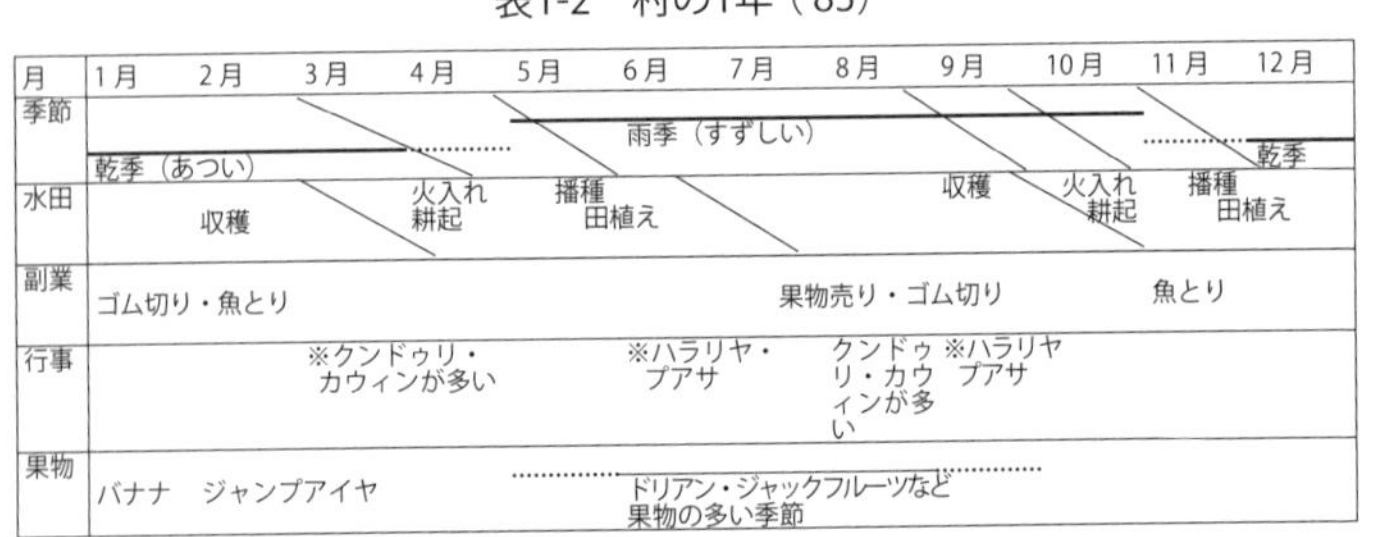

月	1月	2月	3月	4月	5月	6月	7月	8月	9月	10月	11月	12月
季節	乾季（あつい）					雨季（すずしい）						乾季
水田		収穫		火入れ 耕起	播種	田植え			収穫	火入れ 耕起	播種	田植え
副業	ゴム切り・魚とり							果物売り・ゴム切り			魚とり	
行事			※クンドゥリ・カウィンが多い			※ハラリヤ・プアサ		クンドゥリ・カウィンが多い	※ハラリヤ・プアサ			
果物	バナナ	ジャンプアイヤ				ドリアン・ジャックフルーツなど果物の多い季節						

※クンドゥリ・カウィン　結婚の儀式の後の共食会
※ハラリヤ・プアサ　断食明けの大祭日（イスラム教）
※ハラリヤ・ハジ　巡礼大祭日（イスラム教）

ドリアンやマンゴスチンのクンドゥリ（共食会）に出かける。八月の学校休みと三月の収穫後は結婚のクンドゥリ（共食会）が多い。

以上が、ゆっくりと時間が流れるマレー人農村のスケッチである。

1―3　伝統的稲作システム（二期作以前）

一　ムダ稲作農民の複合的生業

ムダ地域は稲作に適した平野に恵まれ古くから稲作がさかんだった。一期作時代にも彼らの主な生業は稲作だった（口羽ほか 1976）。しかし、聞き取りによれば稲作のみの収入では十分でない場合、稲作の農閑期にゴムをとる仕事をしたそうである。ゴムは、一九世紀末以来、ムダ農民にとって重要な換金作物だった。

次に、この研究のテーマである時間の変化を二期作化後と一期作時代に分けて詳しく検討する。この項では、まず一期作時代から見ていこう。

G村の人々によれば、この地域においては一期作時代から主な生業は稲作だったという。そして、農閑期には多くの人がゴムを採ってお金にかえた。自転車で遠くのゴム林まで採りに行く人もいたそうだ。ゴム林は個人所有の小規模なものである。ゴム林の所有者でなくてもさまざまな形で収入を得る機会があった（1－3－二に細述）。

また、聞き取りによれば、現在と同様に大工、伝統医、伝統的産婆、コーラン教師、宗教的リーダー、雑貨屋、魚行商・菓子行商・果物行商の販売も第三の重要な副業であった。

西マレーシアでは土地は十分だが労働力不足の傾向があった（斉藤 1977）。多くの水田を持つものは労働力を確保することが重要であった。二期作化以降、一時期は労働力不足が深刻で、機械化が急がれた。たくさんの人に少しの土地、という問題が機械化の進展にともなって表面化する。しかし、一期作時代の少しの労働力にたくさんの土地という状況下では、土地を多くもつものは労働力を、土地の少ない者は収入の機会を求めて両者の結合は強かった。

一期作時代の状況を捉える手がかりとするために、現在の一期作地域でも聞き取りを実施した。一期作地域の村（TB村）の聞き取りによれば、稲作農家の人々は水田とゴムとの家計への貢献は半々だと語った。農繁期にも田植えの日以外は朝にゴム切りに行き、午後水田耕作をする。果物や野菜の畑作、手工芸もG村よりも盛んである。しかし、複合的生業のあり方は、ゴム林に適した土地が周囲にあるかどうかという自然的条件に左右されるので、ムダ平野全体の稲作農村が、稲作＋ゴム、稲作＋ゴム＋大工等という複合パターンをもっているとは言いきれない。たとえば、一九六六年と一九六七年に堀井が調査したムダ地域内部のスンガイ・ブジョール村は、「総戸数五六戸のうち米作に専従している農家が四四戸で総戸数の八〇%近くを占めている」(堀井 1971)という。ちなみに、スンガイ・ブジョール村はムダ地域の中央部に、G村は北東の端に位置している。すなわち、スンガイ・ブジョール村は水田に囲まれているのに対し、G村は西には水田が広がり、村をはさんで東側はやや高めの乾いた土地があり、そこにゴム林があるためゴム切りが副業となっている。「低くて水のたまるところは水田に、水はけの良いところはゴム林にする」という。

女性たちは、農閑期には、ココナツオイルを作ったり、香辛料の加工・保存をしたり、スクリュー・パインで壁や屋根やしきものを編んだりしていた。その製品を売ることもあった。

二　ムダ地域の伝統的稲作

①水管理の歴史

ケダ平野の稲作の歴史的背景を口羽ほか編(1976)、「マレー農村の研究」から引用しよう。

「……水稲作がシャム人によって北部諸州にもたらされたのは一五世紀頃である。一六世紀末まで、マレー半島では、水稲作はほとんど行われていなかったといわれている。ケダ平野の水路の開発も伝説によれば一五世紀頃からである。

ヒンドゥー王国であったケダにイスラム教は早い時期に渡来したようであるが、ケダがイスラム教国になったのは一四―一五世紀頃である。……

一六二五年に王位についたスルタンはアロルジャングス～グノン川（Sungai Gunung）の水路を築き、一六六四～六五年には、プルリスからアナッブキットの地点でケダ川を結ぶ水路（現在のジャランプルリス川 Sungai Jalan Perlis）が造られている」（口羽ほか 1976）。筆者の調査対象であるG村は、ジャラン・ペルリス川沿いで、口羽らの研究から、最も早く開発された地域に位置し古くから稲作が実施されていたとみてよいだろう。

しかし、ケダ州の本格的開発は、「政治情勢の安定した一九世紀後半からはじまる。……一九世紀後半、植民地政府の下でつくられたこれらの水路は、いずれも雨期の過剰水の処理を主目的としている」（口羽ほか 1976）。

一九七〇年にムダ灌漑プロジェクトが完成するまでG村の稲作は天水依存だった。雨季に入って、雨水がたまった水田の耕起をし、田植えをする。細かいかけひきによる水位の調節や、他人の水田に水を回すことはなく、自分の水田の排水と水の確保さえすればよかった。

また、短時間に集中的に大雨が降り、そのあと一週間も晴れ上がるというような降雨パターンのもとでは細かな水管理は無駄だったとさえいえる。

雨季の過剰水は田ごしに排水する。排水路に対して細長い水田の区割りになっているが、排水路まで二～四人分の水田しかいないため、田ごし排水と言ってもそれほどむずかしくなかった。水不足を恐れる農夫は雨季でも深水にして、水を水田内に確保しておく傾向があった。

以上のような水管理では組合も統率者もいないのはごく自然のことである。天水田地域を調査した口羽らは、「天水依存の稲作では、水を分配するための特別の組織を必要としない。農民はとなりの田とはまったく無関係に稲作を営むことができる。水利をめぐって一つの村と他の村とが対立することもまったくない。個人や集落の上に立つ調停者を欠く状態で生活が可能である。……マレー半島の大部分では、水稲耕作はめぐまれた自然条件を念入りにコントロールして、その手法をみがきあげてきたというよりは、完全なコントロールの不可能な不安定な条件を前提として成立してきたのである」（口羽ほか 1976: 4）という。

水の確保と土地の条件のために、深水の水田が多かったこの地域では雑草が少なかったため草取りは必要なかった。

ネズミの被害は深刻だったが、病虫害の発生はなかったという。

水田の草とりに苦労し時間をかけ、水利のために組織化され、手間と気配りをおしまない日本の水稲作とかけはなれ、自由な水稲作がここにある。

② 具体的な作業内容（聞き取りと文献資料）

二期作化前後で技術は変化したが、生活面についての記述は二期作化後も同様であるが、と前置きしていることが多いということからもわかるように、変化は顕著でない。

〈乾季〉

二月頃に前年度の切株が焼却される。一期作時代に農作業の一環を担っているウシやスイギュウが乾季には水田の雑草や自生のイネを食んでいた。

〈五月頃〉

雨が降り水田がしめってくると農民は「タジャク」という作業をした。「タジャク」という、柄の長いL字型の大鎌であぜや水田の草を刈る。時にはひざまで水につかっての作業になった。

〈五月～六月－耕起〉

水田に水がたまると、二回、スイギュウによる耕起をした。一ルロン（約〇・二八ha）の水田の耕起は一朝（*satu pagi* 午前七時～一二時）の労働である（口羽ほか 1976: 94）。一九六〇年頃から、中国人の所有するトラクターによる耕起が始まり、一九六九年現在は、八割の農家がトラクターを頼むか、耕運機を利用していた（口羽ほか 1976: 94）。しかし、一九八三年現在も一期作をしているTB村では筆者の聞き取りによれば、一九七八年まで多くの農家がスイギュウで耕起をしていたそうである。

〈代掻き〉三～四回

「水牛に大きな熊手様のものをひかせて、雑草と土が混ぜられる。仕上げにローラーを水牛にひかせる」（口羽ほか 1976: 94）。

〈五月～六月　苗代〉

他の水田の耕起が完成しなくても、水田の一角に苗代をつくる。鳥や家畜の被害を受けないようにかこいをする。

〈八月　田植え〉

葉先をかまで切り落とした苗を使う。「豪雨や風で長い苗が定植後、水につかって腐敗しないためだがどのくらい切るかは水深による」（口羽ほか 1976: 95）。

G村女性Hさんによれば田植えは女性の方がうまいとされ、女性の集団作業であった。デラウしよぶ労働交換の慣習があった。この慣習については1－4にくわしくのべる。水田の多い人は労働を返しきれないので、シェア・グループという請負集団を雇った。

デラウに参加する婦人は多いときは三〇人にもなった。皆でぞろぞろと村中の水田の田植えに歩きまわる。これをタナム・ジャランジャラン（田植え歩き）と称した。本来、ジャラン・ジャランというマレー語は、旅行、ウィンドウ・ショッピング、友人との、あるいは友だち宅への出歩きなどの遊びのための言葉である。タナム・ジャラン・ジャランは楽しみを含んだ言葉である。G村の一期作時代を知っている女性たちは「デラウは楽しかった」という。「友だちがたくさんきて、朝から皆が集まるのを水田で待って、一斉に田植えをするんだよ。余計に働いた分は、お金（クパン）で払ってもらうこともできる」。「女性も田植えと稲刈り時期は金持ちだったよ」と話してくれた。Dさんは田植えがある時期は女性も金持ちだったと金の腕輪を筆者にむかってふって見せた。自分で働いた金で購入したものだという。「一ヵ月間村中の水田の田植えに歩きまわる。田植えはお金になり、かつ、楽しい」とHさんはいう。楽しくてお金になる一挙両得の仕事場を女性たちはもっていたということになる。楽しければ、仕事も辛くはない。そこには、時計時間を単位とした生産性ではない、「皆と仕事をすれば楽しくて早く終わった様な気がする」という女性たちの言葉通り、時計では計れない時間生産性がある。それは、「精神的身体的時間生産性」とでもよぶべきものである。二期作化以降、タナム・

ジャラン・ジャランはなくなり、シェア・グループという女性集団による請負へと変化した。その女性たちも「仲間と仕事をするのは楽しい」といい、精神的身体的時間生産性は維持されている。

二期作化前も以降も田植えにはクク・カンビン（ヤギ爪）という田植え棒を使う。すでに述べたように深水に維持する傾向がある水田では、大きめの苗を、深く植えるために、手植えでは出せない深さまで届く先端が二股になった棒に苗を挟んで植え込むのである。

しかし、これは二期作化以降も同様にみられるので、田植え後の水の調節が悪くて、苗が腐ってしまって、植え替えをしなければならないこともある。二期作化前と後で同様なことは、水不足で稲が育たないこともあるので、村人は水の確保に注意するという点である。水を漏らしてしまう畔のカニの穴に気をつけなければならない。そのための見回りは時々出かけるようにしていた。

〈肥料の投入〉

田植え後の水田に塩をまく。

一九四一年の日本軍の占拠以来、化学肥料も使うようになったと村人は言う。G村ではウシのフンと土を混ぜたものを用いたようである。パダンララン村では「『こうもり』の糞が三年に一度の割合で用いられた」（口羽ほか 1976: 96）。ネズミの被害がよく出たため、ネズミ取りも重要な作業であった。

水田の中の除草は行われなかった。

〈一一月〜一二月　稲刈り〉

一期作化当時、稲刈りもデラウ（労働交換）で行われた。

一期作当時、稲刈りをシェア・グループに請負わせるのは労働を返しきれない大規模農家だった。「稲刈りには、一・五mくらいに成長した稲を稲刈り鎌（*pisan pengerat*）を用い、根から三〇～四〇cmくらいのところで刈る。この長さは脱穀のために便利な長さである」（口羽ほか 1976: 96）。G村では、稲刈りのために水田に出刈り小屋が造られたという。

〈脱穀〉

男の仕事とされていた。「小さなはしごのようなものに刈り取った稲をたたきつけて粒を落とす」（口羽ほか 1976: 96）。G村の男性は筆者に向かって稲を振り上げ振り降ろす仕草をしながら、「こんな風にたたく、大変だった」と語った。

〈運搬〉

家まで米袋を運び、倉に納める。若い人のアルバイトになる。

〈農閑期〉

村人によれば一期作当時の農閑期には、ゴム林で働く人が多かったが、村の男性も女性もよく魚とりをした。水田や水路で、竹の釣りざおで釣ったり、竹あみをかぶせたりして魚をとった。うすあみを使った小えびとりにも出かける。男性はしばしば曳き網を使う。水田、水路はたんぱく質の供給源である。魚は農民の日常食の一つである。乾季の真最中は、森の池の水が少なくなる。池の底に残った水を皆でバケツなどを用いてかい出して、泥の中や石の間から魚を手づかみでとる。当時は人間の太ももほどもある魚がとれたと村人はなつかしそうに語る。これを塩魚にして保存する。一家で半年食べられたという。

〈用水路の使用法〉

すでに述べたように水路では、沐浴（マンディ）や洗濯もした。これは現在も続いている。沐浴は、イスラム教の祈りの前の浄めとして、そして暑気払いとしても重要である。日本でいう風呂の役割も果たす。

次のように二期作化前も後も、村人は水田で働く際の体調の管理を重視している。作業の後のひと休み時間のおしゃべりや昼食などの楽しみも重要なこととしている。水田で働く場合の村人の注意を以下に記す。

①水田へ行くときは、朝もコメの飯を食べると良い（普通は朝食は果物の揚げ物を食べ、飯は食べない）。

②田へ行くときは寒くても、朝の沐浴をしなければいけない。

③頭は、まず布をかぶりその上に笠か麦藁帽子をつける。

④正午前に帰ってきたら、まず日かげで一五～三〇分おしゃべりをしながら休んで身体のあら熱をとり、それか

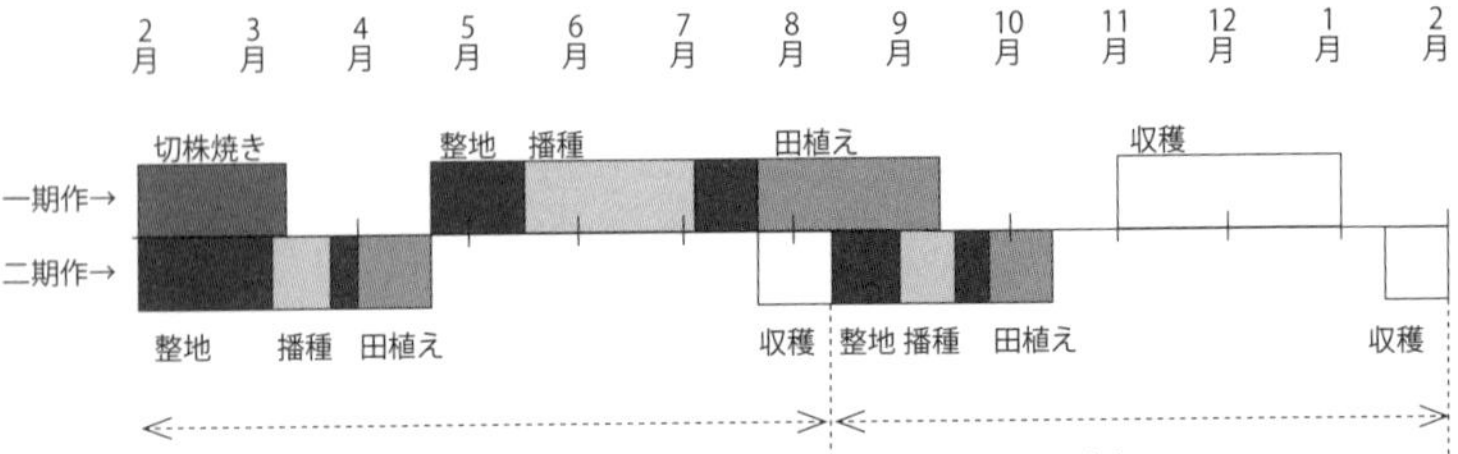

図 1-6　一期作と二期作の作業暦
（パダンラランン村。口羽ほか 1976 をもとに作成）

ら沐浴をする。身体が熱いときに突然に冷たい水を浴びると身体がびっくりして、声枯れなどの不調を生ずるという。

⑤お祈り。そのあと昼食を食べるとおいしい。

村全体の一期作のスケジュールは、図1-6に示したように、播種・田植え・収穫にそれぞれ一カ月という長いスペクトラムをもって進んでいた（その後の二期作化によってすべての工程を短縮することが村人たちに要求された）。

雨の降り具合によって、整地作業の始まりが左右された。

三　不足を補う方法

一期作当時の農民の大きな問題の一つは、端境期の一時的なコメや金の不足であった。それを補うために、中国人およびマレー人商人から商品や金の前貸りをしたり、近隣や親族の裕福な者から借りたりした。返済できない場合は、土地を手ばなすこともあった。この負債と相続による土地の細分化（人口増加と均分相続の慣習が相まって土地が細分化した）が、マレー農民の生活水準の向上をさまたげていると言われてきた。他方、過去一〇〇年の資料を分析した水島は、土地の集積がないことを報告している。マレー人の貧富の差が小さいことと関連していると考えられる（水島 1995）。

そのためマレーシア政府は「一九五一年に農村工業開発公社（RIDA）を設立し、季節的融資協同組合（SSCS）を通じて農民に資金を貸しつけたが融資額は少なく、必ずしも十分ではなかった」（滝川・斉藤 1973）。「一九五四年、政府は、頂上銀行を創設した。一九五四年一二月、ゴム価格の急落の影響をうけて米価も下落した。……この時の一五〇〇万ドルの政府財政支出のうち一〇〇〇万ドルは、ジュアル・ジャンジ（土地所有権の移転をともなう農家負債）によって土地を喪失したケダ州の米作農民の救済が中心となった。一九六六年には、未償還貸付金累積が問題となった。協同組合局長は借り手のことを怠慢者たちと言って非難している」（滝川・斉藤 1973）。筆者の聞き取りの際にも、ムダ農業開発公団の職員は同じように危機感をこめて語り、組合の低迷を嘆く。

「G村の農民はしかし、正式なローンを借りるよりも慣習的方法で村落内の裕福な人から借りる方を好む。それは、死・病気・共食等の緊急事態にも助けを求めることができるからである」（Mohd Shadli 1978）。この人脈を維持する傾向は1－4でさらに詳しく言及されるマレー農村の重要な特徴の一つである村落内の互酬的慣習のあり方とも大きく関わってくる。

1－4で述べるトロング（助けるという意味）・ピンジャム（借りるという意味）も重要な不足を補う方法である。たとえば、クンドゥリ（共食会）を催す際……借りる側と貸せる側、また与える側と与えられる側に互恵的・互酬的な関係が形成される。互酬的関係の維持もまた、不足に備える一つの方法である。

四　伝統的稲作システム

これまで個々に述べた伝統的稲作の特徴を水田をめぐる人々の活動と物質の循環のシステムとしてみてみると、図1－7のようになる。これを「伝統的稲作システム」とよぶことにする。

「伝統的稲作システム」は以下の三点を柱とする。

（1）水田・水路の「複合的利用」

（2）コメとゴムの組み合わせを主とするさまざまな「複合的生業」と豊富な果物や魚、そして年中を通して温暖で多雨という自然条件の上に成り立っている、手をかけない天水稲作。

（3）村の人間関係を基礎とした労働力確保の方法。これとゴム林により現金収入の確保が可能。

「伝統的稲作システム」の具体的な有様は次のように表現できる。

水路は田に水を供給するだけでなく、農民が魚をとり、水浴をし、洗濯や歯みがきをするところである。かつては舟も往来した。

雨水がたまった水田は、稲を育てると同時にさまざまな生物を恵む。そのうち水田内および排水路、そして水田にかこまれた島のような森の中にある池に棲息する魚類（Ikan Sepat: *Trichopodus trichopter*, Ikan Haruan: *Channa striata*, Ikan Punyu: *Anabas testdineous*, Ikan Keli: *Clearias nienhofii*）は、農民の貴重なタンパク源だった。

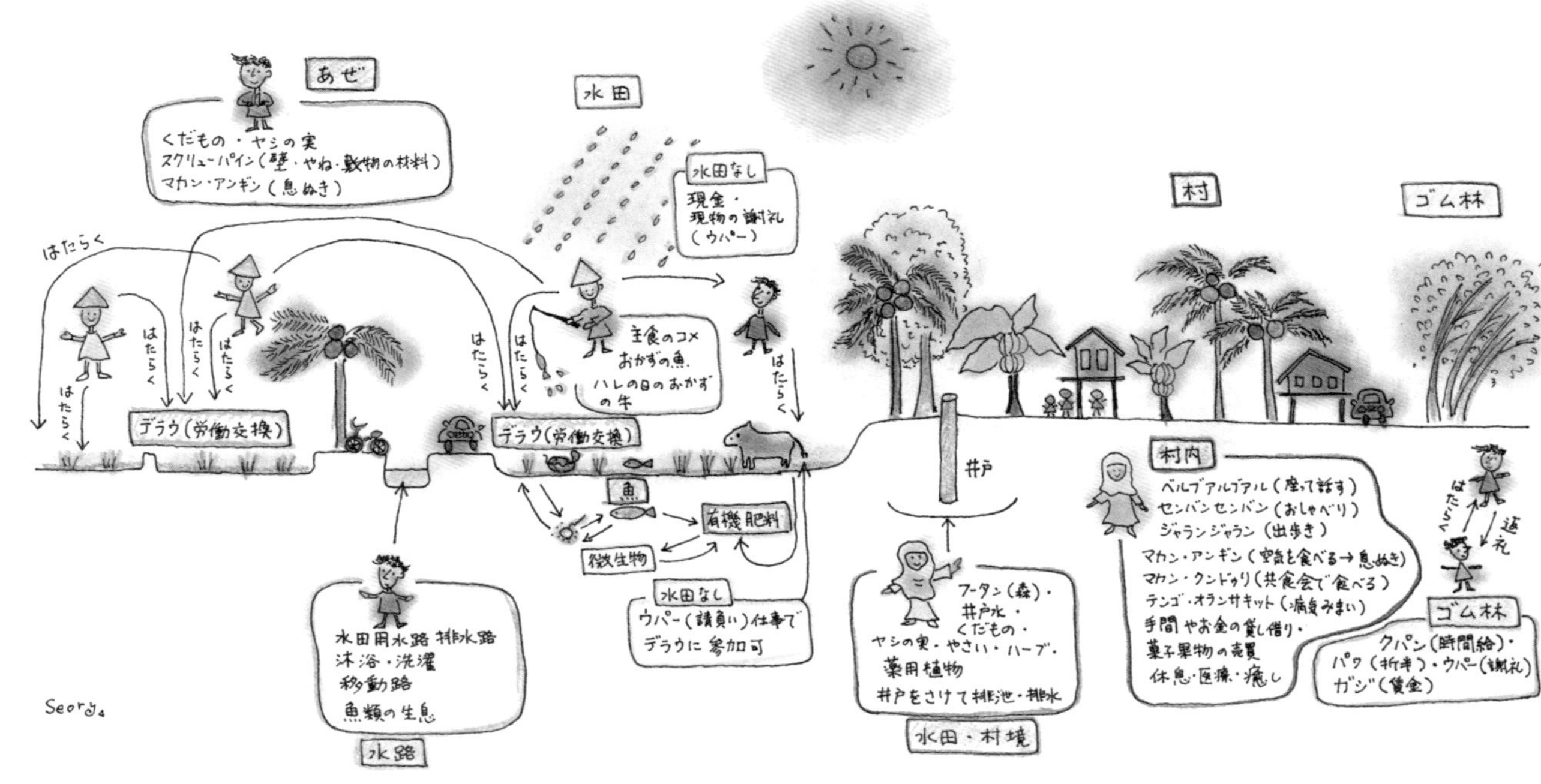

図 1-7　G 村の文化生態系：イメージ図（1983 年）
（女性がベールをつけているが、客人以外の家の人々は村内ではあまりベールをつけない。
水田で働くときはベールをつけない）

乾季にとった魚を塩魚にしておくと、一家が半年間食べられ、次の乾季までもったと農民たちは語る。またそれだけでなく、魚類は、他の生物と共に水田や水路の物質循環の一環をなしていて、高分子の有機物を分解するのに役立っていると考えられる。

水田を耕すときに人間が労働力として使い、食用にしたり、売って収入源にしたりするウシやスイギュウは、農閑期には自生するイネや雑草を食む。そして、その排泄物は肥料として水田に還元される。

稲ワラや雑草は乾季に焼かれて灰になり、水田に灰やミネラルを供給する。この、火をかける方法は二期作後一時衰退するが、一九八〇年代に入って病害虫の大きな被害のあと、病害虫予防の効果があるとして、ムダ農業開発公団の指導により再び始められたこれを筆者が観察している。また一期作当時、深水田であったためか雑草はほとんどなかったと村人はいう。除草剤の必要はなかった。

人間の活動を中心にして見れば、人々は水田でコメ（主な炭水化物）をつくり、魚類（主にタンパク源、カルシウム源）を手に入れ、そこでウシやスイギュウ（タンパク源、労働力、現金収入源）を飼育した。そして、あぜにはバナナやココナツを植えた。バナナのフライは朝食に、ココナツはココナツオイルとして、揚げものに、ココナツミルクはカレーに利用された（どちらも油脂類、ビタミン源）。また、家の周辺に作った果物や木の葉や小さな畑のトウガラシから、ビタミン類を得ることができた。これらは、ほぼ一年中手に入る。栄養学的には、鉄分の不足が問題になる。香辛料からだけでは不十分である。家のまわりには、ニワトリやアヒルが飼われ、台所からのゴミやココナツカス、水をのんで生きている。

人手を要する農繁期には、人々は互いに労働交換（*berderau*）をして助け合ったり、親族や近隣の人々や知人を雇って働いてもらったりした（ウパー：請負わせ、クパン：時間給）。この際、土地の少ない農家は土地の多い農家の水田に働きに行き、そこから収入を得た。働く側も、雇う側も近い親せきや親しい人から頼まれたら、いやというのは非常にむずかしいそうである。

この関係はさらに他の文化社会的活動とも重なり、複雑な人間関係の網をつくり上げている。人々はその中で生きている。問題の「伝統的稲作システム」もこの人間関係の網に支えられている。

水田の水は全面的に雨、すなわち、天水依存だった。水田の水管理は雨水を水田内に確保することが主要だが、過剰の場合は、排水する。水管理は周辺の水田の作業進度を注意深く観察した上での個々人の判断によってなされる。どちらにしても集中的に強い雨が降り、ほとんど高低差のない一面の水田にたまるため、細かい水のかけひきは、困難であろう。ここは全面的な天水依存の稲作地域で、水利組織や周辺の水田耕作者との水利に関する協力体制もみられなかった。問題は水不足に陥ったときだが、十分水のある水田からもらうことがあると村人は言う。しかし、無理を言うことはできないそうである。サブ・フィールドの一期作地域における観察と聞き取り調査からも情況は同様である。ところが、実際は夜になってからこっそりと、水を他人の水田から取ってしまうこともあるとサブ・フィールドの村人は語った。

また、水不足が続くと近隣で共同で雨ごいのための儀式と共食を行った。

一期の稲作だけでは生活のための十分な物質や金が得られない場合（パダンラランン村では、稲作は自家消費用がほとんどだったという。口羽ほか 1976）は、農閑期に副業をする（1−3−一「複合的生業」）ほかに、1−3−三で述べたさまざまな不足を補う方法に頼った。借金のために土地を手ばなさなければならない農民さえいたという。端境期における現金等の不足は「伝統的稲作システム」の欠点の一つであろう。

1−4 二期作化プロジェクトは動きはじめたが農民はマイペース

一 新しい技術

次にG村を含むムダ地域に導入された新しい技術を一つ一つ取り上げる（図1−8）。この、増産を目的とし、灌漑設備と新品種導入を技術的な柱としたムダ灌漑プロジェクトは、いわゆる「緑の革命」とよばれる食料増産のための世界的な大きな動きの一部に位置づけられる。

1 灌漑整備と二期作化

一九七〇年にムダ灌漑プロジェクトが実際に動きはじめた。それは、雨季の過剰水を山間部のムダ・ダムとペドゥ・ダムに溜め、乾季作の用水として用いることによって水稲の二期作化をするプロジェクトである。

用水路と排水路の整備もプロジェクトの一環である。水田用水路においては、ポンプを使わずに水門の操作によって給水を行っている。用水は北大幹線水路から一次用水路を通って、二次用水路に入り、そこから水田に給水される。二次用水路は幅約一〇m、高さ約二・五mである。二次用水路から約三km田ごしに灌漑されたあと、二次排水路へ流れ込む。二次排水路の水は幹線排水路に集められ、そのまま、あるいは海岸近くでその他の川と合流して海へ排出される。二次排水路は二次用水路と同様の大きさである。

ムダ地域の二期作化率は一九七〇年当

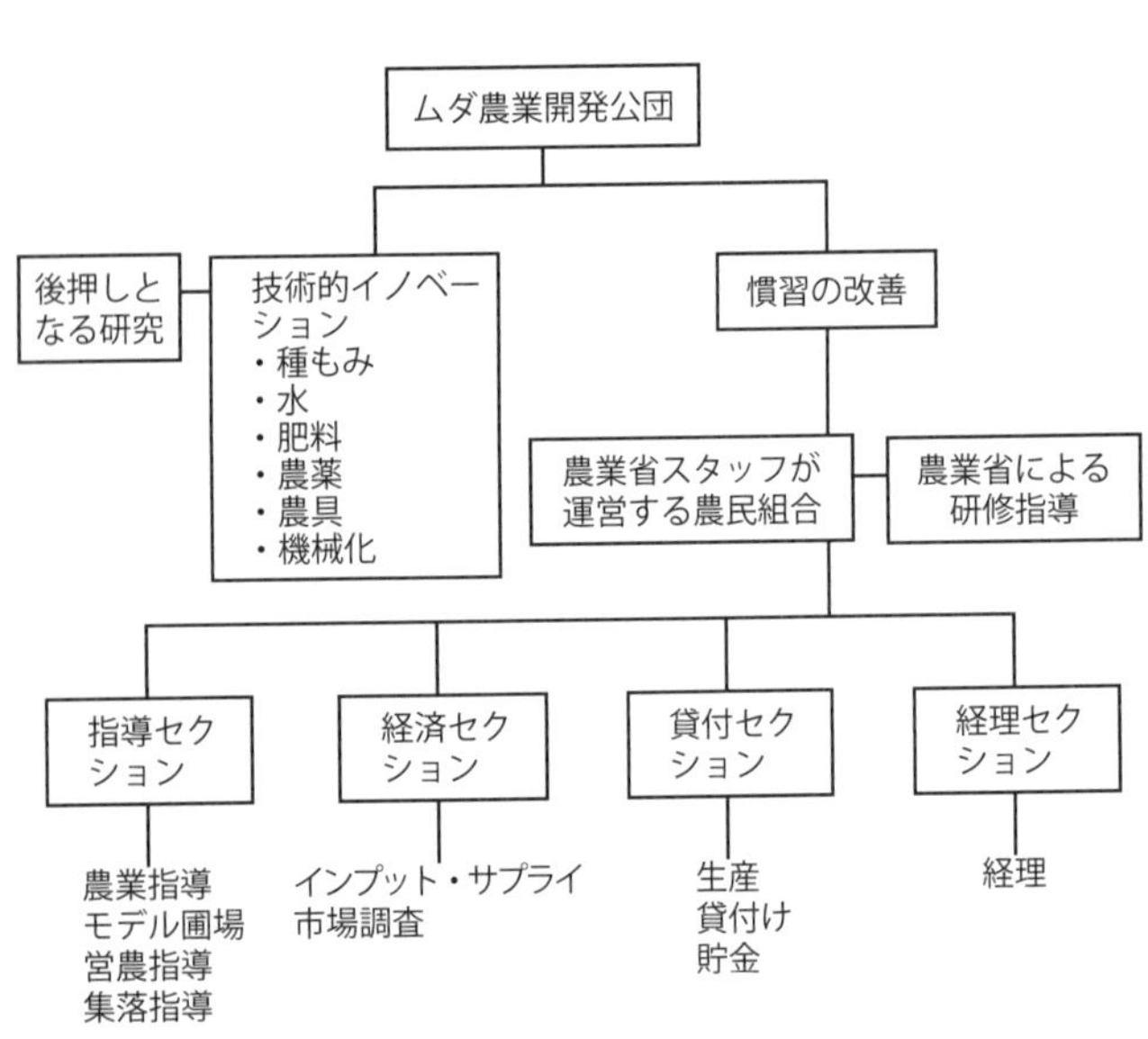

図 1-8　ムダ農業開発公団の組織図
（MADA 1974 より筆者作成）

時は三二％だったが、一九七五年には九二％に達したと報告されている。

一方で、村内に水利組合は存在せず、農民側には共同で水利を管理する体制はない。その結果、筆者から見れば、水利は混乱している。しかも、水利組合が歴史的に存在したことはなく、個人的な水田経営がなされてきた。農民にとって、水利は未知のものなのである。

2　新品種の導入

「奨励された高収、育生短期品種がすべてのムダ農民に受け入れられることが生産品の増加と実質的農家収入の増加の前提条件である。育生短期品種は、二期作化に欠かせない作付スケジュールの短縮という目的にもかなっている」（ムダ開発公団 1974：筆者訳）というムダ開発公団の方針の通り、ムダ地域で栽培される新品種が急激に増加した。

この地域では、ねばりのある日本米（ジャポニカ米）ではなく、ねばりの少ない細長いインディカ米が好まれる。農民はうるち米のほかに、ハレ食用にプルト（pulut）とよばれるもち米を栽培する。

西尾（1976）は「一九六七年の調査によれば（…中略…）新育成短期品種はマシュリの一二・二％で、その他のマリンジャがごくわずかあったにすぎなかった。灌漑事業が完成近く二期作化が進んだ一九七〇〜七一年には、新品種バハギアが六四％と急激に普及し、同じく新品種のマシュリ・リア（IR8）とあわせて、七〇・八％が在来品種にとってかわる。（…中略…）一九七一年のムダ調査でも九五・八％がバハギアなどの新品種で占められている」、そして、「新育成品種は生育日数が一二〇〜一四〇日と短縮されるが、小肥条件では増収効果が少なく、むしろ短期間に農家業が集中するため技術水準の低い地帯の農家には敬遠されがちなのであろう」ことを指摘した。

そして、ムダ開発公団と共に活動する熱帯農研の杉本（1981）は「近年の単収の伸びは……横ばいを示し、新規開田の計画はなく、二期作の普及率も頭打ちとなり、延面積の増大は望めない。したがって、マレーシアでは年率二・五％の人口増加に打ち勝って、九〇％のコメの自給率を維持するためには、単収の漸増が必要となる。このためには、品種改良とその普及を柱として、栽培、施肥防除技術などの開発がまず望まれる」と報告している。

3　農業の化学化：肥料の投入

肥料は政府から供与され散布は慣習に従っている。

聞き取りによるとG村の農民は、基肥を施さず、田植え後約三〇日に、複合肥料（*Baja Campuran*）を人によっては*Furadan 2G*（フラダン・ドゥアジー）等の農薬と混ぜて、手で散布する。さらに農夫が育ちが悪いと感じた場合は追肥＝穂肥を施す。

「一九七四年度の両作期の推定平均もみ収量は約三 t／haであったが、一九八〇年度では四 t／haに近いと推定される。このような最近の著しい単位面積当たりの収量の増加は、多収性品種の導入と施肥料の増加によるものといえる。マレーシア政府は稲作農民の生活向上のために、一九七九年のメイン・シーズン以降、全国の稲作農民に対し、二・五 haを限度とし、ha当たり窒素九〇 kg、リン酸、カリをそれぞれ二二kg、無償供与を続けている。したがってムダ・ダム灌漑地域の窒素の施肥量は現在九〇kg／ha前後と推定されるので、一九七四年推定五五kg（Ho 1981）に比べて約六〇％の増加である」（野崎 1981）と施肥の効果は重要視されている。政府からの肥料の供与は、農民の集団的ストライキ（道に出て立っていただけだとG村の人々は語り、リーダーの名前は決して口にしない）によって勝ちとったことをここに記す必要がある。

G村における聞き取り（二七八―二七九ページ）によると、一九八三年乾季作の施肥量は、窒素九〇～一一八・九kg／ha、カリウム・リンがそれぞれ一四・二～二二kg／haでほぼ、政府からの供給量通りであった。

4　農業の化学化：農薬は使いすぎない一斉散布はなし

・背景

一九八一年と一九八二年、一九八三年の乾季作はコメの赤変病（プニャキト・メラ）が大発生した（表1―3、HQ ムダ開発公団 1983）。そこで、農民に対する農薬の使用法の指導が強化された。農薬使用の指導は古くからムダ開発公団の重要な活動部門の一つであった（ムダ開発公団 1974）。

・使用法

表1-3　プニャキト・メラによる被害面積

作期	被害面積（ha）
1981年　1期	5870
1981年　2期	14
1982年　1期	5570
1982年　2期	269
1983年　1期	8392

（MADA HQ 1983）

ムダ開発公団は定期的な予防散布を指導しているが（ムダ開発公団1983の散布時期がスケジュール表に記載されている）、インタビューしたG村の農民たちは一人残らず「病気や害虫が発生してから殺虫剤を散布する」と答えた。農民は農薬を「ラチュン（マレー語で毒）」とよび、「ラチュンは虫も殺すが魚も殺すから使いすぎないほうがいい。それに高価で散布するにも時間を食うので多量に使わない」と言う。農薬準備率はほぼ一〇〇％だったが、実際の使用量はムダ開発公団の指導よりも少ないと思われる。

地区ごとの一斉防除等のかたちでの予防散布はG地域ではまったく観察できなかった。筆者の滞在中に一回、ムダ開発公団が一斉防除を企画したが、集まった農民はわずか三人だったという。

一期作時は田植え前の二回の耕うん作業や深水により雑草害はなかったと村人はいう。しかし、二期作化以降は雑草が増加し、G村に二・四Dアミン、二・四Dブチルエステルやカルボフランを複合肥料に混ぜてまく者もいる。

ムダ開発公団 DⅡ事務所で売っている農薬と販売量を表1－4に示した。殺虫剤販売量は増減があり、除草剤の使用量は増加傾向が見られる。

5　機械を貰わずに機械化して労働時間は増やさない

「土地のない多くの農業労働者がいるにもかかわらず、そのうちの非生産人口の割合が多く、他の地域や部門からの労働力の移動が少ないことは、二期作化による時間的拘束の強化によって圃場における労働力不足が激化することを意味している。……伝統的には簡単な道具と人力によって一期作が行われてきたが、稲作のためのいくつかの技術の実行を可能にする一連のイノベーションの一つとして高度の機械化が以下の理由から必要になった。

1．二期作は正確で時を得た農作業を要求する。

2．労働集約型農業では農作業ピーク時に労働力不足になることがわかった。

3．多くの農業集団が目に見える部分の近代的農業技術に親しむことによって、伝統的なバリアを弱め、目には見えにくい部分だが重要な近代的農業技術の受け入れが促進される」(MADA 1974)。

労働力投入のピークは乾季作(Ⅰ期)と雨季作(Ⅱ期)の移行期である。乾季作の刈り取り、脱穀、乾燥、販売、雨季作のための耕うん、苗代、田植え作業をわずか一・五ヵ月から二・〇ヵ月のうちに終わらせなければならない。

「一九六〇年ころから中国人の所有するトラクターによる耕起が行われている。一九六四年にトラクターを賃雇いした農家は一一五戸中一五戸にすぎなかったが、現在では八割の農家がトラクターか手押しの耕うん機を使用している。……耕うん機を農家が所有し始めたのは一九六八年である」(口羽ほか 1976)と報告されている。

G村では、農家所有の耕うん機による耕うんが一九六〇年代から始まり、一九八〇年まで続いていたが(Wong 1983)、一九八一年から中国系商人の所有するトラクターの請負わせが増加し、一九八三年の筆者の調査時期には、G地区のすべての農家が、トラクターの請負わせ(ウパー)をしていた。

トラクターを導入した理由は、大型一九七八～一九七九年に導入されたコンバイン・ハーベスタが圃場に深い轍跡を残し、手押しの耕うん機は、コンバイン・ハーベスタの深い轍跡にはまってしまって動かなくなるため（観察と小型耕うん機所有者への聞き取りによる）である。M氏とA氏はいとこ同士二人であるが、シェア方式で耕うん機を共有している。耕うん機を現在も使用しているが、「コンバイ

3. 用途	1980年	1981年	1982年	1983年
除草剤	0	0	0	134
除草剤	0	0	0	15
殺虫剤	0	0	0	56
〃	42	0	78	128
〃	-	15	40	-
殺菌剤	0	5	0	8
〃	1	1	0	0
殺虫剤	0	0	50	13
殺虫剤	4	64	31	29
除草剤	8	212	380	560
殺虫剤	0	0	0	27
〃				
除草剤	19	88	284	251
除草剤	0	0	83	160
殺菌剤	52	69	45	14
	0	0	151	40
殺虫剤	0	0	0	23
除草剤				
殺菌剤	0	0	0	0
除草剤	6	6	17	0
殺虫剤	63	21	26	2
〃				
〃	359	472	1580	221
〃	0	0	6	0
〃	23		21	
〃	18	39	101	73
除草剤	6	19	6	5
〃				
〃	0	0	174	196
〃	19	29	3	10
殺虫剤	19	16	2	19

表1-4 農薬の種類と販売量

	1. 名前	2. 成分
1	2,4-D Amine	2,4-D Amine
2	AGROXONE	MCPA
3	Basudin 5G	diazinon
4	BASSA 250CC	BPMC
5	BASSA 500CC	BPMC
6	BENLATE 20	benomyl + thiram
7	BLA-S	blasticidin-S-benzylamino-benzensulfonate
8	rBHC	γ -BHC
9	DOLMIX	carbaryl + γ -BHC
10	RUMPUTOX	2,4-D butyl ester
11	FURADAN 3G	carbofuban
12	γ -BHC	γ -BHC
13	GROMOXONE 1L	paraquat dichloride+paraquat
14	GROMOXONE 4L	paraquat dichloride+paraquat
15	HINOSAN	edifenphos
16	HOPCIN	(buthylphenyl-N-methyl carbamate) BPMC
17	LEBAYCID	fenthion
18	Ordram 10G	molinate
19	PHYTOMYCIN	
20	RUMPADI	
21	SEVIN 85	carbaryl
22	SMICIDIN	fenvalerate
23	SOGATOX	MTMC, prentoate
24	SPANONE 8G	N-N dimethyl-N (2-methyl-4-chlorophenyl formamidne hydrochloride
25	SUMIDAN	
26	THIODAN AIR	endsulfan
27	THIODAN SERBUK	endsulfan
28	TREFLAN R	
29	TREFLAN R	
30	U.46 AIR	2.4D dimethyl amine salt
31	U46 SERBUK	2.4D amine
32	LINDEN	γ -BHC

ン・ハーベスタの深い轍跡に困っている」と語る。

観察と聞き取りによれば、G村では、収穫作業の機械化は、一九七八年頃から始まり、一九八〇年にはほとんどの農民が、コンバイン・ハーベスタに請負わせ（ウパー）するようになった。一九七九年には、女性グループ（シェア・グループとよばれる）が収穫に雇われたが、一九八〇年には、ほとんどなくなった。同時に収穫のためのデラウ（労働交換）もなくなったため、機械化がさらに促進された。一九八三～四年では排水が悪いため、機械が入れられない水田で田植え・手刈りが行われているのみで、ほかはすべて直播・大型コンバイン・ハーベスタの組合わせに置き換わった。

また「一九八〇年雨季作では大型コンバイン・ハーベスタによる収穫面積がムダ全域の八〇％」（執行 1981）であった。

田植え機については、ムダ開発公団や熱帯農研は研究開発を続けているが、まだG村には普及していない。

6　直播でさらに作業時間を短縮する

直播はタイから移入された技術で、水にひたして発芽させた種もみを、浅水にした水田に手でまき、移植をしない方法である。

欠点は、①稲の密度が高いこと、②稲の疎密の差が大きいこと（稲の生育密度が一定でない）、③発芽を促進するため浅水にすることにより雑草が生育しやすいこと、④手植えの水田では稲が束になっているので、これをつかんで刈り取るが、直播の水田では束がないので、手による刈り取りができないこと、⑤薬剤散布および水や害虫のみまわりのために農夫が圃場中心部へ行けないこと。これらの欠点の統合的な結果として、害虫や雑草の害が増加し、低収を招く（ムダ開発公団はこれを理由に一九八四年は田植えを再開するように指導している）。

直播の長所は、苗代の準備と移植作業がないため、経費と時間の節約になる点である。直播はG村においては一九八二年Ⅱ期から急速に拡大し、一九八三年Ⅰ期およびⅡ期は、九〇％以上の農家が直播を導入した。

一九八二年Ⅰ期までは、田植えのためのデラウ（労働交換）が存在したが、直播導入のため、一九八二年Ⅱ期からなくなった。デラウがないと、田植えに経費がかかるため、その他の農夫も直播を導入せざるを得なくなり、一九八三年のⅠ、Ⅱ期はほとんどすべての農民が直播を実施した。

また、直播された稲は、束になっていないので手で刈るのがむずかしいが、コンバイン・ハーベスタの導入によってこの点は問題ではなくなったため、直播がさらに普及した。

しかし、直播は欠点が大きいため、ムダ開発公団は一九八四年の作付は田植えを奨励し、G村の農民も多くは田植えを実行する予定である。

二　新しい技術と生産量の増加

マレーシアのコメの自給率は一九五八年の五五％から一九七九年には九二％に達し（杉本 1981: 17）、新経済政策、ムダ灌漑プロジェクトの目的の一部は達成された。

ムダ灌漑地域は、一九七六年に全国の水稲生産の四五％、一九七九年には五〇％を生産している。マレーシアのライスボールとよばれるのにふさわしい数値である。

マイペースな農作業でも成果は上がっている。野崎らは、新しい技術の収量への影響は、窒素施肥と適品種が最大で、次いで栽培密度と水深であるが、基肥は施されず移植後一一～三〇日頃のみの窒素の施用例が多いという。そして、改良技術による増収は平均三二％で、品種の効果が主に関与しているという（野崎 1985）。プロジェクト側の増産への目線と農民の生活レベルのリズムがすれ違いながらもお互いに何とかやりくりしているのである。

一九八三年の窒素の投入量は一一八・九～九〇kg／ha、カリウム、リンがそれぞれ一四・二～二二kg／haである（G村における聞き取り調査）。窒素については日本における施肥料とほぼ同様、カリウム、リンについては、日本の1／4程度である（『肥料年鑑』1984の数値と比較）。一九八二年の一〇a当たりの水稲収量は日本で四五八kg（日本農林水産統計 1983）、マレーシアで一九七九年から一九八二年において病虫害がなければ、玄米で一〇a当たり三七二kg～四三九kgである（表1－5、MADA 1982）。日本にやや劣るが、ほぼ匹敵する収量をあげている。

表1-5　ムダ地域稲作生産量の推移（MADA1982より作成）

	作付面積（10^3ha）	10a当たり収量（kg） もみ	玄米（乾燥・選別）	
1978 II	237	427	360	
1979 I	219	468	439	肥料補助
1979 II	237	480	408	
1980 I	221	454	398	
1980 II	237	466	401	
1981 I	223	441	376	
1981 II	230	470	410	
1982 I	221	327	294	
1982 II	235	425	372	

また、農業開発公団におけるインタビュー時に農民が指示通りの施肥を実行しないことがしばしば問題になるが、「土地の保有状況、耕作者の性、年齢、移植時期、施肥量は収量に影響を与えるが、施肥の時期と収量との間に関係はない」（Yamashita et.al 1981: 2）といわれている。したがって、農民の行動は公団の「指導」には反しているが、コメの生産ということに関しては理に反していることはない。お上からの「命令」や「指導」という概念がそもそも薄く、その指示が理にかなっているか、良い結果をもたらすかということを重視している。

収量の増加がむずかしくなり、ますます肥料の重要性がクローズ・アップされてきたが、肥料の大量投入は水田排水の質、ひいては水田排水の流入する川の水質の悪化を招いている（後述）。農民たちが筆者に語った通り、今後は環境への影響を考慮した上での、適正量の施肥と最低限の農薬使用が重要であろう。

三　農業形態の変化

図1－6に示したように、一期作時代に三ヵ月かけていた収穫、切株焼き、整地、播種、田植えを二期作をするために一ヵ月足らずで実施しなければならなくなったのである。

そのため、二期作化されて、水田作業が倍になると同時に、年に二回の短期間の農繁期に作業が集中し、その時期の労働力は不足したと推定できる。五月に整地を始めて八月に田植えするというゆるやかなペースに慣れた農民が、それまで知らなかった灌漑をしながら二期作のタイトなスケジュールを守ることは大変むずかしかった。田植えを例にとってその実状を分析しよう。

田植えはデラウ（労働交換）と請負い労働に頼って行われていた。デラウに参加できる人数は村では限りがあった。請負い労働の他に、タイのパタニから労働者が雇われてやってくる村もあったが、G村ではそういう人々はいなかった。

デラウの労働時間は一九八三年（二期作）のG村での聞き取りによると、一期作でも二期作でも基本的には午前中のみで一九八二年もほとんど午前中しか働かなかったという。

田植えのスピードは、一期作時代のパダンラランのデータ（口羽ほか 1976）によると、一九六九年に一〇人で一日三～五ルロン（0.87～1.44ha）植えていたという。観察と聞き取りによれば、二期作後一〇年経たG村（一九八三年）でも一〇人で一日三～四ルロン（0.87～1.15ha）植えている。したがって田植えのスピードは変わっていないことがわかる。

つまり、労働時間もスピードも変化しなかったということになる。

もう一つの要因として、二期作化以降、水田における請負い労働が増加したという事実がある。田植えを請負うのは「シェア・グループ」という女性のクループである。彼女らの田植えの時間当たりのスピードはデラウと変わらないが午後も働く。

シェア・グループの労働が増加したとしても、デラウ中心の田植えをしている限り一期作の二分の一の期間で田植えを終わらせるという二期作スケジュールに合わせた田植えを実施することはできなかった。そのため、二期作の作業予定に比べて実際の作業進度は大幅に遅れた。一九八三年現在でもスケジュールの乱れは続いている。

そこでムダ農業開発公団の指導、およびコマーシャルベースを通じて、作業のスピード・アップと省力化を目的として農業用大型機械が導入された。耕起用トラクターとコンバイン・ハーベスタによって水田作業時間は大幅に減少した。一九七五年に水田労力は五〇〇〜六〇〇hr／haで、高度に機械化された日本よりもさらに低いと報告されている（山下 1981: 101）。その約五〇%は収穫、二五〜三〇%は田植え作業で占められている。

収穫作業はコンバイン・ハーベスタが、田植え作業は直播がとってかわった一九八三年のG村のM氏の水田での労働時間は一〇〇〜二〇〇hr／haという少なさである。G村の一二人の農夫の一〇月〜一一月（農繁期）の労働時間は平均三・八時間／dayであった（1－6、p. 120参照）

・まとめ

二期作化によって、稲作の作業スケジュールが密になった。そのため労働力が不足して、作業請負いの機会は増加したが、作業のスピードや一日の労働時間はあまり変化しなかったため、作期が二期作スケジュールよりも大幅に遅れた。

農業機械の導入によって耕作者の労働時間は減少したが、水田における村人の作業請負いも減少し水田からの収入は村外の機械所有者の請負いすなわち村外へと流れ出た。これを機械化のジレンマとよぶことにする。

四　食事の変化：身近な自然によりそった食事

食事は一日三回、さじやはしは使わずに、右手で食べる。左手はイスラム教で不浄と考えられている。また、トイレで使う手も左手、毒物を扱う手も左手とされていて、左手は危険な作業を担当する。作法は二期作化前と変わらない。摂取カロリーの計算のために、大人の女性二人、大人の男性二人の六日間の食事量を計算することを試みた。

（1）計算法は以下の通りとした。

1．食材、調理法、調理済食品を確認……A

2．Aの一〇〇g当たりのカロリーA'（kcal/100g）を算出（Tee E.Siong 1982の栄養分析の結果をもとに算出）

3．調理済みの食品の一人当たりの摂取量（四人平均）……B

4．A'×B/100＝C（摂取カロリー）

（2）結果

朝食の熱量が計量できたのは二日間であり、一人当たり平均三九三kcal（1／27と1／28）である。朝食は甘い紅茶四〇kcalを含む。

昼食と夕食は基本的に同じ献立である。調理済食品の熱量は次の通りである。

コメのご飯　一三〇kcal／一〇〇g

魚カレー　一八三kcal／一〇〇g（ココナツミルクと魚が1：1）

魚フライ　二八九kcal／一〇〇g

紅茶一杯　四〇kcal

この結果をもとに、昼食と夕食の合計カロリー摂取量を計算したところ、一人一日当たり合計一六〇二・五kcal（六日間の平均）であった。

朝食と昼・夕食の合計は一人当たり一日一九九五・五kcalを摂取している。一九五〇年の稲作農民の一人当たり一日のカロリー摂取量一六三〇kcal（滝沢 1972）に比べて改善されている。中程度の活動量、三〇－四〇代、日本人女性の一人一日当たりの推定エネルギー必要量の二〇〇〇kcal／日にほぼ匹敵し、中程度の活動量の三〇ー四〇代、日本人男性の一人当たり一日の推定エネルギー必要量二六五〇kcal／日には満たないが、日本人よりもやや小柄な体格を考慮すれば悪くない数値である。

筆者は、協力者が、間食をしているのを少なくとも一日一回、多いときは二回記録しているが、摂取量は計測できなかった。間食の多くは朝食のケーキの残りと紅茶、もしくは果物である。そこで朝食分の三九三kcal程度の間食熱量を一日のカロリーに加えると二三八八・五kcalとなり、男性であってもほぼ十分のカロリーを摂取していると考えることができる。

次に栄養バランスについて検討しよう。朝食は家の周辺の屋敷地の季節の果物や畑の作物を利用する。家の周辺で手に入るのは、トウモロコシ、タピオカ、バナナ、ジャックフルーツなど栄養のバランスのとれた果物である（表1－6）。

参与観察によれば、昼食と夕食は「腹いっぱい（カニャン）になるまでコメのご飯を食べる」ことを繰り返し注意される。コメのご飯以外のおかずも十分に用意される。次に栄養素別に食事の特性を見ていこう。

①炭水化物は主に「飯」と砂糖から、油脂類は、カレーの汁分のほとんどを占めるサンタン（ココナツミルク）と揚げ物（ヤシ油）から取る。カレーの汁を「飯」にかけて食べる。

②主なタンパク源は魚だが、摂取量は多くない。一ヵ月に一回くらいずつあるクンドゥリ（動物性タンパク質が豊富な食品が中心になる）によってタンパク質が補われている。

③ミネラルはさまざまな穀物やいも類果物から取ることができる。しかし、鉄分は（表1－7）に示

表1-6　朝食の材料となる穀物・根菜・果物の栄養組成

番号	食品	一般組織							ミネラル					ビタミン類						
		食物エネルギー	水分	タンパク質	脂質	炭水化物	食物繊維	灰分	カルシウム	リン	鉄	ナトリウム	カリウム	レチノール	ベータカロテン	全ビタミンA活性	チアミン	リボフラビン	ナイアチン	アスコルビン酸VC
		kcal	%	grams					milligrams					micrograms			milligrams			
1	トウモロコシ	355	13.5	9.2	4.6	69.3	2.0	1.4	45	224	2.9	11	76	—	256	43	0.22	0.12	1.7	8.8
2	トウモロコシ脱穀後	349	12.5	7.1	0.5	79.0	3.4	0.5	11	118	1.4	22	31	—	0	0	0.11	0.06	3.3	0.2
3	タピオカ	162	59.7	0.8	0.2	39.3	—	—	39	65	1.0	—	—	—	0	0	0.06	0.20	0.2	35.9
4	バナナ	103	73.3	1.3	0.4	23.6	0.5	0.9	11	28	0.6	29	241	—	300	50	0.07	0.08	0.7	17.3
5	ドリアン	153	64.1	2.7	3.4	27.9	0.9	1.0	18	15	1.9	40	29	—	140	23	0.10	0.13	—	23.3
6	ジャックフルーツ(チェンパダ)	117	66.7	2.5	0.4	25.8	3.4	1.2	40	5	1.1	25	102	—	550	92	0.16	—	—	17.7
7	ジャックフルーツ(ナンカ)	37	83.1	1.6	0.2	7.3	5.6	2.2	37	26	1.7	48	292	—	110	18	0.06	0.06	0.4	7.9
8	マンゴー	69	82.5	2.1	0.5	14.1	4	4	19	15	0.2	7	45	—	0	0	0.05	0.06	0.2	20.5

（Tee, E. S. ed. 1982より筆者作成）

した通り、香辛料等にのみ含まれる。土壌が赤土（酸化鉄を含むラテライト）であるため、井戸水を利用していれば鉄が摂取できるかもしれない。

④ビタミンは生トウガラシとえびペーストのつぶし合えやアサム（*tamarindu indica*の実・酸味の強い果肉）と一緒に食べるローカル野菜や木の葉に豊富に含まれている。とくにトウガラシ、およびかみたばこにするコショウ科キンマの葉は、ビタミンを豊富に含む。トウガラシと食べる野菜や果物や木の葉は、生（*ulam*）か茹でる（*bebus*）か蒸す（*kukus*）のが普通である。園芸野菜は献立にあまり入らないが、空芯菜等の水田脇の自生野菜もよく利用される。ローカルな果物もまた食料として重要であり、ホストファミリーの人々は間食として多くの果物を食べていた。果物をよく食べる娘たちを父親は、「果物食民族で、米食民族でない」と冗談を交えて言っていた。

香辛料、着色料、酸味料は料理の味を調えると同時に不足しがちなミネラルやビタミンを補っている。多くのカレー用香辛料は、ウコン、ウイキョウ、シナモン、丁子などであり、これらは漢方薬に用いられる生薬の一種で、健胃薬であり食欲増進の効果がある。村人は、近年園芸野菜の購買が増えているというが、ローカル野菜の栄養学的役割は重要である。また、ローカル野菜であるココナツからつくるココナツ油も、我々の常用するコーン油等と違ってビタミンA（トータル活性九五二〇㎍）が豊富である。

では次に食材の入手法を見ていこう。トウガラシ、嗜好品でビタミン源でもあるキンマの葉は、屋敷地の小さな畑で栽培している。カシューの葉やカレーの葉など、ビタミン源となる葉の採集をする木は、家の周辺に植えられている（果樹が植えられた屋敷地のイメージ図1－4および二八二ページ図4－3参照）。

殊に、屋敷地の境界に好んで植えられるココナツの木は重要な植物である。カレーやシチューの重要な材料の一つであるココナツミルクは熟れたココナツの実の内部をそぎ取り、絞って白い乳を取る、これが「パティ・サンタン」（水を入れないココナツミルク）である。さらに搾りかすを水につけて残りの乳をとかして絞り出すと、薄いココナツミルクが出る。これが「サンタン」である。ココナツのなるヤシの木は村中いたるところに栽培されているので、買う必要はないという。

香辛料や着色料、酸味料の多くは家庭菜園と屋敷地の木からとれるが、不足した場合は知人に譲ってもらったり、雑貨店から買ったりする。屋敷地の植物は、乞えば無料で譲ってもらうことができるという慣習法（*adat*）があると村人は言う。必ず採る前に「〇〇を乞いたい。良いですか」と声をかけることが肝要である。

家々で飼われているニワトリやアヒルからは、自家消費用の卵が得られると共に、共食会の食材となるために重要である。

クンドゥリ（共食会）の食材とするためのスイギュウ、ウシ、ニワトリは、一期作時代は村の中に数多くいたが、今は市場や村外で買うこともできる。それでも筆者のホストファミリーは一頭のウシ、十数羽のニワトリを飼育していた。

家の周辺に非常にたくさんある果物は、朝食や間食、贈り物として利用される。村によって土地に

表1-7 ローカル野菜と香辛料の栄養組織（可食部100g当たりの値）

番号	食品	一般組織							ミネラル					ビタミン類						
		食物エネルギー	水分	タンパク質	脂質	炭水化物	食物繊維	灰分	カルシウム	リン	鉄	ナトリウム	カリウム	レチノール	ベータカロテン	全ビタミンA活性	チアミン	リボフラビン	ナイアチン	アスコルビン酸VC
		Cal	%	grams					milligrams					micrograms			milligrams			
1	ビンロウジ	247	31.0	4.9	4.4	47.0	—	—	50	—	1.5	—	—	—	—	—	—	—	—	—
2	タケノコ	32	90.6	2.2	0.6	4.4	0.8	1.4	13	30	2.1	19	120	—	15	3	0.04	0.02	0.2	7.0
3	フジマメ	61	82.7	4.4	0.4	9.9	1.8	0.8	50	52	1.1	—	—	216	36	—	0.11	0.03	0.5	13.7
4	インゲンマメ	33	91.2	2.1	0.9	4.0	1.4	0.4	61	33	0.8	5	53	—	513	86	0.10	0.13	0.6	21.9
5	キンマの葉	—	83.5	3.1	0.4	6.1	—	—	190	6044	5.7	—	—	—	8220	1370	0.15	0.17	0.7	29.4
6	カシューの葉	35	89.1	3.8	0.2	4.5	1.5	0.9	53	29	3.5	—	—	—	3920	652	—	1.19	—	91.0
7	トウガラシ緑	53	86.9	2.1	0.5	10.0	—	0.5	19	80	1.6	—	—	—	2180	363	0.09	0.05	0.7	158.0
8	トウガラシ赤	56	86.3	2.8	0.7	9.5	—	0.7	15	80	1.8	—	—	—	2730	455	0.15	0.11	0.7	175.0
9	トウガラシ小padi	53	81.0	3.9	0.7	7.8	—	—	57		1.1	—	—	—	1380	230	—	—	—	54.8
10	キュウリ	18	95.0	0.5	0	4.0	—	0.5	14	21	0.2	13	76	—	0	0	0.03	0.06	0.1	9.7
11	ニンニク	157	58.7	4.3	0.1	34.8	0.8	1.3	25	300	1.4	—	—	—	0	0	—	—	0.4	13.3
12	オクラ	31	90.5	1.7	0.1	5.9	0	0.8	77	32	1.5	30	80	—	200	33	0.10	0.16	0.7	19.3
13	木の葉1　（未同定）	22	95.0	2.0	0.2	3.0	—	—	50	40	0.6	—	—	—	600	100	0.10	0.10	0.4	50.0
14	木の葉2　（未同定）	28	79.4	2.6	0.1	4.1	—	—	—	—	—	—	—	—	—	—	—	—	—	0
15	木の葉3　（未同定）	26	90.0	—	—	30	—	—	85	—	10	—	—	—	300	50	10	10	4	500.0
16	木の葉4　（未同定）	4	85.0	4.0	0.4	6.0	—	—	210	—	3.0	—	—	—	7800	1300	0.15	0.25	0.8	100.0
17	モヤシ	25	92.2	2.6	0.2	3.3	0.7	0.3	25	36	1.7	14	69	—	30	5	0.13	0.18	0.5	14.1

18	タマネギ	66	83.2	1.2	0	15.2	—	0.4	74	—	1.1	—	—	—	0	0	0.05	0.10	0	12.4
19	バナナの花	41	88.7	1.8	0.9	6.4	1.0	1.2	73	30	2.1	—	—	—	210	35	0.03	0.03	1.1	5.8
20	空芯菜	29	90.9	3.1	0.2	3.6	1.0	1.2	88	9	5.2	65	78	—	4760	793	0.10	0.55	0.6	48.5
21	Garcinia atororiridisの芽	72	79.1	1.8	0.4	15.3	2.6	0.8	86	11	2.1	—	—	—	840	140	—	—	—	37.2
22	ココナツ油	900	0	0	100.0	0	—	—	0	—	0	—	—	—	57100	9520	0.10	0	0	0
23	アニスシード	426	11.0	19.1	24.7	31.8	—	—	700	—	34.8	—	—	—	—	—	—	—	—	0
24	カルダモン	233	18.0	10.0	3.3	40.8	22.1	5.8	120	160	5.0	—	—	—	0	0	—	—	—	0
25	乾燥トウガラシ	243	14.2	12.8	4.5	37.9	25.6	5.0	107	153	1.4	24	173	—	350	58	0	—	—	43.0
26	シナモン	306	13.1	3.3	2.4	67.7	11.3	2.2	1360	—	11.5	—	—	—	0	0	—	—	—	0
27	カレーリーフ（オーバゲッキツ）	111	60.2	9.7	1.7	14.3	10.3	3.8	760	60	3.1	—	—	—	6000	1000	0	—	—	12.6
28	カレー粉	229	—	9.5	10.8	23.5	—	—	637	270	—	—	—	—	—	—	—	—	—	0
29	フェネグリーク（コロハ）	333	14.0	26.1	5.7	44.2	—	—	155	—	14.1	—	—	—	95	16	—	—	—	0
30	レンクアス／ガランガ	40	89.0	0.9	0.7	7.4	—	—	25	—	2.1	—	—	—	—	—	—	—	—	—
31	ナンキョウ／リョウキョウ	52	86.1	2.1	1.0	8.6	1.7	0.5	17	63	2.5	—	—	—	86	15	—	—	0.7	5.3
32	レモングラス	57	83.0	0.7	0.7	12.0	—	—	28	—	1.1	—	—	—	—	—	—	—	—	—
33	タマリンド	259	26.2	2.7	0.4	61.1	8.1	1.5	145	22	3.9	58	161	—	0	0	0.8	—	—	6.6
34	ウコン	335	14.2	2.3	5.0	70.2	3.2	5.1	146	284	18.6	—	—	—	30	5	—	—	2.3	0

（Tee, E. S. ed. 1982より筆者作成）

合った（*sesuai*）果物が異なるため、たとえばバナナの多い村、ウォーター・アップルの多い村、ランブータンの多い村という具合に特色が出ると村人は言う。果物の木は目印としてもよく使われている。たとえば「タラガ・ドリアン」といえば「ドリアンの木のある井戸」という意味、家の位置を示すのに「大きなチェンパダ（ジャック・フルーツ）の木のそばの家」と言ったりする。

・まとめ

①本研究の対象となったK村とG村の家族の場合、一日のカロリー摂取量は約一九九五・五カロリーで、一九七二年の滝沢のデータよりも改善されている。

彼らの、豊かな自然資源を最大限に利用して、栄養的にもバランスの取れた食事をしているが、鉄分の摂取機会が少ないのが注意を要する点である。

日々のたんぱく質はほぼ魚に限られ、本調査によると魚の摂取量は一日二〇g程度と非常に少ない。また、村でしばしば催されるクンドゥリ（共食会。客が二〇人程度の小規模のものから何千人という大規模なものまである）は、表1－1からも明らかなように、ウシ、スイギュウ、トリの肉が主な料理になる。クンドゥリにお互いに招待し合うことによって合同でタンパク質を補っているのだと考えられる。

ビタミンは、かみたばこの原料の一つであるキンマの葉やおかずになるカシューの葉など、各種の葉や彼らがさまざまの料理に生のまま使うトウガラシに豊富に含有されている（表1－7参照）。最近園芸野菜も多く出まわっているが、栄養のバランスという点から考えると、地域の伝統的な野菜や木の葉や果物をも食べることが重要である。

ミネラルは、表1－7の後ろの方に示したさまざまな香辛料や天然の着色料に豊富に含有されている。その中にはカレーパウダーやシナモンも入る。一九八〇年代でも、果物やシソの葉、トウガラシは自給しているということがわかった。主なカロリー源は飯とサンタンとヤシ油、タンパク源は魚、ミネラルは魚や穀物、ローカル野菜と香辛料、着色料、酸味料、嗜好品であるかみたばこのコショウ科の葉はビタミンや鉄分を補っている。かみタバコを食べて口の中が真っ赤になっている人は年々減少しているため、これに代わるビタミン源が必要になるだろう。

重要で、安価なタンパク源である魚類が、水質汚濁の影響をうけていることは問題である。これについては次節で扱う。

五　水の変化：水質汚濁

水質汚濁とは「自然水に混入した異物によって、水質や水中の生物相に変化が起こり、各種の目的に水を利用するうえに支障を生じること」（澤村ほか 1979）である。澤村らは生態系における物質循環の模式図を図1－9のように表した。「ヒトは生物圏にありながら、ヒトの社会生活および産業活動により排出する環境汚染物質によって気圏、水圏、土壌を汚染している」（澤村ほか 1979）とした。

本章の対象地区は稲作地域だが、化学物質やその他の新しい技術の導入により環境中に異物を排出する機会が増えている。そのためか、排水路では水質汚濁が進み、沐浴や洗濯をする人はいなくなった。用水路での沐浴と洗濯は二期作以降も可能となっている。一九八三年頃、水田や水路に住む魚に「びらん」が生じ、大きな社会問題になっている。

稲作技術の変化は、この地域の水質にも影響を与えている。筆者はこの点について明らかにするために、水田および水路の水質分析を行った。本章ではその結果を中心に、対象地区の水質と肥料・農薬の使用とを関連させて論じていきたい。

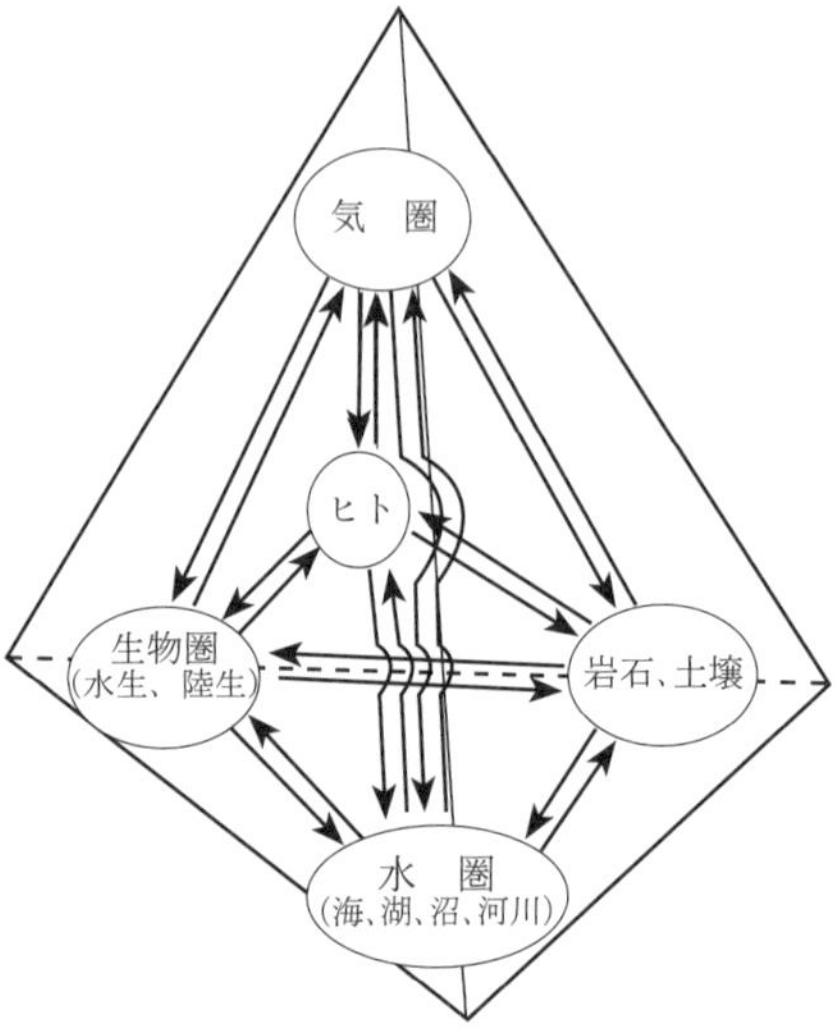

図1-9　生態系での物質循環の模式図
（澤村ほか1979: 461より筆者作成）

1　肥料と水質の関係

水田にたまった雨水を利用してコメの一期作をしている天水田地域（G天水地域A）と一九七〇年に二期作化された地域（G村地域B）における水田用・排水、および水田水についての分析の結果を表1−8に示した。[3]

ここでは化学肥料と関係の深い項目であるアンモニア態窒素（NH_4^+-N）とリン酸態リン（PO_4^{3-}-P）濃度に着目して論を進める。

コントロール値として第二次用水路に入る直前の、第一次用水路のデータを用いる。第一次用水路の汚濁前のアンモニア態窒素濃度は〇・一八mg／ℓで、この数値は、ムダダム（灌漑用水源）の一九七六年のLaiらの分析結果である平均〇・一一mg／ℓ（Lai Horchaw et.al 1976: 485）とほぼ等しいためコントロールとして問題ないと考えられる。

二期作地域におけるアンモニア態窒素濃度は、コントロール〇・一八mg／ℓに対して第二次用水路〇・二八mg／ℓ、水田内では二・二mg／ℓをこえ、排水路では〇・四六mg／ℓである。用水が水田を経て窒素濃度の高い水になって排水路に出てくる。第二次用水路の窒素濃度は〇・二八mg／ℓでコントロールと比べると、ここですでに汚濁がはじまっていることがわかる。これは、水田水の逆流や、用水路ぞいの住民の生活排水や、水炉内での水浴とそれにともなう排泄、洗濯、歯みがきによ

表1-8　1期作地域と2期作地域の水質比較

採水地点			Cu（銅） mg/l	Cr（クロム） mg/l	Al（アルミニウム） mg/l	Ni（ニッケル） mg/l	Fe（鉄） mg/l	Zn（亜鉛） mg/l	Temp（気温） ℃	pH（水素） mg/l	DO（溶存酸素） mg/l	Turb（濁度） mg/l	NH_4^+-N（アンモニア態窒素） mg/l	NO_2-N（亜硝酸態窒素） mg/l	PO_4-P（リン酸態リン） mg/l
ムダ二期作地域	水田		ND	ND	2	ND	1	ND	30.2	5.7	4.06	242.0	＞2.20	0.02	0.41
	川・水路	D	ND	ND	2	ND	2	ND	28.2	5.8	3.63	276.7	0.46	0.01	0.57
		S	ND	ND	3	ND	1	ND	29.5	6.1	5.36	160.2	0.28	0.001	0.20
一期作地域	水田		ND	ND	2	ND	ND	ND	28.0	5.2	1.00	NA	0.90	0.08	0.40
	川・水路	D	ND	ND	2	ND	ND	ND	30.5	5.8	5.50	NA	0.29	0.03	0.15
		S	用水路なし												

D：排水路　S：用水路

るものと考えられる。

次に二期作地域（G村地域）と一期作地域（天水地域）との水田排水中のアンモニア態窒素濃度とリン酸態リン濃度を比較する。二期作地域の排水路ではアンモニア態窒素は〇・四六mg／ℓ、リン酸態リンは〇・五七mg／ℓ、一期作地域の排水路ではそれぞれ〇・二九mg／ℓ、〇・一五mg／ℓである。一期作地域の方が汚濁が少ないことが明らかである。

それぞれの値を当該排水路に排水をする総水田面積で除した値を表1－9に示した。水田面積を考慮すると、一期作地域よりも二期作地域の汚濁が激しいことが、さらに明らかになる。

1－4－一－3「農業の化学化：肥料の投入」および1－4－二「生産量の増加」で細述した通り、ムダ地域での化学肥料としての窒素の投入量は九〇～一一九kg／haで、日本とほぼ等しく、収量は、日本よりやや劣るがもみで四・四t／haという高い値を出している。この地域で作付けられている品種は窒素肥料に対する反応性の高いもの（Kin 1981）なので、窒素の大量投入は収量を上げるために不可欠の要素といわれている。

しかし、これまで論じた通り、この大量の施肥が二期作地域の排水中の高濃度のアンモニア態窒素の原因となっていることはほぼ間違いない。その排水が大排

表1-9　NH_4^+-N、PO_4-P濃度を水田面積で除した値

	水田面積	排水路 NH_4^+-N mg/l・km²	排水路 PO_4^{3-}-P mg/l・km²
2期作	1.02km²	0.45	0.56
1期作	1.76km²	0.16	0.09

水路に集められ、希釈その他の浄化作用を受けないまま海岸に至る。これが、海岸での汚泥の堆積にも関与していると考えられる。一期作地域は雨水を水田内にとどめ、過剰水を田ごしに排水して繰返し利用するため、その間に植物に吸収される。しかし、二期作地域では第二次用水路から水田へ流入させる水量のコントロールが不可能なのに加えて、排水のコントロールも不可能である。そのため、施肥時期でも細かい水のかけひきができず、水田から排水路に水が落ちるため窒素の表面流出は避けられない。これも、排水中のアンモニア性窒素の濃度を上げる原因となっていると思われる。

これを反映して指導者側からも「今後、水路密度を増やすことも必要だが、排水にともなう水消費と窒素消失の増大を考慮しなければならない」(杉本 1981)という指摘がある。

今後は、効率的な増産という側面だけでなく、魚やさまざまの生物が棲息し、農民が日常的に利用する水の質の保全という面からも、水利施設や施肥料の適正化が計られなければならないであろう。

2　農薬と水質の関連

八月と一一月に水路、水田、井戸から採取した水に残留している有機塩素系農薬のガス・クロマトグラフィーによる分析の結果を表1－10と表1－11に示す。

一期作地域と二期作地域の両方で、田植え期に限り少量のγ－BHCが検出された(0.011~0.052μg/ℓ)。これも水田から流出したものであろう。

ペラク州の水田・水路に棲息する魚類から残留農薬が検出されたという報告がある。魚類中のγ－

表1-10 水中残留農薬（8月）

採水地点 ＼ 殺虫剤（mg/l）	LINDANE（γBHC）	PP'-DDE	OP'-DDE
a. 二期作地域			
Alor Changlen Canal（大用水路・対照）	ND	ND	ND
Tersier 第3次水路	ND	0.025	ND
Sungai Jalan Perlis ジャランペルリス川	ND	ND	ND
Poddy field（S.J.P -3 Drain）水田	ND	ND	ND
Drainage outlet 排水口	ND	ND	ND
ACRBD DR3 排水路	ND	ND	ND
ACRBD DR3 用水路	ND	ND	ND
Paddy field（3supply -4drain）水田	ND	ND	ND
ACRBDDR4 排水路	ND	ND	ND
Tunjangdrain 大排水路上流	ND	ND	ND
Tunjangdrain 大排水路下流	ND	ND	ND
well（Yusuf）ユーズフ井戸水	ND	ND	ND
well（Drian）ドリアン井戸水	ND	ND	ND
Pomp ポンプ水	ND	ND	ND
b. 一期作地域			
watershed	ND	ND	ND
Poddy Field 水田	ND	ND	ND
nursery 苗床	0.052	ND	ND
drain（upsteam）排水路	ND	ND	ND
c. 二期作一期作地域共用排水路			
Sunjai Tunjang トゥンジャン川排水路	0.021	0.500	ND

表1-11　水中残留農薬（11月）

殺虫剤（mg/l） 採水地点	LINDANE （γBHC）	PP'-DDE	OP'-DDE
a. 二期作地域			
Alor Changlen Canal（大用水路・対照）	ND	ND	ND
Sungai Jalan Perlis ジャランペルリス川	0.011	ND	ND
Poddy field（S.J.P -3 Drain）水田	0.025	ND	ND
ACRBD DR3 排水路	0.008	ND	ND
ACRBD DR3 用水路	0.044	ND	ND
Paddy field（3supply -4drain）水田	0.020	ND	ND
ACRBDDR4 排水路	0.026	ND	ND
Tunjangdrain 大排水路上流	0.010	ND	ND
Tunjangdrain 大排水路下流	0.027	ND	ND
well（Yusuf）ユーズフ井戸	ND	ND	ND
well（Drian）ドリアン井戸	ND	ND	ND
Pomp ポンプ水	ND	ND	ND

BHCの残留は五つの地区でそれぞれ3.5±2.0μg/ℓ、1.4±0.7μg/ℓ、1.8±2.1μg/ℓ、1.7±1.0μg/ℓ、2.9±1.7μg/ℓであった（Peter G.M. et.al 1981）。γ-BHCは日本では使用禁止されている農薬である。この二つの分析結果によって、水田で使用された農薬が魚類に残留していることが示唆される。

農薬には使用法の問題と、使用量の問題がある。

使用法の問題は、観察によれば農民が素足、素手、半袖、半ズボンという姿で農薬散布を行う点である（S.Jegatheesan 1975にも同様の指摘）。

一九八三年の報告ではKin氏は二期作化にともなう作付密度の上昇や

高収で窒素反応性品種の広範囲での使用、肥料の使用の増加により病害虫がはびこりやすい環境になったとしている。また人手不足と田植え費用の上昇から直播に人気が集まり、一九八三年九月には三四五三六ha（Mudaの地域の三八％）で直播が実行された。しかし密植、浅水等のために害虫や病気の被害が多く、収量は減少した（Kin 1983）。

このような背景のもとに、ムダ・DⅡ地区（G村も入る）での除草剤使用量が増加した。これはムダ農業開発公団DⅡ地区事務所の農薬売り上げ記録から明らかになる（表1－4）。一九七三年にはムダ地域の四六％の農民が農薬を使用していた。一九八〇年二月には三四％に減った（Kin 1981）という。この報告は、直播が導入されなければ、農薬の使用が拡大しなかったかもしれないということを示唆している。

G村の人々は水田および水路の魚の異変に気づいていた。一九八〇年から一九八三年にかけて皮膚に「びらん」のある魚が農民の魚捕りの網（あみ）にかかるようになったというのである。最初に発生したのは一九八〇年の一二月から二月で、場所はセランゴールと、KADA地域とムダ地域、ペナン、ペラク、マラッカである。マレーシア政府は「びらん」にバクテリアがついているため食用に適さないという警告を発した。一部の研究者は、この「びらん」は水中の農薬や肥料と関係があると見ている（Moulton 1973）。

水質の汚染は、農民を水浴や洗濯を通じた日常的な水路利用から引き離す傾向がある。水に親しむことによって、水質の保全も計られる。水道料金の軽減にも貢献するのであるから、農民にとっても多様な水路の利用は確保したい。その上、農民にとって重要な安価なタンパク源である魚類にも農薬が残留し、水中の肥料や農薬が魚類の「びらん」を引き起こしているらしいことは、大きな問題である。早急に解決しなければならないと同時に、今後の技術導入や稲作の展開の際にも考慮しなければならない重大な課題である。水路、井戸など身近な自然を利用することによる家計負担の軽減によって、お金に支配され、お金を稼ぐ組織に支配されること、そのために時間を費やすことから免れる。

・まとめ

化学肥料の大量使用の結果として、水田、排水路の水が高いアンモニア態窒素およびリン酸態リン濃度を示していることが明らかになった。

また、排水中にγ-BHCが残留していることがわかった。その上、農民にとって安価で重要なタンパク源である魚類にも農薬が残留しているという報告がある（Meier et al. 1983, Chen et al. 1984）。また水中の肥料や農薬が魚類の「びらん」を引き起こしているらしいことは今後解決しなければならない大きな課題である。また、低レベルではあるが、農民が水浴や洗濯、時には飲用に供する用水にもγ-BHCが残留している。

以上のように化学肥料や農薬の使用による水質汚染について論じてきた。これは、今後の技術導入や稲作指導の際にも考慮しなければならない重大な課題である。

しかし、コメの増産をおし進めるために施肥の効果が重要視されている点、病害虫の増加にともなう農薬使用の増加傾向など、水質の保全という立場から見ると不利な条件が多い。

そのような条件下にある人と環境の健康のために最低限必要だと思われる七点を挙げてみたい。

1. 飲料水としての上水の設置（安全な排水の水田用水を持続した上での上水の使用）。
2. 農薬・化学肥料の使用を最低限に抑えること。
3. そのために病虫害に強い品種の選択。
4. 表面流出を防ぐための水利システムの改善をする。
5. 殺虫剤や除草剤の使用を増加させる直播のような技術の導入は避けること。
6. 農薬が必要な場合は、せめて毒性や残留性の高いものは避けること。とくにγ-ＢＨＣ等のようにさまざまな国ですでに使用禁止あるいは制限されている農薬は禁止すること。
7. 使用法や使用する品目について農夫に正しい情報を与えること。

対象地区の水田や水路は、魚類が棲息できないような状態になってはいないし、農民も用水だけは生活用水として利用し続けている。それ由、水質の問題や魚の問題は農夫の生活に関わる生きた問題となり得、国民の注意をひきつけ政府の行動を引き出し、生活環境の保全につながるのである。ムダ農業開発公団は、水田の用水不足を補うために排水を用水路に逆流させる案を出したが、農民による生活用水としての利用に支障があるかもしれないことを考慮し、この案はまだ実行されていない。

法による規制および監視体制が整っていない国や地域において上述の人と環境の健康のための七点やその他の対策を法の強制力によって実現することはむずかしい。Act127 すなわちEnvironmental

Quality Actはあるが試験機関が化学局ただ一つなため、監視が行き届かない。水質の分析を担う薬剤師の数は十分ではない（一九八三年当時六〇〇人）。そこで、水質汚濁をこれ以上進行させないためにも、農民による多様な水田・水路の利用を維持していくことが重要であろう。それが、行政レベルだけではなく、前述のように農民自身および公団の現地職員等末端で汚濁を食い止める一つの契機となり得るのである。

水質汚濁とは、異物の混入によって各種の目的に水を利用することに支障が生じることであるという定義を最初に述べたが、水田・水路の魚類の摂取禁止あるいは、水路での水浴をやめるということは、自ら多様な水利用を単純化し、汚濁を招くようなものであることについて注意喚起したい。

六　伝統的稲作システムの持続と変化

1　共存システムの存続

機械化の進む前は、土地を多く持つ農民にとって労働力を確保することは重要で、そのためにさまざまな慣習（労働交換やさまざまな形態の加勢や請負い）があったため、村落内外の親族、近隣、知人のネットワーク関係と労働力確保の慣習とが互いに支え、強め合っていたことは1−3ですでに述べた。

土地の少ない農民は、村内のさまざまな水田作業を請負うことによって生計を立てていた。

当時はトラクターや直播は導入されておらず、水田での作業請負が中流および貧しい農家の重要な収入源であった。貧しい農家の生計をささえるために女性の労働が重要だったことは、一九八〇年のデータ（Wong 1983）で女性の労働時間が男性の労働時間を上まわっていることからもわかる。

すなわち、大型コンバイン・ハーベスタ導入の影響は大きかったが、一九七九―一九八〇年現在、農家経済が複合的生業と作業請負によって支えられ、それが一つの村の「伝統的稲作システム」の一環となっている基本構造はくずれていないのである。

筆者が調査した一九八三年は、さらに状況が変化する。その大きな原因は大型コンバイン・ハーベスタ利用の拡大、トラクターによる耕運と直播の導入である。大型コンバイン・ハーベスタの導入によって稲刈りやもみ落としの村人の請負機会がほとんどなくなったのに加えて、一九八〇年から一九八一年頃に中国系の商人が所有するトラクターによる請負耕作が導入され、村人の耕運機での耕起請負がなくなった。八二年から直播が導入され、田植えのデラウ（労働交換）もなくなった一方、数人の女性で構成されるシェア・グループが田植えを請負っている。

とくに影響を受けているのは、土地のない農民と、女性である。G村では、都市の建設工事などに出たり、家庭をもつ男性は自転車やバイクで近くの地方都市に通ったり、若い男性は一～二ヵ月ずつクアラルンプール、ペナン、シンガポールなどへ出稼ぎに行くという事例が見られた。

聞き取りによれば、村人は自分の労働によってお金を稼ぎ、財産も個人の所有と考える。夫婦でも財産は各々に所有し、同居中は共同で使用する彼らは、経済的にも各々にある程度独立していたが、現在は若い女性の中には専業主婦を受け入れ、「妻や子どもを養うのは夫の義務」という発言もある。

しかし、一方で一九九〇～二〇〇〇年代の筆者の現地調査によれば、G村の女性たちは近くの工場の職員となったり、菓子の製造販売、女性用のマレー服の仕立て、歯科クリニック経営など、水田外の仕事で富の分取を実現している。

一九七〇年代からの田植えおよび収穫作業の変遷は村の互酬性の変遷をよく示している。二期作化以降、デラウ（労働交換）中心から、互酬的色彩をもった作業請負いであるウパーが増加した。次に一九七〇年後半、機械（村外の商人の所有）が雇われて収穫活動をするようになると、村内の人々が収穫に雇われることがなくなった。機械の所有者の多くは村外の中国系商人であるため収入を得るのは村外の人になってしまった。シェア・グループという田植え・収穫請負いグループが機械の入らない水田の収穫を請負った（シェア・グループは村内の女性四～五人のグループ）。その頃から、田植え作業にもシェア・グループが雇われることが多くなり、田植えはデラウ（労働交換）と請負わせ（シェア・グループ）の二本立ての時代になった。さらに、一九八二年、直播の導入でデラウもなくなった。深水で、直播もコンバイン・ハーベスタによる収穫もできない水田ではシェア・グループが請負っている。

一九六六年から一九七五年にかけてムダ農民の所得は大幅に伸びた（Jegatheesan 1977: 41）が、水田が少ない農民は請負いの機会が減少した。水田とゴム林を介して、相互扶助（デラウによる労働交換）や互酬的色彩の強い請負わせなどが組み合わさって成立していた男性と女性、貧しい人と富んだ人、老人と若者の独立と共存のシステムが変容し、水田作業においてはお金のやりとりが増加し、水田以外では上述のような出稼ぎと女性の小さな商売などの別ルートでの富の分取が展開しつつある（デラウやさまざまな互酬性の形態については本書第3章で細述する)。

まとめると、一期作時代の一般的互酬性および均衡的互酬的システムから、一九七〇年代には、とくに二期作化の影響を受けて、金銭の移動をともなう請負い(ウパー)が増加したということがわかる。請負いは金銭による報酬を返礼として渡すのであるが、面識ネットワークの人に依頼しているので、労働力市場における雇用労働とは意味合いが異なる。これも均衡的互酬性の範囲内ということができるだろう。互酬的ネットワークは存続する可能性が高いと言えるだろう。

2 水田・水路の複合的利用の存続

1−4−二「生産量の増加」で見た通り、二期作化によってコメの生産が増加し、また米価に補助金がついてからさらに、コメは換金作物となった。G村の農民はコメをすべて売り、あとで食べる分を店から買ってくる。それと共に魚の購買傾向が増加した。水田作業が機械化されたため、農耕用のスイギュウやウシが水田で草を食む姿も少なくなったが、共食会用のウシやスイギュウは水田に放牧されている。

1−4−四のまとめで論じた通り、水田の複合的利用などの「伝統的稲作」の良い面を生かして、環境の保全をしていくことはまだ可能だと思われる。

また1−4−四の水田作業の変化で明らかになったように、技術導入のただ中で、二期作の密なスケジュールをこなさなければならない状況下でも、村のマレー人はムダ農業開発公団の指導にすべて従うことはなく、伝統的稲作に比べて作業スピードにも、一日の労働時間にも大きな変化が見られず、水管理も天水田（雨水利用）時代のままで水利組合も結成されなかった。そのために二期作の計画作期が大幅にずれ、公団関係者によれば「ダムの貯水を利用した灌漑計画は大混乱」に陥り、ムダ農業開発公団の悩みの種になった（農民にとっては「大混乱」に当たらないかもしれない）。機械化が進んだ現在でもこの状況は続いている。

そういう意味では、豊かな自然に大幅に依存した食物の調達法や「時間をかけない稲作」、水田作業以外の時間を他の生業や余暇活動にあてるという「ゆっくりと流れる時間の中に生きるライフスタイル」の基本構造は存続していると見てよいのではないだろうか。この点について次節以降で論じていきたい。

1-5　それでも時間はゆっくり流れる

共に働き、おいしいコメが手に入る「楽しみ」の舞台だった水田は、二期作化によって変わった。それでも時間について、人々はゆずらなかった。

一　水管理の混乱と指導者のいら立ち（ムダ農業開発公団の言い分）

1―3で論じた「地域生態系にうまく組み込まれ、また富む者と貧しい者が共存できる伝統的稲作システム」は、新しい技術が導入された後、崩壊してしまったのだろうか。

1―4で見た通り、二期作化により、稲作専業が増加し、スイギュウによる耕起が機械に代わり、農閑期にスイギュウが水田の草を食べている姿も減少したが、食用のウシ、スイギュウが変わらずに水田で放牧されている。土地の少ない農民の現金収入源だった水田での労働交換は機械化によって少なくなったが、作業請負いのシェア・グループが活躍している。これは、水田の複合的・多角的利用が変容しつつも維持される方向にあるとまとめることができる。土地所有規模の差の拡大はなく、一・四四ha以下の農家が全体の五三％を占め、一戸平均の水田規模は一・六ha、土地保有面積は平均一・九八haであった（山下 1981: 14）。小作と地主への二極化はみられない。

この地域の農業開発は農業省の下部組織である、ムダ農業開発公団の思い通りに進んでいるわけではない。聞き取りと観察によればムダ農業開発公団の悩みの第一は、彼らが毎年提示する二期作スケジュールに合わせて、農民が作業をしないことである。

「計画上の作期は、乾季作が二月から七月、雨季作が八月から一月になっている。これは、乾季の一二月から一月、および雨季の中でも降雨が小休止する七月に収穫期があたるように考慮されたものである」（八島 1981）。しかし、筆者のフィールド・ワーク中の一九八三年のG村の乾季作五月から一〇月、雨季作一〇月から三月という観察結果を見てもわかる通り、作期は二〜三か月遅れている。しかも、毎年遅れは酷くなる。

ムダ農業開発公団は農民に対して一九八四年一月一五日でダムから水の供給を止めることを宣言し、一九八三年雨季作（一〇月から三月）の作付けを見合わせることを進言した。しかし、農民は重要な雨季作をやめては食べていけないといい、作付けを強行した。

「作期の遅延の原因は、乾季作の初期冠水に長時間を要することであり、それは不十分な揚水量と一〇m／haという低い水路密度による灌漑の困難性に起因している」（八島 1981）。一つの灌漑ブロックのはじからはじまで水が行き渡るのに一ヵ月以上要し、ブロック内の播種や田植えはほぼ一斉に行われるので、実際の農作業が計画とずれ、「大きな混乱」をきたしている。さらに、作期の遅延のため、本来天水のみで給水されるべき雨季作の稲生育期が、乾季にずれ込むため、灌漑が必要になり、ダムの貯留水を放流することになる。このため、乾季作の用水が不足し、これが、乾季作の灌漑および農作業の遅延を誘引する（野崎 1981: 22）という悪循環が続いている。このような状況の中で、一九七八年の乾季作が水不足のため放棄された。ムダ農業開発公団が一九八三年の雨季作を放棄させようとしたのも、一九八四年の一〜二月にダム水放流が大量になり、次の乾季作が遅れることを恐れたためである。

第二のムダ農業開発公団の悩みは、水管理である。農民が水管理に無関心で水利組合がまったくできない。日本の歴史の長い水管理組合による水の駆け引きと、G村の水田での水の管理はまったく違う。1―3でもふれたように、天水依存の水田では、秩序立った組織は必要なかったのである。

水門の管理はすべてムダ農業開発公団の灌漑部門の現場管理者が行っている。現場管理者はムダ農業開発公団の本所からの指令に従っている。水の供給は本所のコンピュータで計算されている。

整備された水路とコンピュータがある一方、観察によれば末端設備は人の操作する田ごし灌漑という旧態のままである。水路の横腹の穴から水田に水が流れ込むだけで、現場管理者の水門操作以下のレベルの制御がきかない。また田ごし灌漑に慣れない農夫は水を次の水田に送る側溝も作らず「水はあぜの崩れた所から自然に全体に行き渡る」とすましている様子が、あまりにもちぐはぐである。ムダ農業開発公団の職員は異口同音に、「水路ぎわの水田の耕作者が自分の水田の水がいっぱいになったからといって、バナナの木で取水口を塞いでしまった話」や、「他の耕作者は水が止まってしまったと言って、水門を打ち砕いた話」をして、いかに農民の水利に対する理解がないかを筆者に訴える。

村に帰ってホーム・ステイしている農家にいる筆者に、今度は農民がいかにムダ農業開発公団の職員が農家の言っていることを理解しないか訴える。農民からの苦情や要望は、文書でムダ農業開発公団に提出しなければならない。そのため、正式な文書を書けない農民とムダ農業開発公団との意思の疎通ができないこともすれ違いの原因となっている。農民組合はあっても名ばかりで、農民が苦情を持ち込める伝統的リーダーは、水利に関わっていないのである。したがってムダ農業開発公団は、農民の水利に関する怠慢を嘆き、農民は、「ムダ農業開発公団は現場の農業を知らないで命令ばかりしていて、大事なときには水もよこさない」と憤るという結果を招いている。一九八四年一月の給水停止時には、農民のムダ農業開発公団に対する不信が大きくなった。近くのムダ農業開発公団支所に多くの農民が詰めかけてハチの巣をつついたような様子となった。地方議員やケダ州出身のマハティール首相への直訴もあったという。しかし、G村の農民の多くの耕作地には、水門を操作するランド・オペレーターに交渉して、夜中に不法に水門を開けてもらう方法で水が確保された。そして、結局、乾季のただ中の一月の終わりに大雨が降ってムダ地域の農民は救われたのである。大雨の翌日の新聞に「ムダ農民喜ぶ」という見出しの記事が掲載された。「予測不可能な自然」は時に農民に有利に働く。

農民は水利施設のメンテナンスにも興味がない。「政府（*kerajaan*）が作った水路は、政府（*kerajaan*）が管理するのが当然だ」というのが多くの農民の意見である。

第三のムダ農業開発公団の悩みは、農民組合（*persatuan peradan*）が弱体な点である。農民組合に加入している家は一四四戸中三六戸、二五％にとどまっている。1－3－三で触れたようにその他の問題点は、現在も農民が借りた金を返さない、すなわち未償還貸付金累積問題であるという。

第四にはムダ農業開発公団の企画する共同作業の参加者が少ないことである。筆者の観察によれば、新しい水利プロジェクトの座談会には、三七名の農民のうち七名しか出席しなかった。また、同様に筆者の観察によれば、害虫の一斉防除に至っては三名しか集まらなかった。出席率の悪さにはインフォメーション・システムの不備も影響している。日本では一般的な回覧板がマレー人農村には見られない。筆者の故郷の伊豆地方にはローカルな電話線があり農業協同組合による共同作業、運動会、葬儀などの日程が毎晩放送される。ローカルな電話を通した放送、ローカル・テレビといった情報伝達システムもマレー人農村にはみられない。マレー人農村で有効なクンドゥリ（共食会）や葬式のためには力を発揮する口コミによる情報伝達がなぜか農業作業については機能しない。

第二、第三、第四の問題が積み重なって、第一の水利および作期の混乱を引き起こしていると捉えることができる。農民の特徴として以下の点が挙げられる。ムダ農業開発公団の職員によれば①水管理、一斉防除等、水利施設の維持管理に関心がない。借地が多いため農民が基盤整備に関心がないこと。借金返済について消極的。②農民が団結しない。大きな力をもったリーダーが存在せず、リーダーのもとに団結する素地がない。個人が独立する傾向が強い。③カンポン（村）内での行事が水田作業よりも優先される。カンポン（村）の近隣関係は強固だが、それが水田に反映されない。つまり、村組織と水田は分離している。

ここには、ムダ農業開発公団の計画に従って一斉作業をし、水管理にいそしむという農民の姿は、まったく見られない。天水時代から歴史的にその必要がなかったのである。

二　熱帯の稲作地域にみた伝統と近代の組み合わせ（農民の言い分）

①作期はムダ農業開発公団の計画と大幅にずれ、②灌漑は「大混乱」の様相を呈し、③耕起と収穫を請負った機械が走りまわっている。G村に来る機械は中国系商人の所有であると農民は言う。④一斉防除はしない。⑤肥料の量は適量だが、時期は指導と異なる。日本の農村のいわゆる近代化の図式

を頭におくと、このマレー人農村は新しい技術と農民がまったくかみ合っていないように見える。

しかし、逆に、作期がムダ農業開発公団の計画とずれ、灌漑は「大混乱」、農薬を用いた一斉防除はしないし、肥料はとんでもないときにまいてもなおかつ四四〇kg／一〇aというもみ収量があり、農民はそこそこに暮らしているという現実に筆者は驚くと同時にむしろおもしろいと思う。

農民は確かに日本とは異なった形ではあったが、近代的技術を取り入れている。それもまた一つの伝統と近代の組み合わせだ。1－5－一で扱った問題の一つ一つに農民側の論理がある。

1　なぜ一斉作業をしないし、ムダ農業開発公団の指導に従わないのか

二期作化にともなって非感光性の品種が導入され、かつ低温の冬はない。水さえあれば、基本的にはいつ田植えをしてもコメが取れる。一時期にあせって作業を終わらせなければならない理由はないのである。

苗代がうまくいかなければ作り直す。病人が出たり、葬式があったりすればそちらが優先される。ハリラヤ（イスラムの大祭日）の前の一ヵ月の断食で作業がにぶる。そうこうしているうちに、一ヵ月から一ヵ月半の作業のズレが生じる。

そのほかにも1－5－一でふれた水管理システムの不備や、作業請負いという形式にも特色がある。乾季作二月～七月、雨季作八月～一月という計画作期と現実の作期のずれと、作業のスペクトラムが長い（表1－1）こともその背景にある。

2　なぜ水管理をしなくてもコメができるのか

すでに述べた通り、この地域は歴史的には天水依存の稲作地域だった。水社会（玉城 1983）とよばれるほど水との強い関わり合いの上に築かれた強固な組織が存在する日本と異なり、マレーシアのケダ州においては水管理組織は発達しなかった。筆者は一五歳（一九七四年）まで、母方祖母の家の水稲作の経験がある。水稲作のための「水」は、四月のある時期に水利組合農家が集まって用水路の掃除をし、担当者の農民がセギ（セキ）を開けて自分たちの水田に水を入れ、大雨の日にセギを調節、次の地区に水が入るようにする厳しいコントロール下にある。マレー人農村の水利は日本の水稲作をモデルにしているようだが、このタイトな水管理がマレー人農村の人々の臨機応変な生活スタイルに合わないのである。管理を厳しくしすぎるとマレー人は水稲作から去ってしまう恐れがある。二〇〇〇年代のマレーシアの都市近郊では耕作放棄田が増加したが、作付スタイルが合わないことも一因であるかもしれない。他方、バリ島においては水利組合が機能しているという報告がある。

一方、口羽ほか（1976）の言うように「天水依存の稲作では、水を配分するための特別の組織を必要としない。農民は、隣の田の持ち主とはまったく無関係に稲作を営むことができる」。

そして、かつては雨のみが水源だったが、現在は雨とムダ農業開発公団の給水という二本立の水源を得て、天水依存時代とほとんど変わらぬ慣習で稲作をしている。すなわち、水尻の田に水をまわすという気づかいはほとんどせずに、それぞれが周辺の四〜五枚の水田の様子を観察しながらあぜを開けたり閉めたりして、水管理をしている。あぜがしっかりしていないので、ほとんどが平らな水田では水は自由に田から田へと流れていく。よってあぜの開閉さえ行わない所もある。とくに雨の多い季節は、雨が集中的に多量に降るため（図1−2）調節不可能になる。

肥料の散布時期と収量との関係は見出されていないので、指導とは異なる農民の慣行の移植後四〇日後の散布でもかまわない（Yamashita et.al. 1981）という報告がある。さらに、水の細かいかけ引きによる増収効果は少ない（杉本 1981）という報告もある。S氏は、「最低限のめんどうを見てやればここの稲は十分に育つ。それを農民はよく知っているのでしょう。努力した人としない人の差があまり出ないのです」と語った。

また、農民組合の運営の難しさが村内にもある。たとえば、それは、筆者の調査中にまだ村人の記憶に残っていた事件として表面化した。G村の前の農民組合のリーダーM氏（野党：汎マレーイスラム政党支持者）が、政府に任命された村長（与党：統一マレー国民組織支持者）、およびそのほかの統一マレー国民組織支持者と協力して作業を進めようとしたところ、他の汎マレーイスラム政党支持者からボイコットされてしまったのだ。つまり、水田作業のスタイルの変更についてのぶつかり合いは技術的問題としてばかりではなく、国の政治を担う政党の問題と結びついて表面化している。さらに、国の政党は多宗教、多民族と関連している。次に機械化のスタイルについて考えてみよう。

3　なぜウパー（請負い）の機械が水田を走りまわっているのか

斎藤（1977）によれば、西マレーシアは、かつて「土地は十分にあったものの労働力は不足した」。

この状況下で、すでに述べたように、労働力補完システムとして労働交換やシェア・グループが機能していた。マレーシアでは大農と小農の格差は小さいといわれている（水島 1996: 1-16）うえに、土地所有する者と土地のない者の共存が図られていたと考えられる。ところが一九七〇年の二期作化にともなって、深刻な労働力不足が生じた。乾季作の収穫と雨季作のための耕起・播種が二ヵ月の間に集中するからである。そこで耕起用機械化が進んだと考えられる。

マレーシアの人口構成の特性を反映して、小型耕運機以外のトラクター、コンバイン・ハーベスタ等の大型機械は、中国系マレーシア商人の所有であると村人はいう。村人は耕起と収穫を中国系マレーシア商人へ請負いに出す。中国系マレーシア商人は機械と運転手を現地に派遣する。現地では村から水田の所有者や取引相手を把握しているブローカーとよばれるマレー人が来て作業の指示をする。農家側は飲物と昼食を用意する。

こうして村人は中国系マレーシア商人の機械を使うことで、村内で過ごす時間を得ている。直播の導入も同じ傾向をもつ。村人にとって直播は手早くできて、しかもお金がかからない、収量が落ちることに目をつぶった時間節約型の手法で、それでも二期作が実施されれば、生産効率も農家の手元に残るお金からみても一期しか作付けできないよりは明らかに良い。投下時間を限度以上に上げないというスタイルの中での、合理的な選択なのである。

ここでの「合理的」とは、マネー志向型の収益を最大化する方向への「合理的」ではない。時間をかけて互酬的ネットワークを積み上げ、そのネットワークに基づいた効率的な生産と互酬的分有が「合理的」なのである。

三　マイペースと非難されても

マレー人に冗談半分でつけられたあだ名がある。「レイジー・マレー」という。農民にもこのレイジー・マレーという言葉がいつも当てはめられる。「団結して稲作をしようとしない。機械や人を雇ってばかりいる。マレー人は近頃、近代化してますますのんびりしている。のんびりしている」と言われる。すなわち「ムダ農業開発公団の計画作期に合わせようという努力もせずに、組合も作らず、機械を雇うから水田で働く時間は少ない。まったく彼らはのんびりしている」というのである。

しかし、水利組合や農民組合を作り計画作期に合わせた稲作をして助かるのはムダ農業開発公団であって、すでに述べたように、農民には農民のスタイル（作法）があるのだ。

農民の行動には、四つの重要な傾向がある。第一に、独立した稲作を営む傾向（水利組合農民組合が弱体。一斉防除や作期に合わせた一斉作業をしない。労働交換よりも機械や直播を選ぶ）。第二に、増産努力よりも、作業の簡素化と作業時間を延長しない傾向である。

この一、二の傾向こそは、マレー的身体的柔構造時間と言える。一、二の傾向の重要な背景である第三の傾向は村内活動によって形成されるコミュニケーション・ネットワークの重要性として現れる。たとえば水管理組合はないが、一九八四年一月のようにムダ農業開発公団が給水を止めてしまうという危機的状況下では、ランド・オペレーターを説き伏せて夜ごとに不法に水門を開けた。地方議員やケダ出身のマハティール首相（当時）に直訴するなど、村内活動に基づくいわゆる人脈を使った作戦をとっている。しかもそれが機能するのである。マハティール首相は、途中の水路内に残っている水をすべての水田に供給せよと提案した。

最終的には雨が降ってケダ農民は狂喜したわけだが、これはすでに述べた通り、さまざまな側面で自然に寄り添って生きていける彼らの稲作をよく表した出来事である。

人のネットワークと自然に寄り添って生きる彼らは、たとえ農繁期であっても村内にクンドゥリ（共食会）や病人、葬式があればそちらを優先しながら、日本にひけをとらないコメの収量を上げている。

第四の傾向は、在来のものも壊してしまわずに細々と残している点である。たとえば、農民組合には熱心ではないにしても、細々と続けているし、水田でのゴトン・ロヨン（奉仕的協力、一般的互酬性）、労働交換、そしてシェア・グループ（五、六人の女性たちの田植え請負グループ）に請負わせることも続けている。これが、現金収入を必要とする女性たちの受け皿となっている。

魚は購買傾向が強まったが、水田魚は重要なタンパク源であり続けている。何らかの原因で市場の魚類が購入できない場合も、村人は水田魚で生きのびることができる。村に水道が引かれたが、井戸は維持管理され、水路では相変わらず人々が洗濯や沐浴をしている。断水などの場合も、村人は井戸水で生きのびることができる。

この傾向は、近代的医療が入ってきても、もう一つの選択として伝統医療が残り（板垣 2003）、イスラム教が入ってもアダット（慣習法）が残り、イスラムの変容が見られること等、マレーシアの文化的特性としても捉えられる。さまざまな文化要素が並存する傾向は、宗教的観点からウィンステッド（1947）、政治的観点からモハマッド・タイプ・オスマン（1981）などが指摘した。本研究によって水稲作・衛生施設には、組織や設備のハイブリット化があることが確認された。

なぜ、第一〜三の傾向に見られるように、作業時間の短縮を目ざし、村内生活を重視するなどの柔構造時間が必要なのだろうか。伝統的稲作システムが持続している背景が、この柔構造時間にあるのではないだろうか。「レイジー＝マレー＝マレー的怠惰」というのは、労働時間を一定に抑えて、人脈と自然に寄り添って生きる人々に向けて発せられた、際限なく増産するために労働時間を延ばすことを目指す側からの批判だったのである。マレーシアのムダ平野の二期作化の渦中にある村で、このような二つの異なったライフスタイルの衝突が起きていたのである。

それを次節で分析したい。

1―6　マレー的柔構造社会と柔構造時間――マレー人農村の人と時間

「水田での労働時間が短縮化の傾向」にあることは、実際の生活とどう関わっているのかを明らかにしていきたい。

一　生活時間

1　農事暦

ここでは、乾季の終わりから雨季の九月～一〇月までの作期を乾季作（あるいはⅠ期）、雨季に始まり乾季の真最中である翌年の二～三月に終わる作期を雨季作（あるいはⅡ期）という。

図1―10は稲作作業暦である。九月の終わりから一一月の初めまでが一番忙しい。乾季作の稲の収穫、乾燥、販売、雨季作のための耕起、播種、田植えという一連の作業を一ヵ月余りのうちに済ませなければならないからである。

農閑期はⅠ期では七月から九月の半ばまで、Ⅱ期では一二月～二月の半ばまで、そして収穫が終わった後の三月である。この時期には、大小のクンドゥリ（共食会）がある。結婚式のクンドゥリが一番多いのは雨季作の終わった後の三月だといわれている。一九八四年の三月にはG村だけでも三軒の結婚式があり、盛大なクンドゥリが催された。

農閑期はまた、農民の副業の季節でもある。ゴム切りに行ったり、果物売りをしたり、大工をやったりする。

2　水田における労働時間

農夫の水田における労働時間を明らかにするために、G村の中部地区から八人、下流地区から一人の農夫に頼んで、毎日の労働時間を記録してもらった（詳しくはアペンディクスを参照）。水田での労働時間と作業の内容は全員に、副業のある人（No.39、No.58、No.128）には副業も、No.74にはそれに加えて、訪問やクンドゥリ等の社会的活動も書き込んでもらった。

一二月以降三月までの農閑期の水田作業は、ほとんどしない。副業としてNo.39は、ゴム園や村内の水田で請負いの仕事をした。No.49は自分で経営している小さな雑貨屋の仕事をしながら村にいた。No.51は自分の家を増築しながら、村で休んだり話をしたりしていた。No.52は村の役員の仕事をしながら村にいた。No.58は農繁期も農閑期も菓子売りの副業をしているため、忙しい。No.61の夫は実家のあるピダ三村が収穫期だったため、ピダ三村の水田作業のウパー（請負い）に出た。仕事のないときは村にいた。No.74とNo.128は午前中だけゴム切りの仕事に出た。

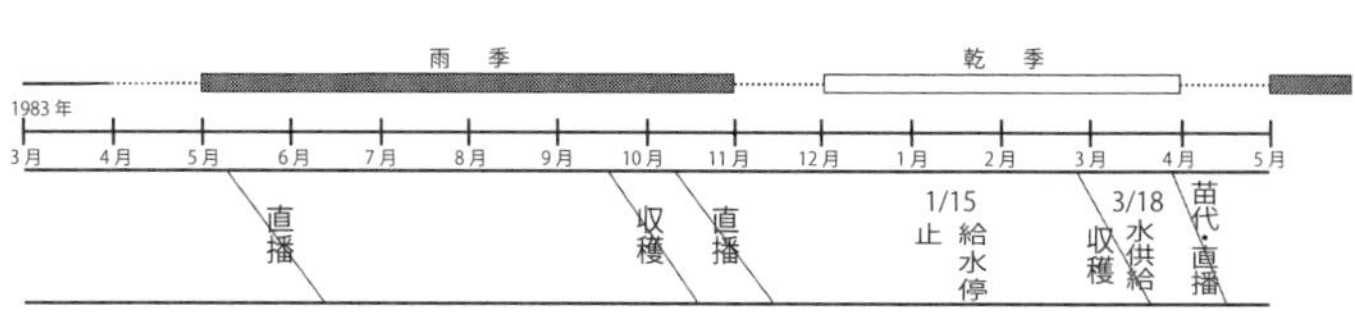

図 1-10　1983年3月から1984年4月までの稲作暦——マレーシア、ケダ州、G村（観察および聞き取りにより作成）

No.128は、魚とりにもよく行った。

農繁期である一〇月から一一月の一日の平均水田労働時間は、表1―12である。

個人的な属性によるバラつきはあるが、水田での労働は平均三・八時間である。No.39（二〇代）とNo.58（三〇代）の働き盛りの二人は一〇月一一月一二月と一日八時間程度働いたが、一月二月三月は〇時間～三時間に減少する。五〇代六〇代になると、主に午前中だけ水田に行くという人が増える。多様な働き方もまた、特徴として挙げることができる。

No.50からNo.63の一四軒について詳しくみると、耕作者が五〇歳以上なのはNo.54、No.55、No.56、No.57、No.62で、彼らは全員「主に午前中水田に出る」、No.55とNo.62は「時々午後も行く」、それ以外「午後はほとんど行かない」と答えている。一四軒中、「主に午前中に水田作業をする」という家は一〇軒（七七％）である。表1―13に示したように、午前中に水田で働く傾向があり、一二月、一月、三月は農閑期であることがはっきりわかる。二月は収穫期である。何らかの理由で収穫が三月にずれ込む人もいる。

また「マレーシアの稲作労力は五〇〇～六〇〇hr／ha（1975）を示し、

表 1-12　10月11月の平均水田労働時間（年代別）

1日当たり

年齢	平均労働時間（分）	平均労働時間（時間）
20代（2人）	287.5	4.8
30代（2人）	215.6	3.6
40代（4人）	157.0	2.6
50代以上（3人）	240.5	4.0
平均	225.2	3.8

表1-13　G村の12人の男性の水田労働時間
（1983年10月～1984年3月、月別、午前・午後、min/day）

	20代男性　番号・性別・年齢			
	No.61m23		No.39m29	
年・月	午前	午後	午前	午後
1983・10	147.10	61.94	280.65	140.32
1983・11	28.00	0.00	298.00	194.00
1983・12	7.74	0.00	254.52	149.03
1984・1	0.00	0.00	100.65	44.52
1984・2	16.55	0.00	105.52	99.31
1984・3	0.00	0.00	40.65	27.10
平均値（min/day）	33.23	10.32	180.00	109.05

	30代男性　番号・性別・年齢					
	No.58m34		No.52m34		No.128m39	
年・月	午前	午後	午前	午後	午前	午後
1983・10	150.97	170.32	110.65	36.77	70.65	3.87
1983・11	235.00	237.00	114.83	6.21	157.00	0.00
1983・12	233.23	240.00	24.19	1.94	27.10	5.81
1984・1	9.68	0.00	21.29	1.94	15.48	0.00
1984・2	4.14	0.00	6.21	18.62	78.62	64.14
1984・3	0.00	0.00	9.68	0.00	7.74	5.81
平均値（min/day）	105.50	129.46	47.81	10.91	59.43	13.27

	40代男性　番号・性別・年齢							
	No.49m40		No.51m40		No.74m42		No.53m46	
月別平均（分）	午前	午後	午前	午後	午前	午後	午前	午後
1983・10	85.16	44.52	156.77	83.23	183.87	118.06	54.19	42.58
1983・11	40.00	32.00	134.00	24.00	174.00	78.00	5.71	0.00
1983・12	0.00	0.00	54.19	15.48	25.16	7.74	0.00	0.00
1984・1	0.00	0.00	38.71	0.00	18.39	5.81	0.00	0.00
1984・2	0.00	0.00	16.55	39.31	74.48	138.62	0.00	0.00
1984・3	0.00	0.00	7.74	5.81	42.58	5.81	0.00	0.00
平均値（min/day）	62.58	38.26	68.00	27.97	86.41	59.01	29.95	21.29

	50代以上男性　番号・性別・年齢					
	m55		m59		m61	
月別平均（分）	午前	午後	午前	午後	午前	午後
1983・10	263.23	145.16	240.00	0.00	248.71	152.90
1983・11	249.00	128.67	80.00	0.00	82.00	74.00
1983・12	0.00	0.00	191.61	0.00	130.65	37.74
1983・1	0.00	0.00	141.94	0.00	36.77	15.48
1983・2	0.00	0.00	138.62	0.00	0.00	0.00
1983・3	0.00	0.00	166.45	0.00	1.94	6.00
平均値（min/day）	161.30	121.33	159.77	0.00	83.34	47.69

田植え・収穫の機械化の著しく進んだ我が国の八〇〇hr／ha（1975）、七〇〇hr／ha（1980）よりさらに少なく、その五〇％は収穫、二五～三〇％は田植えで占められている。これは、一般の栽培管理作業にはほとんど手を掛けない、時間をかけない稲作が行われていることを裏付けている」（杉本 1981: 20）と報告されている。その上、請負労働（ウパー）が非常に多い（Yamashita et.al. 1981）。そのため必然的に耕作者の労働時間は少なくなる。

3 生活時間

水田での労働時間の分析から、彼らは一年を通して午後にかなり長い労働しない時間をもっていることが明らかになった。しかも、すでに述べたように、新しい技術の受け入れの方向として、増産のための努力よりも労働時間の短縮化の傾向がある。彼らにとって労働以外の活動も重要であることが推測される。

No.74の労働とつきあい活動の記録が参考になる（詳しくはアペンディクス参照）。彼は一〇月から一月まで一月に一回、二月に二回、三月に三回、クンドゥリ（共食会）に参加している。クンドゥリ（共食会）とは村の人々が集まり、共に料理し、共に食す会、すなわち共食会である。乳児の断髪の儀礼、割礼、新築、結婚式、メッカ行きの前の儀礼、ハリラヤ・プアサ（断食後の大祭日）、ハリラヤ・ハジ（巡礼祭）に付随した大きなクンドゥリから、子女の大学合格祈願、試験終了祝い、バナナの豊作祝い、病人の回復祈願、田植え後の感謝と豊作祈願、収穫祝い、就職祝いに付随した二〇～三〇人の小さなクンドゥリまで、さまざまである。

彼は、アロルスターとクアラケダにある親戚の家にも月に一回から三回出かける。宗教的な指導者でもあった彼は、特別な相談事や各種の組織への入金に親戚や近所や役員宅を訪れている。モスクでの金曜礼拝の時間は記入されていないが、彼は礼拝のリーダーでもあった。

以上は特別な出来事だが、日常的な出来事は観察と聞き取りから作成した次章の図2－1(男性)と図2－2(女性)の田植え期の「ある一日」の生活時間から読み取ることができる。

まず、男性の生活時間について、図2－1と聞き取りの結果をまとめると以下のようになる。一日のリズムは五回の祈りと、マンディ(沐浴)、食事時間によって一定に保たれている。五回の祈りは太陽の昇る六時三〇分頃と昼食の一三時三〇分頃、日の沈む一九時頃、そして夜二〇時頃と寝る前の二三時頃となっている。一日五回の祈りをする人は、村でも少ないが、たてまえとして、祈りの時間は決まっていて、互いに邪魔をしないように気をつける。祈りの前には必ず沐浴をして、浄めなければならない。沐浴は朝昼夜の三回するのが一般的である。

水田で働く男性の典型的な一日は、まず朝起きたら沐浴↓祈り↓朝食↓七時前後に水田作業↓一二時前に帰宅↓休息↓沐浴↓祈り↓昼食。ここで一四時頃になる。一五時頃までは暑いので出歩かないで家で昼寝などをしている。一五時または一六時から気が向いたら水田へ行く。大抵は、近所や友人の家でおしゃべりをしたりラジオを聞いたり、外を眺めたりしている。とくに昼食のあとは祈りをしている人がいる心配もないので、ボリュームいっぱいに上げたラジオから村中にマレー音楽が鳴り渡る。夕方は、毎日決まったグループが決まった家に集まっておしゃべりをしている姿が見られる。夕方は一七時三〇分頃から暗くなり始めるが、黄昏（たそがれ）が長く一九時頃までぼんやりと明るい。長い黄昏時を、男性も女性もおしゃべりに費やす。明るいうちは皆、家の下とよばれる高床式の床下でおしゃべりをする。二一時頃夕食が終わると、人々はモスクへ祈りに行ったり、友人宅へ夜の訪問に出かけたり、訪問客を迎えたりしながら家の中でテレビを見ながら皆で時を過ごす。二三時か二四時頃に床につく。

　買い物は男性の役割である。木曜（イスラムの休日である金曜日の前日）と日曜日にバイクで村から一〇分ほどの小さな町に市が立つ。そこから近所の分まで買い物をしてくる。買い物のあとは、近くのコーヒー屋で、村々から集まった友人と長話をする。そこで、口答でクンドゥリ（共食会）に招待したり、されたりすることもある。

　小学生の女の子や低学年で自転車に乗れない男の子は、父親がバイクでトゥンジャンという市街地のバス停まで迎えに行く。

　女性は、シェア・グループで田植えの仕事に行くときは一日八時間程度働く。主婦の一日は「朝食の用意をし、夫・子どもと朝食をすませる。朝のクラスの子どもは七時のバスに乗せる。九時〜一一時に沐浴をしながら洗濯をする（井戸に洗濯の女性が大勢集まる）。一一時から食事の用意（約一時間）。祈り。食事。おしゃべり、縫い物、昼寝。一六時か一七時頃沐浴。祈り。夕暮れ時のおしゃべり。一九時頃夕食用意（コメを煮る、昼作った副食を温める）。夜はよその家へテレビを見に行く人と行かない人がいる。遊びに来た客に飲み物を出す。二二時〜二三時頃床につく。

女性にとっても、男性にとっても、自由度の高い時間が多い。それは、時にはクンドゥリに出かけ、遠くの親戚を訪問し、時には市場で友人とおしゃべりをしたり、近所の皆と集まって噂話をしたりする時間となっている。自由度の高い時間をもっているからこそ、おしゃべりをしながらのんびりと洗濯をしたり、友だちと一緒にのんびりと畑の手入れができる。病人が出たり、急な用事ができるとこの自由時間を短縮し、タイミングよく加勢に出向くことができる。豊かな自由時間とスケジュールの可塑性、これが柔構造時間である。

男女共におしゃべりに費やす時間は、三〜四時間、夜のテレビや相談のための訪問、軽労働と組み合わされるコミュニケーションの時間を入れると、多い人では六時間に達する。

また、自由度の高い時間が多いだけでなく、他人の自由時間が予測可能でそれに合わせて訪問しおしゃべりができることが特徴である。なぜならば、村人のすべてが祈り(実際にしてもしなくても)と沐浴、食事を軸とした似かよったリズムをもって生活しているからである。しかも、沐浴や食事の仕度、家の下でのおしゃべりは、開放的な空間でなされるため、外からの観察が可能である。よって時間的同調は比較的たやすい。半開放的な空間である「家の下」や「階段前」でのおしゃべりをしていると、通りがかりの人が呼び止められ新しい人が参入してくる。

二　楽しみと経済活動の基盤としてのおしゃべりの時間

この節では村人が多くの時間を費やすおしゃべりの実態をさぐる。

1　おしゃべりする近隣・親戚・友人関係

G村の近隣のまとまりを「カンポン」というマレー語から分析する（図1−3）。

G村は呼び名から五つの部分に分かれる。大きな太枠（境界は、村人にもはっきりしない）で囲んだ部分。

①G村で一番水の良い井戸、ドリアン井戸があり、家の密度も高く、店が多く、モスクからも近い。かつての主要な移動路だったペルリス川に近く、川と村を結ぶ道路に面した部分、G中部とよぶ。

②ダラット　乾いた、あるいは奥という意味。新道よりも上のやや高い、ゴム林の近くを指す。

③ヒリィル　下手、下流という意味、G中部よりもやや南、ペルリス川の流れる方向やや下手にある。家番号で一一一番、八六番あたりからヒリィルという。

④フージュン　終わりの、はじの、という意味。G村の南のはじの部分。一三一番九九番あたりから南をいう。

⑤ベルカール　二次林という意味。G中部とはテロクとよばれる水田で隔てられている。共食の

パカタン（互助会）をも独自にもつ、形式的にはG村に入っているが半独立の村と考えられる。一人の村長がいる一つの大きな村単位（ここでは一四三戸）をカンポンとよぶ。また親子、いとこなどが集住した地区もカンポンとよばれる。この親族が集住したカンポンを親族カンポンとよぶことにする。G村の中の①〜⑤の部分は親族関係および日常のつきあいからさらにいくつかの小集団に分けることができる。

小集団の大部分は親族関係に基づく親族カンポンである。G村の一部であるG中部は、親族関係に基づく、いくつかの親族カンポンに分かれる。一筆の土地の中に親子が住んでいる。No. 44、45、51、52、53、63の親族カンポンは今の戸主がハトコ同士の関係である。

図1－11〜1－14にカンポンに共住する親族関係の例を示した。

結婚後の居住形態については夫方、妻方そして新居のどこに住んでも良い。結婚式のあと数ヵ月は、妻側と夫側の家に交互に住む（往復居住とよばれる）、そうしている間に、どこに住むかを決定する。住む土地や耕作する土地、そして仕事場がある方、住みやすく自分たちに合う（セスアイ）場所に住むという。

小カンポンの中に住む親戚同士は家族のようにつきあい、おしゃべりの行き来がはげしく、クンドゥリの手伝いに第一によばれる。また、自転車やバイクの貸し借りがある。

村人の語る親戚はハトコの範囲である。つきあいの密度にもよるがおおよそ、いとこ以内は「近い親戚」という。村人は全員が「G村の者は全部親戚だ」という意識をもっている。ある男性を祖先と

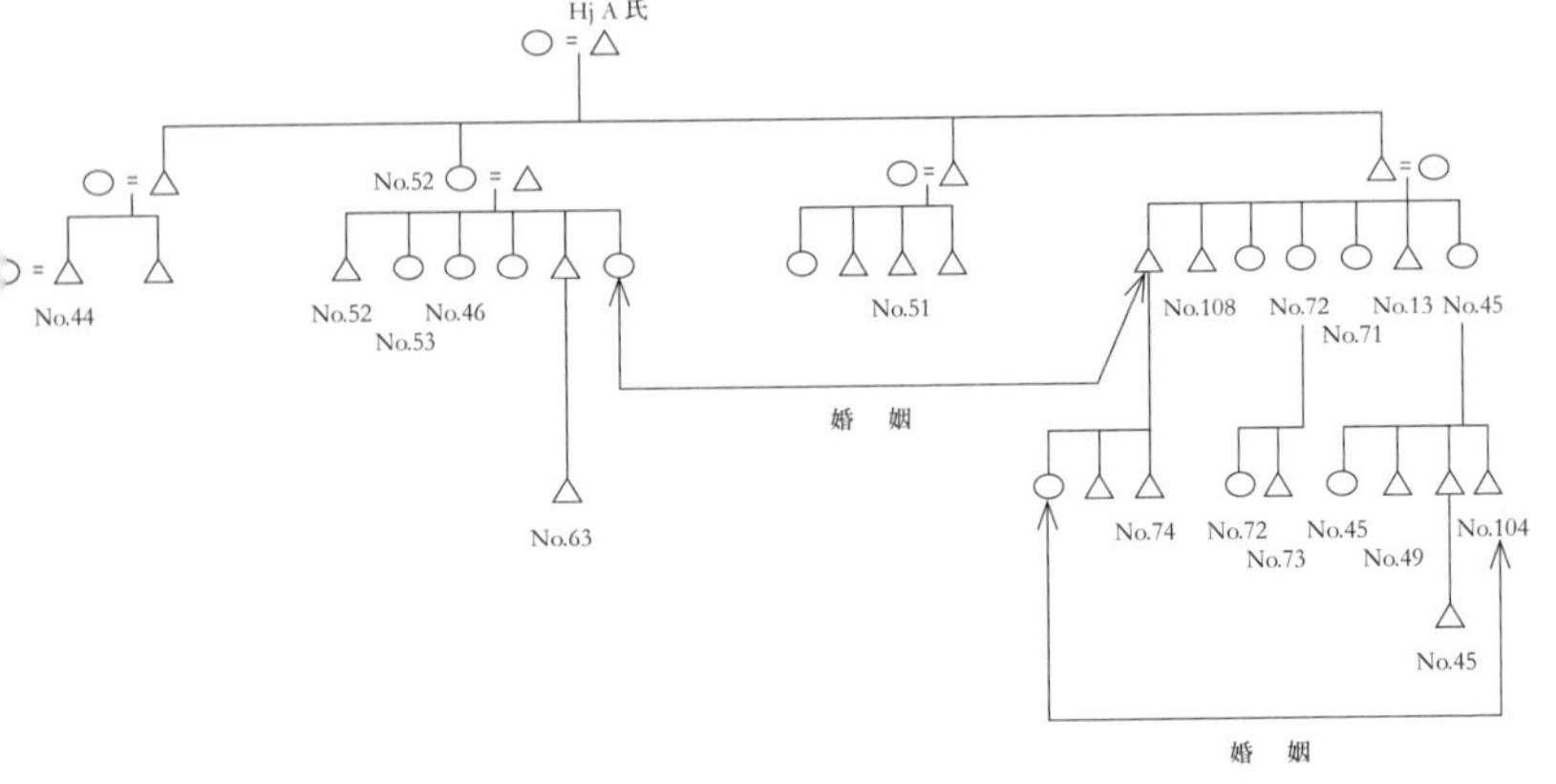

図 1-11　Hj A を祖とする親族の系譜

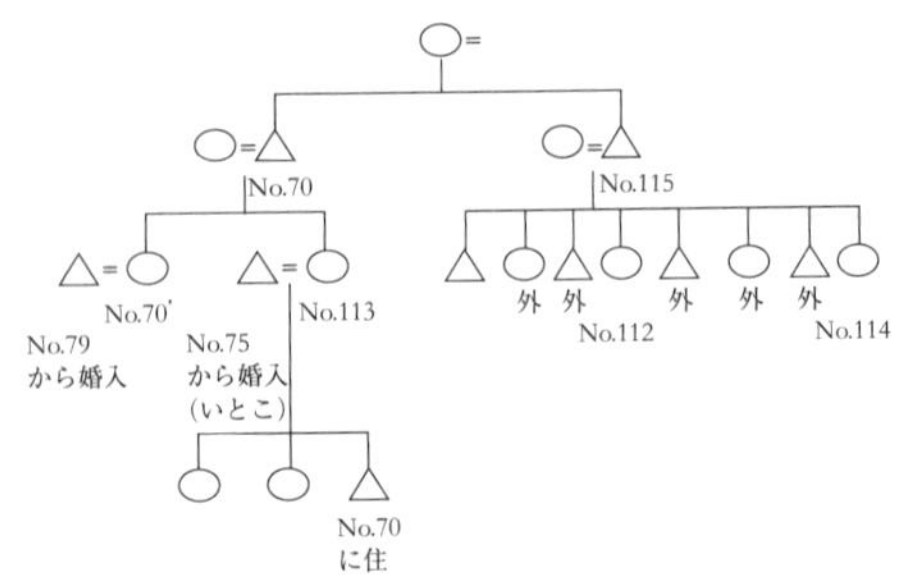

図 1-12　G 村フージュンの親族関係 A

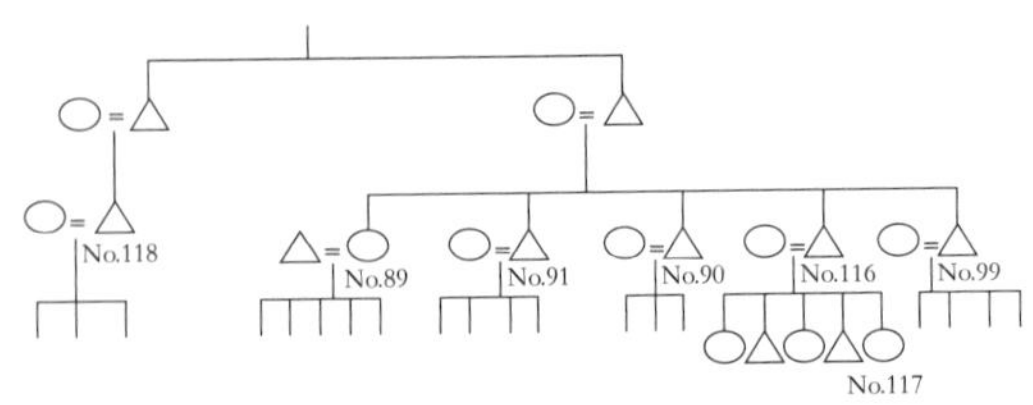

図 1-13　G 村フージュンの親族関係 B

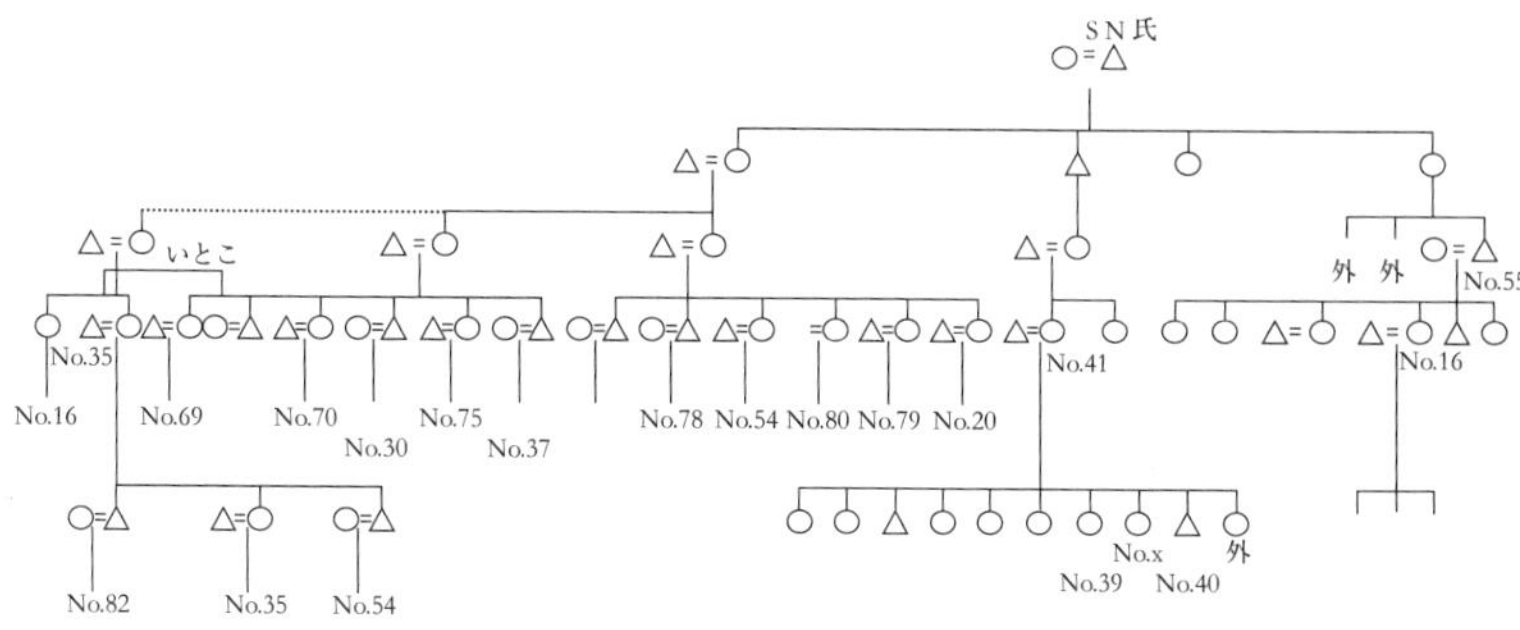

図 1-14　G 村中部の親族関係

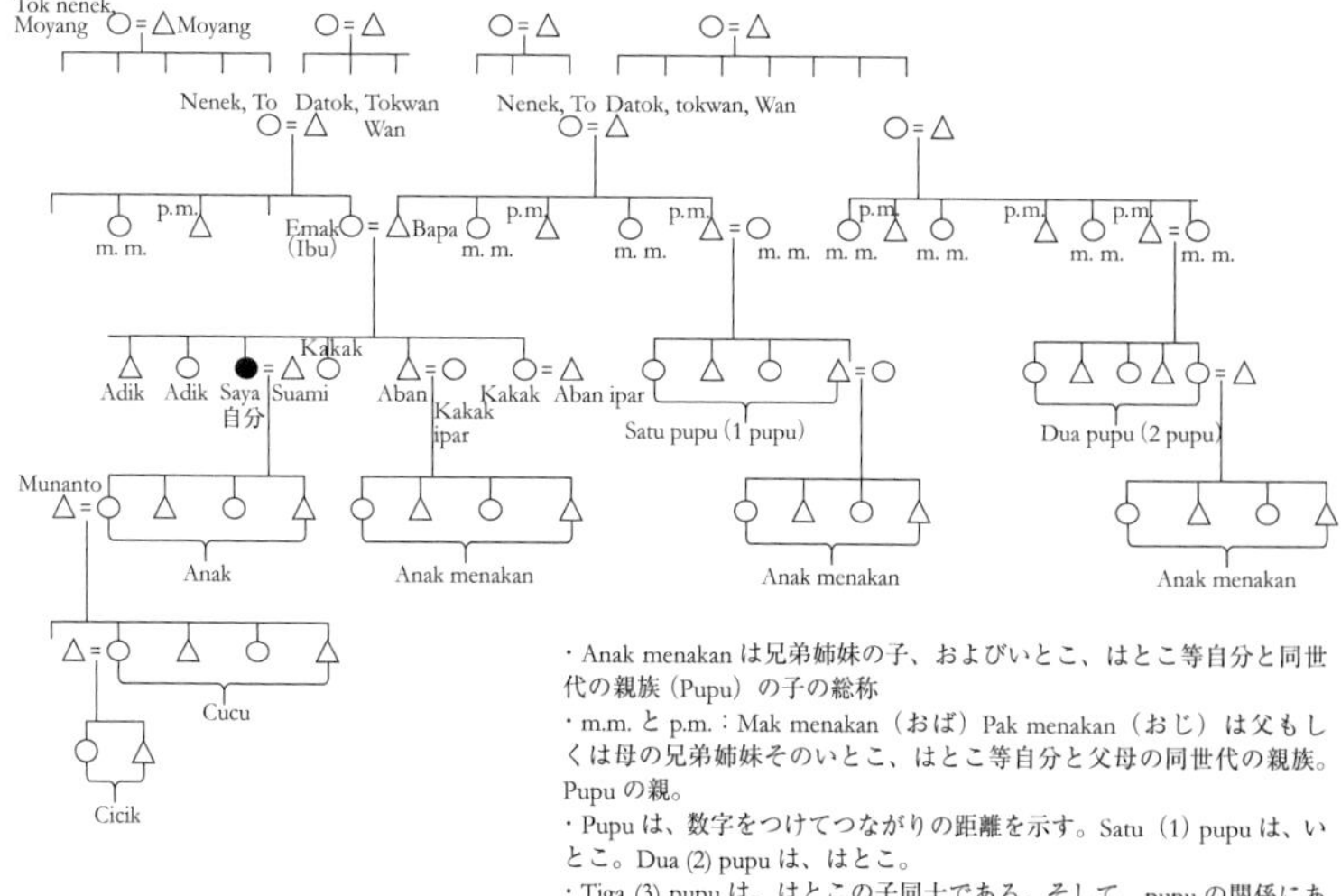

・Anak menakan は兄弟姉妹の子、およびいとこ、はとこ等自分と同世代の親族（Pupu）の子の総称

・m.m. と p.m.：Mak menakan（おば）Pak menakan（おじ）は父もしくは母の兄弟姉妹そのいとこ、はとこ等自分と父母の同世代の親族。Pupu の親。

・Pupu は、数字をつけてつながりの距離を示す。Satu（1）pupu は、いとこ。Dua (2) pupu は、はとこ。

・Tiga (3) pupu は、はとこの子同士である。そして、pupu の関係にある自分よりも年長の男性は、Aban pupu、年少の男性は、Adic pupu、年長の女性は、Kaka pupu、年少の女性は、Adic pupu ということもある。

図 1-15　親族名称

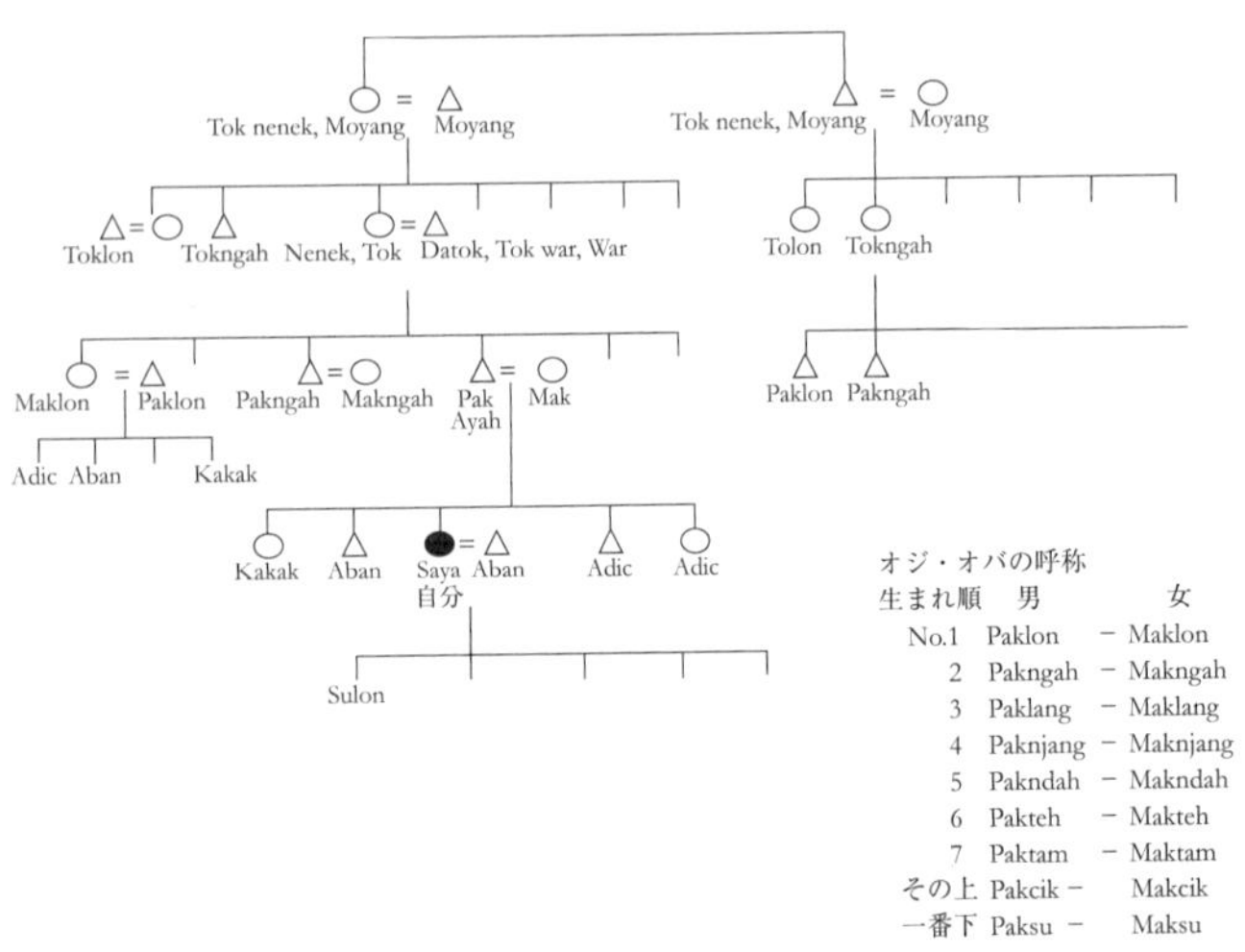

図 1-16　親族呼称

したまとまりとして親族関係を記憶している場合もある（図1－14）が、基本的には双系親族集団の特色をもつ。親族名称（図1－15）および親族呼称（図1－16）は父方・母方を区別しない双系親族集団の特徴を示している。

次に、G中部のつきあい関係について、誰がおしゃべりにくるか、誰とおしゃべりをするか、誰と水田作業をするか、誰をクンドゥリに招待するか等のインタビューの答えと前項の親族関係から分析したい。

G中部の東部には、五つの親子が居住している。うち三親子は互いにハトコ以内（合計一二軒）でかつ、お互いに姻族である。グループをまとめてBグループとする。Bグループは互いに姻族である。そのほかにDグループがある。BグループとDグループは互いに姻戚である。以上のように親族関係から見ると二グループであるが、つきあいから見るとまた違う図柄となる。

次に、つきあいから見るとこの地区は二つの仲の良いグループに分かれている。親族近隣政党合体Eグループ（No.39、40、41、42、43）とBグループである。Dグループ出身の男性HHがBグループの女性Aと結婚してNo.69に居住しており、Bグループのリーダーである。No.65とNo.68はNo.69の息子夫婦と娘夫婦である。EグループとBグループはつきあいが活発でなく、それは支持政党の違いによるものである。Bグループは毎夕No.64に集まって「夕暮れおしゃべり」をしている。EグループはNo.40で時々「夕暮れおしゃべり」をする。No.43はあまり遊びには出ないが、No.40はどんな小さなクンドゥリでもNo.43を彼の娘の夫たちと共に招待しなければならないと語った。DグループのNo.43はBグループの女性Aの親族であるが、村のPAS（支持者会のリーダー）であり、UMNO（支持者）であるBグループから距離を取っている。一方、No.40はD親族で43の隣であり、村のPAS支持者会の有力者であるため、この二軒はつきあいがある。EグループとBグループの構成は親族関係と近隣関係と支持政党を反映しているといえよう。Dグループの残りの人々は対立から距離を置いている。

以上からわかることは、つきあい関係は、親族関係、姻戚関係、近隣関係、支持政党などの複合体だということである。

次に個人の動きを例にとって見てみよう。No.74（四二歳）は親族関係と居住地が結合した親族カンポンに居住しているが遠方に居住している姻戚との交流があり、そのつきあい範囲は親族カンポンにとどまらない（彼の労働時間と社会的活動はアペンディクス8）。彼は主に午前中水田やゴム園に行く。月に一回から三回クンドゥリに参加し、アロルスターやクアラケダの姻族と親族を時々訪れる。昼には小学校の子どもを迎えに行く。昼食の後は、家の周辺の手入れをしたり、昼寝をしたり、近隣の親族の家におしゃべりに行ったりする。

夕食がすむと、週に四日ほど、バイクでNo.44の家へ行く。No.44の家にはたいていNo.128もいる。三人全員が同じ政党の支持者である。No.74の家にはテレビがないがNo.44宅にテレビがあり、三人でコーヒーを飲みつつテレビを見ておしゃべりをする。さまざまな情報が会話の中で語られ、意見が交わされる。政治がなっていないこと、首相の言動の批判。村の他政党の支持者の動きも話す。田植え期には作業の進み具合、収穫期にはどこの誰の水田でどれくらいコメがとれたか手に取るようにわかる。誰がいつ次のクンドゥリをしようとしているかもわかる。娘の大学入試が近づいているというような私的な悩み事も話す。

収穫期にはNo.128とNo.74は必ずコメをアハディア(贈り物)として老人で貧しいNo.44に贈る。No.74の日常のおしゃべりの相手は、No.12、16、25、31、33、44、52、72、73、98、108、128である。これが稲刈りの互酬的協力グループのメンバー、No.12、16、39、43、66、128と一部重なる。No.128とNo.16とNo.12は親族であり、かつ、日常のおしゃべりの相手、No.66はNo.128の弟、No.43の、若い息子と娘の夫が働いていて、No.74の収穫後の米袋運びのアルバイトをしていた。No.43はPAS支持者会のリーダー、No.74は一月には自宅でPAS支持者のミーティング・クンドゥリを催すほど熱心なPAS支持者である。

小さなクンドゥリに招待する人、料理を頼む人はNo. 2、12、20、24、33、44、71、72、73、86、90を示した。「大きなクンドゥリには村全部、少なくともNo. 108から下は全部よびたい」と言う。小さなクンドゥリは、親族、おしゃべり関係およびPASの友人関係に支えられる。大きなクンドゥリはG村のパカタン（クンドゥリ互助会）がとり仕切り、村全部、村外の親戚や友人も食べに来る。

以上のように彼らの労働時間は、一日三・八時間と短く、一日の生活の中に豊富な自由時間がある。自由時間はいっさい仕事をしない時間と、沐浴をしながらおしゃべりをするというような楽しみと身づくろいが組合わされる時間がある。

軽労働をしていてもそのための時間や場所の選択や行動の組み合わせは本人次第である。たとえば井戸でみんなが集まって、マンディをしながら、おしゃべりをし、ついでに洗濯をすますというパターンがある。したがってその時間も本人の裁量で活動を決めるという意味では、比較的自由度の高い時間と言えるだろう。

また彼らの一日の生活が一定のリズムをもっていることがわかった。

そのため、たくさんの人が一ヵ所に集まって時間・空間を共有することができる。

彼らはこのような自由度の高い時間の楽しい使い方についてさまざまな言葉をもっている。たとえば、「ベルブアルブアル（座っておしゃべりをする）」、「センバン・センバン（雑談をする）」、「ジャラン・ジャラン（出歩く、人を訪問する）」、「マカン・アンギン（息ぬきをする。リフレッシュする）」、「マカン・クンドゥリ（共食会に行く）」、「テンゴッ・オラン・サキト（病人の見舞いに行く）」などである。そしてそれに長い時間をかける。

彼らのリズムのもう一つの特徴は活動と活動との間にゼロ時間帯（*masa kosong*）とよばれる何もしない時間がはさまれることである。水田から帰ってきた際は、必ず座って身体のあら熱をとってから沐浴をする。外出から戻ったら、まず座って飲み物をのみ、おしゃべりをしながら休息する。「まず休んでから（*rebut dulu*）のゼロ時間がリズムをゆるやかにし、身体にやさしくおしゃべりの場を形成する。

これらのおしゃべりや訪問を次節で分析する。

2　おしゃべりの場面

おしゃべりは以下のⓐ~ⓓの三つに分類できる。

1．余暇のおしゃべり
　　昼のおしゃべり　ⓐ
　夕暮れのおしゃべり　ⓑ
　夜のおしゃべり　ⓒ
2．軽労働をしながら
　おしゃべり　ⓓ
3．集団作業をしながら
　おしゃべり　ⓔ

1．余暇のおしゃべり（ⓐⓑⓒ）

余暇のおしゃべりは、第2章「ベルブアルブアルの世界」で詳しく述べるので、ここではおしゃべりの場面の分類を示す。一〇：三〇頃から昼食準備にとりかかるまでの一時間ほどがⓐ昼のおしゃべり、夕方三時過ぎから日没七時半頃までの四時間余りがⓑ夕暮れのおしゃべり、昼と夕暮れおしゃべりのメンバーは主に近隣の親族と友人、夜のおしゃべりのメンバーはそれに加えて遠方からの友人が加わる。夜八時頃から一〇時頃までの二時間ほどがⓒ夜のおしゃべりの時間である。

2．軽労働や宗教活動をしながらおしゃべり（ⓓ）

軽労働はおしゃべりと組み合わされる。たとえば、小さな畑（kitchen garden）の手入れ、庭の手入れ、料理、魚とり、木の葉とり、果物とり、えびとり、買い物（行商を招き入れる。市のそばのコーヒー店でおしゃべりをする）小さなクンドゥリ、屋根材つくり、しきものつくり、ぬいもの、井戸端のマンディと洗濯などである。

宗教的な活動とおしゃべりも組み合わされる。たとえば、夕方、モスクに祈りに行くのは社交的要素が大きい。七：〇〇に出かけて九：〇〇までモスクですごす。子どもたちは村のコーラン学校へつれだって行くが、これも子どもたちの社交場的性格を持つ。

3．集団作業をしながらおしゃべり ⓔ

大変な作業は大勢の人間を動員して、おしゃべりをしながら行われる。共食をともなう。たとえば、デラウ方式（労働交換）の田植えと稲刈り、トロング方式（一般的互酬性すなわち加勢やコミュニティの共同作業）の各種通過儀礼とそれにともなうクンドゥリ（共食会）、ウソールマ（家はこび）、墓そうじなどである。

シェア・グループとよばれる田植え請負いの女性グループもさかんにおしゃべりをしながら作業をする。デラウやシェア・グループとして仕事を得ることは、労働の交換だけでなく現金収入源となる。水田が不足し副業を探している農家にとっては時に重要である。そういう農家は日常的に仕事を供給してくれる人、村内外にさまざまなコネをもっていて仕事の都合をつけてくれる人、急な不足の事態にコメや金や土地を借してくれる人とも親しくする傾向を持つ。

PASとUMNOのグループ構成も小カンポン単位で分析していくと、それぞれの家は単にイデオロギーによってPASにするかUMNOにするか決定しているのではない。また共に働いてくれる人を確保することも重要である。近隣・親族関係を基盤とした日常の「おしゃべり」や「クンドゥリ（共食会）」の仲間としてつきあいのネットワークが、共に働く仲間のつながりをつくっている。

三　互酬的慣習とつきあいによる動的な互酬的関係（柔構造社会の基礎）

1　日常の互酬的行動

例1　食事に誘う

人々は通りすがりの人には「どこへ行くの?」(*pi mana?*)と声をかける。

食事をしているところへ人が来たら食事に、お茶を飲んでいたらお茶に必ず誘う。「マカン!」(召し上がれ)「ミノム!」(お飲みなさいな)と言いながら盛んに手招きをする。

例2　「サラーム」

おしゃべりや食事を始める前に出会いの挨拶をする。それがサラームである。同性ならば、まず相手の手と自分の手を互い違いに合わせ、次に手を口か胸にもっていく。口から相手の心を飲み込む、あるいは心からという印だという。サラームと同時にコーランの一節を唱えて、お互いの平和なつきあいを願う。

他家を訪問する人に、誰かに贈るサラームを託すことがある。それは「キリム・サラーム」という言葉で表現される。よく使われる言葉で、「サラームを贈る」という意味である。たとえば、親戚の世話をしたり、世話になったり、一緒に食事をしたりして知り合いになった人で、遠くに住んでいて、いつも会えない場合に知り合いに託して贈るのである。サラームを贈られた側は、普通は直ちにサラームを代理でもたらした人に贈り返すことを依頼する。

たとえば、ある人、Aが旅行をすることになった。遠くに住んでいる私の知人に会う可能性がある場合や手紙を書いている場合、私はAに知人へ「サラームを贈ってくれ」と頼む。顔を合わせている人間同士はサラームを贈るとは言わない。Aは、村に帰ってから私に対して知人もサラームを贈っていたと報告する。日本語の「よろしく言っといてくれ」に近い。第三者を介して知人関係を維持する方法である。

「コミュニケーション・ネットワーク」はこうして遠くに住んでいる人も巻き込んでいる。

例3　「カナル」

しかし、基本的には人間関係はおしゃべりや無償協働（ゴトンロヨン）を通した顔と顔とのコミュニケーションに根ざしている。村人は労働交換（デラウ）の相手、無償協働の仲間として期待できる人、助けを借りた人などを顔と簡易名で覚えておく。人の顔の見分けがつくことを「カナル」（誰なのかわかる）という。お茶をごちそうになった相手を次に会ったときに識別（カナル）することができなければならない。そして機会を得たら今度は相手をお茶に招くのである。

2　互酬的慣習

一時的に大量の労働を必要とする農繁期の共同労働、時には一〇〇〇人以上の人が集まって食事をする「クンドゥリ」は互酬的行動の目立つ部門である。G村には大土地所有者と小作農という二極分化は見られないが、水田での作業請負いには、小規模農家が大規模農家の作業を請負うという関係もある。そして田植えや稲刈りで女性が報酬を得（アンビル・ウパー）、グニ（もみをつめた袋）運びや、プクル・パディ（もみ落とし）で若い男性が報酬を得た（アンビル・ウパー）ことから、作業請負いは女性や若者の収入源でもあったことがわかる。口羽は、「シェア・グループには、しばしば雇用者の妻子や孫が参加している。財は個人が所有すべきものであり、家族主義的財の蓄積傾向の弱いマレー農民の間では、家族内でも報酬を判った労働の雇用が多い傾向は、決して不自然なことではない」と指摘している（口羽ほか 1981: 99）。

以下に具体的な互酬的労働の形態について解説を加える。まず、現金もしくは物の移動がある例を示す。

例1　ウパー（*upah* 報酬を出す）、アンビル・ウパー（請負う・報酬を得る）

作業請負いの報酬を出すことである（どれくらい時間をかけるかは働き手に任せる）。出来高計算である。

事例：水田の持主Aは、Bを二ルロン（約〇・五六ha）の田植えを請負わせる。Bは二ルロンの田植えをすべてする。AはBに一ルロン当たりいくらで報酬を払う。BはこのAの水田の田植え仕事の施主となり、デラウやシェア・グループで仕事をすることもできる。

事例：シェア・グループは田植えや稲刈りを請負う。施主からの報酬はシェア・グループ内で等分にされる。一九八三年現在、田植えは六〇リンギット[2]（一九八三年当時のレートで約六〇〇〇円）／ルロン、稲刈りは四五リンギット（約四五〇〇円）／ルロン、である。

（四ルロンに一〇日かかる）

畔の草刈りや肥料まきにもこの形式で雇われる。

コンバイン・ハーベスタや、トラクター、すなわち機械＋運転手もこの形式で報酬が出る。一九八四年現在、一回の耕起請負いが三五リンギット（約三五〇〇円）／ルロン、二回の耕起請負いが、五〇〜六五リンギット（約五〇〇〇円）／ルロン。もみ落とし、一袋（guni）四リンギット、袋（グニ）運び、一袋二リンギット。

事例：「ウパー・シェア」はシェア・グループに報酬を出して請負わせることである。シェア・グループは、同年代の女性四〜五人のグループで、田植え・収穫作業を請負う。田植えは一九八三年現在、一ルロン（約〇・二八ha）当たり六〇Mドル（約六千円）、稲刈りは一ルロン当たり四五Mドル（約四五〇〇円）である。G村の四つのシェア・グループは、

① Aグループ

No.61.89.123.30.60.114

② Sa グループ

No.95.72.86.87.111

③ Fa グループ

No.50.48.106.104

④ Ahグループ

No.64.35.38.36.54

である。これらのグループの特徴は、第一に年齢が同世代、第二に親戚・近隣・友人関係を基礎としたつきあい関係にある、第三に同じ政党支持グループに入っている人間たちが一つのグループを構成しているという点である。

例2　クパン (*kupang*)

ひと朝いくら、ひと夕いくらで報酬を出すこと。時間給に近い。朝は七：〇〇〜一二：〇〇、夕は二：三〇〜六：三〇。

事例：労働交換の際、AがBの水田で働いた時間の方が、BがAの水田で働いた時間より長かった分（Aがそう望めば）BはAにクーパンで支払う。Aはその余分を次期までとっておくこともできる。

例3　パワ (*pawah*)

ゴム林の持主AのところでBがゴミ切りから加工販売までして、収入はAとBとで二等分する。

水田の持主A、耕運、田植え等々の経費はすべてAが出した。稲刈り、もみ落とし、販売をB、Cがして、収入をA、B、Cで等分にする場合もパワという。

事例：ゴム林の持主が忙しくて、自分で働けない。No.108：No.108のゴム林で、No.108の妻と弟が働いた。儲けは、No.108と妻と弟とで一：一：一に分ける。

事例：ゴム林の持主が老齢で自分で働けない。No.66のゴム林で、No.66の息子No.120が働いた。儲けは、一：一に分ける。

例4　ガジ（*gaji*）

Aさんが B さんのゴム林で働く。Aさんは B さんに月給や日給として一定の賃金を出す。ガジで人を雇うケースは非常にまれである。

例5　「シェア（*share*）」

Aさんと B さんは協同で働いたり、出資したりする。共同で購入した機械を共同で使用し、共同の仕事の収入は等分にされる。

次に基本的にお金や物での報酬のない互酬的労働について解説する。

例1　デラウ（*derau,berderau*）労働交換

稲刈り、もみ落とし、田植えが労働交換（デラウ）で実施された。稲刈りは女性と男性、もみ落としは男性、田植えは女性が担当した。稲刈り、もみ落としのデラウは、コンバイン・ハーベス

タの投入にともなって、一九八〇年頃に消滅した。田植えのデラウは一九八二年Ⅱ期から直播の導入により一九八三年一一月現在中断されている。

働く人数は、施主(*tuan*)の耕作面積によってまちまちである。五～六人から、一五～二〇人まででさまざまであった。施主AがB・C・D・E・Fに作業を頼んだら、AはB・C・D・E・Fに同じ分だけ働いて返す。あくまでも基本はA対B、A対C、A対D、A対D、A対E、A対Fの一対一の関係だが、水田で一緒に働く人々は「私たちのデラウ・グループ」と言ってまとまりを示す。しかし、このグループABCDEFはこの内部では完結しない。Bの水田メンバーは水面の面積によって人数も変わる。Aは必ず入るがその他は、G・H・Iでも構わない。

AがBの土地で働いた分の方がBがAの土地で働いた分より多いときは、余分を次期にとっておくか、クパン(時間給、1朝七：〇〇～一二：〇〇、1夕二：三〇～六：三〇で計算する)で支払われる。したがって仕事は時間制、すなわち七：〇〇～一〇：〇〇、(お茶の時間の休憩)、一〇：三〇～一二：〇〇、(昼休み)、二：三〇～六：三〇と区切られる。自分の働いた時間(朝、夕)をプールしておいて、デラウの構成員との差し引きがゼロになるようにする。朝、水田で構成員と待ち合わせ、一斉に水田に降りる。耕作地をもたない農民もデラウ・グループに入れる。その場合は、クパンで支払われる。

年齢に関係なく、仕事ができれば、デラウ・グループに入れた。女性では、一三～一七歳頃に入ったそうである。たとえば、No.44の妻は、一三歳から稲刈り、一七歳から田植えのデラウに参加している。

施主（*nan*）は、稲刈り、田植え期が近づくと、デラウ・グループの仲間に頼みに行き、自分のメンバーを書きつける。メンバーはある程度決まっていて、季節によって少々の出入りがある。

Hさんによれば五ルロン（一・四ha）の水田ならば、三〇人で一朝で植えた。夕方（二：三〇～六：三〇）は、あまり行かなかったが、行けば三〇人で二～三ルロン（約〇・八ha）は植えられる。一カ月間で村中のすべての田植えが終わった。

すでに述べたように、あちらの水田、こちらの水田と皆で田植えをして歩くことを〃タナム・ジャラン・ジャラン〃と称して、女性たちはなつかしむ。「田植えは女性の腕のふるい時であった。金が必要ならば、この時稼いだ。しかも皆で仕事をすれば、おもしろいし仕事も速い」と彼女はいう。〃タナム・ジャラン・ジャラン〃という言葉は田植え歩きという意味だが、ジャラン・ジャランというのは、あちらこちらを訪問して歩きまわることを指し、そこにある種の「愉快さ」があることを示す非常に良いひびきのマレー語である。財産は個人のものというはっきりとした所有の概念をもつマレー人社会では、女性が働いて得たお金は女性のものになる。彼女らは金のアクセサリーなどを買っておく習慣があった。また子どもの教育費を出すなど、家庭内でもその貢献は大きかったという。

「田植え時期は女も金持ちだったよ」とHさんの夫のイトコの女性は、自慢するように田植えで得たお金で買った金の腕輪をつけた腕を振って筆者にチャリチャリとならして見せた。

デラウ・クループの構成は、たとえば、次のようになっている。No.53のメンバーは、44（親族・近所）、53（本人）、52（親族・近所）、66（友人）、24（親族）、104（親族・近所）、2（親族）、12（親族）、59（友人）、95（友人）、122（友人）、34（親族）、72（親族）、86（親族）、110（友人）、96（友人）で、すべて村内のしかもＰＡＳ（汎マレーイスラム政党）の指示者である。メンバーは、親戚、近隣、友人関係の人々である。デラウ・グループは一九六九年のクアラルンプールでの民族暴動（1節参照）を契機に、ＵＭＮＯ（統一マレー国民組織）側とＰＡＳ側に分裂した。No.48のデラウ・グループは、48.63.62.36.70.78.80.60.61.であり、No.61のデラウ・グループは61.60.55.54.63.48.79.78.38.64.114.30.36.23.17で、こちらはＰＡＳ政党支持グループ、親族・近隣・友人の複合体である。

例2　ゴトン・ロヨン（*gotong royong*）、助け合い（*tolong-menolong*）

村のM氏は、これをvoluntary cooperationと訳してくれた。無償協働である。広い意味では、デラウもゴトン・ロヨンに入るそうだが、一般にこの村での使用法は、デラウほどはっきりした交換でない助け合いをさす。村の言葉ではトロング・ムノロング（*tolong-menolong* 助け合い）という。しかし、将来返ってくると意識して人を助ける訳ではない。墓掃除などコミュニティの共同作業もゴトン・ロヨンとよばれる。それはM氏がわざわざ、ボランタリーという単語を使ったことで明らかである。以下にゴトン・ロヨンの具体的内容を示す。キーワードは〃ピンジャム〃（*pinjam*

借り賃を払わずに借りる）、〃トロング〃（*tolong* 助ける）である。仕事を依頼する際に使用する言葉が「仕事をピンジャムしたい」「助けを乞いたい（*minta tolong*）」である。

ピンジャムは簡単に言うと、労働やコメ、助けを借りて将来相手が必要になったとき返すことである。筆者が村の友人から自転車を借りて、返すときにもともと壊れていた前かごの修理を、お金を出して実施してから返したことがあった。近所の人が、筆者が自転車を使った経緯はピンジャム（タダで借りた）かと友人に質問したところ、友人は「ウパー（謝礼あり）」と答えた。何らかの見返りがあれば「ウパー」と言うのである。ピンジャムやトロングの人々に仕事の施主は、食べ物と飲み物を提供する。日本でも人々に無料で加勢を頼んだときに食事と交通費を提供する習慣があることは、両国で類似している。

個人の家が「家運び」や「クンドゥリ（共食会）」のために労働を借りた場合は、相手の顔と簡易名（以下のように個人は登録名と簡易名を持っている）で覚えておく。簡易名は名前の一部と女性の敬称の*mak*、*che*、*kak* 男性の敬称の*pak*、*abam*などをつけて表現する。

	登録名	簡易名
Cf	Rohaizura	Che zura（チェッ　ズラ）
	Ismail	E（エー　）
	Ahamad	Mad（マッド　）
	Zangaripah	Che pah（チェッ　パッ）

Rokia　　Kak kia（カッ　キア　）

相手の名前を簡易名で覚えておき、将来労働等を返すのである。簡易名以外にも、記憶の助けとするものがある。メモ帳である。たとえば、自動車で送ってもらったりしたときは、自動車のナンバープレートの数字をすばやくメモ帳にひかえるなどして覚えておく。

トロング・ムノロングの人間関係にある人々は、サラーム（イスラム教のあいさつ）を送り合い、訪問をし合っている。筆者はこれが、互酬的関係の維持に重要な役割を果たしていると考える。つまり、サラームを送ることによって、借り合うトロング・ムノロング関係のネットワークに入っていると相手に表明しているのである。

Gotongroyong（奉仕的協働）は、手伝ってくれた人々には食べ物と飲み物を出すというきまりがある。以下の各出来事の加勢が仕事の借り入れ（ピンジャム・ケラジャ）で実施された。

①家の移動。床下に長い棒を入れて皆で運ぶ（*usob rumah*）。二日前に事態を告げて助けをこう。頼まれたら、どこへ行きたくても中止、田の仕事もしないで働きに行く。

②クンドゥリ（*kenduri*）

1．クンドゥリの客の決定（大きなクンドゥリの招待状には御一家そろっておいで下さいと書かれている）、伝達、料理の決定、材料、用具の調達。

2．前日、食材となる動物をほふったり、予約をしたりする。

3．当日の料理、洗い場、配膳等の責任者を決めて、それぞれ人を割りふる。女性たちは自宅から自分用の包丁を持って集まってくる。

4．当日はそれぞれの持ち場で、不手際のないように動く。

③クンドゥリのためのコメや金を親戚がかす。将来のクンドゥリのときに返してもらう。

④葬儀（*orang mati*）

遺体の洗浄、葬儀、遺体の運搬、墓穴ほり、クンドゥリの用意をすべて村人が行う。カンポンの人は全部行く。招待されなくても手伝いにいっていい唯一のクンドゥリ。祈り、食、全部でも、食べるだけでもいい。朝行けなければ、夕方行く。食事は、家の中でなく外で食べる。謝金を出す（*upah*）こともある。

⑤病気見舞い（*tengok orang sakit*）

村内の人、村内の親戚、村外の友人、親戚が三々五々やってくる。特定の日に、近所の人や親戚が集まって病気回復の祈りをすることもある。祈りが終わると最後にミンタ（願い事）をする。そして、軽食をとって帰る。

⑥道修理（*berbaik jalan*）⑦墓地修理（*cuci kubor*）⑧グニ（米袋）の積み込み。

以上から「ゴトン・ロヨンもしくはトロング・ムノロング」はサーリンズの定義（Sahlins 1972）で言うと、ほぼ「一般的互酬性」に、「デラウ」は「均衡的互酬性」に相当すると言えよう。また、金銭を介する「ウパー」「クパン」「パワ」「セワ」「シェア・グループを雇う」などの労働力確保も労働市場からの労働力の調達ではなく、互酬的性格を帯びている。

これらのすべてが、労働力を提供してくれる相手を、親戚、近隣、友人関係の交錯した「コミュニケーション・ネットワーク」内に求めていることが特徴的で、互酬的行動の一環であると捉えられている。現在でもこの互酬的関係は人々の生活を支えている。たとえば、シェア・グループは女性に重要な現金収入をもたらしている。

引っ越しや家具運びで共に働くことも互酬性の一部である。No.54の娘の引っ越しはNo.54の母、No.79、No.80、No.62の家の人々が手伝った。

シェア・グループは完全にUMNOとPAS政党支持者に分かれているが、ゴトン・ロヨンは、やや入り交っている。両方とも親族、近隣、友人関係が入り混った人間構成である。

クンドゥリをするとき大切なのは、料理人と食べる人である。パカタン（クンドゥリ互助会）を使わない小さなクンドゥリのメンバーは、近隣の親族、毎日のおしゃべりのメンバーである。シェア・グループ、ゴトン・ロヨン、クンドゥリのメンバーの中心的な存在は近所に住んでいる。親戚でも政党的に対立する人とは親しくない。親戚関係は遠くても、近くに住んでいて、おしゃべりやテレビを見る仲間であり、経済的、政治的に関係の深い人はジラン（隣人）とよばれ、親戚と同様に重要な役割を担う。大きなクンドゥリではそれ以外にも、やや遠くに住んでいる親戚、いつもは会えない友人を招いている。

例３　土地の貸借関係はお金が必要なものと必要ないものがある

この村の土地の賃借は自由な開放市場ではないことはDiana（1983: 189）も指摘している。しかし「この村では、親族関係それ自身は土地の所有者と賃借人とのとり結びの決め手となる要因ではない」（Shadl 1978: 144, 149）。

表１－14より自分の土地でない土地で耕作している面積は総面積の五五％に達する。土地の賃借関係は、親族関係に限らず、近隣、友人関係の交錯した人間関係の上に成り立っている。だからこそ「開放市場ではないが、親族関係が決定的要因とも言えない」のである。

この特徴は、すでに述べたようにおしゃべりの成員の構成とも共通している。親族のみでなく、近隣・友人の複合的集団である。

例４　労働力でなく物品を無償提供する場合あるいは「贈り物」

①「ザカット（*zakat*）」

収入の一〇％をモスクに納める。

モスクから生活資金が不足している人に分配される。

表1-14　耕作地の種類

種類	面積 ha（％）
所有	74.9（45%）
usufruct*	33.9（20%）
賃借	59.5（35%）
計	168.3

*自分の土地ではないが賃借料は支払っていない。
Diana 1983. p.189より（賃借料は150M$.1983年現在）。

②「セディカ（*sedica*）」
刈り取りのあと、自分で余裕があると感じたら誰でも助けたい人に贈ることができる。

（No.74と128はいつもテレビとおしゃべりに寄るNo.44にセディカを贈った）
③「ハディア・スカハティ（*hadia sukabati*）」
誰にでも、いつでも、何でも好きな物を贈ることができる。

3　互酬的組織

さまざまな祝いや願いに付属して催される共食会（クンドゥリ）や、葬式などには、その用意や、儀礼の進行のためにどうしても自分以外の人の助けと、参加者が必要である。共食会（クンドゥリ）は一〇〇〇人以上の参加者がいる大規模なものもある。「クンドゥリ」と「葬式」のための相互扶助の組織がある。農民の組織、青年の組織など、村の中には以下に示すように社会組織が六つある。

①シャリカト・マティ *shyarikat mati*（corporation for death）：葬式互助会
②パカタン・クンドゥリ *pakatan kenduri*（associaten for feast）：共食会のための互助会である
③パカタン・ペラダン *pakatan peradan*：農民互助会
　ペルサトゥアン・ペラダン *persatuan perdan*（farmers asociation）：農民組合
④ペルサトゥアン・ベリア *persatuan belia*：青年組合・若年会

⑤JKKK *jabatan kemajuan kesalamatan kangpong*：カンポン安全発展委員会　統一マレー国民組織が呼びかけて成立

⑥政党支持組織（統一マレー国民組織：UMNO支持会、汎マレーイスラム政党：PAS支持会）

このうち①と②が互酬的な性格を有した組織であり、活発に活動している。①と②が活発なのは、それが村民にとって重要なクンドゥリと葬式に関連しているからであろう（葬式の後にはクンドゥリがある）。以下にその内容を記す。

①葬式互助会は一九六一年頃から政府のすすめで始まった。年会費は一五マレーシア・リンギット（一九八三年のレートで一五〇〇円程度）。毎年政府に記録を報告する。葬式のための補助金が出る。葬式のクンドゥリ（共食会）は招待されなくても行ってよい唯一のクンドゥリ（共食会）である。人々はコメや砂糖やお金を喪主に贈る。お金ならば一〜八〇（一九八三年のレートで一〇〇円〜八〇〇〇円）リンギットだという。子どもたち、親戚、近所と葬式講の代表が中心的役割を果たす。葬式は、互酬的組織と人々の互酬的行動によって支えられている。

②パカタン・クンドゥリはクンドゥリ（共食会）のための互助会である。パカタンを使うクンドゥリ（共食会）の進行は以下の⑴〜⑻の通りである。

⑴　クンドゥリ（共食会）の主催者（*tuan rumah* 家主）は、パカタンの委員会に知らせる。委員会は一〇人ぐらいの人から成っている。以降、主催者が命令、決定権を持つ。

躍動する聖地
マダガスカル・イメリナ地方におけるドゥアニ信仰の生成と発展

江端希之 著

マダガスカル国内外から巡礼者を多数集める聖地＝ドゥアニでの動態的・多元的な信仰実践を、様々なモノやイメージに着目し描き出す。▼A5判上製・四八〇頁・五二〇〇円

揺り動かされるヒンドゥー寺院
現代インドの世俗主義、サティー女神、寺院の公益性

田中鉄也 著

インドの寡婦殉死慣習サティーの規制により、サティー女神を本尊とする寺院やその信仰はいかに変化してきたのか。その経緯を検討する。▼A5判上製・三〇六頁・四〇〇〇円

デジタル化時代のジェンダー平等
メルケルが拓いた未来の社会デザイン

佐野敦子 著

実生活にデジタル技術が浸透するなか、いかにそれを活用すべきか。メルケル政権期のジェンダー施策を検討し、平等実現への展望を問う。▼A5判並製・二七二頁・三六〇〇円

ケベックのフェミニズム
若者たちに語り伝える物語

ミシュリンヌ・デュモン 著／矢内琴江 訳

長年フェミニスト・スタディーズを行ってきた著者が孫娘に語るように綴った、カナダのケベック州における女性たちの歴史。▼四六判並製・三五二頁・二八〇〇円

原発災害と生活再建の社会学
なぜ何も作らない農地を手入れするのか
庄司貴俊 著

農業をやめざるをえなかった人びとの言葉から、原発被災地とは思えない「日常」の真実を探る。酪農家、漁師の事例も調査・研究。▼四六判上製・二四二頁・三〇〇〇円

〈文事〉をめぐる日朝関係史
近世後期の通信使外交と対馬藩
松本智也 著

日朝の「善隣友好」を支えた通信使外交はなぜ挫折したのか。学術・文才交流としての「文事」と対馬の「藩屏」認識から考究する。▼A5判上製・五五八頁・六五〇〇円

現代韓国占街巡礼
巫者密集地域の民俗誌
吉村美香 著

神降ろしや易学、占いカフェ。ソウル近辺での調査をもとに、現代韓国でひろく行われている巫俗の特徴や社会的背景を描く。▼四六判上製・二五六頁・三五〇〇円

ユダヤ人として生きる
幼児期にホロコーストを経験したアンガー教授の回想録
イズラエル・アンガー、キャロライン・ギャモン 著／仁木久恵 訳

隠れ家での過酷な生活を経て、差別や偏見と向き合いながら歩んできた化学者の人生を、入念に調査した資料や貴重な写真を交えて綴る。▼A5判並製・三五四頁・二七〇〇円

ローカル・フードシステムと都市農地の保全
庭先直売、移動販売、産消提携の立地と生産緑地

佐藤忠恭 著

食料品アクセス確保に資するローカル・フードシステムの観点から、市街地と農地が混在する合理性を提示。都市農地保全の意義に迫る。▼四六判上製・二八〇頁・三七〇〇円

新聞4コマ漫画と内閣総理大臣
全国3大紙に見る小泉純一郎から野田佳彦までの首相描写

水野剛也 著

主要3紙の4コマ漫画から現職の首相を描いた全作品を精査。その量的・質的分析を通して、庶民の目に映る首相と政治のすがたを探る。▼A5判上製・六〇八頁・五四〇〇円

ミットフォードとギネス一族の御曹司

ジョナサン・ギネス、キャサリン・ギネス 著／大西俊男 訳

英国で一九八四年にギネス家父娘が著した伝記から、幕末明治に駐日外交官を務めたA・B・ミットフォードに関する章を含め抄訳する。▼四六判上製・二〇〇頁・三三〇〇円

日中戦時下の中国語雑誌『女声』
フェミニスト田村俊子を中心に

山﨑眞紀子、江上幸子、石川照子、渡辺千尋、宜野座菜央見、藤井敦子、中山文、姚毅、鈴木将久、須藤瑞代 著

日中戦争期上海の女性雑誌『女声』について、日本人編集長田村俊子の姿勢を浮かび上がらせることを主眼に、各記事を分析した論集。▼A5判並製・四〇八頁・四五〇〇円

春風社
〒220-0044　横浜市西区紅葉ヶ丘 53　横浜市教育会館 3F
TEL (045)261-3168 ／ FAX (045)261-3169
E-MAIL：info@shumpu.com　WEB：http://shumpu.com

この目録は 2024年2月作成のものです。これ以降、変更の場合がありますのでご諒承ください（価格は税別です）。

(2) 委員会と主催者が相談して招待する人を決める。
(3) 委員会が家々を訪れて招待の旨を伝える。
(4) 料理を決める。
(5) 招待客の人数・予算等を考えあわせて材料を調達する。
(6) それぞれの持ち場を決め、リーダーを決める。
(7) 当日の準備。
(8) 当日の実行。

クンドゥリ（共食会）は村の人々のさまざまな日々の活動の集大成で、可視化されたコミュニケーション・ネットワークである。知り合いと共に集まり、つながりを再確認できる。人々はそれまでの蓄えや新しい収穫物を提供し、施主は村の人々の助けを得てご馳走を作る。招待され、訪問する人々もまた、現金やコメや砂糖や菓子やタバコやビンロウの実とキンマの葉のかみタバコを持ちよる。裕福な近親は、高額の援助をしてくれる。家屋と家の下、そして周辺の庭や井戸も活用される。クンドゥリ（共食会）は目的によって宗教的な意味合いの濃淡があるが、イスラム教や伝統的儀礼と結びついて食事の前には必ず祈りがなされる。しかしイスラムの掟でしなければならないという行事ではないと村人はいう。

クンドゥリ（共食会）の献立は、油で炊いたモチ米と、トリ、ウシ、スイギュウという動物性タンパク質を主成分とする料理が中心となる。欠乏しがちな動物性タンパクを補う機会でもある。

筆者は五ヵ月間の農村滞在中で一八の大小のクンドゥリ（共食会）に出席した。クンドゥリ（共食会）は必ず「誰の」そして「何の」クンドゥリ（共食会）かをつけて命名される。以下に筆者が参加したクンドゥリ（共食会）が実施された日付と目的を示した。

(8/6) クンドゥリ（共食会）・カウィン（婚礼）
(8/11) プラウ・ピナン村の婦人のメッカ行きのクンドゥリ（共食会）
(8/18) 田植えの終わったクンドゥリ（共食会）田植え終了・豊作祈願のクンドゥリ（共食会）
(8/26) メッカ行きのクンドゥリ（共食会）
(9/17, 9/18) ハラリヤ・ハジのクンドゥリ（共食会）
(11/15) ピサンバナナ豊作祝いのクンドゥリ（共食会）
(11/20) 病気回復祈願のクンドゥリ（共食会）
(11/27) 割礼のクンドゥリ（共食会）
(1/28) 断髪のクンドゥリ（共食会）
(2/2) ＨＤの息子の就職のクンドゥリ（共食会）
(2/20) ＫＳの孫の断髪のクンドゥリ（共食会）
(2/23) ＭＳの子どもの断髪のクンドゥリ（共食会）
(2/25, 2/26) ＥＴＮの娘の婚礼のクンドゥリ（共食会）

(3/1) ETNの娘の婚礼の四日後のクンドゥリ（共食会）
(3/12) KHの結婚のクンドゥリ（共食会）

上述の五ヵ月間以外の時期に参加したクンドゥリ（共食会）は以下の通りである。

葬儀のクンドゥリ（共食会）
試験合格祈願のクンドゥリ（共食会）
試験合格祝いのクンドゥリ（共食会）
雨乞いのクンドゥリ（共食会）
新居完成祝いのクンドゥリ（共食会）
引っ越し御礼のクンドゥリ（共食会）
政党後援会ミーティングのクンドゥリ（共食会）などである。

大きなクンドゥリ（共食会）は男性が中心となって用意する。料理は、肉を切り、調理をするのが男性、飯を蒸すのも男性、配膳の手配をするのも男性である。女性は野菜の下ごしらえや、女性のための食物を配膳する。

男性は、高い部屋へ、一番正式な階段（図1－4のA入り口）から食物を運び上げる。女性は家の下で食物の配膳をするか、階上の一段低い部屋（図1－4のB入り口から入った部屋）で食物を待つ。飲み物係は若い男性である。

クンドゥリ（共食会）をする目的（〜のクンドゥリと名前がつく）に関係した祈り（例えば、一斉にラーイラハイッラッラーという祈りを操り返す）や儀礼が行われる。最後に「ミンタ」とよばれる願い事をする。祈りには女性は参加しないこともあるが「ミンタ」には女性も階下で参加する。それは両手で手のひらを自分の方に向けて重ね合わせ、顔をふせて願い事をすることである。

願い事が終わると一斉に食事を始める。調理に参加しなかった人々も招待されて、午後の二時～五時頃までに親戚や近隣や友人と共にそれぞれの村で連れだってやってくる。

大きなクンドゥリ（共食会）の食事が済んだ後の、皿洗いなどの後片付けを担当するのは男性である。自分の属する「パカタン」のクンドゥリ（共食会）があったら、何をおいても、クンドゥリ（共食会）に協力する。そうでなければ、次に自分がクンドゥリ（共食会）をしようとしても誰も手伝ってくれないのではないか、という心配があるからだという。

以上、互酬的な人間関係が彼らの生活のさまざまな場面に見られる点について論じた。

次節で、このような互酬的人間関係の中に生きる人々が直面している人間同士、あるいは伝統と近代化の対立の諸相を明らかにしたい。

その上で、1－6－六「コミュニケーション・ネットワーク」において、労働時間とおしゃべり、そして互酬的関係の関わり合いや、それに基づいた人々の生き方について考察する。

まとめると、本節ではマレー農村の人々が多く時間を費やす「おしゃべり」の時間的組織的特徴を解明すべく、生活時間、おしゃべりの種類、親族関係とつきあい関係からみたカンポンの成り立ち、互酬的慣習とその構成メンバー、そして互酬的組織を分析した。そうしてある個人の周囲にはおしゃべりや協働を通して、近隣関係・親族関係、友人関係（経済的・政治的・宗教的）の錯そうした人間関係の網が出来上がっていることがわかった。

本書では、このような人生の流れの中で編み上げられる柔軟な人間関係の網を「コミュニケーション・ネットワーク」とよんでいる。人々はこのネットワークによって副業を得たり、協働の仲間を得たり、クンドゥリ（共食会）の人手を得たりしているのである。本節ではデラウとゴトンロヨンについても述べ、それが日頃のおしゃべり仲間を基盤としていること、近隣、親族関係、土地や金の貸借にともなう経済的関係とも関わり合って互酬的関係をつくりあげていることを明らかにした。

したがって、人々のおしゃべりは日々楽しみを提給すると共に、経済的活動やクンドゥリ（共食会）などの儀礼・楽しみ活動、そして不作や病気の際の危機管理の基盤でもあったのである。

四　対立と柔軟性

1　二つの政党汎マレーイスラム政党と統一マレー国民組織

G村の中には二つの政党の後援会支部がある。汎マレーイスラム政党（PAS）と統一マレー国民組織（UMNO）である。そして村人同士では誰がどの後援会に入っているかは秘密ではない。

この二つの組織の間の対立は、他の村でも見られる。たとえば、筆者が滞在したK村、S村、GR村、口羽（1976: 156-157）の滞在した村、フセイン・モハマッド（1981: 111-141）の調査報告にもみられる対立である。

G村では、クンドゥリ（共食会）互助会が一九六九年のクアラルンプールでの民族暴動の後に二つに分裂している。村人のひとりは、一九六九年当時は統一マレー国民組織支持者であるパカタン・クンドゥリ（共食会互助会）の長が、汎マレーイスラム政党の支持者のクンドゥリ（共食会）の手助けを断り、殴り合いのけんかになってしまったという。

「JKK（村落開発委員会）が一九七六年にできた頃はプンフル（行政の最小単位であるムキムの長：筆者訳）が当時の村のリーダーシップ・パターンを反映したJKKのメンバーを選んだ。しかし、一九八七年の総選挙のあと地方政府がJKKから汎マレーイスラム政党支持者を除けという命令を出した。それ以来JKKのメンバーは政府の任命制である。それ以来汎マレーイスラム政党を支持する村人と統一マレー国民組織を支持する村人の対立がひどくなった」（Diana 1983: 313 筆者訳）という。

クンドゥリ（共食会）互助会が分裂したあと、労働交換（デラウ）で一緒に働いていた女性たちも分裂してしまった。同じ小さな親族カンポンに住む近所の親族でも口をきかないほど対立してしまった例もある。

汎マレーイスラム政党支持者と統一マレー国民組織支持者の分布、労働交換（デラウ）の成員の分布、クンドゥリ互助会の成員の分布を重ね合わせるとほぼ重なる。すなわち労働交換（デラウ）もクンドゥリ互助会（パカタン）も汎マレーイスラム政党派と統一マレー国民組織派に分裂している。

村を二分する対立にもまして重要なのは、中間的存在である。この人々が一種の村の人々の心の柔軟性を育んでいる。

事例1　No.5、No.44はクンドゥリ互助会（パカタン）に入っていない。彼らは「昔はパカタンは一つだった。二つに分かれたパカタンなら入らない方がマシだ」という。

事例2　No.72とNo.52は汎マレーイスラム政党支持者だが、統一マレー国民組織側のクンドゥリ互助会（パカタン）に入っている。もとの古い村で唯一のクンドゥリ互助会（パカタン）から汎マレーイスラム政党が分裂独立したので、統一マレー国民組織側のクンドゥリ互助会（パカタン）は古いクンドゥリ互助会（パカタン）、汎マレーイスラム政党側のクンドゥリ互助会（パカタン）が新しいクンドゥリ互助会（パカタン）である。村の歴史から見れば、村の正統のクンドゥリ互助会（パカタン）は古い方のクンドゥリ互助会（パカタン）になる。そこで農民組合の元リーダーのNo.72は「政治活動とコミュニティの文化活動は別、政治活動では分裂してもコミュニティの文化活動は一つであるべき」であるとして、古いクンドゥリ互助会（パカタン）に入っている。No.52はNo.72の行動を模範として、古いクンドゥリ互助会（パカタン）に入った。

事例3　女性たちの中間的行動。村の多くの男性は反対側のクンドゥリ互助会（パカタン）のクンドゥリ（共食会）には行かない。たとえば事例2に述べたようにNo.72は汎マレーイスラム政党支持者だがクンドゥリ互助会（パカタン）は古い互助会に残った。彼のクンドゥリ（共食会）は、古い互助会（パカタン、統一マレー国民組織支持者が多い）のクンドゥリ（共食会）であるがゆえに、No.72が汎マレーイスラム政党支持者であっても、汎マレーイスラム政党の男性たちは手伝いにも食べにも行かなかった。しかし女性は、反対側のクンドゥリ互助会（パカタン）のクンドゥリ（共食会）でも友人がいれば朝から手伝いに行く。新しいクンドゥリ互助会（パカタン）のNo.25のクンドゥリ（共食会）には汎マレーイスラム政党クンドゥリ互助会（パカタン）の男性しか行かなかったのに対して、女性たちはどちらのクンドゥリ互助会（パカタン）にも同じように料理の手伝いに出かけた。妻は夫の行動に合わせるというような規範がないことも柔軟なネットワーキングを生んでいる。

事例4　また葬式互助会は、汎マレーイスラム政党と統一マレー国民組織に分裂していない。葬儀は政治とは別に考えるべき重要な儀礼であり、葬儀の共食会は招待されなくても食べに行き、寄付を置き、お別れをすることができる。

2　二期作化によるコミュニケーション・ネットワークの変化

たとえば、水田におけるいくつかの互酬性習慣が二期作にともなう耕作期間短縮の中で姿を消していったことは1－4で述べた。それは、村内での慣習、たとえば、コミュニケーション・ネットワークや互酬性にも影響を与えている。互酬性は水田での労働交換（デラウ）という大きな柱を失ったし、それによってコミュニケーション・ネットワークになんらかの変化が起きるのは避けられない。たとえば、コンバイン・ハーベスタが入ったことによって、それまで土地の多いAと彼の水田で雇われて収穫をし続けてきたEとの強い関係はなくなった。代わりに、小規模農家は村外の建設作業などに顔のきくリーダーを求めるようになった。統一マレー国民組織や汎マレーイスラム政党のリーダーとその周辺の人々の関係もそうである。コミュニケーション・ネットワークは固定的なものではなく、常にその時点の状況に応じて変化してきたと考えられる。歴史的にもゴムを導入し、果物を導入し、稲の二期作を導入して、時代に対応した機を見るに敏な村人たちを読みとることができる。

3 慣習とイスラム

マレー社会が、近代化グローバル化の波にどう対処するかは興味深い。なぜならば、マレー社会は古いものを壊してしまわずに新しいものを取り入れるという歴史をもっているからである。強行に対立しないが、簡単には砕けない柔軟性をマレー社会はもっている。それは慣習法(アダット)とイスラム、伝統的信仰とイスラムの共存にも現れている。

たとえば、土地の相続法は「イスラム教が受け入れられた後も、慣習法である均分相続が多かった」(口羽ほか 1976)。最近は、男性優先のイスラム法を採用する例も増加していると村人は言うが、一方が他方を制圧するということはない。常に交渉が行われ、かけひきがそれは時として紛争の展開へとつながる。村人同士が土地の相続をめぐってアダットを取るかイスラム法を取るか争っているという事例がある。男女、年齢といった硬直的な条件によって上下をつけない信念のようなものが村人たちの間に見られる。

伝統的信仰とイスラムは共存している。イスラムについても村人はコーランの掟をすべて守っているわけではない。コーランに記載されている一日五回の祈りをすべて実行する人は少ない。また、伝統的な医療や伝統的信仰に基づいた儀礼に付随した共食会（クンドゥリ）でもイスラムの祈りが唱えられる。「イスラム教がマレー社会に根を下ろし始めてから五世紀以上もたつが、呪術は一向に衰えを見せず、逆にイスラム教は呪術に新しい特徴や色合いを与えてきたとみて良い。それは何よりもマレーの呪術が、そもそもマレー人の世界観と摩擦を起こさず、次々と新しい外来文化を摂取し、それを吸収していく能力を備えていたことによっている」（モハマッド・タイプ・オスマン 1984: 33）。

また西洋医学と伝統的医療については、村人たちによって試され観察されつつ統合化されて共存し続けるものと考えられる（坂垣 2003, 2016）。

伝統的医療の呪文にはコーランの祈りが含まれ最終的には神に祈っていると説明され、イスラムの大きな傘の下に多様な治療法が護られている。喜捨の精神が互酬性をイスラム教サイドからは高評価される制度となっている。私自身村人にとって旅人であるが「旅人には食べ物を与えよ、食べ物がなければ優しい言葉をかけよ」とコーランにあるということを複数回言われた。一人一人の命や時間は、その人の判断によるべきもので、神ではない他人が支配できないと考えられている。神の前に平等であるという強い意識がある。男性が女性に対して、上司が部下に対して神のようにふるまうことはできない。マレー人農民の毎日の生活にはアラブのイスラム教の慣習と異なる側面があるといえよう。マレー人にとって、他人の経済合理性に縛られることなく互酬性の力を温存しつつ、バランスを取りながら変化していることは、この村の人々のイスラムと矛盾していないだろう。

五　コミュニケーション・ネットワーク

では、柔軟に変化するものの背後で変わらないものは何だろうか。それは生活の「時間的スタイル」すなわち柔構造時間である。

本章では、村人たちが自由時間あるいは軽労働をしながら、長時間にわたっておしゃべりをすることに着目し、変化の中で変わらない生活の「時間的スタイル」＝柔構造時間について論じる。マレー人農村の人々にとってそれは、インテリアやファッションのように生活者自身がある程度デザインしたり選択したりできるものだ。

おしゃべりは親戚関係、近隣関係、友人関係、さらに地域内の経済的相互関係までも反映させた、複雑なコミュニケーション・ネットワークを形成していることが明らかになった。またこのネットワークは、互酬的人間関係の日常的基礎とも言える。水田労働を巡る関係が希薄になったとしても、クンドゥリ（共食会）やその他のウパー（請負い）のネットワークが開拓されていく。

そして、おしゃべり時間に代表される自由度の高い時間は、デラウやゴトン・ロヨンという互酬的行動を実現するための時間的財源を与えている。

村落生活の基盤とも言える「コミュニケーション・ネットワーク」は以下の三つの要素に支えられ

ている。それは時間的要素、空間的要素そして人間的要素である。時間的要素とは、多くの人々が共に過ごせるときをもっていることである。空間的要素とは、多くの人々が共に過ごせる場を持っていることである。人間的要素とは、同じような時間感覚をもった人々の存在である。

すなわち労働時間を必要以上に延ばさないことと自由度の高い時間を維持していること、そして共ににかよったリズムでオープンな生活を送っているため、互いに観察可能で共に過ごす時間を同調させることができる。同調した時間に共鳴するようにさまざまな人が集まってくる。

多くの人々が集まる「場」も快適に設置されている。第一に1−2−二で詳しく述べた「家の下」である。この半開放空間はさまざまな機能を持つ「場」でありマレー人の生活になくてはならない。

第二に「道」である。家々をつなぐ「道」は表通りと裏側の踏み跡がある。家々の敷地を通り抜け生垣をぬって表通りを横切り、表裏と家々を渡り歩ける踏み跡は「裏道」とよぶこともできる。雑貨屋の前の三叉路が集まる広場の木の下にはベンチがあり、若者のたまり場が設置されている。

第三に垣根が物理的にも精神的にも低い。生垣はあるが、どこも一メートル足らずの高さで、特別な門などはない。生垣の切れ目からよその家の敷地内に入り、「家の下」に腰を下ろすのになんの断りも必要ない。「家の下」から周辺の親戚や友人の家を見渡しながらおしゃべりをしていると、人々が集まってくる。

時間的要素と空間的要素と人間的要素が一体となって「コミュニケーション・ネットワーク」を作り出している。

さまざまなおしゃべりやつきあい活動は、生活の時間的・空間的構造と一体となって人間の面識関係の網、すなわちコミュニケーション・ネットワークを形成する。その人間的要素は、双系的親族・近隣・友人関係に根ざした錯綜した構造を持っており、水田における労働交換、水田やゴム林での請負い機会や労働力の確保、村内での相互扶助などの基盤を提供している。

彼らの「コミュニケーション・ネットワーク」に根ざした互酬性を実践するために、そして日々の楽しみのために、自由度の高い時間が不可欠であったのである。これこそが「マレー人のゆっくり流れる時間」の実態ではなかろうか。

労働時間を短縮し、自由度の高い時間を保持することは、彼らの生きるすべの重要な一部であった。増産論者は、村人が個人的な稲作を実施し、労働時間が短くおしゃべりばかりしているとするが「マレー的柔構造時間」は、無意味なものでなく、熱帯の自然的特性の中で、個人の特性を尊重しつつ、相互依存的で互酬的な人間関係を支えとして生きてきた人々の生活様式と言える。したがって「怠惰なマレー人（Lazy Malay）」というマレーシアではよく知られた冗談を交えた呼び名は、労働時間と労働条件を無理のないように整えて、自由度の高い時間を保持し、十分な休養と互酬的行動に振り向ける行動様式をもつ人々に向けられた時間を金（マネー）にかえて金（マネー）を最大化する行動様式を持つ人々からの批判とも妬みともとれる言いまわしである。一方で、マレー農民はレイジーだと批判する公団の職員さんも昼間はゆっくりと家に帰って食事をし、五時前に子どもを学校に迎えに行くことができる。筆者から見れば、彼らもゆっくり流れる時間の中に生きているのである。

国民が支配する側とされる側に分裂していない対等な人間関係がその背景にあり、その条件が、これまでこの地域で堅固な封建的組織が成立してこなかったことと関係があるかもしれない。歴史的考察は、別の研究課題となるだろう。対等な人々のネットワーキングとすみずみまで富をいきわたらせる変化できる互酬性、対立の中でも柔軟性を保持できるのが硬直化しない柔構造社会の良さである。彼らの生き方が、ゆっくり流れる時間を生成しているのである。

1―7 結論・考察

1 稲作技術の変化にともなう文化を含む生態系の変容と問題点

1―3では水田作業の分析を通して「伝統的稲作システム」を明らかにした。「伝統的稲作システム」は、次の三点を柱としている。

1．複合的生業

一期作当時は稲作は自給用がほとんどだったという。さらに自給的漁撈、家畜飼育（労働力でありタンパク源であり、時には現金収入源になる）、自給的果物栽培（庭にたくさんの果物の木を植える）、自給的野菜栽培、大工、ボモ（伝統医）、ビダン（伝統的産婆）、水田における請負い、また一番大きな現金収入源であったゴムの採集と組み合わさって複合的生業を形成していた。

2．水田・水路の複合的利用

水田・水路は、主食であるコメを育て、たんぱく源である魚や労働力でもタンパク源でもあるウシやスイギュウを恵み、水浴や洗濯のために水を供給した。時には、水田用水が飲料水として使われた。

3．相互扶助や互酬的色彩を帯びた請負わせによる労働力の確保とさまざまな不足を補う方法（共存のシステム）があった。

大量の労働力を必要とする田植えや稲刈りのために「デラウ」という労働交換のシステムがあった。労働を返しきれないほど広い水田を持つ人は村内の人を請負わせた（ウパー）。請負わせる人は請負う人と日常のつきあいもあり、労働力を確保する側も、請負って現金収入を得る側も互いに恩恵を受けている。そこには上下の関係はなかったという。また不足を補うために親戚、近隣、友人関係の人から金を借りたり、質屋を利用したりした。

この「伝統的稲作システム」は年中を通して温暖な気候と多雨のため、稲作の作業スペクトラムが長いこと、手のかからない稲作、そして豊富な果物などの食物の存在を背景としている。

この「伝統的稲作システム」が新しい技術の導入によって変容しつつある（1－4）。

新しい技術の導入によって、コメの増産（一九七九年の西マレーシアのコメの自給率は九二％に達した）や省力化が実現し、農民の食事のカロリーが上がり、収穫前のコメや金の欠乏時の借金も減少した。

しかし、さまざまな問題が発生しつつある。

かつてウシが草を食み、人が魚をとり、コメを作った水田、人が魚をとり、水浴びをし、洗濯をした水路。そこからウシが姿を消し、農民が魚を買い始めてから魚とりも減少した。排水路の水は肥料の影響で高いN－NH4濃度を示し、残留性・蓄積性が高いγ-BHCが残留（0.008~0.04mg/ℓ）している。

水田に棲息する魚類に対する影響や、水田用水の生活用水としての利用に対する影響を考慮して農薬の大量投入や、排水の用水路への導入が抑えられている。しかし、水路の水や、水田に棲む魚に対する依存度が低くなると、水田・水路利用は稲作に特殊化し稲作のために良ければ他に弊害があっても農民にとってはとるに足らないことになってしまう。こうして環境の汚濁が進行するのではなかろうか。

汚濁を防ぐためにも、水田・水路の魚類の摂取禁止や水浴を止めるという選択をせずに、複合的利用を保ち続けることが重要である。地域の個性に基づいた、環境の複合的利用は、それ自体、生活レベルの環境保全につながっているのである。

河川での遊泳禁止令以降、河川の汚濁が一層激しくなったのは、日本の歴史が教えている。

矢澤（矢澤 1982）は、歴史的資源の自給自足システムと歴史的資源の複合利用システムに基づく、伝統的環境維持システムの存在を指摘している。須藤（須藤 1982）が、「かつて多機能だった川が、目的・単一機能先行型になっている。古川親水公園にみられる「川再生」の動きはすなわち自然自身がもつ「自由度の再生」への動きと言えないだろうか」と言っている。マレーシアの農村では、質の良い川・水路を失ってから作り直すのではなく、今ある親水型のライフスタイルを続けることで、川・

水路と人間の健康持続性（サスティナビリティ）を確保できるのである。

新しい技術による第二の影響は「相互扶助や水田における請負いと労働交換を基礎とした「共存システム」あるいは「互酬性」の変容である。

水田作業が機械化される前は、稲作のための労働力を確保するのは重要なことだった。当時は働く側も働いてもらう側も互いに恩恵を得ていた。これが「共存システム」とよぶゆえんである。

土地の少ない小規模農家は、大規模農家の水田で働くことによって収入を補っていた。大規模農家と小規模農家の共存である。

水田の作業請負いや、デラウ（労働交換）は主に女性によって担われていた。そこで水田耕作の主役は男性だけではなく、女性の力を必要とした。またそれによって女性が現金収入を得ていた。女性と男性の独立と共存を支えていた。

若者は農繁期には水田でアルバイトができた。労働力を持たぬ老人は、水田を貸し出したり（セワ）、作物を山分け（パワー）したりして収入を確保できた。老人と若者の独立と共存のシステムである。

機械により水田作業請負いと労働交換のセットが減少した今、このシステム全体が危機に瀕している。若者や小規模農民は村外に働きに出た。女性は兼業主婦から専業主婦になろうとしている。水田の作業請負いを通して自分の金を持ち、個人的な財産所有の慣習（口羽 1976）に従って経済的にもある程度独立していた彼女らだが、現在、若い女性からは「妻子を養うのは夫の義務」という意見さえ聞く。

また、かつて、「デラウ」や「ゴトン・ロヨン」という、ほぼ「一般的互酬性」「平衡的互酬性」に対応すると思われる慣習を主としていた」水田における労働力の確保の方法は、二期作後、労働交換との組合わせのない「ウパー」「クパン」というお金で支払う形式に変化してきた。これは村内の社会的活動における労働力確保にもみられ、「この頃は、何でもかんでもウパーウパーになってきた」といわれている。そして機械の導入によって、水田では村の人の請負いも激減し、村外の商人のもつ機械を雇うようになった。

村落内のコミュニケーション・ネットワークに支えられていた、水田での労働力の確保が、さまざまな新しい技術の導入によってそこから切り離されつつある。

2 マレー農村における生計維持機構の諸特性

新しい技術の導入の仕方に、水利組合や農民組合に頼らない、個人の独立した稲作を営む傾向と、水田での作業時間を短縮する傾向があることを1－5－三で論じた。

具体的には、政府の技術指導者たちによる水利組合や農民組合の設立、病害虫の一斉防除実施のための努力などにもかかわらず、これらの組織の発達はまったくみられない。つまり個人的な稲作を営む傾向がある。それは、伝統的に統卒者を必要とせず、個人的な水管理を基礎とした天水依存の稲作をしてきたこととも関連があると思われる。

ところが同じ近代的な技術でも機械化や直播などの労働時間を短縮できる技術はスムーズに受け入れられている。しかし、個人で大型機械を購入する動きは農民の中には見られず、中国人商人が機械を所有し、水田作業の一部を請負うという形が一般的である。

農民の水田での労働時間は確かに短かい。農繁期の水田作業の時間は一日平均三・八時間（サンプル数12）である。労働以外の時間は、おしゃべりやクンドゥリ（共食会）、村外の親戚の訪問に費やされることが多い。近隣の親戚や近隣の友人とのおしゃべりに毎日少なくとも二時間は費やす。軽労働をしながらおしゃべりをする時間やテレビを見ながらおしゃべりをする時間を入れると、多い人では五〜六時間を費やす。

さまざまなおしゃべりやつきあいは面識関係の網、すなわち「コミュニケーション・ネットワーク」を形成する。それは親戚、近隣、友人関係に根ざした錯綜した構造をもっており、水田における労働交換、水田やゴム林での互酬的色彩を帯びたさまざまな請負いや労働交換、村内での相互扶助の基盤を提供している。こうして人々は、個人の独立性を尊重しつつも共存してきたのである。図1−7に示した伝統的稲作システムは形を変えながら生きている。

また村外の親戚は、クンドゥリ（共食会）や病気、葬式、結婚式の際の情報伝達や、必要に応じて「コミュニケーション・ネットワーク」を拡大するための他村におけるサテライトとして重要な役割を果たす。彼らのつきあいにもまた時間を要する。たとえば、ムダ開発公団が給水を止めたときは、その危機を乗り越えるために、水門の管理者を説得して不法に水を入手したり、マハティール（ケダ出身）首相に直訴したり、いわゆるコネクション、ここで言う「コミュニケーション・ネットワーク」の中にいる人々を使った作戦に出ている。統一マレー国民組織と全マレーシア・イスラム政党の対立や議員に対する考え方にも、「いざというときに誰が助けてくれるか」ということに対する配慮が表れている。コミュニケーション・ネットワークは個人Aとそのまわりに広がる濃から淡へと関係が広がる太陽系になぞらえることができる。そして、個人Aと強く関係がある別の村あるいは都市の個人BがサテライトとなりI、個人Aのサテライト・ネットワークが複数結びついて複合花火ネットワークのような、人間のつながりを形成している。筆者の友人のマレー人にとって筆者のネットワークはサテライトであり、そのコミュニケーション・ネットワークに彼らは楽々と入ってくることができるのである。

以上および1－3－三の「不足を補う方法」で明らかになったように、人々は水利組合や農民組合という組織よりも、面識関係を基礎とした互酬的人間関係に頼って危機を乗り越える。おしゃべり自体が、面識関係を作り出し、「コミュニケーション・ネットワーク」を拡大・補強するのである。

そして、それは将来の生計の保証という重要な機能を担っている。

3　人と時間

マレー人農民は、「コミュニケーション・ネットワーク」に根ざした互酬性を実践した結果として、自由度の高い時間をもって、ゆったりと流れる身体的時間に生きているのである。「豊かな自然」しかし、細かい水管理ができない「きまぐれな自然」が自由度の高い時間を持つことを可能にしていた。水田の二期作を選択した理由は、それが自由度の高い時間を確保することに貢献するから、自由度の高い時間と実施される多様な活動によって生活の質が高められ、危機の保証となるからではなかろうか。つまり彼らはwork for extra timeすなわち時間を得るために水田労働をしている。自分のペースに合わせて、無理なく働いている。これに対立するのは「マカン・ガジ」つまり食うため金のために働くことである。Work for extra moneyすなわちより多くの金を儲けるために働くことはwork for extra timeの対立概念となる。村人はもっともっとお金を稼ぐ、稼がなければ生きていけないという考え方、時間で支払われ、その間に生産したものとは関係ない形態から離れている。

これこそが「マレー人農村のゆっくりと流れる柔構造時間」の実態であろう。労働時間をある程度短縮し自由度の高い時間を維持すること、そしてさまざまな互酬的活動を保持することそして、その日に予定していた仕事も延期して友人のために集まれる柔軟性を失わないことは、彼らの生きるすべの重要な一部であった。技術革新のただ中にあってもこの点は不変であった。この時間構造を手放さないことは、彼らの命を手放さないことにつながる。

彼らは、さまざまな他者と、個々の独立を尊重しながらも、共に、自然に密着した「時」を生きている。そこでは、人々と共に過ごした「時」は、人間関係の中に人々の力として保存される。その意味で「コミュニケーション・ネットワーク」はある種の力の複合体である。おしゃべりは、「時」を人の内蔵する力に変換する装置の一つだったと言えよう。具体的身体が紡ぎ出す「時」は他の身体を無理のない範囲で助けることができる。「時」を具体的身体から切り離してしまうと、そこには顔のない作業力、命のぬけがらが現れ、マネーのために使われることになる。仲の良い具体的身体が紡ぎ出す「時」の中に生きろと、水田にてシェア・グループで働く女性たちが語ったように「皆で働くと楽しいし早く終わったような気がする」。すなわち、精神的身体的時間生産性とも言える現象が発生する。そして、楽しみとお金を得ることが同時に発生するのである。

私たちは現代の日本で「時」を金(マネー)にかえて生きている。「時は金(カネ)なり」という言葉がその特性を言いあてている。貯蓄をし、保険をかけて、将来に備えている。金(カネ)という、私たちの時の化身は、金庫に眠っている。あるいは、さまざまな産業への投資となって間接的に私たちに恩恵を与えるといわれている。

しかし、「時は金(カネ)なり」と言われる「時」は、顔のない、顔を認めない「時」とはなり得ても、「私たち」の「時」とはなり得ないのではないだろうか。

私は冒頭で、人と人のコミュニケーションの欠如も環境問題だと言った。少なくとも「マレー的ゆっくりと流れる時間」がある限り、マレー人にとってコミュニケーションの欠如という問題は無縁であろう。なぜならば「マレー的時間」は労働時間を抑えて、時間を他の活動にふりむける生活様式を指しているからである。「時は金(カネ)なり」という言葉に対応させていうならば、マレー農村では「時は命」であり他者と共有された「時は知恵や家族・友人や生活の場の中に生き続ける」のである。これが序章で述べた「人の論理」であり、村人も政府の要人も役人も共通してもっている。そして主な手法は政府や役人と村人が対等であるという強い意志のもとに実施される、時間をかけたコミュニケーション・ネットワークを使った「かけひき」である。この手法が暴力を避けつつ、二期作化とともにもたらされた「マネーの論理」を水際で変容させることができた。

そしてこの、人と人との累積的関係や生活時間の柔構造は、外国で形成された技術と組織のセット、いわゆる近代化を、そのままの形で受け入れることを許さなかった。その点については1－4、1－5で詳しく見てきた。水管理も、施肥も、機械化もマレー型に変容している。そして、村内では、伝統的な濃密な人との関係を維持している。またこの傾向が、大過剰の施肥や、農薬の投入を抑えている。大型機械を購入してローンの返済に四苦八苦している姿も見られない。すなわち、「伝統的稲作システム」の変容の方向が制約を受けている。

「ゆっくりと流れる時間」は身体と共にある身体時間で柔構造をもち、「近代化」「グローバル化」という変化にさらされた身体と文化を含む生態系を保全し、人類の持続性を支えるための重要な一因子であると言えるのである。

スコット（1985）はマレー人農民の上からの指示に容易には従わない傾向を抵抗（レジスタンス）であり、弱者の武器と表現したが、それは命をとる武器ではなく命を互いに守るものである。抵抗しているというよりかけひきしているという方が当たっているだろう。柔構造社会には対等な相手しかいない。そして対等な相手に言う「否（ノー）」は抵抗でなく交渉の開始である。支配に抵抗するというより、「ノー」と言ったり「イエス」と言ったり、要求したり譲歩したり、攻撃したり、守ったり、批判したり、おだてたり、かけひきしているのである。それは、支配的組織を可能にしない。誰も支配的にさせない。そのために自然の生産力を保ち、自然と共生し、人と共存することが先にある。

これまで見てきたように、他者との多様な協力関係にたとえば請負わせ（ウパー）や等分（パワ）など と名前を与え、手法化して生産物やお金による正当な報酬という形で富を細かく流している。自分も他者も働きすぎずに、自然の生産力によりそって生きる方法は、むしろ合理的といえよう。

過労死するほどの重労働がある一方で、うまく仕事につけない人がいる現代社会、食糧不足がある一方で、大量の廃棄食物がある現代社会の仕組みは、それも文化の一部であるが、細かな人的時間的条件に対応し、生産物や富をうまく流すことの手法化が未整備である。

環境の能力をこえるほどの増産をし、余るほどのものを生産し、使わずに廃棄し、環境を汚染し、人も許容量をこえて過労死が問題になる程に働いても富が行きわたらない現在の経済の仕組みは見直しのときに来ているだろう。

注

（1）二〇二二年現在のマレーシアのコメの自給率は七〇％程度である（二〇二一年度更新、農林水産省maff. go. jp最終閲覧二〇二二年八月一七日）。

（2）マレーシア・リンギットの為替レートは、一九八三〜一九八四年に一〇〇円程であったが、一九九七年に始まったアジア通貨危機で大暴落したあと、二〇二二年現在三〇円前後である（fxbp.com 最終閲覧二〇二二年八月一七日）。

（3）金属類はメルク社の試験紙、アンモニア態窒素、亜硝酸態窒素、リン酸態窒素は天野式簡易測定法を用いて筆者が現地で測定した。有機塩素系農薬は、筆者が現地で採水後、マレーシア科学大学においてガス・クロマトグラム法を用いて筆者が測定した。

引用文献

綾部恒雄、永積昭編

1983 『もっと知りたいマレーシア』弘文堂

Bahagian Pertanian Lembaga Kemajuan Muda

1983 *Strategi dan Langkahan Bagi Mengawai Serangon Musuh dan Penyakit Padi dalam Kawasan Muda.* MADA HQ

Chen, D. F., Meier, P. G. & Hilbert, M. S.

1984 Organochlorine Pesticide Residues in Paddy Fish in the Malaysic and associated Health Risk to Farmars. *Bulletin of the World Health Organigation*, 62(2): 251-253

Department of statistics Malaysia

1980 *Population and Housing Census of Malaysia.* Sensus of Housing. Malaysia Summary Report

堀井健三

1971 「マレーシア米作地帯における地主・小作関係の実態と性格——ケダー州、スンガイ・ブジョールの事例」アジア経済 12. vol.10

フセイン・モハメッド

1981 「村落に於ける政治意識の構造」ザイナル・クリン編、鈴木佑司訳『マレーシアの社会と文化——マレー

人の伝統と近代化』井村文化事業社
坂垣明美
1983 マレーシアの環境保全活動――ペナン消費者協力等の事例（I）（II）『地域開発』83.10.11 東京地域開発センター
1988 マレー・カンポンの医療システムの外観『人数文化』9号、筑波大学
2003［2016］『癒しと呪いの人類学』春風社
Jegatheesan, S.
1975 *Insecticide Usage in the Muda Scheme*. MADA
1977 *The Green revolution and the Muda Irrigation Scheme*. MADA Monograph No.30
Kanapathy, K.
1973 Activity Acid Sulphate Soil and Liming of the Padi Fields. *Malaysian Agricultural Jurnal*, 49（2）: 154-165
1975 The Reclamation and Improvement of Acid Sulphate. *The Soils for Agriculture*, 50（2）: 264-280, 290
Kin, Ho Nai
1981 *Padi Fertiligers and Agrochemicals Usage and Problems of Environmental Pollution in Muda Area – a brief note*. MADA
1983 *Status of Pesticide Application Technology on Small Fermers in the Muda Area*. MADA
1985 *An Overvies of Weed Problems in the Muda Irrigation Scheme of Peninsular Malaysia*. MADA
国際協力事業団
1982「開発途上国に対する農業普及協力の手引―各国編―」、国際協力事業団
国際農林業協力協会
1980「マレーシアの農業――現状と開発の課題」

口羽益生、坪内良博、前田成文編
1976 『マレー農村の研究』創文社
Lai Hor-Chaw, chua Thia-Eng
1976 Chemical Constituents in Muda and Pedu Reservoirs. *M.Agric.J.* 50(3)
MADA publication, Alor Setar. MADA DII
1983 *Pertubuhan Pladang Kaw, Sinar 3bagia*
Meier, P. G., C. D. Fook & K. F. Lagler
1983 Organochlorine Pesticide Residues in Rice Paddies in Malaysia, *Bull.Envion.Contam. Toxicol.* 30 : 351-357
モハマッド・タイプ・オスマン
1981 「呪術の世界——マレー文化と世界観」ザイナル・クリン編、鈴木佑司訳『マレーシアの社会と文化——マレー人の伝統と近代化』勁草書房
Mohd Shadli, A.
1978 *The Relationship of the Kinship System to Land Tenure: A Case Study of Kampung Gelung Rambai*, unpublished master thesis. U.S.M
Mohd Tamin Bin Yeop
1972 *A Study on Leadership Pattern, Activities and Behavior among Leaders of Farmers' Association within the Muda Scheme.* MADA publication
Moulton., T. P.
1973 The Effect of Various Insecticides (especially Thiodaan and BHC) on fish in the Poddy fields of West Malaysia. *Malaysian.Agric. J.* 49(2) : 224-254

Muda Agricultural Development Authority.（MADA）

1972　*The Muda Irrigation Scheme-An Exercise In Integrated Agricultural Development*. MADA publication No.19.

Muda Agricultural Development Authority（MADA）

1974　*Integrated Technica of Rice Cultivation in Malaysia with Specific Reference to the Muda Irrigation scheme*

西尾敏彦

1976　「稲作――その陽の当る側面、当らぬ側面」口羽ほか編『マレー農村の研究』創文社

野崎倫夫

1981　「マレイシア・ムダかんがい地域の水稲二期作の現状と熱帯農業研究センターの技術体系組立研究の経過並びに計画」熱帯農研集報 41: 22-25

1985　「マレイシア・ムダかんがい地域の水稲二期作栽培技術の確立」熱帯農業 293 (3): 189-190

Paiman, Siti Nurul. F. I. & Arman S. A.

2020　Recent Development of Weed Management in Rice Fields. *Reviews in Agricultural Science* 8 (0) : 343-353

Prime Minister's Office of Malaysia

1976　*Third Malaysia Plan*, 1976-1980

Rajeandran, M. R. Reich & D. Nelkin

1981　Environmental Health in Malaysia, *The Bull. of the Atomic Scientist* Apr. Vol. 37: 30-35

Rajeswari Kanniah（1983）

1983　*Pesticides Abuse in Malaysia, Problems and Issues*. Paper presented in seminar on problems of development, environment and the natural resource crisis in Asia and Pacific. Penang Malaysia October 22-25

Sahlins, M.

1972 *Stone Age Economics.* Adrine Press

斎藤一夫
1977「東南アジアにおける未開発地域とその開発」『東南アジアの農業開発——技術と経営の変革』農林省熱帯農業研究センター

澤村良二ほか編
1979『衛生化学』廣川書店

執行盛之
1981「マレイシアにおける水稲機械科について——ムダかんがい地域を中心にして」熱帯農研集報 No.41: 26-32

須藤秋津子
1982『都市中小河川の機能とその変遷』筑波大学環境科学研究科修士論文

杉本勝男
1981「マレイシアの稲作の動向と熱帯農業研究センターによる栽培研究の成果及び課題」熱帯農研集報 No.41: 16-21

滝川勉・斎藤仁編
1973『アジアの農業協同組合』アジア研究研究所

滝沢秀夫
1972「西マレーシア農村の保険と医療」『東南アジア研究』第10巻第1号

玉城哲
1983『水社会の構造』論創社

Tee, E. S. ed.

1982 *Nutrient Composition of Malaysian Foods: A preliminary Table*. Division of Human Nutrition, Institute for Medical Research

The Sunday Star

1983 7月17日

Wong, D.

1983 *The Social Organization of Peasant Reproduction: A Village in Kedah*. Unpublished Doctoral thesis. Universitat Biclefeld

Yamashita, M., H. S. Wong & S. Jegatheesan

1981 Farm Management Studies MADA-TARC Cooperative Study Pilot Project ACRBD4 Muda Irrigation Schema, *Tech. Bull. Trop. Agr. Res. Center, Japan* No.14

山下政信

1981 「マレイシア・ムダかんがい計画地域における水稲二期作経営の実体」熱研資料51

八島茂夫

1981 「マレイシア・ムダかんがい地域における水田基盤整備に関する農業土木研究」熱帯農研集報 No.41: 33-35

矢澤容子

1983 『伝統的環境維持システムの再評価に関する研究——茨城県新治郡桜村上境集落を事例に』筑波大学環境科学研究科修士論文

Yunus, A. & G. S. Lim

1971 A Problem in Use of Insecticides in Paddy Fiels in West Malaysia: a Case Study. *The Malaysian Agric. Journal*. 48 (2): 167-183

第2章　ベルブアルブアルの世界
——マレー人農村におけるおしゃべり活動とその成員

家の階段。涼しくなった夕刻、談笑する三組の母娘たち。階段にいるのが家の住人たち、娘が母の髪の手入れをしているのが隣の家の住人、立っているのははす向い。

三叉路。夕刻に雑貨屋の前の広場の木の下に集まっておしゃべりしながら、通りかかる人々からおもしろいことを聞き出そうとしている青年たち。

一　はじめに

書名にした「ベルブアルブアル」はマレー語で「座っておしゃべりをする」という意味があり、楽しみを含んだ言葉である。ベルブアルブアルの毎日が、ただ無意味に過ごしているのでなく、その背後には、生きていくための仕掛けがあるのだ。

マレー人農村の人々は、毎日のつきあい活動によって織りあげた手作りのコミュニケーション・ネットワークの中に生きている。マレー人のネットワークは、親族関係および職場関係などの所与の条件によって決定されることなく、本人の好みとさまざまな契機によって形成される。中根（1987）がいうように、東南アジアの多くの社会では、明確なプリンシプルを持った集団というものがなく、個人と個人を結ぶネットワークは不特定多数を対象にあらゆる関係と契機につくられる可能性を持っている。マレー人の人間関係は、日本人の集団主義とも、西欧の個人主義とも異なる、社会的関係を内包した「人」と「人」の二者関係に基づく「対人主義」が基調をなしているといわれる（前田 1989、口羽ほか 1976、立本 1995）。

マレー人のつきあいの機会は、主に結婚式、葬式、病気快復祈願などの共食会と日常的なおしゃべり活動である。本章においては、おしゃべり活動に着目して、彼らの人間関係の質とネットワークについて考察する。

本研究の対象地は西マレーシア、ケダ州ムダ地域の稲作農村G村である。ムダ平野は西にマラッカ海峡を望む広大な水田地帯である。ここでは、一九七〇年に大規模な水田滝漑施設が完成し、現在はコメの二期作が実施されている。G村はムダ平野の東端、海岸から約一五km内陸に位置する稲作農村である。ムダ平野には、村人のすべてが移住一世代目の開拓農村がしばしばみられるが、G村の人々は少なくとも三世代前からこの村に住んでいる。村人の宗教はイスラム教である。

G村は戸数二〇三戸(一九八三年)の村であるが、おしゃべり活動の調査は、G村の中地区とよばれる三〇戸ほどの塊状のまとまりについて実施された。筆者が寄宿した農家はG村中地区のほぼ中央に位置する。

研究の方法は、現地調査によって得られたおしゃべり活動の観察と聞き取りの結果の分析である。現地調査は一九八二年から一九八七年にかけて延べ約二一ヵ月実施された。

二　おしゃべりの空間

人が住んでいる場所、集落あるいは近隣のまとまりをマレー語でカンポンという。カンポンには水田は含まれない。本書においてカンポンを村と訳したが、そこにおける生活のあり方は同じ稲作農村でも日本の村とはことなっている。村人は稲作のための固定的で強制的な組織をつくろうとはしないし、強力なリーダーの存在も受け入れない。村人はインフォーマルな人と人とのつながりに根ざしたしなやかな人間関係を好み、良好な人間関係の維持のために手間と時間をかける。一九七〇年の二期作化にともない、増産のためのさまざまな指導がなされたが、村人はつきあいの時間を切り詰めてまで、コメの増産に邁進することはしない（本書第1章、板垣1991＝本書第3章）。稲作のためにカンポンがあるのではなく、カンポンの生活のために稲作がある。カンポンは水田等における生産活動に従属しない、独自の生活の場を形成している。

水田からカンポンをながめると、そこはヤシ、バナナ、タマリンド等の果樹が生い茂る食料豊かな島である。カンポンはその建設の際にお祓いがなされたので、霊的にも守られた空間であると考えられている。その中央付近にはイスラム教のモスクがある。カンポン自体が、人が生きるための機能を備えてゆるやかに閉じた小宇宙である。そして、小宇宙の内部には人と人との密な交流がある。

1　小宇宙の内部の開放的な家々

G村では住民の自動車がたまに通る細い通り、庭、そして家々の間にへだてるものがなく、通りと家屋は連続的で相互に開放的な関係にある。通りから屋敷地へ、家屋へと、人が移動することは精神的にも物理的にも容易である。

家屋の周囲には庭があり、屋敷地と通りの境界にはチャの木の生垣があるが、生垣の高さは一m程度と低く、生垣ごしに雑談ができる。庭の中心部は開けた空間である。植え込みは隅に集中して、ヤシの木、バナナ、ハイビスカス、各種の香辛料などが小さな森を形成している。

G村の伝統的な家屋は、床が地面から一五〇～一八〇cmほどもちあげられた、高床家屋であり、通りに面してたくさんの窓がある。村人は、通りを歩いている人に向かって、その窓から「どこへ行くの?」、「上がりなさいな」と声をかける。通りからも、生垣ごしに屋敷地の内部を見渡すことができる。

家屋と家屋との関係も連続的である。G村中地区は塊状集落であり、家屋と家屋は一〇mから二〇mほどの間隔でよりそっている。窓から隣の家の人々に声をかけられる近さである。屋敷地と屋敷地との間にはやはり高さ一mほどのチャの木の生垣があり、数本の果樹が、ひかえめな目隠しの役割をはたしている。すなわち、適度にプライバシーが保たれ、適度に声をかけ合うことができるつくりになっている。

2 「家の下」のおしゃべり空間

高床式家屋の家の下は柱だけがあって、壁がない半開放空間である。そこは、開放的であり、かつ、雨をしのぐことができ、涼しい風が吹き抜け、行き交う人々をつかまえることもできる絶好のおしゃべり空間である。家の下にはベンチが用意され、村人はそこでおやつの果物を食べたり、昼寝をしたりするのが好きである。通りかかった人々は気楽にそこに腰掛けて話し始める。共食会のときには家の下に何十人もの人々が集合し、料理の下ごしらえをしたり、ごちそうを食べたりする。

高床家屋の中に入る段階も、おしゃべりをする人にとっては決して高い敷居とはならない。逆にそこにすずなりになっておしゃべりをすると楽しい場所である。階段をあがったところにちょっとしたテラスがあり、そこにたまって話すこともある。

家屋の間取りにも「人を迎える」という原理が貫かれている。テラスから家の中へ入ってすぐの場所が、広い居間になっている。外から入ってきた人々にとって、家の中へ入っても「奥に通された」というかしこまった気分はなく、居間に腰を下ろしてくつろぐことができる。

3　木の下、井戸、三叉路のおしゃべり空間

家の下以外にも多くのおしゃべりの場所がある。庭の大木の下も、家の下と同様に涼しくて過ごしやすいおしゃべり場所である。大木の下にベンチが置かれていることもある。村人は大木の下でおしゃべりをしたり、果物を食べたりして何時間も過ごす。それをずっと観察すると、太陽がまわって日陰が移動するのと一緒に、人々も日陰を追って少しずつ移動していくのがわかる。

共同利用の井戸の存在も重要である。良い水がでる井戸は村に数ヵ所あるが、そのような井戸は共同利用され、掃除などのメンテナンスも共同で実施されている。洗濯の時間になると井戸を共同で使用する女性たちがそこに集まり、おしゃべりをしながらゆったりとした時間を過ごすのである。

表通りの三叉路にある雑貨屋の前にもベンチが置かれていて、そこに人々が集まる。郵便屋は郵便物を各戸に届けないでこの雑貨屋において行くので、ここで話をしていると郵便物をとりに来る人に会える。また、街から帰ってくる人と水田から帰ってくる人の両方が通るこの三叉路は、おもしろい情報を仕入れることができる場所である。とくに夕暮れは、そこに青年たちがたむろして、おもしろ

いことがおきないかと待ちかまえている。

4　カンポン内部の踏み跡

G村の塊状集落の中には一台の自動車がやっと通れる程度の表通りがあるが、それとは別に家から家へとつながる近道の踏み跡が縦横にのびている。村人は踏み跡づたいに、人家の庭から庭へと抜けておしゃべりに歩きまわる。踏み跡を歩きまわっているときには、彼らはしばしば「通してね」と声を掛けて他人の家の下を通り抜ける。

この踏み跡は簡単には判別がつかない。そして、複雑に入り組んでいるので部外者が歩くと迷う。村人はそれを誇りにして、「警察に追いかけられてもカンポンに入ってしまえば絶対につかまらない」と受け合う。カンポンは適度に閉鎖してその威厳を保つのである。

三　おしゃべりの時間

1　自由度の高い時間とおしゃべりの時間

彼らの一日の生活時間の第一の特質は自由な時間が豊富にあるということ、そして、彼らはそれを主におしゃべりに費やしているということである。G村の三人の男性のある一日の生活時間（図2−

1）によれば、水田作業などのいわゆる仕事は午前中に終了し、午後は、出歩いたりおしゃべりをしたりする時間である。

村人に労働時間の記録をつけてもらったところ、農繁期であっても水田における労働時間は一日平均三・八時間であった。この地域の水稲作は、もともとそれほど手をかけないものであり、二期作化されても基本的に手をかけない稲作の形態は変化しなかった（本書第1章、板垣1991＝本書第3章）。農閑期にはゴム切りあるいは果物の行商などの副業に出る村人もいるが、副業の労働時間も基本的には午前中である。

彼らは、一一時あるいは一一時半頃に水田から引き上げるが、この頃、村のモスクからイスラム教の祈りへの呼びかけ、「アザーン」が響いている。台所からは、昼食用の香辛料を石臼でつぶすコンコンという景気のいい音が響き、ココナツ・オイルのこうばしい香りがただよっている。全身が「昼ごはん」モードに切りかわる。

水田から帰った人々は、家の下や木陰のベンチに落ち着いておしゃべりをしながら、水田で熱された身体を冷却する。三〇分ほどおしゃべりをして、彼らは井戸で沐浴をする。彼らの養生法として、熱された身体に急に水をかけると「熱」と「冷」がぶつかって病気になると考えられているのである。沐浴で身を清めた後、彼らはアッラー（神）に祈りをささげる。そして、昼食をとる。

図2－1の事例Aの男性は午前一〇時から週に一度の定期市へ買い物に出かけている。G村では買い物をするのは男性の役割と考えられている。そして、彼らは市場のわきのコーヒー店でおしゃべり

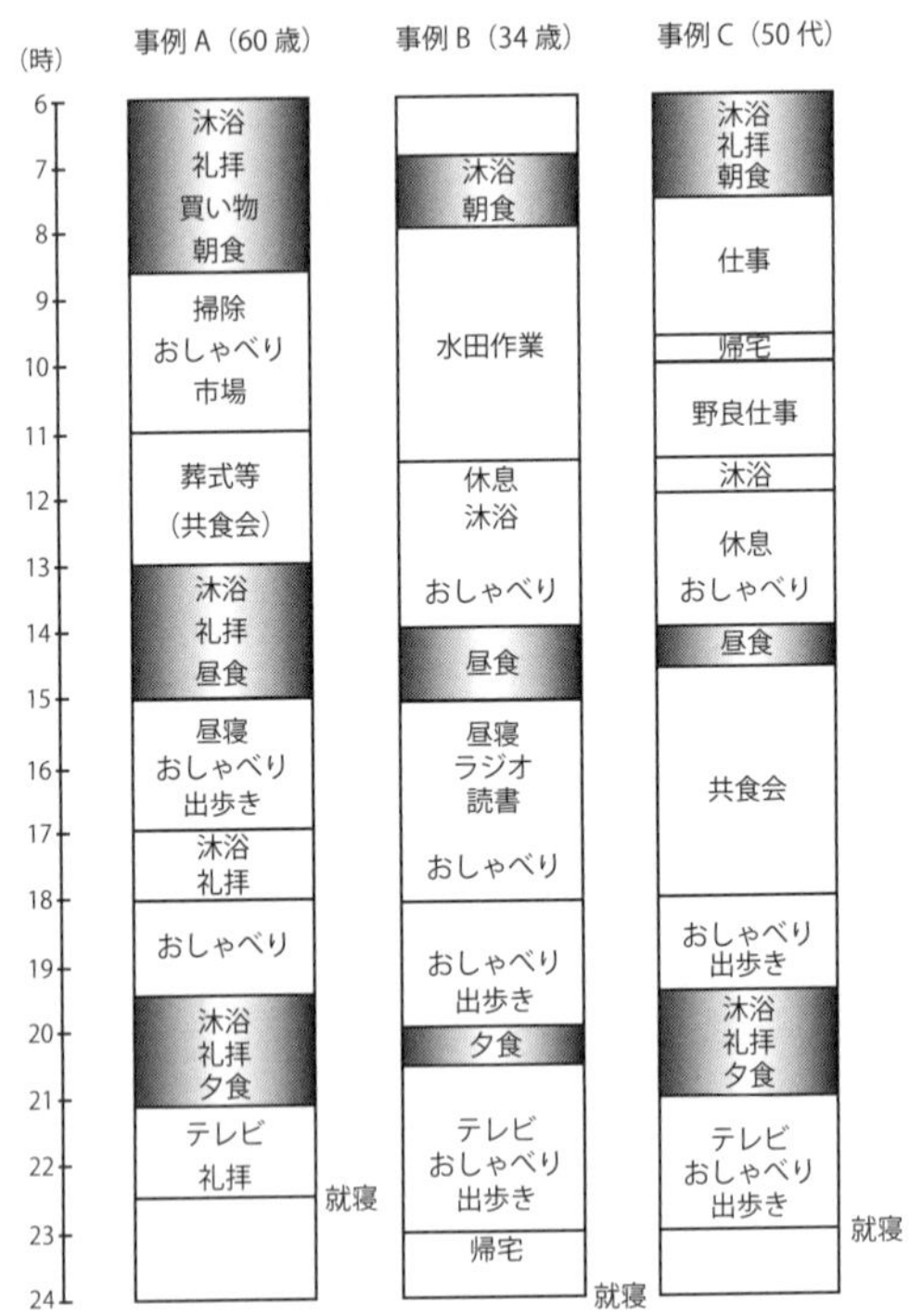

図2-1　男性の生活時間（G村中地区）

を楽しむのである。

男性たちが村へ戻り、ゆっくりと昼食をとってひと休みすると三時頃になる。それは、少々日が傾き、人々が再び動き始める頃である。それから日没の七時半頃まで、および夕食後から眠るまでが彼らの社交の時間である。

村の女性の一日の生活時間（図2－2）もまた、男性のそれと類似している。彼女らは午前一〇時半頃までに、洗濯、掃除、あるいは水田作業を終了し、それから昼食の準備にかかるまで

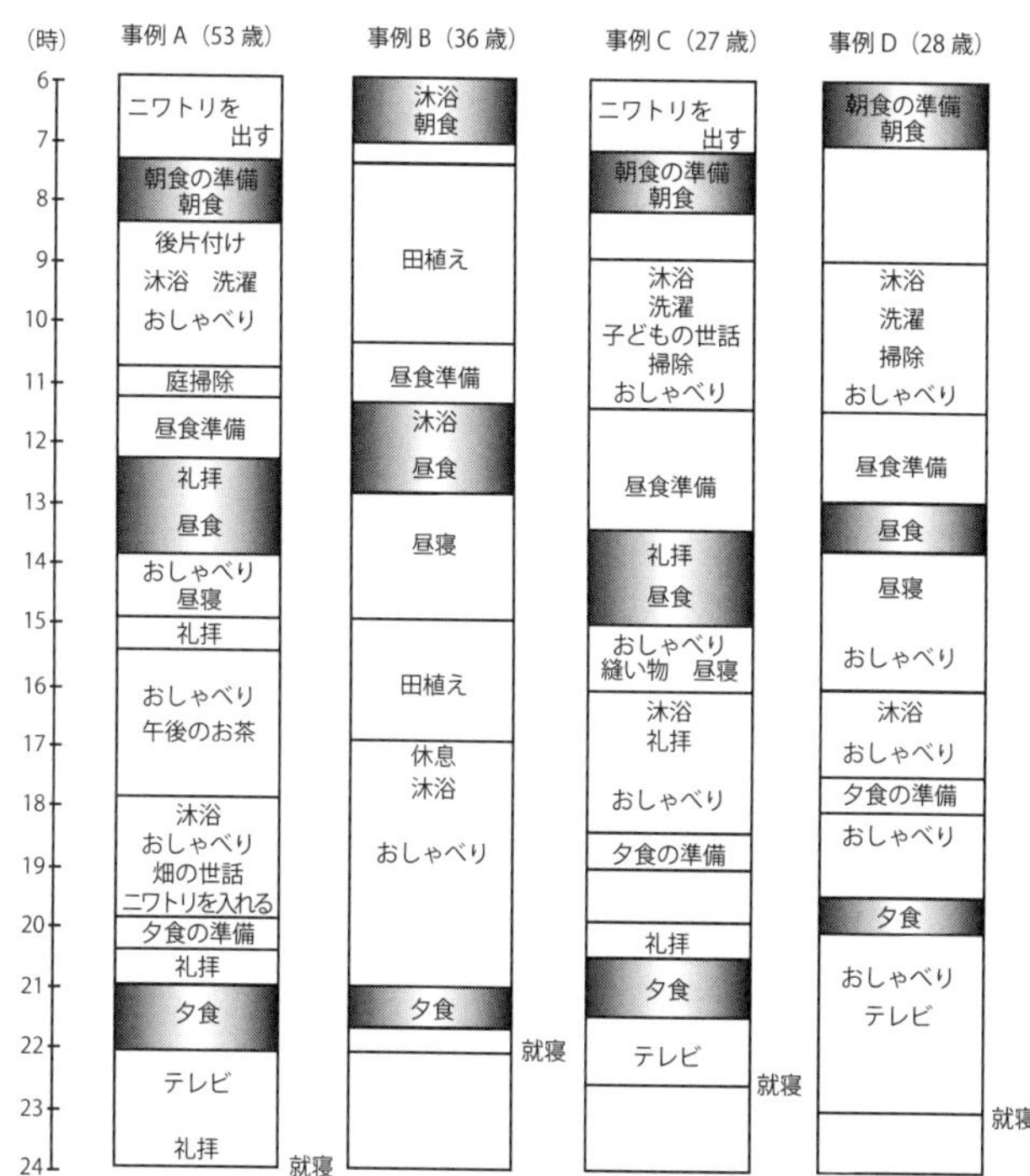

図2-2　女性の生活時間（G村中地区）

の一時間ほどをおしゃべりに費やす。昼食を終え、しばらくゆっくりしたあと残りの田植えなどがあれば実施し、それから日没（七時半頃）にかけてが彼女らの社交の時間である。日没の時間には、人々は表向きには日没の礼拝を実施することになっていることもあり、あっさりとおしゃべりをやめて帰宅する。

　女性の生活時間の中で、夕食の準備の時間が二〇分ほどと短い。彼女らは基本的に夕食のための料理をしない。彼女らは昼食のために用意したカレーと揚げ魚を温めるだけである。夕食のために新たに用意するのは、コメのご飯だけである。これによって彼女らは、午後から夜にかけて自由度の高い時間を確保している。

2　生活時間の同調性

図2－1と図2－2から、男性と女性の生活時間が性別および個人差をこえて、祈りと食事の時間を節目として同じリズムをもっていることがみてとれる。すなわち、村人の生活時間は、一定のリズムで互いにシンクロナイズ（同調）しているのである。したがって、村人が同じ時間におしゃべりに集まることは容易である。他人の生活も推測可能で、適切な訪問のタイミングを測るのもまた容易である。

3　生活時間の可塑性

彼らの生活時間割は、変更可能で可塑性が高い、すなわち柔構造である。急な来客や共食会のために、村人は予定していた水田作業をあとまわしにし、昼寝の時間をあけて対処するのである。彼らにとって人と共に時を過ごすということは、ただある一定の自由時間があればよいというものではない。彼らは他者と共に活動する時間をつくりだすために、自由な時間を時間軸上で自在に動かすことができなければならない。そのために、村人は自由度の高い生活スケジュールを必要としている。村人は人に使われる仕事を嫌い、自営業を好むが、その背景に彼らのつきあいの仕方が時間割の可塑性を必要としているということがある。

四　おしゃべりする人々

一緒に働き、一緒に食するといった「一緒行動」を示す喜びを含んだ気持ちを村人は「サマ・サマ(sama-sama)」あるいは「ベルサマ・サマ(bersama-sama)」という言葉を用いて表現する。一緒に都市へ出かけて一緒に道に迷った場合にさえ、「私たちはサマサマ出かけてサマサマ迷った」とうれしそうに報告する。日本語の「ありがとう」に当たるマレー語は「愛をちょうだいしました(terima kasih)」であり、「どういたしまして」は「サマサマ」である。サマというマレー語は「共に」、「同様」および「対等」を意味する。「貧乏なときは共(同様)に貧乏(kalau susah, kita sama-sama susah)、食べ物があれば共(同様)に食べる(kalau ada makanan, kita sama-sama makan)」という、いわば「サマサマ思考」には、安心感が込められており、共に生きるという生活感覚が込められている。また、村人の間には出自や身分などによる上下関係はなく、互いに対等である。

G村には一〇〇戸以上の家族が住んでいるが、その世帯主たちはお互いのニックネーム(名前の一部のみを用いた短縮名)を知っている。村の外に住んでいる知り合いについては、ニックネームおよび彼らの自動車やバイクの車種とナンバーを覚えている。村人は初対面の人に助けてもらったときは、自動車のナンバーをノートに書きつけておいて、次に出会ったときに識別できるように努力している。

少女たちも、憧れの人のバイクや自動車のナンバーをノートに書きつけておく。また、村人は水田作業の労働交換のメンバーも書きつけている。

このように、村人は、何らかの関わりのある人については、こまめにノートに書いて記憶に残す努力をしているのである。

「知り合い」を意味するマレー語は「カナル（kenal）」である。これはお互いに顔を判別できて、名前もわかっている間柄を示す言葉である。知り合いに街で出会うと、ちょっとあごを上げて親しみの身ぶりを行う。知り合いが死亡すると、かならず葬式に出向いて死者に面会しなければならない。そのとき、お金に余裕があれば、香典を贈ることが望ましいと考えられている。葬式の共食会は、招待されなくても参加して良い唯一の共食会である。死者が出ると、近隣に居住している子どもたちなどの近い親族、近隣の人々、そして葬式の互助会のリーダーが会合を開き、出棺の手はずや共食会の料理を決定する。同時に、死者が出たという情報は村外の親族に伝えられる。村外の親族は、彼らが居住している村において葬式の情報の伝達の責任者となる。このように、村外の親族にはいわばサテライト的な役割がある。サテライトを通して、知り合いたちに幅広く葬式の情報がゆきわたるのである。

知り合いよりも親しい間柄はカワン（kawan 友人）あるいはメンバーという言葉で表現される。カワンやメンバーのそばを自動車で通りかかったり、お互いに自動車ですれ違ったりすると、警笛を鳴らして窓から手を出して合図をする。とくに、「メンバー」という言葉は共同出資をしたり、共同労働をしたりして、互酬的な紐で結びあったものに対して用いられることが多い。本章では、カナルを知り合い、カワンおよびメンバーを合わせて友人とする。

村人は、血縁や婚姻によって結ばれた親族関係も重視する。G村の人々の親族関係についてはすでに第1章で述べたように理念的には、父方と母方のいずれかに区別されることはないが、現実の生活の中では、家族ごとに次に述べる結婚後の居住地によって、父方もしくは母方親族につきあいが片寄る場合はある。しかし、各種の儀礼には父方と母方の両方の親族が招待される。親族名称や親族呼称は父方と母方に区別されてはいない。親族名称においてはオジとオバはイトコの父と母とみなされ、オイとメイはイトコ（あるいは兄弟姉妹）の子と表現される。親族関係は双系的性質をそなえ、個人を中心としたキンドレットが重要なのである。

男女ともに結婚したあとも、夫は夫の、妻は妻の家族における相続の権利を保持し続け、子どもは父と母の両方の財産を相続する権利をもっている。結婚による居住形態も、夫方居住、妻方居住、そして新しい土地での居住のいずれを選択してもよいとされている。夫婦は、結婚してからしばらくの間、夫方と妻方の両方の家族に部屋が用意されているので、両方の家を行ったり来たりする。この形態はマレー語で往復居住（duduk ulang）とよばれる。結婚から数年たてば、夫婦は、夫方、妻方あるいはまったく別の場所を選択して新居を建てる。G村中地区の二九家族について、どちら側に居住しているかをみたところ、妻方と夫方居住がちょうど半々であり、新地居住が一例であった。両親の屋敷地に余裕がある場合には、そこに兄弟姉妹が家を建て、親族の共住区を形成する。世代が進むと、そこは兄弟姉妹とイトコの共住区となる。

村人は親族をサウダラ（saudara）あるいはアディク・ブラディク（adik-bradic）というが、G村の人々は全員がお互いにサウダラであるという意識を持っている。姻戚を血縁から区別したい場合は、姻戚をサウダラ・イパル（saudara ipar）というが、サウダラ・イパルを入れると親族は大きく広がっていく。

村人は近い親族と遠い親族を区別する。曾祖父母、祖父母、両親、オジ、オバ、兄弟姉妹、子、孫、曾孫、オイ、メイ、イトコ、ハトコ、イトコの子などは近い親族（saudara dekat）としてカテゴライズされる。それ以外は、遠い親戚（saudara jauh）としてカテゴライズされる。遠い親族という言葉は、「親族だということは確実だが、間柄がもはや不明だ」という意味で用いられることもある。血縁的にも空間的にも近い親族はイトコ同士くらいまでケルアルガ（keluarga）とよばれて、最も身近な人間であると考えられている。

親族関係はないが、近くに住んでいる人は隣人（jiran）とよばれる。隣人とよばれるのは、ケースによってまちまちだが、おおよそ自宅を中心として左、右、前そして後ろにそれぞれ三、四戸の合計十数軒の範囲である。親しい隣人は、日常的なおしゃべり、共食会、労働交換などの場面で、親族と同様の重要な役割を果たす。ある村の結婚式では、花嫁の家族の親しい隣人の家の一室が休息所として花婿側の関係者に提供された。G村で実施されたある共食会では、施主の親しい隣人が祈りのリーダーをつとめた。G村の労働交換のグループと田植えの請負集団は、同年代の親しい隣人で形成されている。

ただし、近くに住んでいるというだけでは村人にとっての重要な人物にはならない。「親しい」ということが必要である。村人がおしゃべりしている相手について語るとき、「親族ではないが友人であり隣人だ」と「友人」であることが明示される。

そこで、本章においては、以下のような分類によって人間関係を分析する。すなわち、村人のネットワークを形成している人々は、近い親族、遠い親族、そして友人に分類され、それぞれに近隣の人と、そうでない人が含まれる。

五　おしゃべりの三類型とその成員

おしゃべりは時間によって以下の三種類に分けられる。①昼のおしゃべり、②夕暮れのおしゃべり、③夜のおしゃべりである。

1　昼のおしゃべり

昼のおしゃべりの主役は女性たちである。井戸端での洗濯が終わり、昼食の準備を始めるまでの空き時間に乳児を抱いた婦人、孫を抱いた老婦人たちが、家の下あるいは木陰のベンチに座っておしゃべりをしている。幼児たちはそのまわりで、土煙をあげて走りまわっている。話の内容は身近なことである。朝の菓子（村人は朝食にマレー菓子を食べる）は何を食べたかから始まり、子どものこと、夫のこと、親族のこと、身体の具合のこと、共食会のこと、水田の請負作業のこと、断食開けの大祭日のためのお菓子のことなどについて世間話をする。

2　夕暮れのおしゃべり

熱帯の夕暮れは長い。五時頃から日は傾き始めるが、七時半頃まで外は明るい。この長い長いたそがれどきに、電気をつけた家の中にいるよりも、人々は、一日の仕事を終えたあとの安らかで、薄暗くて涼しい、気持ちのいい時間を暗くなるまで外で過ごすことを好む。家の下、家の前の階段のまわり、雑貨屋の前などに村人たちがより集まる。

家でも店でも、通り側に開いた形で人々が集まり、通りを行き交う人に絶えず注意の目をひからせている。用事のある人が通りかかると、村人はバネじかけのように飛び上がって、派手に名前をよび、盛んに手招きをしておしゃべりの仲間に引き入れる。おしゃべりの場に果物や飲物があると、村人は通りかかる人をより熱心に呼び止めて、「一緒に食べよう」「一緒に飲もう」などと誘うのである。

G村の一〇戸の家で観察された昼および夕暮れのおしゃべりの成員を集計したところ表2－1の結果を得た。おしゃべりの成員は一戸当たり平均五人で、女性が全体の六〇％を占める。おしゃべりに来た客と迎えた人（ホスト）の関係は、近隣に居住する近い親族（二四名）が最も多く、近隣の友人（二九名）が次に高い頻度でおしゃべりに参加している。近隣に住む遠い親戚が参加することもあり（五名）、まれに近隣でない友人が訪れている（二名）。

おしゃべりの内容は、誰かが真ん中で新聞を読み上げていることもあり、皆で水田作業の進展や稲の出来具合を語り合っていることもある。誰かが自転車ごと水田に落ちたというようなその日の出来事を笑っていることもあり、共食会の相談をしていることもあり、自分かあるいは知り合いの病気について語り合っていることもある。また、よく聞かれるのが不平不満である。彼らの不満は、親族・隣人の行動に対する批判、二期作を進めている開発公団の方針についての批判、政府の政策についての批判とあらゆる方面にわたっている。

3　夜のおしゃべり

夜のおしゃべりは昼と夕暮れのおしゃべりよりもいくらか格式張っていて、場所も屋内の居間が使用され、コーヒーやお菓子が出ることもある。夜のモスクも人々が集まる場所である。モスクでは、夜の祈りが二回実施されるので、一回目の祈りと二回目の祈りの間の時間は人々のおしゃべり

表2-1　昼と夕暮れのおしゃべりの成員

（観察と聞き取りによる。G村中地区1983-84年）

事例	近い親族		遠い親族		友人		合計
	近隣	その他	近隣	その他	近隣	その他	
1	2（2）	―	―	―	2	―	4（2）
2	2（1）	―	1（1）	―	2（2）	1	6（4）
3	1（1）	―	―	―	2（2）	―	3（3）
4	1（1）	―	―	―	―	1	2（1）
5	2（2）	―	―	―	2（2）	―	4（4）
6	1（1）	―	―	―	―	―	1（1）
7	2（2）	―	―	―	3	―	5（2）
8	2（2）	―	1（1）	―	2（1）	―	5（4）
9	8（6）	―	―	―	2（1）	―	10（7）
10	3（1）	―	3（2）	―	4（4）	―	10（7）
小計	24（19）	―	5（4）	―	19（12）	2	50（35）
合計	24（19）		5（4）		21（12）		50（35）

（　）：内数であり女性の数
―　：該当なし

表2-2　夜のおしゃべりの成員

（観察による。G村中地区1983-84年）

事例	近い親族		遠い親族		友人		合計
	近隣	その他	近隣	その他	近隣	その他	
1	4（3）	−	−	−	5（4）	1	10（7）
2	4	−	−	−	1	4	9
3	2	1	−	−	−	2	5
小計	10（3）	1	−	−	6（4）	7	24（7）
合計	11（3）		−		13（4）		24（7）

（　）：内数であり女性の人数である
−　：該当なし

の時間である。夕暮れの七時頃から夜の九時頃まで大勢の人々がモスクに集合している。

一般の家に夜のおしゃべりに集まる客の人数を集計したところ平均八人（表2−2）であった。昼のおしゃべりに比べると倍近い人数である。居間に集まった人々は、受け入れ家族とあわせて総勢一〇人以上になる。また、少女が誘いあって集まる家（事例1）、青年が友人同士で集まる家（事例2）、ある政党の支持者が集まる家（事例3）など、集まる人の属性によって集合場所が分かれる傾向がある。客とそれを迎える家族の関係は、友人（一三名、五四％）が最も多く、近い親族（一〇名、四六％）がそれに続く。近隣に住んでいない友人が七名、二七％を占め、昼と夕暮れのおしゃべりで観察された二名（五％）と際だった違いを示す。昼と夕暮れのおしゃべりは近隣の親しい者の集まりであり、夜のおしゃべりは近隣を越えた友人の集まりと位置づけることができる。

夜のおしゃべりが実施される家は、気があう者同士のたまり場なのである。夜のおしゃべりが実施される家は数年あるいはそれ以上の時期にわたって固定しているので、村人は日課のように夜になるとその家に出かけていき、いつもの顔に出会う。

人が集まる家には必ずテレビがある。夜のおしゃべりにでかける動機は、友人にあうこと、そしてテレビを見ることである。G村の二五%程度の家にテレビがあるが、家にテレビがある人でもたまり場へいってテレビを見ている。ある男性は、自宅のテレビが自分の娘たちと近所の少女たちに占領されているので、自分と同じ好みの友人が集まるたまり場へいってテレビを見る。チャンネル争いをしたり、見たくないものを見たりしているよりは、好みの番組を見ている家へいってそこで仲間に入れてもらえばいいというわけである。プロレスやサッカーの中継がある晩は青年たちのたまり場になった家から、ウォーという歓声が上がり、ドラマがある晩は少女たちの笑い声が村内にこだまする。

夜のおしゃべりは政治談議や情報収集のためにも重要である。表2―2事例3のたまり場の受け入れ家族の夫C氏はG村のもとの首長であり、野党の汎マレー・イスラム政党の熱心な支持者である。夫の友人で、同じ政党を支持する男性四人が常連客である。支持政党は異なるが、隣に住んでいる近い親族の男性が共食会の相談などにやってくることがある。常連客四人が好きな話題は、政策と景気の問題である。マハティール首相の政策についての批判も聞かれる。その他に、二期作化を進めている公団に対する不満、土地の相続をめぐる紛争の相談、村の少年たちの非行と麻薬使用の問題、男女の交際の問題なども語りあわれる。共食会について、知り合いの病気、就職、結婚、大学入試の結果なども話題にのぼる。収穫期には、村中の人々の収穫高が話題になる。彼らの雑談から、彼らの優れた分析力、批判力をかいま見ることができる。

収穫期には、常連のお客たちは、贈り物としてそれぞれコメ一俵を経済的に貧しいC氏に届ける。

六　おしゃべりの拒否

つきあい関係は互酬的な人間関係であるが、その表裏一体の現象としてつきあいの拒否がみられる。すなわち、互酬的な慣習に反する行動に対する抗議としての無視、それに対する復讐の無視、それが悪循環を繰り返すとしばらくの絶交につながる。これは、個人から個人への批判である。表現形としては、おしゃべりに訪れないし、すれ違っても会話をしないなどがある。また、共食会によばないという方法をとることもある。互酬性を裏から支える慣習として互酬の否定には否定で応えるということが必要なのであるが、当人たちの気持ちは痛んでいる。これを、ここでは便宜的に「逆説的互酬性」とよぶことにする。

ただし、一人の人間に対して村単位でつきあいを否定するいわゆる村八分は起きない。他者にしかけられた呪術による病気、すなわち人災病になったという人がいても、呪術を仕掛けたかもしれない被疑者を引き出して村全体で制裁を加えるということはない。むしろ、被疑者を殺すようなことにならないように、さまざまな歯止めが人災病の療法の中に組み込まれている（板垣 1989, 1995, 2003）。集団の権力を用いないで互酬性を維持することに村人は努力しているのである。

G村で観察された逆説的互酬性はあくまでも、個人対個人あるいは集団対集団で起きる現象である。

集団対集団で対立した場合も、どちらの集団にも属さない中間的な存在や、自分の主張と一見矛盾する集団に属する人がいる。そして、そのようなどちらともつかない仲介役的な人が、村の元の首長、コーラン教師、農民組合のリーダーといった重要人物そして女性たちなのである（本書第1章第五節）。高床家屋の床の下に材木をわたして、大勢でそれをお神輿のようにかついで移動する「家運び」とその後の共食会の参加者の構成を分析すると対立する二集団の人々が完全に混ざり合っていることがわかった（本書第3章第二節）。村人は、場面によって態度を変える傾向がある。さらに、つきあいの拒否は長続きしない。何年か後には、絶交していた人々の間に元の互酬的な関係が再生しているのである。このように、村人の人間関係は「場面依存的」で「時間変化が激しい」という特徴を有している（本書第3章第二節）。

逆説的互酬性はサーリンズ（1984: 235）の否定的互酬性、すなわち損失なしにただで何かを得ようとする試みとは異質のものである。逆説的互酬性は互酬性の裏返しである。それは互酬性の中に生きている人間によって実施される、互酬性に反する態度に対する批判行動である。

七　おわりに

G村の人々による生活の時間的・空間的デザイン、および閉鎖的な親族集団を形成しないといった、人間の社会的な分類の構造が一体化して毎日のおしゃべりが成立していた。

おしゃべりの成員の分析の結果、それは、親族関係、友人関係、そして近隣関係の複合体であることがわかった。近隣に住む近い親族および友人は、昼と夕暮れのおしゃべり、夜のおしゃべりのいずれにも登場する最も身近な人々であった。これらの人々がコミュニケーション・ネットワークの核を形成する。これに、夜のおしゃべりにやってくる遠方の友人が加わり、村人のネットワークは近隣を越えた広がりを示す。コミュニケーション・ネットワークには近隣の友人と親族が中心となる核があり、それ以外の人々をまきこんで拡大する構造がある。また、葬式の共食会のところでみたように、村外に居住する親族はサテライトの役割を果たし、ネットワークの第二の核を形成する。したがって、コミュニケーション・ネットワークは、主核といくつかのサテライトによって形成される副核を有する多核構造を有する。

親族や隣人であってもコミュニケーション・ネットワークが自動的に成立するのではない。互酬的な理念にそぐわない行動に対する抗議の意味を込めて、村人は個人的につきあいを拒否することがある。つきあいを維持するためには、日常生活で信頼関係を良好に保つ努力と配慮が必要とされる。このようにして、互酬的なコミュニケーション・ネットワークが形成され、維持されるのである。

前田(1989)、口羽ほか(1976)、および立本(1995)はマレー人の人間関係は二者関係あるいは対人主義と報告したが、板垣(2003)はマレー人農村に見られる人災病(人が仕掛けた呪術によって発生する病気)においては三者関係(時には三集団関係)が見られると報告した。その治療のためには、病人(あるいは病人側)と緊張関係にある二人(あるいは二集団)の関係性を考慮しなければならない。そして独断的判断によってある個人（あるいは集団）の不利益が発生することを好まない対等主義が見られる。G村のおしゃべりは、二者のみならず、友人家族・親族同士の関係に影響されている。

村人たちは、短時間労働型の柔構造時間をもち、ゆるやかに閉じた関係に対する自らと自らのメンバーの関係の調整行動も考慮しつつ日々ネットワーキングしているため、ここでは「コミュニケーション」・ネットワークというのがふさわしい。そして、そこには、小宇宙であって外側の権力の支配を受け入れにくい、村レベルでも個人を越えた抽象的な集団と個人が対峙することがない、そしてネットワークする個人（集団）と個人（集団）が対等であるという三つの原則が現れていた。

関本（1988: 150）は、マレー半島に移り住んだジャワ人が、イスラムの価値の下に、相対的な自律度と平等主義の強い地域社会を作り上げていったと指摘している。本書のフィールドであるケダ州マレー人農村においては、より複雑な背景が認められる。神の前に人は皆平等であるというのがイスラムの考え方だという意見がある一方で、アダット（慣習法）とイスラム教の相続の方法を見ると、女性も男性も同等に均分相続の権利があるアダット（慣習法）の方がジェンダーの対等性を実現している。本書1章でも述べたように、ジェンダーの対等性は親族関係にも見られ、双系的親族関係として現れ、女性も男性も、母方父方も同等に近い親族と考えられ、父方母方いずれの財産にも権利がある。

次に東南アジアには中央集権的国家はなかったことと関連があると考えられる。タンバイア（Tambiah 1976）が描いたアユタヤの銀河政体論、ギアツ（Geertz 1981）が『ヌガラ』で描いたジャワの劇場国家、古田（2021）がいうように定まった王位継承ルールなどない「東南アジア的国家」という表現もある。マレーシアは現在も複数の王国の連邦であり、国の元首は連邦を構成する州の王たちが互選で選出する（村人によれば実は輪番制で担当する）。マレーシアにおいて、歴史的に強い封建制や身分制度が形成されなかったということと現在の農民と政府が共通に有する対等主義と両者のかけひきとの関連を考慮する必要があるだろう。ここではこれ以上踏み込まないが、歴史的にはこの地域には交易を管理する「点」としての諸王国とそのネットワークがあったが双系的親族関係を背景として後継者の競争が激しく安定せず、住民の移動も容易であったため、強力で持続的な支配体制は成立しなかったという（桃木 1996、今井編 2014、池端編 1999）。

一時期仏教国であったケダ州の筆者のフィールドにおいては、イスラム教にも習合的側面が見られる。筆者が出会った治療師を助ける祖先の霊がイスラム教の精霊（ジン）の一種とされ、治療師の祈りはコーランがまず唱えられコーランでない部分が入り、最後にコーランが唱えられるというサンドイッチのような構造になっている。そして全体として、治療師は神（アラー）に祈っていると説明がなされる。神（アラー）の名の傘の下にさまざまな霊や呪文が見出せる。マレーシアのイスラム教は、多民族国家、世俗国家としての微妙な舵取りのもとに、強力なアダット（慣習法）とともに人々の日々の生活の中にある。イスラム政党と与党連合との政治的対立が現在のイスラム化の背景にあるという議論もある（多和田 2005）。

タンバイア（Tambiah 1976）が描いた銀河政体論、ギアツ（Geertz 1981）が描いたジャワの「ヌガラ」とも違う、現在も複数の王国の連邦であり、国の元主と王たちが交代で担当するマレーシアにおいては、本書でとりあげた庶民のコミュニケーション・ネットワークによる政治の背後に、イスラム（そのものも変容をとげている。多和田 2005、大塚 1989）、強いアダット（慣習法）の支えもある。双系的親族関係も世代ごとの変化がはげしく、住居の移動も容易な慣習のもとで対等主義が築かれて来たと考えられる。

その庶民の生活維持を支えているのは生業であろう。「おしゃべり好き、対等主義的柔構造社会、短時間労働型柔構造時間」の社会は、アフリカの狩猟採集民、焼畑農耕民にも見られる（田中 1971、掛谷 1983など）。遊動生活をする採集狩猟民とマレー人の稲作農民を比較すると、移動の容易さの他にも共通点が見られる。生態系の再生産力を持続的に保つ生計維持の方法、柔構造の社会と富の細かい配分である。一般に考えられる上意下達式の組織の一員として生きる稲作農民のステレオタイプ、つまり地主による小作の支配、水管理のための上下関係、生産のための強固な組織、組織の計画通りに一斉作業する従順さなどとマレー人農民はまったく無縁である（板垣 1991：本書第3章）。彼らはほとんど管理しなくても稲が育つ有利な条件の中で、ある一定地域・時間に集中的に稲を栽培し、比較的短時間の労働で大量のコメを手に入れることができ、それを換金できることもメリットと考えている。また、彼らは水田および水路における漁撈、果樹菜園からの収穫物など多彩な食物を身近なところから調達できる。自然の再生力によりそい、それに合わせるマレー人の稲作は、基本的には決められた区格（水田）に少々の管理をして力強く生育したコメを採集するという農業である。そして、収穫量のバラツキを互酬性で補うのである。彼らは農業技術を導入することによって、コメを効率的に採集していると見ることができる。彼らは自然を支配しないのと同様に、他者を支配できるとも思っていない。彼らは、日常的なおしゃべりと丁寧な交渉あるいはかけひきによって、他者との良好な関係を保つ努力をし、富を繊細に配分して独自のライフ・スタイルを保持しているのである。

謝辞

調査に協力してくださったG村の皆さまに心よりお礼を申し上げる。また、現地調査のためにスモン弁護団、大竹財団、そしてトヨタ財団より資金援助を受けた。一九八二年に調査を始めた当初より、川喜田二郎先生（当時筑波大学）、掛谷誠先生（当時筑波大学）、そして佐藤俊先生（当時筑波大学）の指導からさまざまな示唆を得た。記して謝意を表する。

引用文献

Dartford, G. P.
1956　*A Short History of Malaya*. Longmans of Malaya

古田元夫
2021　『東南アジア史10講』岩波書店

Geertz, C.
1981　*Negara: The Theatre State in Nineteenth-century Bali*. Princeton University Press（小泉潤二訳 1990『ヌガラ――19世

紀バリの劇場国家』みすず書房）
池端雪浦編
1999『新版 世界各国史6 東南アジア史Ⅱ 島嶼部』山川出版社
今井昭夫編集代表・東京外国語大学東南アジア課程編
2014『エリア・スタディーズ129 東南アジアを知るための50章』明石書店
板垣明美
1989「『人災病』の発生と処置」『族』9: 24-62
1991「マレー農村は変わったか――マレーシア・ケダ州農村の大規模潅漑プロジェクトと農民の対応」『族』15: 15-59（本書第3章）
1993「マレー人農村の病因論と養生法」『族』21: 1-48
1995『マレー人農村の民間医療に関する文化人類学的研究――人災病の療法と文化社会的機能』東京外国語大学アジア・アフリカ言語文化研究所
2003『癒しと呪いの人類学』春風社
井筒俊彦訳
1957『コーラン（上）』岩波書店
1958『コーラン（中）』岩波書店
1958『コーラン（下）』岩波書店
掛谷誠
1983「『妬み』の生態人類学」大塚柳太郎編『現代のエスプリ・生態人類学』229-241, 至文堂
口羽益生・坪内良博・前田成文

1976『マレー農村の研究』創文社
黒田壽郎
1983『イスラーム辞典』東京堂出版
前田成文
1989『東南アジアの組織原理』勁草書房
桃木至朗
1996『世界史リブレット12　歴史世界としての東南アジア』山川出版社
中根千枝
1987『社会人類学――アジア諸社会の考察』東京大学出版会
大塚和夫
1989『異文化としてのイスラーム――社会人類学的視点から』同文館出版
Sahlins, M.
1972 *Stone Age Economics*, Chicago and New York: Aldine-Antherton Inc.（山内昶訳 1984『石器時代の経済学』法政大学出版局）
関本照夫
1989「マレー半島のジャワ人移民社会――サバ・ブルナム調査ノート」『東洋文化研究所紀要』第109冊：107-153
立本成文
1995「海と文明」小泉格・田中耕司編『講座　文明と環境　第10巻』朝倉書店
高谷好一

1993 『新世界秩序を求めて――21世紀への生態史観』中央公論社
田中二郎
1971 『ブッシュマン』思索社
多和田裕司
2005 『マレー・イスラームの人類学』ナカニシヤ出版
Tambiah, S.J.
1976 *World Conqueror and World Renouncer: A Study of Buddhism and Polity in Thailand against a Historical Background.* Cambridge University Press

第3章

マレー人農村は変わったか
——マレーシア・ケダ州の大規模灌漑プロジェクトと農民の対応

水田でのゴトンロヨンの稲刈り風景。

田植作業から帰ったシェア・グループの婦人（右）を待ちうける子どもたち。自宅のみでなく近隣の子どもたちもいる。田植の施主からの菓子も楽しみにしている。

一　はじめに

1　研究の目的

科学・技術を基礎とした現代文明の発展は、私たちに物質的な豊かさをもたらしたが、一方で自然破壊、公害、資源・エネルギーの問題、都市化の爆発的進展の中での生活環境の悪化など、いわゆる「環境問題」を噴出させた。一九七〇年代には、大気汚染や水質汚濁が各国で発生した。そのような社会状況を背景として、ローマ・クラブが「成長の限界（メドウス他 1972）」を発表し、カーソンは農薬による生態系の破壊を訴えた（カーソン 1974）。コモナー（1972）やサミュエル（1974）は環境問題が生態学的循環と結びついていることを指摘した。コモナー（1972）はロサンジェルスの大気汚染やエリー湖の水質汚濁を例にとってその汚濁の構造を紹介する中で問題を生態学的に捉えることの重要性を強調した。しかし、環境問題はたんに生態学的な問題であるだけでなく社会問題でもあるという立場から、次に人口、科学、技術、経済システムなどを取り上げ、これらの分野のどこに環境の危機の説明を求めたら良いのかを検討した。そして、「第二次世界大戦以来の、生産技術における全般的な変化」が環境破壊の主な原因であるという結論に達した（p.199）。さらに、問題への対応の例として各種市民運動やネーダー・グループの活動を取り上げて評価している。

また、このままでは将来的には世界の環境はますます悪化して行くだろうという予測が出され（アメリカ合衆国政府 1982）、それまでの各国の公害対策などを踏まえて環境管理の必要性が認識された。

二〇〇〇年代に入り、地球規模の気候変動が緊急の課題となり、ＳＤＧｓ（持続可能な開発目標）も設定された。地域の環境を身近で捉えているのは地域の人々である。環境管理も地域の人々の生業の方法や、コミュニティの運営の仕方を基礎としたもので、人々の営みが反映されたものであるはずである。そのような環境保全の可能性を考えるためには、地域の自然的・文化的環境を、環境科学の立場から、コミュニティ・レベルで捉え直すことが重要である。そして、それぞれの地域に固有の、環境と人間の相互作用の構造とその変化を検討することが、きめの細かい環境保全のための基礎的研究として必要となるだろう。

私は、「技術」の変化を手がかりとしてこの問題に取り組みたい。ある技術体系の生業の中に、質の違う新しい技術、すなわち化学物質や大型機械を用いたいわゆる近代的技術が入り込んだとき、地域の自然的社会的環境に何が起きるのかを捉えることによって、問題の構造を把握することができるのではないかと考えるからである。このような新しい技術や新しい理論による経済的発展はしばしば「開発」とよばれる。技術移転や開発によっておきる問題を事前に予測し、防止するために、アセスメントを実施することや、地域に合った適性技術を採用することが必要だと言われ続けている（吉川 1975、宇都宮 1976、島津 1977、ディクソン 1980、アレン 1982、太田 1985）。イリイチは「開発は、その理論においても実際においても、人間生活の自立と自存を志向する諸文化を変化させて一つの経済システムへと統合させることを意味するものだ（イリイチ 1982: 28）」と言い切る。

開発や工業化のために急激な変化にさらされているマレーシアでは、農業および工業排水による水質汚濁、労働環境の変化、森林伐採による先住民の生計の危機などが問題になっている（CAP 1976、CAP 1978、板垣 1983ab、SAM 1984ab）。筆者はＣＡＰ（マレーシアのペナン消費者協会）に研修員として入って活動もした。国民のコミュニケーションと批判力の下にマレーシアの消費者活動は活発である（板垣 1983ab）。

本研究の対象地である西マレーシア北西部ムダ地域の稲作農村はコメの増産と農民の生活水準の向上を目指した政策によって押し進められた、二期作化プロジェクトのもとに、機械化、化学物質の使用増加などの急激な変化をこうむりつつある。本研究は、変化のただ中にあるこの地域に滞在して調査を進め、新しい技術の修飾や取捨選択、生業形態の変化、社会組織や慣習の変化を分析し、村の人々がそれまでに形成してきた生計維持の方法がどのように変化したのか、あるいは変化しなかったのか、どのような問題が生じているのかを把握することを目的とする。私は一つ一つの技術と、それを受け入れた、あるいは拒否した人々の息吹を間近で追うことによって、問題の動的構造をときほぐしていきたいと考えている。本章では、プロジェクトの目的と新しい技術群を概観したあとで、まず村の人々の技術の取り入れ方を記述する。つぎに、そこで浮かび上がった「労働時間を延ばさない」という特性をめぐって彼らの生活の時間的構造へと分析を広げる。最後に新しい技術の取り入れ方と村人の生活の時間的構造との間の密接な関わりと、機械化によって生じつつあるジレンマという視点から考察する。水質汚濁の問題については第１章と第４章で取り上げるのでここでは詳しくは扱わない。

マレーシアにおける現地調査は、一九八三年～一九八四年、一九八五年、一九八七年、その後二〇一八まで断続的に二年余り実施された。

二　異文化との出会い

1　水利の混乱

かつて水田に溜まった雨水だけに頼って稲作をしていたG村の人々は、一九七〇年、ムダ灌漑設備が完成すると同時に、遠い山間のダムに溜まった雨水をはるばる引いて来て稲の二期作をすることになった。スケジュールに合わせた農作業によって合理的水利用をし、整然と化学物質を投入し、大型機械によって大規模生産をするという新しい稲作の骨組を取り入れることが村人たちに対して次々と要求された。水管理、目まぐるしい作付けスケジュール、化学物質の投入といった、異文化が流れ込んだのである。国籍不明の「パックス近代化」という異文化である。「パックス近代化」の波の中でマレー農民はどう変わったのだろうか。

一九八三年の八月、私は乗合タクシーに乗り、G村を目指してケダ州を北上していた。ムダ地域に入ると、収穫中の広々とした水田風景が一望できた。コンバイン・ハーベスタの刈り取り後が見える。人々が一列に並んで、かまで収穫をしている姿も見られる。「マレーシアは収穫期である」と考えた。しかしながら、州都アロール・スターを過ぎたあたりから、まだ青々とした水田が目立ってきた。ところどころに、すげ笠をかぶって、田植えをしている姿さえ見える。私の頭は混乱した。マレーシアは収穫期なのか、田植え期なのか、判然としないのである。

G村に着いてみてまた驚いた。G村の周辺のほとんどの水田は青々としていたが、二ヵ所ほど田植えの用意をしている人々がいるのだ。直まきの後の発芽が悪かったためと、病気が発生したために田植えをし直すのだという。いくら冬が来ないといっても、田植えがこんなにずれたらコメがとれないだろうに、周囲の水田と合わせなければ水管理もむずかしいだろうにと気をもむ私をよそに、村人は田植えが終わったお祝いのクンドゥリ（共食会）を催し、私をも招待してくれた。

「本部のコンピュータで計算して、計画的に水を送っているのに、農民は用水路の水門を勝手に開閉する。だから今では水門に鍵を取り付けている。水不足のときには水門を打ち壊すものもいた。隣の水田に水を送る溝を作らなかったり、用水路ぞいの水田の耕作者が自分の水田にだけ水が入ったといって取水口をバナナの木などでふさいでしまう。作業はスケジュールどおりに進めないし、田植えをすれば植えっぱなしで見回りにもいかない。農薬の一斉散布にも来ないし。ここの農民はいうことをきかない。怠惰だ」と公団の職員は憤慨している。

公団の計画上の作期は乾季作が二月から七月、雨季作が八月から一月になっている。これは、乾季の一二月から一月、および雨季の中でも降雨が小休止する七月に収穫期があたるように考慮されたものである（八島 1981）。しかし、実際の一九八三年のG村の乾季作は五月から一〇月、雨季作は一九八三年一〇月～一九八四年三月であった。計画作期とは大幅にずれている。前作期の遅れが、次作期の遅れにつながり、作期は毎年ずれてしまう。しかも、一〇月からの雨季作というのは名ばかりで、一一月から段々と乾季に入るのでまるで乾季作である。雨季作は全面的に雨水に依存する予定だったが、作期が乾季にかかるためダムの水を使ってしまう。すると、次の乾季作の水が不足するという悪循環に陥る。作期の遅れの原因は労働力不足による農作業の遅延が強調されがちだが、野崎(1983)は作期の遅れの原因は、乾季作の初期かん水に長時間を要することであり、それは不十分な用水量と一〇m／haという低い水路密度による灌漑の困難性にも起因していると報告している。いずれにしても、この結果一九七八年の乾季作が水不足のため破棄されたり、一九八三年の雨季作は途中で給水が止められたりして、この地域の水管理は大混乱の様相を呈したのである。

私は、耕作者には耕作者同士の何らかの水利のルールが存在するはずだと考えたが、村の人々は、

「水はあぜからしみだして一帯の水田に広がる」

「水が欲しければ隣の水田のあぜを少し切る」

というばかりで規則らしいものは聞き取れない。

水田作業に参加しても水管理らしいことは畦のカニやネズミの穴を閉じて水漏れを防ぐことくらいであった。水の見回りも、田植えの後は四日に一度くらいだが、だんだん一～二週に一回になり、その後はほとんど行かなくなってしまう。

村人から水管理についての詳しいことを聞くことはできそうにないため、「水利組合の組合長を訪れて、水利の仕組みを教えてもらおう」と私は考えた。ところがG村で水利組合を探し始めると、村

人は「わからない」「知らない」と繰り返すばかりである。ここには水利組合はなかった。公団はコンピュータを使った整然とした水利を目指しているようだが、それとこの水田レベルの自然に任せたというような放置ぶりはあまりにもちぐはぐである。

村の人々は灌漑設備によってもたらされた水を積極的に使っているが、組合を作って水管理をすることや水利システムに組み込まれることには積極的でない。田植えが遅れても年中温暖なこの地域では、非感光性の新品種の稲は、水さえあればいつでも育つ。移植のタイミングを重視し、短期間のうちに地域全体が一斉に田植えを終えるという稲作の図式はここにはあてはまらない。公団が水を送ってくれる限り、作付時期や細かい水管理を無視しても、天水と公団の水の二本だての稲作を続けていけるのである。

しかし、水管理が組織的でないということは、水にまつわる困難が何もないということとは違う。別の村では二期作化の初期には水の争いがもとになって殺人事件が起きたという。人々は水争いの危険性を十分承知したうえで、耕作者レベルでの水問題を大きく取り上げないように、互いに組織的な規制をしないよう気をつけているとさえ見える。

しかし、いったんダムからの供給が止まるとなると、公団と農民の間に大変な対立が起きる。

2　給水停止

一九八三年、雨季作が乾季にずれ込んだ。公団は作付け時期のずれと翌年の水不足の解消のために、一九八三年の一二月で給水を止めることを決定し、農民には雨季作の作付け中止を呼びかけた。しかし、農民はうやむやのうちに作付けを実施してしまった。それでも給水は停止された。一九八四年一月末から二月にかけて、ムダ地域一帯は深刻な水不足に陥ったが公団は給水を止めたままだった。乾季のまっただ中、イネは水を必要とする開花期であった。

農民は知り合いの議員に働きかけたり、ケダ州出身のマハティール首相と直接交渉をしたりした。また、夜中にこっそり水門を開けに行くという人もいれば、知り合いの水門の操作員にひそかに開けてもらうという人もいた。水路に小型ポンプを据え付けて水路の底に溜まった水を水田にくみ上げる人もいた。

その結果、ある給水ユニットには水があり、ある給水ユニットはからからに乾いているという、人間関係を反映した妙な状況が出来上がった。マハティール首相も、水路に残っている水はすべて放出するようにという進言を出すに至った。新聞もこの問題を大きく取り上げた。

午後の空いた時間には、公団に赴く人が多く、一人一人の行動でも時を同じくして起きると大きなものになり、公団の事務所は交渉に詰め掛けた農民でいっぱいになった。人々は公団に押し寄せると共に神に雨乞いの祈りも捧げた。G村のある人はこう語った。「今年は一〇人ほどで雨乞いの祈りを捧げ、クンドゥリ(共食会)をした。人がたくさん集まって祈らなければ神様だって聞いてはくれない。一人で祈ってもだめだ。人は多ければ多いほど良い。公団にものを頼むときだってそうだろう?」リーダーを立てて交渉するよりも、とにかく大勢が集まることを重視している様子である。

はたして十分な水が確保できるかどうかわからないままに、村人たちは雨乞いの儀礼と共食会をしたり、シンガポールへ出稼ぎに出ることなどを相談しながら、不安な数週間を過ごした。そして、ある晩、この問題は突然解決した。予期せぬ大雨が降ったのである。大雨が降った翌日の新聞には「ムダ農民喜ぶ」という記事が載った。結局、例年どおりの収穫が得られた。

予期せぬ大雨が降ったということ自体が、予測がしにくいこの地域の降雨の特徴（毎年の降雨パターンが定まらず、雨季の最中でも月による降雨量の変動が激しい）と、人為的コントロールの難しさを示している。収穫中の水田で収穫高の聞き取りをしていると、直まきさえせずに、収穫のときのこぼれもみをそのまま育てただけのある耕作者が、「農薬もなにもしないのに。たくさんとれた」と喜んでいた。これはただの偶然ではない。そういう稲作が可能な地域なのである。

このように、村人たちは、広域の水利システムに深く組み込まれることを拒み、天水と公団が送る水との二本だてで、個人的稲作を営み続けている。

3　農民デモ

一九八四年の水不足の際には、農民が政治的な力を駆使した解決を試みるのを多く観察した。しかし、より大規模な行動が一九七八年にあった。ケダ州の農民デモである。

このデモは、二期作の乱れ、米価への不満、そこへ汎マレー・イスラム政党と統一マレー国民組織との政党的対立が加わって生じたものだろうといわれている。農民が続々と地方の小都市へ集まって並んで立っていたというのである。立っているだけなら、デモと言えるのかどうか自信がないが、一部の農民は州庁舎へ石を投げるなどの行動に出たという。政府はこれを政治的行動として、汎マレー・イスラム政党の農村部の指導者を何人か逮捕したが、一方で翌年から米作農民への補助金の給付と肥料の無償供与に踏み切ったのである。公団のジェガテエサンは二期作化によって農民の現金収入は大幅に増加したが、増加分の多くはこの補助金によっているという分析している（Jegatheesan 1977）。

ここで覚えておかなければならないのは、政治的行動をするときに明確なリーダーを立てることは村人にとって危険だということ、そして、補助金と肥料という政治的成果によって人々はムダ・プロジェクトを自分たちに有利な展開にもっていくことができたということである。国全体のコメの自給率は上がったが農民の暮らしは一向に楽にならないという展開もありえたのだ。

4　農民組合と対立の意図的あいまい化

ムダ開発プロジェクトの一環として、農民の組織化が進められた。G村で、主な耕作者が農民組合に加入している世帯は三七軒、村の全世帯（ほぼすべてが稲作農家）の三〇％である。加入者の中から毎年G村地区のユニット・リーダーが選出され、リーダーは耕作者と公団とのパイプ役となることが期待されている。

公団が企画する共同作業を伝達し、人を集めるのには農民組合も協力している。しかし、筆者の観察によれば、G村における新しい水利プロジェクトの座談会には三七人の組合員のうち七人しか出席しなかった。公団が害虫の一斉防除を企画したときには三人しか集まらなかったという。ここで村人の肥料・農薬の使用法を概観しておこう。肥料については、公団は基肥と追肥の投入を奨励している。しかし、G村の農夫の多くは、苗代と田植えの後の水田に肥料を投入するのみである。育ちが悪い場合は、肥料を追加する。聞き取りによると、G村の一九八三年乾季作の施肥量は窒素九〇〜一二〇kg／ha、カリウム一四kg／ha、リン二二kg／haであった。この施肥量は現在の日本の施肥量に近い多施肥といえるが、これはマレーシア政府からの補助肥料である。マレーシア政府が一九七九年のメイン・シーズン以降、全国の稲作農家に対し、二・五haを限度とし、ha当たり窒素九〇kg、リン酸、カリをそれぞれ二二kg、無償供与を続けている（野崎 1981）。農薬については公団は、計画的な予防散布や一斉散布を指導している。一九八一年と一九八二年、および一九八三年の乾季作にはプニャキト・メラとよばれる病気が大発生し、農薬の販売高が増加した（板垣 1985: 本書第1章）。しかし、村人は予防散布や一斉散布には参加せずに、病気や害虫の発生を見てから散布している。聞き取りを実施した二三人の村人の三〇％は農薬をまったく使用していなかった。病害虫が多発した一九八三年における、水田地域の水中のγ-BHC（殺虫剤）の残留濃度は最高でも〇・〇四四 μg／ℓであった。残留濃度が比較的低いのは、一斉散布やヘリコプターを用いた空中散布などが実施されず、農民による農薬の大量投入が行われていないからだと考えられる。公団は耕作者グループを作って水利や害虫の一斉防除などを実施させようとしてきたが、また成功していない。公団職員によると、農民組合で借りたお金を、返さない人がいることが大きな問題だという話である。組合は弱体で、村人の組織化に成功しているとはいえない。

農民組合がうまく機能しないということの背景としては、一つの集落の耕作者の水田が比較的広い地域に分散していることや、水田は隣同士でも住んでいる村はまったく遠いという場合があるので、近くの水田の耕作者とコミュニケーションが図りにくい点や、電話や回覧板といった伝達システムが発達していないなどのさまざまな要因がある。耕作者からの苦情や要望は、文書にして公団に提出しなければならないことになっているが、農民が口述を基礎としていて公式文書を書くという習慣を持たないことも公団と農民の間に齟齬をきたす原因である。

また、強権的なリーダーシップを受け入れない傾向も見られる。ある年のG村のリーダーM氏（汎マレー・イスラム政党を支持）が、村長（政府の任命制。与党、統一マレー国民組織の支持者）およびそのほかの統一マレー国民組織の支持者とも協力して作業を進めようとしたところ、そのほかの汎マレー・イスラム政党の支持者からボイコットされてしまい、計画は実行されなかったということがあった。汎マレー・イスラム政党支持のH婦人は「あの人（ボイコットされたリーダー）は私たちの仲間だ、イスラム党だといってるが、本当のところはわからない」と警戒している。

かつて農民組合のユニット・リーダーだったというD老人は注意深く二大勢力の中間的立場を取っていた。たとえば彼は政治的には汎マレー・イスラム政党を支持している。しかし、一九六九年のクアラルンプールでの「民族暴動」のあと、村における政党対立もまた表面化し、汎マレー・イスラム政党の支持者たちが新しいクンドゥリ（共食会）互助会を作って村の互助会から分裂した。村人たちは分裂した互助会を「新しい互助会」、もともとあった互助会を「古い互助会」と呼び分けている。そのとき、D老人は「村の文化活動は政治とは別だ」として「新しい互助会」に入らず、統一マレー国民組織の支持者が多い「古い互助会」に残った。D老人を支持して彼に続いた人々がいた。表3―1に、支持政党によるクンドゥリ互助会の分裂の状況を示した（二人の村人から聞き取り、二人の意見が食い違った場合は「不明」とした）。「古い互助会」の成員は五六人でそのうち統一マレー国民組織の支持者が四二人（七五％）を占める。「新しい互助会」の成員は五〇人で、そのうち汎マレー・イスラム政党支持者が四三人（八六％）を占めている。互助会が支持政党によって分裂していることが確かめられた。しかし、D老人と同様に、支持政党は汎マレー・イスラム政党でも、互助会は「古い互助会」に入っている人々が、あわせて九人いる。

表3-1　支持政党によるクンドゥリ互助会の分裂

互助会 政党		クンドゥリ互助会				合計
		A	B	非加入	不明	
政党	U	42	6	14	5	67
	P	9	43	6	7	65
	不明	5	1	1	0	7
合計		56	50	21	12	139

U：統一マレー国民組織を支持
P：汎マレー・イスラム政党を支持
A：古い互助会
B：新しい互助会

また、どちらの互助会にも入っていない人も二一人いる。元の村長とコーラン教師は分裂した互助会ならば入らない方が良いとして、どちらにも加入していない。彼らの支持政党は二人とも汎マレー・イスラム政党で、つきあっている友人たちも汎マレー・イスラム政党の支持者である。二人は、互助会はどちらにも入らず、友人は汎マレー・イスラム政党で、共食会の当日になるとどちらの共食会にも出掛けていくという複雑な行動を示す。ある共食会でAさん（女性）が私に「Y氏（どちらの互助会にも入っていない人の一人）は共食会にきているか」とたずねたとき、私は「いなかったようだ」と答えたことがある（これは私のまちがいで実際はY氏は共食会に行っていたのであとから訂正したのだが）。「いなかった」という私の答えを聞いて、彼女は「そのようなかたくななことをするのは、あの人だけだ」と憤慨していた。互助会には入らなくても、クンドゥリ（共食会）に参加することが期待されているのである。いわば、対立の意図的あいまい化がなされているのである。

また、女性たちは独自の判断で両方のクンドゥリ（共食会）に参加している。一九八三年には政党による互助会の分裂が比較的はっきりしていた。一九八三年に開かれたD老人の息子の就職祝いの共食会には、食事の準備に「新しい互助会」の男性たちはまったく来なかった。しかし、その夫人たちは夫たちが手伝いを拒むのを横目でみながら、早朝からD老人の家により集まって準備の手伝いをしたり、キンマを噛みながら雑談をしたりしていた。女性たちは、男性よりもなおいっそう格差を付けずにどちらの共食会にもナイフを持って、早朝から料理の手伝いに出かけるのである。

また、これらの対立は永久に続くわけではない。Y氏とA氏は、家が向い合いで、イトコ同士であるが、政党的に対立していて、一九八三年にはクンドゥリ（共食会）にも呼び合わず、手伝いにも行かず、日常のおしゃべりもしなかった。しかし、一九八五年のA氏のメッカ行きのクンドゥリ（共食会）の際は、Y氏はもとより、対立互助会の人々も参加していた。Y氏とA氏の日常のおしゃべりも観察された。一九八五年には互助会の対立は弱まっていたのである。しかし、また別の問題が引き起こされていた。たとえば、Y氏は一九八三年には仲が良かったD氏と土地問題で対立し、一九八五年には絶交状態になっている。

一九八二年の女性たちの田植えの労働交換の支持政党による分裂を表3―2に示した。グループCは三九人のうち統一マレー国民組織の支持者が三三人、グループDは四四人のうち三七人が汎マレー・イスラム政党の支持者で、これも、支持政党によって分裂していることがわかる。ところが一九八五年に村に戻って、田植えの労働交換の成員をもう一度確認したところ、一九八二年時のメンバーとは異なった名前が挙げられ、支持政党による分裂は消えていた。二年前には一緒に働くのもいやだと言っていたのに、今年はなぜ一緒に働いているのかと問うと、人々は「いろいろあっても、忘れた(ルパ)のだ」「忘れなければいけない」などと答えている。

表3-2　支持政党による女性たちの労働交換の分裂(1982年)

政党＼交換		労働交換グループ C	D	不参加	合計
政党	U	33	5	29	67
	P	2	37	26	65
	不明	4	2	1	7
合計		39	44	56	139

U：統一マレー国民組織を支持
P：汎マレー・イスラム政党を支持

また、家運びはゴトン・ロヨンとよばれる共同作業とみなされている。家運びの施主は村全体の人々に加勢を頼み、作業が終わるとクンドゥリ(共食会)をして参加者にごちそうをふるまう。一九八三年に家運びは一回だけあった。この家運びの加勢に加わった人々も表3―3に示したが、支持政党による偏りはなかった。

支持政党は対立していても、それが直接に問題になる場面でなければいっしょに共食や共同作業をするのである。また、一年半程度の間に状況は変化し、対立が弱まってしまった。

村人たちが分裂する場合は、互助会の例のように仲間を作って分裂することも、家族単位で無視しあうこともある。しかし、人々は対立しているはずの互助会の共食会でも結局は参加し、家運びなどの加勢には支持政党には関係なく参加する。それ以外にも「政党的には対立しているが親戚だから仲良くする」という例や、土地の相続の問題で対立している二人の村人の両方と友人関係であったY氏が、どちらにも「あなたは正しくて、むこうが悪い」と言っていた例があり、態度が定まらない。

表3-3　家運び加勢者
（支持政党別・1983年）

政党＼家運び		家運び 参加	家運び 不参加	合計
政党	U	37	34	67
	P	33	32	65
	不明	2	5	7
合計		68	71	139

U：統一マレー国民組織を支持
P：汎マレー・イスラム政党を支持

空間的にみると話の相手や状況によって態度が変わり、また通時的にみると対立が長続きしない。このような「場面依存的」で、「時間変化が激しい」彼らの行動は、コミュニケーションによって常に変化しさまざまな人間を取り込んでいくという彼らの人間関係の構成の仕方と密接な関わりをもっている。

「村人は対立し始めると討論をしないで、話をあらぬ方向にそらしてしまう。心がデリケートすぎるのだ」とある農業指導者が言っていた。利害をはっきりと打ち出して戦う討論ではなく、分裂したり避けたりという共食互助会、労働交換などの村内活動で観察された方針が、公団に対しても用いられている。村人は組合や自治体という固定的でフォーマルなルートではなく、政治的な人脈を駆使した柔軟でインフォーマルな活動や、ポンプを使った個人的技術、雨乞いのような呪術によって、広域のシステムとカンポンのシステムとのすりあわせの部分の調整をしようとしていることが、水利の混乱と農民デモ、農民組合について検討することによって明らかになった。場面依存的で時間変化の激しい行動によって困難を切り抜けるという彼らのやり方を妨げる、固定的で強制的な性格を持っている水利組織や農民組合を、彼らは容易には形成しないのである。日本語では「かけひき」と表現できるだろう。かけひきは英語に訳すとdiplomatic（外交的・doplamatは外交官）であり、国単位だけでなく個人単位で責任ある外交活動をしている。

三　省力化の進展

1　大型機械の導入

一期作当時ムダ地域の人々はどのような暦で作業を進めていたのだろうか。一九六〇年代の終わり、すなわち二期作化の直前と直後にムダ地域、パダンララン村で調査をした口羽の報告によると、稲作の作業暦の変化は図1－5（口羽ほか 1976: 99）の通りである。一期作と二期作の暦を比べると、二期作のためには、人々は一期作時代の二分の一の期間で一つ一つの作業を進めなければならないことがわかる。作業のスピードを上げるためには労働時間を引き伸ばす、あるいは作業効率を上げる、つまり急いで作業するということが必要になる。しかし、G村の田植えの労働交換を例にとると、観察と聞き取りによれば、作業は午前中のみで切り上げられ、田植え糸を使わずに目分量で、おしゃべりをしながら自分の速さで植えていくという方法が維持されている。大幅なスピード・アップが図られた気配はない。田植えだけでなく、スイギュウや耕運機による耕起にも時間がかかり公団のスケジュールは守られなかった。

そこで、機械化による作業のスピード・アップが急がれた。この地域の水田は平坦で区画が大きいので、構造的には大型機械を導入しやすいものだった。まず、スイギュウによる耕起が耕運機に変わり、一九八一年には耕運機に代わってトラクターの使用が広がった。

なぜ一九八一年頃からトラクターによる耕起が広まったのだろうか。一九七八年から一九七九年にかけて急速に大型コンバイン・ハーベスタによる刈り取り作業が広まった。コンバイン・ハーベスタの深い軌跡に耕運機がはまり込んで動けなくなるので、耕運機の使用が不可能になり、トラクターによる耕起が連鎖的に拡大したのである。コンバイン・ハーベスタの軌跡は非常に深く、白土が露出している地点もあることが水田破壊として問題視されている。

刈り取りの機械化は一九七〇年代の終わりから急速に進み、一九八〇年にはほとんどの耕作者がコンバイン・ハーベスタで刈り取りをした。聞き取りによると一九七九年には、まだ女性グループが刈り取り作業に雇われたが、一九八〇年にはそれが急速に減少した。メンバーが揃いにくいので労働交換も衰退し、コンバイン・ハーベスタの導入がさらに促進された。一九八三年には、排水が悪いために機械を入れられない水田で田植えと手刈りがみられるにすぎない。

この変化はムダ地域全域で起きているもので、一九八〇年雨季作には大型コンバイン・ハーベスタによる収穫面積がムダ地域の八〇%を占める(執行 1981)ほどになっていた。

私はこれらの大型機械の購入および維持費用が問題になると推定し、調査を進めた。しかしG村には耕運機が五台あるのみで、大型コンバイン・ハーベスタやトラクターを所有する人はいなかった。村外の商人(多くは中国系だといわれている)の所有する機械が、運転手付きで村々の耕起作業と収穫作業を請負っているのである。これらの大型機械が自分の水田の耕起と収穫の作業を進めている間、耕作者は見張りをし、運転手の昼食を供給する。耕起はトラクターによる二回の請負い作業に任せられていて、それ以上丁寧な耕起をして収量を上げようとはしない。

2 直まき

「直まきの水田の稲は一束一束になっていないので、手では刈り取れない」と村人は言う。したがって、コンバイン・ハーベスタの導入がなかったら直まきが広まることは不可能だった。コンバイン・ハーベスタ導入によって直まきが可能になり、直まき採用が手刈りを駆逐し、コンバイン・ハーベスタによる刈り取りがよりいっそう拡大された。

一九八三年雨季作は公団の給水停止予告が出ていたため、村人たちはできるだけ早く作業を終わらせなければならなかった。田植え作業を省略して全行程を短縮化するために、G村のほぼすべての耕作者が直まきを実施した。多くの農家が直まきを始めると、労働交換に参加する女性が減少し、交換相手がいない農家は田植え集団を雇うと費用がかかるので、直まきを採用せざるを得ず、直まきが連鎖的に広まった。

直まきはG村では一九八二年の雨季作から急速に拡大し、観察と聞き取りによれば、一九八三年の乾季および雨季作にはほとんどの農家が直まきを導入した。トラクターの導入、田植えの衰退といった、コンバイン・ハーベスタの導入に続いて生じた連鎖的変化を図3−1に整理した。

聞き取りによると、一九八二年の乾季作までは田植えの労働交換（derau）が存在したが、直まきが導入されてからはメンバーが不足し、一九八二年の乾季作から労働交換は消滅した。労働交換ができない場合は、人を雇わなければならないため、田植えに経費がかかりすぎる。そこでそのほかの人々も直ま

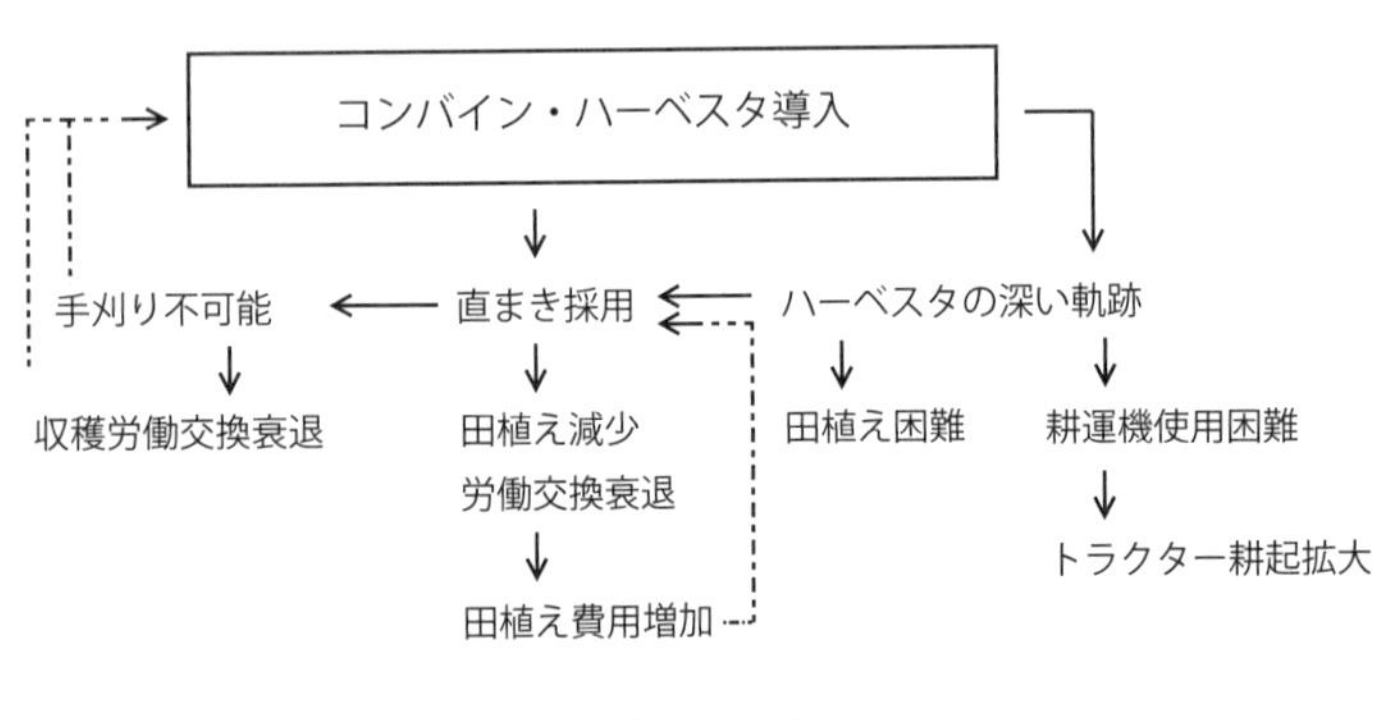

図3-1　コンバイン・ハーベスタ導入による連鎖的変化

きを導入せざるを得ないという事情が直まきの広まりを促進している。

しかし直まきには以下のような欠点がある。

一．もみをまいたままの状態でそのまま成長させるため、株と株との間が狭く、稲の密度が高いため、病虫害が発生しやすい（Ho 1983a, b）うえ、農作業のために水田内に進入することもむずかしいため病気や害虫の発見が遅れる。

二．もみのまき方が一律でなかったり、水田に凹凸があったりするので発芽の密度が一定でない。

三．直まきの水田は発芽率を高めるために水を浅くするので雑草が多い。雑草防除や手による丁寧な除草の習慣がないため、観察によれば稲よりも雑草の方が多いのではないかというような雑草害が目立つ。

四．一つかみになっていないので、手では刈り取り作業が困難である。

直まきを実施した水田では害虫や雑草の被害が増加し、収量の低下を招いていることが明らかになった。そのため、公団は、一九八四年の作付けには田植えを実施するように指導した。

G村の人々も大幅な減収を深刻に受け止め、一九八四年には田植えを復活させた。同時に田植えの労働交換も復活したが、人数的には小規模になり、村の女性たちの田植え請負集団（シェア・グループ）やタイのパタニからきた出稼ぎの田植え請負集団に田植えをまかせるという例が増加した。

水管理や農薬の一斉散布といった技術はなかなか採用されなかったが、機械や直まきといった、労働時間を短縮させる技術は比較的容易に採用されているという傾向が見いだされる。大型機械は導入されているが、それは中国系商人の所有する機械が作業を請負っている。G村には機械の購入のために大きな投資をした人はいなかった。村人は土地改良のために投資をすることにも積極的でない。彼らは労働時間を抑えながら、大規模投資もしないで二期作化を実施している。しかし、彼らは直まきのように大きな欠点を持つ技術は、一度採用しても比較的簡単に放棄する。何がなんでも労働時間を短縮するのではなく、生産高と技術の効果を厳しくチェックしているのである。

四　手をかけない二期作

1　手をかけない二期作

これまで、水利、農民組合、肥料・農薬の使用、機械化について論じてきたが、これらを総合すると以下のようにまとめられる。

G村の人々の間には、公団が示した二期作化のスケジュールに合わせた作業をしようという緊迫感がなく、水利組合もない。農民組合も弱体である。人々は政府の補助肥料を用い、農薬は予防散布の指導に従わず、害虫や病気の被害を見いだしてから散布している。機械化や直まきは比較的簡単に受け入れられたが、機械のために村人自身が大きな投資をすることはなかった。機械の進入の妨げになるとして、水田周囲に果樹を植えてはいけないと公団は指導しているが、村人は「おいしい果物がなるし、果樹がなければ作業の合間に一休みする日陰もできない」と言って平然とバナナやパパイヤを植えている。村人たちはただ黙々と、公団の指示にしたがっているのではなく、技術を取捨選択したり作り変えたりしている。村人は堅固な水利組合や農民組合を作って整然とした作業をし、労働時間を延ばしてひと粒でも多くのコメを取るという技術は採用せず、労働時間を短縮化させる技術を採用して、必要最小限の手間と資金で最大の効果を上げようとしている。

水田作業に多くの労働を投入していないということは、労働時間の調査からも裏づけられた。G村の九人の働き盛りの男性に一九八三年一〇月から一九八四年三月までの水田での労働時間（何時から何時まで）と作業内容、副業のある人は副業の労働時間を記録してもらった（アペンディックス参照）。その結果を農繁期（一〇月一一月）についてまとめたのが表3－4である。

表3-4　水田耕作者の農繁期の水田労働時間
（G村. 1983年10月・11月. 労働記録より）
（詳しくは、本書119～121頁参照）

No.	年齢（歳）	耕作面積（ha）	作業（hr/day）
1	23	1.96	4.0
2	29	3.78	8.0
3	34	1.68	3.8
4	34	2.24	2.5
5	39	0.70（内0.70小作）	2.2
6	40	2.24	3.8
7	40	1.12（内0.56小作）	2.5
8	42	1.82（内1.40小作）	5.3
9	46	1.12	1.9
平均	32	1.85	3.8

（週休1日として計算）

週に六日間働くとして彼らの農繁期の水田における労働時間は平均三・八hr／dayであった。しかも、この一日三・八時間という労働時間は、ほぼ午前中働くということを上記の記録と聞き取り、および観察が裏付けている。

一二月から三月までの農閑期には、水田作業はあまりしない。農閑期には、ゴム採集、果物売り、土木作業員などの副業をすることがあるが、それらのための作業時間もまた主に午前中である。

山下（1981）もまた、マレーシアの稲作労力は一期当たり五〇〇～六〇〇hr／ha（一九七五年現在）を示し、田植え、収穫の機械化の著しく進んだ日本の八〇〇hr／ha（一九七五年現在）よりもさらに少ないこと、稲作労力の約五〇%は収穫作業で占められていることなどを指摘している。

働き盛りの男性でも労働時間が一日三・八時間に抑えられているということは、水田耕作に投入する時間がそもそも少ないという基本的な条件と共に、労働交換や請負いを通して水田作業が多くの人々に分担されているという背景がある。次にその点について検討してみよう。稲作は田植えや刈り取りに大量の労働力を一時期に投入しなければならない。村人にとって労働力を確保することは重要なことであった。しかし、田植えや収穫ばかりではなく、畦の草取り、耕起、肥料の投入なども請負作業をする人々に任される。一九八三年の雨季作では、八レロン（約二・二四ha。中規模）の水田を耕作しているA氏は、田植え、耕起、収穫作業、畦の草刈りと、肥料の散布を請負い（ウパー）に任せた。一九七九年に調査したウォン女史は水田耕作者というよりは水田経営者というべきこの状態を、村人の「あの人もトケー（指示する人、手配師）になった」という言い方に着目して、「ファーム・マネージャー」と表現した（Wong 1983b: 129）。

労働力を確保するときの形態にはいくつかの方法がある。

たとえば稲刈りは、一九七九年まで労働交換（デラウ）と村人の請負作業（ウパー）と代理耕作（パワ）の組み合わせで実施されていた。もみ落としは人を雇って一袋いくらで支払い（ウパー）、もみの詰まった袋をカンポンまで運ぶためにも人を雇って一袋幾らで支払った（ウパー）。一九八四年二月の収穫時の労働記録と観察によると、O氏とH氏とA氏とY氏は、収穫の労働交換グループを形成していて、O氏は一八日と一九日に自分の水田の収穫をし、二月二二日と二九日と三月二日に仲間の作業をして返している。作業中のこのグループに、「ウパーか」と尋ねたところ「違う、ゴトン・ロヨン（相互扶助）だ」と答えている。また、そのほかにも、O氏は二三日二四日二六日は収穫関連の請負作業（ウパー）を引き受けている。

若い青年たちも、米袋を水田から村へと運び込む仕事をアルバイト的にこなす。コンバイン・ハーベスタが入る前はもみ落としにも雇われた。こういった請負い（ウパー）は女性や土地なし農夫や若者の収入源となっていた。彼らは、たとえ自分の親戚や家族の仕事に出ても、報酬を貰うことができる。親が子に金を払うとは奇異に聞こえるが、これはマレーの村でしばしば見られることで、口羽(1976: 99)は、シェア・グループ（田植え請負集団）には、しばしば施主の妻子や孫が参加して報酬を得ていることを報告し、「財は個人が所有すべきものであり、家族主義的財の蓄積傾向の弱いマレー農民の間では、労働の雇用（ママ）が多い傾向は、決して不自然なことではない」と指摘している。

田植えは労働交換（デラウ）と村人の請負作業（ウパー。一九八三年現在〇・二八ha当たり六〇〇〇円）、時間給（クパン。一九八三年現在、七：〇〇から一一：三〇までで五〇〇円、三：〇〇から六：〇〇で三〇〇円、一：三〇から六：〇〇で五〇〇円）、加勢（トロング。直接の報酬はない）などの組み合わせで実施されている（金額は一九八三年のレートで換算した。二〇二二年現在ではこの1／3）。

労働交換では手間が返しきれないほどの広い水田を持っている人（二・五二haから三・二〇ha）や、何らかの理由で妻が田植えをしない人は、労働交換に参加しないで、村の女性が作っている田植え集団（シェア・グループ）に請負わせる。

田植えの労働交換は、村の人々が毎日いくつかの集団になってはじから田植えをして歩くことになるので、村中の水田の田植えを労働交換で実施すると、終わるまでには一ヵ月以上かかった。田植えは女性がするほうが良いという信仰があり、女性が独占できる作業だった。村の女性たちは友人たちと共に田植えに歩き回ることを「タナム・ジャラン・ジャラン（田植え歩き）」とよんだ。「ジャラン・ジャラン」とはそもそも、「ふらっと出掛けてうろつく」という楽しみを含んだ言い方なのである。

田植え労働交換の全盛期に生きた五十代から六十代（一九八三年現在）の女性たちは「友達と一緒に田植えをするのが楽しみだった」、「田植えの後は女も金持ちだった」と言っている。現在も田植えの請負集団をつくって働くAさんMさんは「みんなで一緒に植えれば楽しいし、早く終わったような気がする」と言う。土地が少ない女性たちは余分に働いて現金を手に入れた。Mおばさんは土地をまったく持っていないが「娘と二人で一〇レロン（約二・八ha）の田植えを請負って六〇〇リンギットの（一九八三年レートで六万円）収入を得た」という。六〇〇リンギットは、約半年間の生活費にあたる。このような発言に示されるように、労働交換や田植え請負集団で集団作業をすることは、①現金が手に入る、②仲間と一緒に作業すると楽しい、という二つのメリットが組み合わされていた。

コンバイン・ハーベスタが導入された後でも、請負労働をしているだけで、二レロン（約〇・五六ha）の借地を耕作するのと同様の収入があるという報告がある（Wong 1983b: 138）。

労働交換、請負い、代理耕作などの慣習を通じて人々は労働力を集め、かつ他人の耕作の一端を担い、生産物やお金もまた村の中でやりとりされたのである。カンポンで重要なのは村人の所有する水田を基本として、そこに多くの村人や村人の親戚がアクセスでき、結果的に生産物（および現金）が村の中に配分されるということであった。田植えや収穫の後はクンドゥリ（共食会）が催され、人々は共に食べた。

家運びやクンドゥリ（共食会）の加勢をも含めてこのような互酬的行為を村人は「トロング・ムノロング」および「カンポンの人間ならトロング・ムノロングで生きている」というように表現する。G村で観察された互酬的慣習を表3―5にまとめた。Aがお金や収穫物による決済があるもの、Bは権利・義務の両方に相互性があるもの、Cは労働や物の提供に対して直接の代償がなく、相互性も強調されないものをまとめた。B、Cを、人々はまとめて「ゴトン・ロヨン」ということがある。

ピンジャム（借用）はセワ（賃借）と対立関係にあり、ただで借りるのがピンジャム、お金や現物を支払うのがセワである。ピンジャム（借用）とミンタ（乞う）も対立関係にあり、将来において返却の可能性を秘めているのがピンジャム、もらってしまうのがミンタである。[1] トロングは報酬も返却も期待しない一方的な援助である。労働交換の過剰労働がでた場合、クパン（時間給）での支払いも次期への繰越しも要求しないときは「トロングとする」という。ハディアは贈り物、ザカットとセディカはイス

表3-5　互酬的慣習

慣習（訳）	内容	適用
A・金銭の移動があり、支払い側と受け取り側が明らかに分かれる		
ウパー（請負い）	Aは作業を請負いBは請負料を払う	田植え、刈り取り、もみ落とし、草刈、ゴム採集など
クパン（時間給）	Aは労働力を提供しBは時間給を払う	労働交換の超過分の支払いなど
ガジ（月給）	Aは労働力を提供しBは月給を払う	ゴム樹液採集など
パワ（代理耕作）	Aは労働力と作物の半分を提供し耕作権を得る	他者所有地でのゴム採集・販売、水田耕作など
セワ（賃借）	Aは借用料を提供し使用権を得る	他者所有の水田、住居、自動車の使用など
B・お金や労働を相互に提供する		
シェア（シェア労働）	共同労働し収益を等分にする	田植え、収穫、菓子の製作販売など
シェア（共同使用）	共同出資／共同管理し同等の使用権をもつ	耕運機、山の果樹園、井戸など
ペサカ（共同相続）	共同相続し同等の使用権をもつ	山の果樹園、水田、宅地、井戸など
デラウ（労働交換）	同種同時間量の労働を提供し合う	田植え、収穫、もみ落としなど
C・物品や金銭や労働の移動があるが、それに対する直接の代償はない		
トロング（加勢）	無償で労働力・各種便宜などを提供する（お金を取らないということが強調される。当日の食事を提供されることもある）	田植え、収穫、引っ越し、料理、バイク／車で送迎、クンドゥリ（共食会）、病気の治療など
ピンジャム（借用）	労働を借りる（当日の食事を提供する）	埋葬、家運び、棟上げ、クンドゥリ（共食会）など
	消耗品を借りる（将来返却の意志がある）	お金、コメ、砂糖など
	耐久品を借りる（現物を使用後、あるいは持主が必要になったときに返却する）	自転車、バイク、車、井戸、便所など
ミンタ（無心）	物を乞う	果樹菜園の果物、飲水、寄付など
	トロング（加勢）を乞う	クンドゥリ（共食会）、運搬、伝言、簡単な修理、代書、代読、病気治療、病気回復の祈り、呪文など
ハディア（贈り物）	無償で物を提供する	生地、食物など
ザカット（ザカット）	収穫の一割をモスクに収め不足している人に分配	コメなど
セディカ（セディカ）	収穫後、余裕があると感じたら助けたい人に贈る	コメなど

ラムの喜捨習慣である。

一様に同様に働き、一緒に食するといった「一緒行動」を示す喜びを含んだ気持ちを村人は「サマ・サマ」あるいは「ベルサマ・サマ」という言葉を使って表現する。一緒に都市へ出掛けて一緒に道に迷ったりすると、まるで共に死線を超えた同志のように「私たちはサマサマ出掛けて、サマサマ迷った」とうれしそうに報告する。サマというマレー語は「一緒」と「同様」の両方をしめす言葉である。「難儀なときは一緒(同様)に難儀、楽しいときは一緒(同様)に楽しむ、おいしいものがあったら一緒(同様)に食べる」ということが具体性を帯びていて、そういう言葉を口にするだけでも喜びが人々の間を伝染する。

このいわば「サマサマ思考」に裏打ちされたカンポンの人的ネットワークは、その経済的基盤を互酬的慣習による労働の集約を通じた生産と配分においていた。

2 生活の時間的構造

彼らは、水田作業やそのほかの副業をほぼ午前中で切り上げ、午後から夜にかけて、自由度の高い時間を豊富にもっている。彼らはコメの増産プロジェクトの下で、一方では公団による増産を目的としたさまざまな新しい技術の導入を受け入れながら、他方では労働時間を延ばすことなく、プロジェクトのスケジュールにあわせた作業をすることもなく、自由度の高い時間を保持している。彼らが粘り強く、労働時間をある程度に抑えているその背景は何だろうか。労働時間を低く抑えて、それ以外の時間を彼らは何にふりむけるのかを一日の生活時間を記録することによって追跡してみた。それはゴトン・ロヨンとよばれる各種の互酬的活動をすることや、共食会に参加すること（マカン・クンドゥリ）、病人を見舞うこと（テンゴ・オラン・サキット）、葬式に参列（テンゴ・オラン・マティ）し共食したり、おしゃべり（ベルブアル・ブアル、センバン・センバン）をしたり友人や親戚を訪問（ジャラン・ジャラン）したりというつきあい活動にあてられていた。また、息抜き（マカン・アンギン）をしたり、睡眠をとったり休息（レハット）したり外の風景を見ながら一人かみたばこを噛んだり（マカン・シリ）という個人的活動にあてられる場合もあった。

彼らの生活時間の特色は以下の三点にまとめられる（詳しくは板垣 1985：本書第1章）。

一．人々が集合しておしゃべりをしている時間が長いこと。農繁期でもおしゃべりに費やす時間は男女ともに三〜四時間、夜のテレビやクンドゥリ（共食会）の相談のための訪問、調理や畑の水やりなどの軽労働をする人々がそれを見ている人と一緒におしゃべりしている時間を入れると、おしゃべり時間は六時間に達する。断食月は仕事が中断されるうえに、とくに人の往来が激しく、上等の料理と菓子で日没の断食明けをみんなで迎える習慣があるので、五時間から八時間をおしゃべりに費やす。

二．村人たちの生活時間が互いにシンクロナイズ（同調）していること。沐浴と祈りと食事の時間が共通していて、これを節目としたリズムで生活時間が同調している。そのため、互いの生活が予測可能で、適切な訪問時間もまた、判断しやすい。生活時間がシンクロナイズしていてかつ、共同利用している施設や井戸があるので必然的に、ある時間帯にそこに人々が集まらざるをえない。これが一にあげた「人間の集合性」と「おしゃべり」の背景である。沐浴や洗濯のときは井戸端に、日没の祈りや金曜の祈りのときはモスクに人々が集合する。家の垣根は低く、表通りとは別に家から家へとつながる細い踏み跡があり、人々は裏側からも自在に家々を巡り歩く。雑貨屋の前や、大木の陰や家の下にはベンチが用意され、午後や夕暮れ時に人々が集う。果物の木の下で果物を食べている人々は通り掛かる人を呼び止めて果物を振る舞う。

三．生活のスケジュールの可塑性が高く、しかもゼロ時間等の何をしてもいい、自由度の高い時間を豊富にもっていること。可塑性が高く、自由度の高い時間が長い彼らの生活時間は、突発的な事件（たとえば病人の発生、死亡、引っ越し、結婚、およびそれにともなう共食会）に大勢の人間が参加することを可能にしている。今日の仕事を明日にまわし、いつもはおしゃべりをしながら二時間かけている洗濯を三〇分で済ませ、いつもはおしゃべりをしたり、昼寝をしたりしている時間を空けて彼らは、共食会にでかけたり、親戚や隣人や友人のために活動したりするのである。

クンドゥリ（共食会）や葬式はそう度々はあるまいと思いがちだが、H氏が一〇月から三月までの半年間に参加したクンドゥリをみてみよう。H氏は一〇、一一、一二、一月にはそれぞれ一回、二月に二回、三月には三回の大きなクンドゥリ（共食会）に参加している。クンドゥリ（kenduri）とは、乳児の断髪、割礼、結婚式、新築、引っ越し、メッカ巡礼出発式、葬式といった儀礼にともなういわゆる

「宴会」である。彼らはイスラム教徒なので酒は出ない。クンドゥリとは村の人々や親戚・友人が集まり、共に料理し、共に食す会、すなわち共食会である。結婚式や葬式に付随したクンドゥリには数百人の人々が集まる。S氏の息子の結婚式のクンドゥリには二千人の人が集まったといわれている。葬式については顔と名前を知っていて、どこの人かわかっている場合（マレー語でこの状態を示す動詞は「カナル」である）は、その人が死んだと聞いたら必ず行って、布施をおいてこなければならない。これをしなければイスラムの教えに背く「ハラーム」だと考えられている。葬式や結婚式のような大きなクンドゥリは互助会が運営する。そのほかにも、私の調査中に乳児の断髪式、割礼式、娘や息子の試験合格祈願、試験終了祝い、病人の回復祈願、病人の回復祝い、田植え終了の感謝と豊作祈願、雨乞い、収穫祝い、就職祝いに付随した二〇～三〇人の人々による小さなクンドゥリがしばしばあった。果物の季節になると山の果樹園でのドリアンのクンドゥリが毎週のようにあった。村の果樹園でとれたバナナもクンドゥリを催してみんなで食べた。このような小さなクンドゥリは、施主の家族と、近隣の親族が中心になって運営される。

彼らの時間は、生産や現金獲得に費やされるだけでなく、限りなく人と共にある。

3　断食月

生活時間がシンクロナイズしていて人と人とのコミュニケーションの時間が長く、コミュニケーションによってネットワークが維持されているというカンポンの生活の時間的構造の特性が最も明確な形で現れるのは断食月と大祭日、そして共食会である。

断食月、摂氏三〇度の酷暑の中、イスラムの人々は、お日様の出ているうちはものを食べない。彼らはおしゃべりをしていても集団作業をしていてもひたすら渇きと空腹に耐えている。

断食はひと月の間続くが、断食とはいってもまったく物を食べないわけではない。日が落ちれば何でも食べられるのである。女性たちはそれぞれにマレー・ケーキと、いつもよりはぜいたくな料理を作って日暮れの断食明け（ブカ・プアサ）に備える。日暮れが近づくと人々は自宅で作ったケーキやおかずを持って親しい人の家を訪れ、また相手からもケーキや、冷蔵庫のある家ならば氷、おいしい果物の木のある家なら果物、珍しいおかずを作ってあればおかずなどをもらって帰る。

午後七時、いよいよ日暮れが近づき、人々の心は日暮れの断食明けに集中する。女性たちはおもむろに飲物の用意を始める。大人は皆、落ち着いているように見えるが、実は喉から手が出る思いで飲物を見つめているのだ。家々の婦人たちは台所の横の食事の場所に赤や、緑の色鮮やかなケーキと冷たい飲物を並べおえると、ラジオのスイッチを入れる。日暮れの瞬間に流される祈りへの呼びかけ（アザーン）を聞くためである。

村人たちは家族や、共に断食明けを楽しむために招待された客といっしょに、限界に達した喉の渇きに耐えながら、目の前にしつらえられた飲物と食べ物を囲んでラジオに聴き入る。元気に話を持ち出す人もいない、ひたすら時を待つ空気が家々に満ちわたる。

ついに日が落ち、モスクとラジオからアザーンの第一声、偉大なるアッラー（アッラー・アクバル）のアの音が響きわたると、共に渇きに耐えた人々は「神の御名において」と小さくつぶやきながら一斉に飲物を口にする。村のどの家でも、神と日没を同じくする人々は、その瞬間、一斉に喜びをもってのどを潤す。そのとき人々の動きと思いが重なり合って、空間がぴんとはりつめる。断食が明けるというきわめて恣意的な行為と、大自然の悠久の営みを感じさせる日没とが組み合わされて相乗効果をもたらし、この一瞬、カンポンの時間が一つの変極点に達してふっと止まったようにさえ感じられる。夕暮れの断食明けの後はいつもよりも数多くの人々、珍しい人々がやって来て、果物やケーキを食べながら夜がふけるまでおしゃべりをする。

断食が始まって一ヵ月が過ぎ、新しい月が正式に観察されると、苦しい断食月は終わりを告げ、大祭日がやって来る。大祭日はイスラムの正月に当たる。大祭日の朝、人々は一斉にそれまでとは異なる時間を生き始める。

新しい靴と新しい服で身を包み髪の毛を整髪料で撫で付けた少年や、新しいスカートにひらひらのブラウスを身につけ、顔にはうっすらとお化粧までした少女たちが家々の軒先を訪れる。これまた新しい上着と腰巻布に金銀の縫い取りがある腰被いをつけ正装した年長の人々にサラームという手を重ね合わせる動作をし、「ごめんなさい」と挨拶すると一〇円のこづかいをもらえる。

正装した村人たちは、一〇時頃からモスクへ行ってイマムの説教を聞く。その後、男性たちの一部、主に結婚した夫たちは、友人と共に一〇人ほどのグループを作ってそここの家に立ち寄って大祭日のための菓子を食べ、飲物を飲む。婦人たちは断食の最中から少しずつ用意した菓子を誇らしく客に出す。家の女主人は大勢の客が来る方が楽しいといい、やって来た人の数を数えて喜んでいる。

十代の後半から二十代の独身の若者は近隣の親戚を訪れ、まずサラームをして「ほんとうにごめんなさい（ミンタ・マアフ・バンニャ・バンニャ）」と日頃の非礼を詫びる。謝らなければならないような悪いことはしていないと思っても、気づかずに傷つけたかもしれないからともかく謝るのだという。謝られた年長の人は「私も同じだよ（サマサマ）」と答える。そして子どもはこづかいをもらい、菓子を食べる、青年たちは用意した菓子や料理、飲物をふるまわれる。子どもたちは村中の家々を、青年たちは注意深く父方と母方の両方の親戚を訪れる。

大祭日の晴れの食物は、ケトゥパットとよばれるもち米のチマキである。これは必ず用意しなければならない品である。チマキには肉のそぼろを付けて食べる。そのほかのクッキーなどはそれぞれの家で工夫を凝らして作っている。

子どもや青年、そして中年のおじさんたちに至るまで、まるで断食中のつけを取り戻すかのように次から次へと家を訪ね、お茶を飲み菓子を食べ続ける。

ふつか目は出歩く日（ハリ・ジャラン）とよばれ、村外の親戚や友人を訪れサラームをして日頃の非礼を詫びる。大祭日の日からひと月間は、まだラヤ（サラームをして謝ること）をしていなかった人に出会うと、「ラヤをしたい」と申し出て、謝り合う。村人たちは、つまり、ひたすら人々を訪ね歩いて謝り続けることに数日を費やすのである。さらに遠方の親戚や友人で会いにいけない人には、ラヤ・カードとよばれる挨拶状を出す。挨拶状はJ嬢の場合は三〇枚ほど来ていた。カードは木につるして部屋に飾る。

同じ神を信じ、同じ時を過ごすこと、そして親戚や友人との良い関係を維持することが彼らにとって重大事である。同じ時を過ごすということはただ一緒にいるということではなく、ある重要な一瞬にそこに居合わせるという感動なのである。

五　おわりに

1　「時は人なり」

公団が考える新しい稲作システムの理想像は、細かい水管理と一斉作業に支えられた日本の稲作とそっくりである。しかし、新しい技術の導入の仕方から、G村の二期作の実態は理想像とは似て非なるものであることがわかってきた。

新しい技術の導入の過程の中に見られた傾向性は以下の四点にまとめられる。

一．低温期間の存在と水管理の関係、稲の性質などから短い移植時期を厳守する日本と違い、ある時期までに一斉に作業を終わらせなければならないという緊迫感がなく、また、公団のスケジュール通りに作業を終わらせなければコメが取れないということもない。

二．水利組合ができず、農民組合も弱体である。水不足による給水停止などの危機的状況も、水利組織などに頼るのではなく、ポンプを用いて水路の底にわずかに流れる水を汲み上げる、バラバラに公団に交渉に出向く、人脈を使って政治家を動かすといった個人的な戦略が主である。その根底には、「場面依存的」で「時間変化が激しい」という特性を持った柔軟な人間関係があった。

三．水利組合や農薬の一斉散布などがなかなか定着しないのに比べ、作業時間を短縮させる農業機械や直まきは受け入れられやすい。水利組合による水利施設の維持管理の習慣がなく、公団が雇った農民が水路掃除をしている。細かい水の駆引きはなく、深水のために雑草も少なく畦の草を大鎌で払う以外は雑草除去作業もほとんどしない。請負労働による作業の消化が多く、自分自身の丁寧な作業でひと粒でも多くのコメを取ろうという傾向がない。すなわち、ある程度以上の増産よりも作業の簡素化、作業時間の短縮化を図り、比較的手間のかからない稲作を心がけている。

四．借金をして大型機械を購入し、土地改良事業を進めるという行動が見られず、肥料も補助肥料以外は投入しない。すなわち新しい技術のために大規模な投資をしない傾向が見られる。村人は何らかの理由である程度以上は、水田での作業時間や生産組織のための時間を延ばそうとしない、むしろできるだけ短縮しようとしている。しかも大規模投資を避けることによって、現金獲得のために労働時間が増加するのを二重にブロックしている。

新しい技術の移入に努力している公団からは「水利には協力しない、団結して稲作をしない、機械や人を雇ってばかりいて農民は怠惰である」という声も聞こえるが、二期作化とコメの増産が実現され、コメの自給率は一九七九年には九二%に達し、この方法で四四〇kg/一〇aというもみ収量を上げているのである。

新しい稲作は端的に言って、長年にわたる細かい水管理の経験をもつ組織的な稲作農民と強い工業力を背景とした、日本の稲作をモデルとした異文化であった。この異文化を前にして、G村農民は新しい技術を自分たちの伝統的生産様式の中に組み込む形で取り入れて増産を実現してきた。二期作化、機械化といった大きな変化を成し遂げ増産を実現しながらも、強固な組合を形成することもなく、労働時間もある程度に抑えているという点にこの地域の特性がある。この、「手をかけない二期作」は手をかけなくても稲作ができる自然条件に支えられているのであるが、同時に深くカンポンの社会的状況と関わっている。

村の人々は広域の水利システムや組合組織に深く組み込まれることを選ばず、カンポンの自然環境の生産力や互酬的経済に基づいた生産物(あるいは現金)の循環により強く結びつき、広域のシステムとは人脈や政治的ルートを通してインフォーマルにつながっている。このようなインフォーマルな人と人とのつながりは、「場面依存的」で「時間変化が激しい」というまさにかくれた「外交的かけひき」を駆使したロビー活動家のような特性を持つ村人たちの柔軟な人間関係のあり方を基盤としている。柔軟な人間関係を維持していくためには、日常的なコミュニケーションが重要な役割を果たす。

水田作業時間を短縮して得られた自由度の高い時間は、村内外の家々を訪問したり、週に二回のマーケットに出掛けてコーヒー屋でおしゃべりをしたり、近所の家に集まっておしゃべりをしたり、共食会の準備、引っ越し、葬式などの加勢に出かけたり、マカン・アンギン（直訳すると「空気を食べる」）と称して息抜きのために散歩や旅行にでたり、昼寝をしたり、座って休んだりしている。自由度の高い時間（ゼロ時間）は、心身の調節や加勢の時間である。

人々はまた、たとえ農繁期であっても水田作業よりも村の引っ越しや葬式や共食会の手助けを済ませてから水田に出る。

このような行動を通じて人々は村に、近隣に共住する親戚（ケルアルガ）を核とし、地縁関係（ジラン）、友人関係（カワンあるいはメンバー）、村内外の血縁関係・姻戚関係（サウダラ）を含み込み、しかも、日々のコミュニケーションによって変化する、動的で繊細なつきあいのネットワーク、すなわち「コミュニケーション・ネットワーク」を形成していた（詳しくは本書第1章）。村人たちは際限のない増産活動よりも、ネットワークの保全に時間をかけている。村内外の親戚、知人、近隣関係が錯綜した人間網は、労働力プールの側面をもっている。したがって、ネットワーキングは収入を探す手段ともなった。カンポンの人々は広域の経済システムや水利システムに関わりを持ちながらも、それに全面的に依存することなく、基本的には水田作業の時間を最小限に抑えて「コミュニケーション・ネットワーク」の維持・修正に時間をかけ、現在および将来の生計を保証しようとしている。

水田で際限なく働こうとすれば、必ず村の生活時間を削らなければならない。村の人々は村の生活時間を削るわけにはいかないのである。また自由度の高い時間が失われると生活時間の可塑性が同時に失われ突発的な事件に人が集まるということも不可能になる。つきあいのための時間とは、必要な時間をスケジュールの中に確保するだけでは十分ではない。そのための時間を時間軸のどこにでも自在に作り出し、他者が自分を必要とした時刻や、断食明けのような重要な瞬間に居合わせる必要がある。突発的な要求にも答えられるということは、日頃から豊富な自由度の高い時間を持ち、スケジュールの可塑性があってはじめて可能なのである。[2]

時間を効率よくお金にかえて、最大の利益をあげ拡大再生産をしようというとき、人は「時は金なり」という。G村の人々にとっては最大の利益をあげたとしても人と共に過ごす時間を失っては何もならない。彼らは、無理をしない程度に効率よく働いて、必要なお金や食料を得て、なるべく多くの時間を人と共にすごそうという方向性を持っている。「時は金なり」を言い換えるならばここではむしろ「時は人なり」「時は命なり」「命」は自然の再生力と人の心と共にある。

村人たちは人と共に過ごすための時間的空間的構造を「カンポン」に創造して来た。彼らにとって「人」こそは楽しみの源であり、しかし、だからこそ「人」をめぐる悲しみもつきない。その悲しみの中でなお、生きていくためにまた他者を必要としているのである。彼らは呪術をも含むあらゆる方法で、人の心に接近しようとする（板垣 1988, 2003）。彼らは思いどおりには操作できない。目にも見えない「他者の心」というものに深く根差して生きているのである。

一方、新しい稲作システムは自然環境を大幅に改変して設備を整え、そこに資本や労働力を投入して増産を目指そうというものである。変化のただ中にあるG村は、労働時間をある程度に抑えて人とのつきあいに時間をかける村人の方法と、さまざまなイノベーションを導入して限界まで増産努力をするというプロジェクトの方法とのせめぎあいの場であった。強力な増産プロジェクトの下に水管理や新品種の管理などが必要とされたにもかかわらず、G村の人々は一方的に増産技術を受け入れることがなかった。そして、彼らは稲作にかける資金と時間を最小限に抑える、「手をかけない二期作」を実現した。大きな技術変革を経験し、ゆらぎながらも、G村の人々はつきあい活動やネットワーキングをし続けている。人々の累積的関係性や生活時間の構造が、増産技術の一方的な導入に歯止めをかけ、地域の自然的社会的環境に見合った持続的な生業システムを維持・創生したともいえるのである。

2　機械化のジレンマ

一九七〇年の二期作化に続いて次々と技術変革が必要となり、資本集約型の農業の有力な資本投下品目である農業機械が導入された。稲刈りと脱穀作業は一九八〇年に大型コンバイン・ハーベスタに取って代わられた。一九八〇年にはコンバイン・ハーベスタで収穫している水田はムダ地域の八〇%にのぼった。

聞き取りによれば、労働力の調達は一期作時代には金銭の授受をともなわない労働交換と加勢を中心としていた。二期作化されてから金銭の移動をともなう請負いが増加し、現在は機械による請負いが大幅に導入された。労働力の調達法は、このように三段階の変化をたどって来たようである。

コンバイン・ハーベスタは村外の中国系マレーシア人商人の所有である。資本の蓄積があった中国系マレーシア人商人が機械化の受け皿となったのである。これは、多民族国家マレーシアにおける民族による相互依存的な役割分担の一例といえよう。水利の手順と農作業が各世帯、地域間でズレて収穫期に入るため、商人たちは数台のコンバイン・ハーベスタを所有していれば広域の刈り取り・脱穀作業を独占することができる。G村の人々は機械には資本を投下しなかったので、いわゆる機械化貧乏は見られない。しかし、中国系マレーシア人商人が機械を所有して刈り取りや耕起を請負っているので、村の人が請負ったときとは違って毎年の請負料は村の外へ出て行くのである。

凹凸が激しい耕地に対応できないため田植えの機械化は進んでいないが、一九八二年から直まきが導入された。耕作者にとっては田植えの経費を軽減するために役立ったが、田植えの労働交換が消滅し、女性たちの田植え請負グループの労働機会が激減した。一方、直まきのために雑草や害虫の被害が増加し、収量が減少するという問題が持ち上がったため、一九八四年の乾季作から田植えが復活した。一九八四年に田植えが復活すると共に労働交換が復活したが、タイからの季節労働者の導入が目立ち、村人による労働交換は縮小した。

機械化によって縮小したのは水田での共同労働だけではない。労働交換のネットワークの維持や手間がえしの必要がなくなり、一人の耕作者によって耕作される面積が大きくなり、土地を貸し出したり、代理耕作を頼んだりする土地所有者が減少した。

村の水田耕作者たちは余裕があれば、簡単に人に作業を請負わせる傾向が強く、村内の女性や余った労働力を吸収しながら作業を進めていた。これが、互酬的経済を支える慣習である。しかし、この慣習は外部からの労働力や機械の参入を許す構造を持っている。この慣習の中に外部労働力と外部資本の機械が入り込んだとき、土地なしの耕作者や、女性たちの働く機会が減少し、村内で循環していた生産物やお金が村外へ流出する結果となっている。面識関係の網に包まれた経済とはまったく異なった世界が入り込んできたのである。あるいは、コミュニケーション・ネットワークは民族をこえたよりダイナミックな展開を見せるのか。労働時間の延長を防ぎ、「コミュニケーション・ネットワーク」の創生・維持・修正・運営、つまりネットワーキングの時間を維持しつつ、増産を実現するために、機械化は不可欠であったとも言えるのだが、まさにその機械が「コミュニケーション・ネットワーク」の経済的基盤をゆるがしている。これが「機械化のジレンマ」である。ただし、機械化による請負い機会の減少の影響は単位面積当たりの報酬の上昇と、作付け回数が年二回に増加したことによってやや緩和されている。

いかにカンポンの内部で生産物や現金を循環させるか、そして、それによって「際限のない増産はせず、人々と共に時を過ごす」という生き方を維持できるかどうか、が今後のカンポンの環境と経済を考えるに当たっての鍵となるだろう。

謝辞

G村の方々、公団の方々、研究生として受け入れて下さったマレーシア科学大学のイドリス先生、ズールキフリ先生、そしてスタッフの方々の助力と御指導に心から感謝している。本研究の実施にあたってはスモン弁護団（一九八三－一九八四年）、大竹財団（一九八三－一九八四年、一九八七年）、トヨタ財団（一九八四－一九八五年、一九八五－一九八六年）より資金援助を受けた。現在は日本学術振興会の特別研究員として奨励金を受けている（奨励研究02951074）。記して謝意を表します。

注

（1）ミンタの訳語にあてた「無心」は広辞苑（第五版）によると「⑦遠慮なくものをねだること」である。

（2）公団の人々もまた、なんらかの罰則を設けるなどして、農民を強制的に労働させ、増産を目指すというような極端な行動は取らなかった。彼らも農民に招待されて共食会に参加したり、昼休みは家に帰って食事をするための時間を大切にする人々で、基本的には、村人に近い原理に立っている。村の人々の特性が生かされるためには公団の側の考え方や態度の柔軟性もまた重要であるということを指摘しておきたい。

引用文献

アメリカ合衆国政府編［逸見謙三・立花一雄監訳］
1981『西暦２０００年の地球――アメリカ合衆国政府特別調査報告２（環境編）』家の光協会
アレン、Ｒ［竹内均訳］
1982『世界環境保全戦略――自然と開発の調和をめざして』日本生産性本部

Consumers' Association of Penang (CAP)
1976 *Pollution: Kuala Juru's battle for survival.* CAP
1978 *Padi pollution in Kuala Kedah.* CAP
ディクソン、D〔田窪雅文訳〕
1980『オルターナティブ・テクノロジー――技術変革の政治学』時事通信社
堀井健三
1973「マレーシアにおける農業協同組合運動の展開と問題点」滝川勉・斎藤仁編『アジアの農業協同組合』アジア経済研究所
イリイチ、I
1982『シャドウ・ワーク』岩波書店
板垣明美
1983a「マレーシアの環境保全活動――ペナン消費者協会等の事例（Ⅰ）」『地域開発』83. 10: 55-66、地域開発センター
1983b「マレーシアの環境保全活動――ペナン消費者協会等の事例（Ⅱ）」『地域開発』83. 11: 65-72、地域開発センター
1985「伝統と近代化の狭間にて――西マレーシア北西部稲作農村における稲作技術の変化に伴う環境の変容についての研究」筑波大学環境科学研究科、昭和59年度修士論文（本書第1章）
1989「人災病の発生と処置――西マレーシア、ケダ州農民の事例研究」『族』9号：筑波大学
Jegatheesan, S.
1977 *The Green Revolution and the Muda Irrigation Scheme.* MADA monograph No. 30

カーソン、R［青樹簗一訳］
1974『沈黙の春――生と死の妙薬』新潮社

Kin, Ho Nai
1981 *Padi fertilizers and Agrochemicals Usage and Problems of Environmental Pollution in Muda Area: A Brief Note*. MADA
1983 *Status of Pesticide Application Technology on Small Farmers in the Muda Area*. MADA
1985 *An Overview of Weed Problems in the Muda Irrigation Scheme of Peninsular Malaysia 1983*. MADA

コモナー、B［安部喜也・半谷高久訳］
1972『なにが環境の危機を招いたか――エコロジーによる分析と回答』講談社

口羽益生・坪内良博・前田成文編
1976『マレー農村の研究（東南アジア研究叢書12）』創文社

メドウス、D・H、メドウス、D・L、ランダース、J、ベアランズ三世、W・W［大来佐武郎監訳］
1972『成長の限界――ローマ・クラブ「人類の危機」レポート』ダイヤモンド社

Mohd Tamin bin Yeop
1972 *A Study on Leadership Pattern, Activities and Behaviour among Leaders of Farmers' Association within the Muda Scheme*. MADA17

Muda Agricultural Development Authority（MADA）
1970 *Integrated Techniques of Rice Cultivation in Malaysia with Specific Reference to the Muda Irrigation Scheme*. MADA
1972 *The Muda Irrigation Scheme: An Exercise in Integrated Agricultural Development*. MADA19

新村出編
1983『広辞苑第3版』岩波書店

1998 『広辞苑第5版』岩波書店

野崎倫夫

1981 「マレイシア、ムダかんがい地域の水田二期作の現状と熱帯農業研究センターの技術体系組立研究の経過ならびに計画」熱帯農研集報 No. 41: 22-25

太田泰雄

1985 「総合的開発計画の必要性」『筑波大学地域研究3』：筑波大学

大来佐武郎監修

1994 『講座「地球環境」1 地球規模の環境問題』中央法規出版

Sahabat Alam Malaysia (SAM)

1984a *Environmental Crisis in Asia-Pacific.* SAM

1984b *The Status of Malaysian Environment* 1983/84. SAM

サミュエル、P［辻由美訳］

1974 『エコロジー――生き残るための生態学』東京図書

島津康男

1977 『環境アセスメント』日本放送協会出版

Mohd Shadli Abdullah

1978 *The Relationship of the Kinship System to Land Tenure: A case Study of Kampung Gelung Rambai.* unpbl. master thesis, Universiti Sains Malaysia

宇都宮深志

1976 『開発と環境の政治学』東海大学出版会

Wong, D.

1983a *The Social Organization of Peasant Reproduction: A Village in Kedah*. unpbl. Dr. thesis, Universitat Bielefeld

1983b Differentiation Among Padi Households in the Muda Region: A Village Case Study. *Kajian Malaysia* Vol. 1, No.2

山下政信

1981 「マレイシア・ムダかんがい計画地域における水稲二期作経営の実態」『熱研資料』 51

八島茂夫

1981 「マレイシア・ムダかんがい地域における水田基盤整備に関する農業土木研究」『熱帯農研集報』 No. 41: 33-35

吉川博也編著

1975 『環境アセスメントの基礎手法――地域計画への導入』 鹿島出版会

Yuam Lim Lee

1984 Under the One Roof（The Traditional Malay House）. *The IDRE Reports* Vol. 2, No. 4

第4章

マレーシアにおける農薬使用の抑制のフィードバック

——ケダ州ムダ地域G村の「漁労稲作果樹菜園文化生態系」の事例

乾季、水田の水たまりから水をかい出して、魚を手づかみでつかまえる。「ほら、こんなにでかいのがとれた！」

夫が収穫した米籾を天火に干している婦人。米がぬれていると値段が落ちる。

一 研究の背景と対象地域

マレーシアの「漁労稲作果樹菜園文化生態系」とはどんな系か。それは「ココナツのミルクを入れた魚カレーをインディカ米の飯にかけて、塩魚でアクセントをつけながら食べる。果樹菜園のバナナなどの果物を朝食・間食とする。ハレの日にはウシ、ニワトリをカレーにして、知り合いを招待して共食会をする」というマレー人農村の食卓にわかりやすく要約されている。この食卓の背後には、技術、人間関係、世界観などを含む文化とそれを支える生態系の複合的全体、すなわち「漁労稲作果樹菜園文化生態系」が広がっている。一九七〇年代に、この文化生態系に大きな変化が起きた。灌漑施設、新品種、機械化、農業用化学物質などを用いた稲の二期作化である。[1]

本研究は、新しい稲作技術が導入された地域に住み込んで、新しい技術が地域の人々の生活と環境に及ぼした影響を把握することを目的とする。この章においては農薬を使用する人々と農薬の導入を指導する人々の二者の動きを観察することによって得られた情報を総合化し、農薬という新しい技術の性質と農民からの農薬使用の抑制のフィードバックの存在を検討する。マレーシアで現地調査をするにあたって、筆者は農薬の毒性によって複合的文化生態系が崩壊するという仮説をもっていた。結論を先どりするかたちで言えば、この仮説は検証されなかったが、そのことによって逆に技術を使用する側からの抑制のフィードバックという新しい視点を得ることができた。本章の目的は現地の人々が農薬問題の「兆候」を捉えてフィードバックする行動と考え方を現場から明らかにすることにある。

環境問題は、科学技術そのものの性質によるものだという指摘（コモナー 1971）と、科学技術は中立的なものではなく、その時代の支配層に有利な技術が発達する（ディクソン 1974）という説がある。しかし、技術の性質は、導入された地域の文化生態系との相互作用の結果によって明らかになる。地域の文化は地域の生態系と密接なつながりをもって発展してきたものであり、地域の生態系と結びついて一つの系を形成している。本研究は、文化を地域の生態系と結びつけ、文化を含む生態系の全体を文化生態系[2]として位置づけることによって、その動態を通して環境問題を分析し地域の文化生態系の持続の可能性を提案するものである。

本研究において筆者は、文化人類学、生態系生態学、毒物学、衛生化学の概念と手法を横断的に使用した。

対象地域であるG村はムダ平野の北東の端、海岸か

表4-1　水稲作と組み合わされる生業

（Other subsistence activities in rice cultivating households. Malaysia, Kedah state. G村複合水稲作世帯41戸からの聞き取りによる）

番号	生業	戸数
1	ゴム園経営	14
2	水稲作とゴム園の作業請負い	13
3	建設作業の賃労働	8
4	漁労	8
5	ウシ飼育	4
6	トラックの運転手	4
7	大工	4
8	雑貨店の経営	3
9	果物の販売	3
10	手工芸	3
11	森の開拓	2
12	精米工場に勤務	2
13	菓子の製造販売	1
14	魚類の販売	1
15	個人タクシー	1
16	銀行員	1
17	公務員	1
18	保育士	1
19	農業用水路の掃除	1
20	伝統医	1
21	手配師	1
延べ合計		77

ら約一四km、標高約一五mの所に位置する、戸数二〇三戸、人口九一一人（一九八三年）のクラスター状の村である。平野の中心部には新田開発にともなって移住した移住一世代目の人々が居住する新しい村があるが、G村は少なくとも三世代以上続いている村である。G村の西側を流れるジャラン・ペルリス川が一六六四年から一六六五年頃にスルタン（王）によって造成された水路であることから、口羽（1976: 26）はこの川沿いがムダ平野の入植の起点となったであろうと考えている。

G村の生業は水稲二期作とその他の活動の複合型の自作農である。具体的にはG村の人々の生計維持の活動は、水稲の二期作と、ゴム園、水田やゴム園における作業請負い、建設作業場における賃労働、水田と水路における漁労、ウシ・スイギュウの飼育、トラックの運転手、大工などをくみあわせたものである（表4－1）。また、村人の宗教はイスラム教である。

二　二期作化プロジェクトの光と影

G村の周辺の水田が二期作化されたのは一九七〇年である。それまで用水路をもたない天水稲作を実施してきたG村農民は、新品種の導入、計画的な作付け、水管理、化学薬品の使用などの技術的変化に直面した。

一九七〇年に完成したこのコメの二期作化プロジェクトは、ムダ潅漑プロジェクトとよばれるマレーシア政府のプロジェクトで、世界銀行からの資金援助と日本国政府などからの技術援助を受けた。

プロジェクトの目的は、「マレーシア国内のコメの自給」、「稲作を通してムダ地域の農民の経済的生活水準を向上させること」である（Muda Agricultural Development Authority 1972）。この目的を達する方法は、二期作化と単位面積当たりの増収であり、具体的には①ダムと潅漑網の整備、②高収量の新品種の導入、③機械化、そして④化学肥料と農薬の投入である。

現地で農民の指導と水管理を担当しているのはマレーシア農業省ムダ農業開発公団（Muda Agricultural Development Authority 以下、本章では公団と略す）である。公団の発表によれば、このプロジェクトの結果、一九七五年までに約九万ha（プロジェクト地域の九二%）の水田が二期作化され、ムダ地域における一〇a当たりの平均もみ収量は一九六五年の三三一kgから一九八一年雨季作の四七〇kgに増加した。マレーシア半島部の米の自給率は、一九五八年には五五%であったが、一九七九年には九二%に達した（杉本 1981: 17）。これはプロジェクトの光の部分といえるだろう。

その一方でプロジェクトの影の部分が存在する。公団の水供給計画および農作業計画と村人の実際の農作業とのずれが著しい。その原因は、一つの用水区画に水がいきわたるのに時間がかかるうえ、稲の生育ステージをそろえて鳥鼠害を分散させたり、周囲の水田と同時に作業請負いのコンバインを入れたりするためであり、労働力不足も影響しているという（野崎 1981: 22）。労働力の不足は単純に労働人口の不足の結果ではなく、一日約三・八時間を労働にあて、残りの時間をコミュニケーションにあてる村人のライフスタイルと、公団の作付け計画にあわせた労働形態の衝突を意味する（板垣 1985：本書第1章、1991：本書第3章）。農薬と肥料による水質汚濁も心配されている。

また、農民の現金収入の増加が補助金によるものであること（Jegatheesan 1977）、農薬・肥料の投入が環境に与える影響などが指摘された（Kin 1981, 1983ab）。

三　公団からの反応

農薬の悪影響を意識しながらも、公団は収量をさらに上げるために細かい栽培管理、化学肥料の投入と農薬の計画散布は避けられないと考えていた。公団側からは、計画に合わせるための労働の延長も、農薬の計画散布もしない村人を「怠惰」と非難する発言が聞かれた。

公団は一斉散布を企画したが、公団職員からの聞き取りによれば実際に散布したのは二人だったという。この地域は、歴史的に天水田地域であり、水利組合や農民組合などの組織が発達していない。地域を支配する枠組みをもたない政府公団は、村人に対して罰則を用いるなどして農薬散布を強制することはできなかった。村八分などの個人的な制裁は村の伝統的な慣習（*adat*）の中にもない。

公団からの連絡は手紙もしくは口頭で実施されており、回覧板等の伝達制度はなかった。公団職員二人と村人七人のミーティングの観察によれば、村人はミーティングの席で表だって反対意見を言わなかったが、その後の個人的な聞き取りによれば公団の要求に従う意志はないという回答が得られた。

組合を通した農民管理は確立されていない。村人の三〇％が農民組合に入っているが、組合のリーダーは自分の行動が中立的であるように注意していて、公団の要求をそのまま村人に強制する仲介役とはならない。村人を強制的に動かそうとしたリーダーは村人から「ボイコット」された。「ボイコット」とは村人が使用した言葉で、具体的には彼の提案に誰も従わなかったということである(中立的リーダーについて詳しくは第1章、第3章)。

農家の人々からの苦情は文書で公団に連絡することになっているが、文字の読み書きが自由自在というわけではない村人が文書で公団とやりとりすることは無理がある。政府の指示が上意下達式に個々の村人の行動を決定するシステムが確立されていない中で、コミュニケーションの手法を確立しないまま、公団は農薬の使用によって増産を達成しようとしていた。

しかし、村人は農薬には問題があると感じていた。

四　農薬使用の問題点

1　農薬の残留と魚類への影響

筆者は、一九八三年の八月(イネの開花期)と一一月(田植え期)の二回、G村付近の水田および水路の水を採取してガスクロマトグラム法(竹下ほか 1974)でγ-BHC等の残留濃度を測定した。採水地点を図4-1に示し、八月に採取した試料水からはγ-BHCが検出されなかったので、一一月の試料水の分析結果を表4-2に示した。水田および水路で〇・〇〇八~〇・〇四四μg/ℓのγ-BHC(BHC類は難分解性で蓄積性が高く一九七一年末に日本で使用が禁止された)が検出された。日本等の先進国で

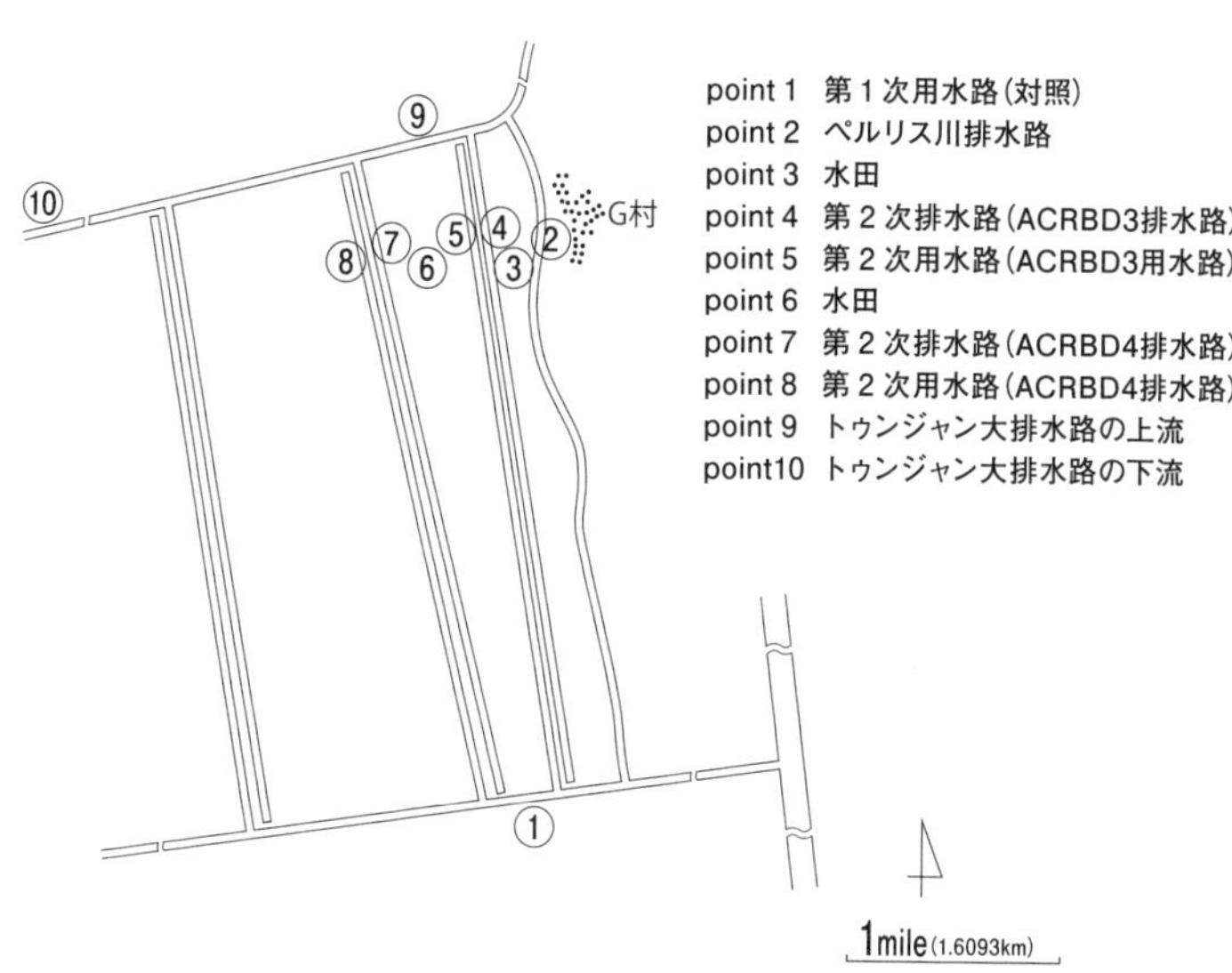

図 4-1　残留農薬試料水の採取地点

（Sampling points of water for pesticide residue analysis）

表4-2　水田および用排水中のγ-BHC残留濃度

（γ-BHC residue in paddy field and canal water in Kedah state, Malaisiya. 1938年11月. ND: not detected）

	採水地点	γ-BHC濃度（μg/l）
1	第一次用水路	ND
2	ジャラン・ペルリス川排水路	0.011
3	水田	0.025
4	第二次排水路	0.008
5	第二次用水路	0.044
6	水田	0.020
7	第二次排水路	0.026
8	大排水路上流	0.010
9	大排水路下流	0.027

すでに販売禁止となったγ-BHCが、この地域で販売・使用されていたこと自体大きな問題である。

G村の農民への聞き取りによれば、水田と水路における漁獲の減少、魚類の小型化、魚類の形態の異常が観察されるという。一九八〇年から一九八三年にかけて、ムダ地域をはじめとする水田地帯で皮膚に「びらん」を生じた魚が村人の網にかかった。魚類に異常がみられたのが水田地帯に限られていること、発生の時期が政府による肥料の無料供与の開始直後であったことなどを考えあわせた上で、マレーシア政府は、肥料・農薬の使用についての監視を強化することを決め、「びらんを生じた魚は食用に適さない」という警告を発した。

肥料・農薬と魚類の「びらん」の発生との因果関係は解明されていないが、Moulton (1973) とAhamad Lim (1971) は、水中の農薬が魚類に毒性を示したり、生態濃縮する可能性があると報告している。また、農薬の環境ホルモンとしての性質が魚類の形態や個体数の変化に影響を与える可能性がある。

G村において筆者が奇遇した家族の一四日間の食事の献立の記録二五食のうち、結婚式などの共食会を除いた通常食一九食について、コメの飯を除くおかずの主な材料を集計したところ、魚類が最も多くの三六品目に使用されていた(図4-2)。村人にとって魚類は重要なタンパク源である。魚類が減少したり汚染されたりすることは村人の食生活に直接影響する。

水田および水路における漁労は、G村の人々にとって動物性のタンパク質を獲得するための重要な活動である。魚類は水路だけではなく、水田そのものにも生息している。G村の人々は、作物が生息している水田では釣竿で、作物を刈り取った後の水田では上部に手を入れて魚をつかむための穴をあけたザルをかぶせて魚類を捕らえる。水路では、投網、エビ網、ワナを用いた漁労がみられる。乾季には水田脇の水たまりに逃げ込んだ魚をつかみどりにする。漁獲物は、油を用いた揚げ物、魚カレー、焼き魚に調理してその日のおかずとすることも、乾燥して保存食とすることも、知り合いへの贈り物とすることも、販売することもある。日本においても昭和初期には稲作ー漁労生業複合がみられたことが報告されている（安室 1991など）。聞き取りによれば静岡県では第二次世界大戦後も水田における漁撈がみられたが、除草剤の使用拡大にともなって水田に魚類はいなくなり、水田における漁撈もなくなったという。G村においては現在も水田は水稲作のためだけのものではなく、主要なタンパク源である魚類の捕獲の場でもある。

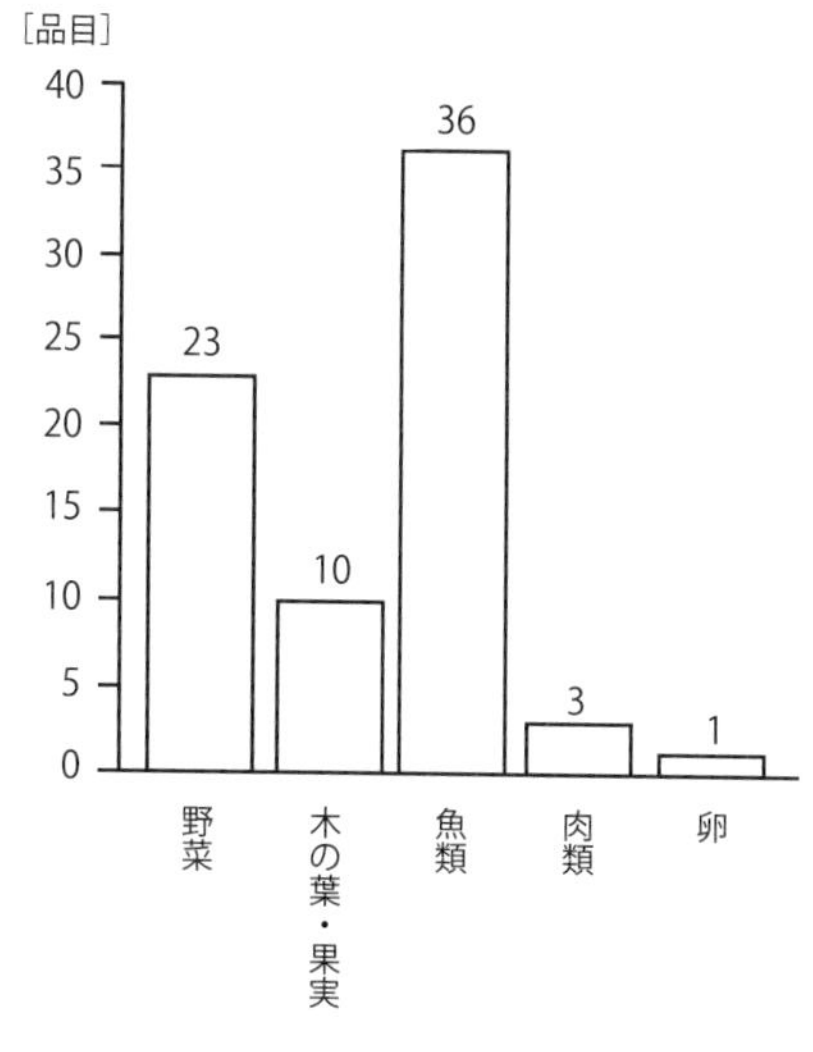

図4-2　副食用材料の出現頻度
(Materials of daily dishes eaten with cooked rice)

また、水田は家畜の放牧の場としても使用されている。この地域のマレー人村落では結婚式などの共食会においてウシ、スイギュウ、ヤギ、トリなどの肉をカレーに調理して、親族、友人、隣人、数百人から数千人にふるまう。この際に使用されるウシ、スイギュウは一年を通じて水田脇の空き地と水田用排水路において放牧されている。刈り取りを終えた水田では、こぼれたもみから自生したイネ、孫生えをウシが食べる。水田と水路の水質、およびえさとなる草への農薬の残留は村人の健康に影響を及ぼす。村人自身、水田脇に自生している野草を採集して食用とすることもある。以上のように、G村付近においては水田と水路が複合的に利用されており、これが農薬で汚染された場合にヒトの健康に影響を及ぼす危険性が高い。

2 農薬使用の健康への影響

G村の人々の間には熱帯の気候条件への適応から人間関係の調整まで幅広い分野にまたがる養生法と伝統医の技法が伝承されている（詳しくは板垣 1991, 1993, 1995, 1998, 2001, 2003, Itagaki 2001）。一般の人々の養生法と伝統医の技法に共通の基礎である民族病因論によれば、人に病気を発生させるのは、過熱、過冷、毒、傷、フウ、スジ・骨の損傷、できもの、血液の状態、塩、考えすぎ、微小生物、気、邪霊、呪術などである。また、個々人は熱、冷、毒などに対する抵抗性の強弱があり、気質も多様であると考えられている。快適な心身を保って長寿を得るためには個人の差異を把握し、体質気質に適合しない食物、仕事、名前、職業などを避けることが必要だと考えられている。

食事や仕事への配慮による健康の維持はとくに重視されており、熱しやすい体質の人が炎天下で働く際には前もって沐浴をし、身体を冷やす食物をとり、身体を熱する食物を避けるように心がける。

このように、そのときの心身の状態および本人の体質によって食べられる食物が異なることは当然であり、来客に飲み物や食べ物を勧めるときには、当該の食物を摂取できるかどうかを確認する。健康であるためには毒物を含む食物を摂取すべきでないと考えられている。

農薬は魚類や水田の汚濁を通してだけでなく、直接にも村人の身体に影響を与える。村人は農薬散布による頭痛、めまい、皮膚の痒みなどの症状を訴える。そのうちの一人の男性は、農薬は体質に合わないと判断して、農薬の散布を担当しない。また、村では「女性は体質的に毒物に対して敏感である」とされていて、女性にとって農薬散布は禁忌の対象となっている。実際にG村で農薬散布をする女性を観察することはなかった。

水田と水路での漁獲の減少、魚類の小型化、「びらん」の発生、農薬散布によって生じた身体の不調といった体験から村人は「農薬は毒である」と認識し、砒素などと同様に「毒（racun）」とよんでいる。日本の農家の人々が、農薬を慣習的に「クスリ」もしくは「消毒」とよんでいるのと比較するとG村の人々の用語は正確である。また、右手は象徴的に清浄に保つべき手とされているので、村人は農薬を左手で扱う。

また、村人は一日三回程度、井戸水、水道水もしくは水路で沐浴をする。これは身体を清潔に保つだけでなく、熱帯の高い気温の中で生活するにあたって身体の過熱を予防したり、過熱した身体を冷却して体調を整えることを目的としている。また、一日五回とされる礼拝の前に沐浴をして身体を浄める。水田の用排水路の水は周辺の村の人々の沐浴に適した水質に維持されることが求められている。

村人が健康に配慮していることは、Monmaらによるムダ地域の農民四二人へのインタビューサーベイにも現れた。品種を選ぶ際に収量を重視することに九三％、病虫害に対する抵抗性を重視することに八三％が賛成したが、味を重視することに賛成した人は二七・五％にすぎなかった。また、労働投入量があがっても、重要なのは農業従事者と消費者の健康であるという項目に七四％が賛成と答えた(Monma, Yasunobu, Husna, Wong 1996: 98)。

五　農薬使用状況と収量の関係

表4－3にG村中地区の二三戸の一九八三年乾季作の耕作面積、もみ収量、および化学肥料と農薬の使用状況の聞き取りの結果を示した。聞き取りを実施した二三名の村人のうち、全員が政府の無償供与の化学肥料を使用していた。施肥量は、窒素九〇～一一八・九kg／ha、カリウム・リンがそれぞれ一四・二～二二kg／haで、おおむね政府の指示通りである。また、農薬は七〇％(一六名)が使用した。このうち、四名は除草剤のみを使用した。

農薬を使用した場合の平均収量は一〇a当たり二二六・九kg、不使用の場合の平均収量は一〇a当たり三〇六・三kgである。農薬を使用していない場合が高収量を得ており、この差は有意であった(t検定、t=1.362 df=20 0.05<p<0.1)。

表4-3　耕作面積・もみ収量・肥料農薬の使用状況（G村、1983年乾季作）
（Farm land, paddy yield, fertilizer and pesticide usage, 1983, Kedah state, Malaysia）

1）reは面積の単位relongの略で約0.28ha
2）guniはもみ袋で1guniは約78.4kg
3）肥料の使用状況は、窒素リン酸カリウム混合肥料と尿素肥料をそれぞれ1re当たり幾袋投入したかを尋ねた回答で、使用とだけ記してあるのは話者が正確な数字を覚えていない場合
4）農薬の使用状況は除草剤と殺虫剤のどちらを使用したかを尋ねた回答で、使用とだけ記してあるのは、農薬を使用したのは確実だが何を投入したのかが明確でない場合

番号	耕作面積 10a（re）	収穫高 kg（guni）	収　量 kg/10a（guni/re）	肥料（袋/re） 尿素	 混合	農薬
1	2.8（1.0）	1254.4（16）	448.0（16.0）	3	4	除草剤
2	5.6（2.0）	2038.4（26）	364.0（13.0）	使用		使用
3	2.8（10.0）	9721.6（124）	347.2（12.4）	使用		殺虫剤
4	25.2（9.0）	8467.2（108）	336.0（12.0）	2	2	使用
5	23.8（8.5）	7448.0（95）	312.9（11.2）	使用		使用
6	9.8（3.5）	2979.2（38）	304.0（10.9）	2	3	除草剤
7	7.0（2.5）	1960.0（25）	280.0（10.0）	2	2	除草剤と殺虫剤
8	22.4（8.0）	6272.0（80）	280.0（10.0）	2	3	殺虫剤
9	16.8（6.0）	4076.8（52）	242.7（8.7）	0	3	除草剤
10	14.0（5.0）	3214.4（41）	229.6（8.2）	2	3	除草剤
11	25.2（9.0）	4704.0（60）	186.7（6.7）	2	3	除草剤と殺虫剤
12	5.6（2.0）	940.8（12）	168.0（6.0）	使用		使用
13	11.2（4.0）	1097.6（14）	98.0（3.5）	2	3	使用
14	7.0（2.5）	235.2（3）	33.6（1.2）	1.5	3	使用
15	25.2（9.0）	0.0（0）	0.0（0）	1	2	除草剤と殺虫剤
16	25.2（9.0）	0.0（0）	0.0（0）	2	3	殺虫剤
小計	254.8（91）	54409.6（694）	3630.7（129.8）			
平均	15.9（5.69）	3400.6（43.4）	226.9（8.1）			
17	37.8（13.5）	16542.4（211）	437.6（15.6）	2	3	使用せず
18	28.0（10.0）	9408.0（120）	336.0（12.0）	2	3	使用せず
19	22.4（8.0）	6272.0（80）	280.0（10.0）	使用		使用せず
20	9.8（3.5）	2744.0（35）	280.0（10.0）	2	2	使用せず
21	4.2（1.5）	1176.0（15）	280.0（10.0）	使用		使用せず
22	11.2（4.0）	2508.8（32）	224.0（8.0）	1	3	使用せず
小計	113.4（40.5）	38651.2（493）	1837.6（65.6）			
平均	18.9（6.75）	6441.9（82.17）	306.3（10.93）			
23	11.2（4.0）	2822.4（36）	252.0（9.0）			使用不明
合計	378.6（135.5）	95883.2（1223）	5720.3（204.4）			
平均	16.5（5.89）	4168.8（53.17）	248.7（8.89）			

農薬を使用した場合の低収量の原因としては赤変病（penyakit merah）の被害が考えられる。うち、二名は収穫がまったくなかった。農薬の使用が病害につながったとは考えられていないが、少なくとも農薬を使用しなかった村人に赤変病の被害を申告したものはなかった。

村人によれば、赤変病は一九八一年に発生しはじめたという。公団の発表によれば、一九八二年の乾季作の収量は、ムダ地域全体の平均で一〇a当たり三二七kgに落ち込んだ。公団は農薬の計画的予防一斉散布を指導したが、調査を実施した一九八三年の乾季作に、農薬不使用の村人が少なからずいたことから農薬の一斉散布が定着していないことがわかる。

以上の分析の結果、農薬を使用した場合の増収効果は明確でなく、むしろ収量の低下を招く可能性が示唆された。農薬を使用しないという村人の行動は、効果のないことにお金をかけないというだけでなく、水田および水路の複合的利用によってもたらされる多様な栄養源と副収入を維持するとともに、熱帯における生活に欠かせない沐浴の水を確保するという点でも理にかなっている。

六　多角的生計維持と互酬性による危機管理

村人は稲作のために農薬散布が不可欠とは考えていない。以下に示すように、村には農民の自律的な意志決定を支える互酬的な仕組みが存在する。それは多角的生計維持による危険分散と互酬性による危機管理である。

G村は上地区、中地区、下地区、二次林地区に分かれている。G村の中地区、および中地区に接した下地区の一部の総計七〇戸の家（rumah）について家族構成と生計維持活動についての聞き取り調査が実施された。

その結果、一軒の家（以下「世帯」）に居住し生計を共にするのは主に夫婦と未婚の子どもであることがわかった。そして周囲には妻あるいは夫の両親、兄弟姉妹、いとこなどが居住し、親族村（kampung kelnarga）を形成していた。村はいくつかの親族村の集合体である。

各世帯の生計維持活動は「水稲複合型（水田耕作とその他の活動の組み合わせ）四一戸」、「水稲型二一戸」、「作業請負型四戸」、「喜捨と贈与型四戸」であった。「喜捨と贈与型」とはイスラム教の喜捨と隣人と子どもからの贈り物によって生計を維持している場合である。

水稲複合型の水稲作以外の生計維持活動が表4－1に示されている。ゴム園経営、作業請負い、建設現場などの賃労働、漁労、家畜の飼育、トラックの運転手などである。水稲複合型農家の生業維持活動の数は、水稲作を含めて平均二・九種類である。約三種類の活動を組み合わせて生計を維持していることがわかる。

また、資源への細かいアクセスの仕組みによって、水稲耕作やゴム園経営に多数の村人が参画できる。村人は所有する土地からの生産物や労働を他人に無償で与えたり（tolong 援助、hadia 贈り物）、有償無償で貸し借り（sewa, pinjam）、交換（deran）し、作業請負いに出す（upah）。共同で水稲耕作、ゴム園経営などをして収益もしくは収穫物を折半する方法もある（pawah）。

水稲がうまく実らなかった場合、刈り取り作業などを単位面積当たりで請負う（*upah*）ことができる。自分の水田の刈り取りがない場合、あるいは水田を所有しない場合でも請負った仕事を元手にして、労働交換（*deran*）のグループを形成して収益を得ることができる。労働交換（*deran*）で一人前に計算する年齢に達していない場合や、交換の日にちがぴったりと相殺されなかった場合は、時間給で収支を合わせる（*kupang*）。しかし、娘婿と姑との間の労働交換で厳密には収支があっていなくても娘婿が過剰分は援助（*tolong*）として時間給を要求しなかった事例があり、収支の計算は労働交換する二者の関係に左右される。

共に働く人々は日々のおしゃべりのメンバーでもあり、隣人でもあり、人間関係のネットワークを形成している。すでに述べたとおり、ネットワークの核となっているのは近隣の親族と近所の友人である。村人は「友人と働くことは楽しくて早く終わったような感じがするし、お金にもなる」という。村人は単純な時間生産性や単位面積当たりの生産性ではなく、苦痛を減らして必要な仕事をする、いわば「精神的身体的時間生産性」を重視している。「精神的身体的時間生産性」に配慮して、生活の質、生命の質を上げることこそ科学の価値であり、発展である。彼らにとって「おしゃべり」と「仕事の楽しさ」と「おいしく食べること」は結びついている。

一九八〇年代の田植えの衰退（直蒔きの普及による）と機械化によって機械を所有しないものが作業を請負う機会が減少した。とくに、女性の請負い機会が減少したが、一九九八年の調査によれば、菓子製造、縫い物の請負い、食器の依託販売などが発達し、女性はこれらの仕事を通して現金収入を得ている。

Fujimoto（一九八三）が報告したように土地の賃借関係を通した互酬システムもある。ウォン（Wong 1987: 185-187）はそれがムダ地域では近い親族に限られるとし、むしろ最低限の生活を保障しているのは後に述べる喜捨と贈り物であるという。しかし、板垣（本書第2章）が報告したように、G村のネットワークには濃淡があり、ネットワークの濃淡が互酬性にも反映している。G村にみられる互酬性は富む者が村全体に平等に富を配分する互酬システムではなく、親しい間柄に現れる。だからこそ、村人は日々の密なコミュニケーションに時間をかけて、人々との良好な関係を維持しようとする（板垣 1989, 1991, 1995, 1998）。人と人との関係がうまくいかない場合、人が呪術を用いて近い関係にある人を病気にすることがあると恐れられている（板垣 2003）。土地の賃借関係に加えて、上に述べたようなさまざまな資源への重層的なアクセスの通路を介して、富は流れて配分される。

土地もなく、請負い等による資源へのアクセスに参画する体力もない高齢者等の場合は、喜捨（*zakat*）、贈り物（*hadia, sedika*）などが危機の救済のために重要な役割を果たす。喜捨はイスラムの慣習である。贈り物はいつでも好きなときに贈ることができる。筆者は収穫後に貧しい世帯Aに七〇kg程度のコメ袋が一袋ずつ三人の村人から贈られたのを観察した。また、病害によってコメの収穫がなかった世帯Bにも二袋のコメが贈られた。コメを贈った人々は同じ村の人で親しい人々であった。A世帯にコメを贈った人の一人は、娘が学校へ行くための自転車がなかったときA世帯の娘の自転車に二人乗りをしたと筆者に語った。B世帯は次の収穫のあとに息子の就職を祝う共食会を催した。A世

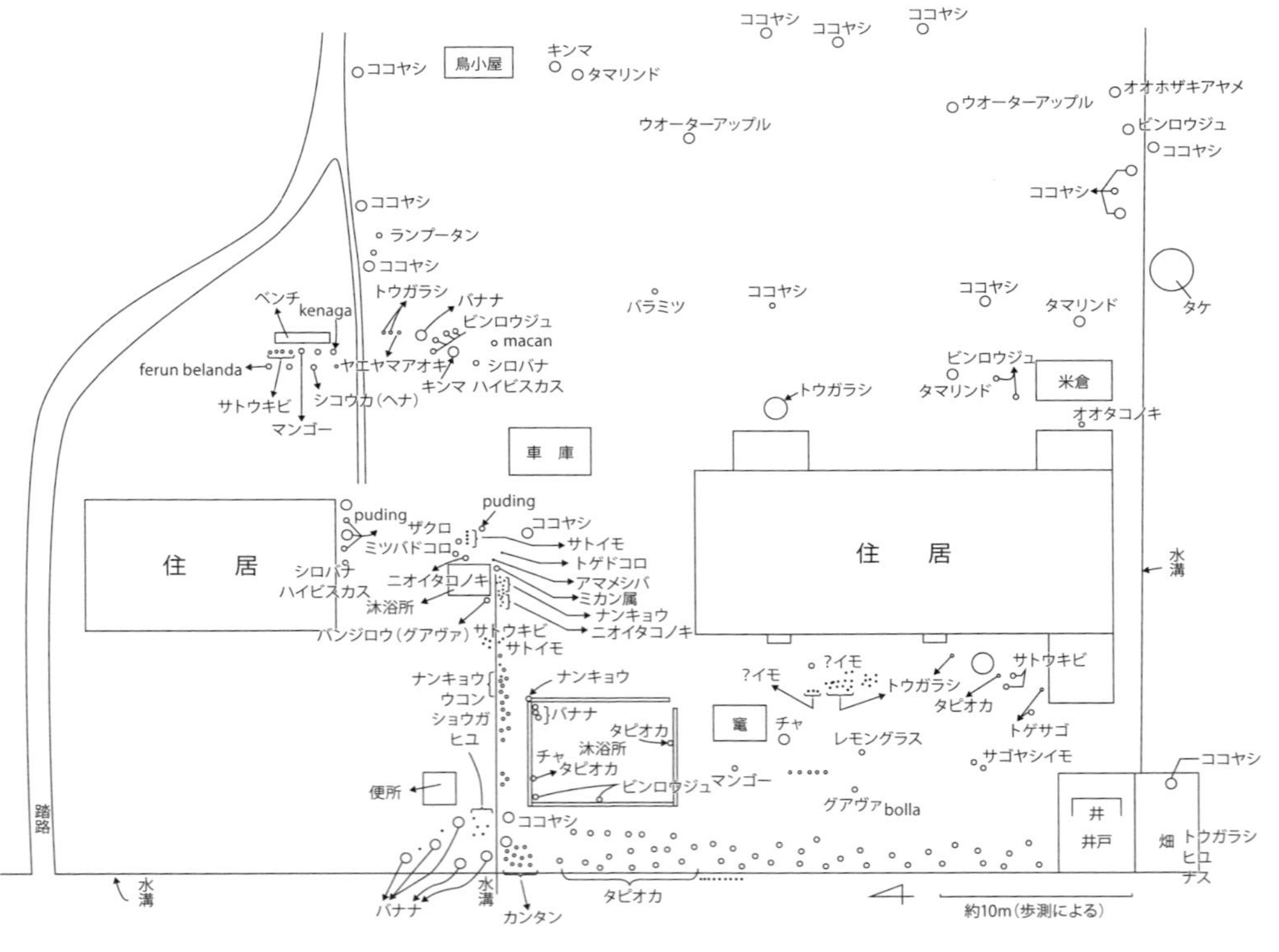

図 4-3　マレー人農村の屋敷林の有用植物

帯も庭のバナナの収穫後にバナナともち米をココナツミルクで混ぜて食べる共食会を催した。このことからコメだけでは相殺されないお互いの援助の歴史があることがわかる。

贈り物は無償で与えるものだが、時間的経過の中でみると終わりのない贈り合いとも、尽きない返礼の繰り返しともとれる側面がある。これはサーリンズのいう一般的互酬性にあたる（サーリンズ 1972）。

さらに屋敷林が生活基盤を与えてくれる。カレーを作るための香辛料とココヤシ、各種のバナナ類、イモ類、そして果樹が屋敷林に栽培されている（図4－3）。水田からコメと魚類を手に入れることができれば、日々の食事の主な材料が揃う。聞き取りでは屋敷林（果樹菜園）の管理は生計維持活動として挙げられなかった。それほど当たり前に屋敷林は豊富な食料を提供している。筆者が寄寓した家族はココヤシと果物を自給と贈り物でまかなっており、現金で購入することはなかった。

七　結論と考察

本章の分析の結果、農薬を使用した場合の増収効果は明確でなく、むしろ減収と魚類や人体への悪影響が問題として抽出された。農薬を使用しないという村人の行動は、効果のないことにお金をかけないというだけでなく、水田および水路の複合的利用によってもたらされる多様な栄養源と副収入を維持するとともに、熱帯における生活に欠かせない沐浴の水を確保するという点でも理にかなっている。

G村の人々は、農薬が水田と水路の水質や魚類に異変を起こすと考えている。水質分析の結果も、農薬が水質に影響を与えている可能性を示している。この不安な状況下での①農薬散布時の身体の不調、②水田と水路での漁獲の減少や魚の小型化、③魚類の「びらん」の発生といった体験が、「農薬の使用」→「魚の異常」という認識を村人の間に定着させ、農薬を際限なく使用することを抑制している。

また、この個人的な判断が農薬使用の抑制に反映されるのは、組織力を用いた強制的な一斉散布ができないからである。[3]

図4－4に示したように、農薬の使用に歯止めをかけた抑制のフィードバックは、四つの回路から構成されている。

①水田の複合的利用が不可欠である生活形態と食生

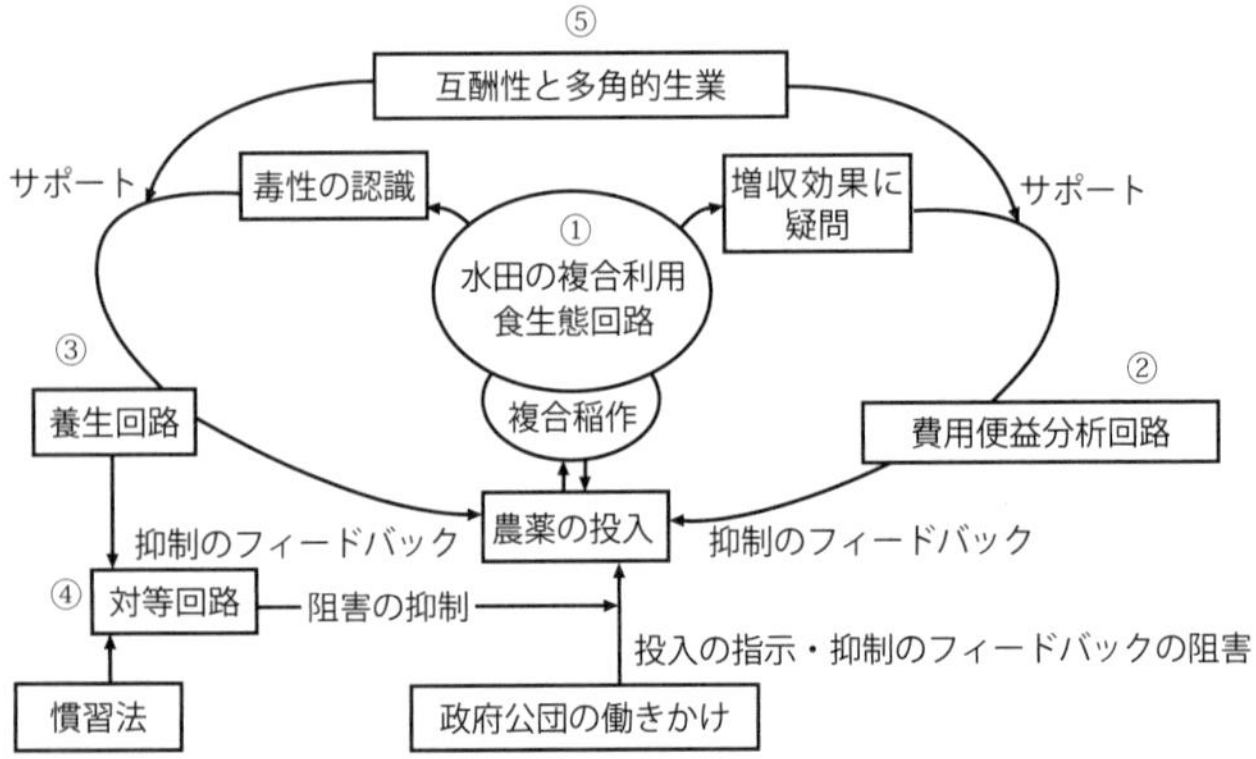

図 4-4　水稲作における農薬使用への抑制のフィードバックループ

態回路。この回路の中で村人は人体の不調と魚類の不調を発見し、農薬の毒性を認識する。

②効果が明らかでないことに時間と資金をかけることに対して否定的な費用便益分析回路。自然の再生力の範囲内で労力をかけないで生産をしようとする省力回路。仕事時間を減らして余暇時間をのばすというパターンの発展を目指す。

③自らの身体の調子を悪化させる技術・物質・仕事などを避けることが社会的に許可される養生回路。

④政府の指導を絶対的なものとせずに村人が農薬の効果を自ら観察して判断する対等回路である。[4]①の毒性の発見と健康被害と食料減少の危機意識は、③の養生回路を経由して農薬使用の抑制に向かい、②の効果に懐疑的な意識は費用便益分析回路を経由して農薬使用の抑制をする。これらのフィードバック行動を妨害する強制力を抑制するのが④の対等回路である。対等回路は個々人の緊張感のあるコミュニケーションの中で慣習法（*adat*）と養生回路で理論武装した人々によって、日々、構築され続ける。

⑤これらの全体を背後から支えているのが、コメの増産に一義的な価値をおかない多角的な生業による危険分散と余剰のある人が収穫が少なかった人を援助する互酬性（相互扶助の慣習、慣習法*adat*の一部）である。

2　持続的文化生態系のモデル

「漁労稲作果樹菜園文化生態系」と「互酬性」の組み合わせを図4−5に模式的にあらわした。

村人はコメの収量を最大化することには一義的な価値をおいていない。水田と水路はある程度のコメを得ながら同時に、漁労、水浴、家畜の放牧、野草の採集などができる場として確保されなければならない。屋敷林の果樹菜園からは図4−3に示したように、香辛料、ココヤシ、バナナ、イモ類、果実、野菜を得る。図4−3に描かれた水溝は、ヒトの尿と沐浴所と台所からの排水を果樹菜園に導き、最終的には水田脇の水路に入る。ヒトの生活排水は果樹菜園で再利用されるとともにチッソやリンの供給をしていると考えられる。山間部の果樹園からドリアン、ジャックフルーツなどの果実を得る。この文化生態系は、コメやイモやバナナから炭水化物や各種のビタミン類、ココヤシから油脂類、魚類からタンパク質、果実野菜からビタミンとミネラルなど、バランスのとれた食料を産出することができる。

マレーシアの「漁労稲作果樹菜園文化生態系」は日本における持

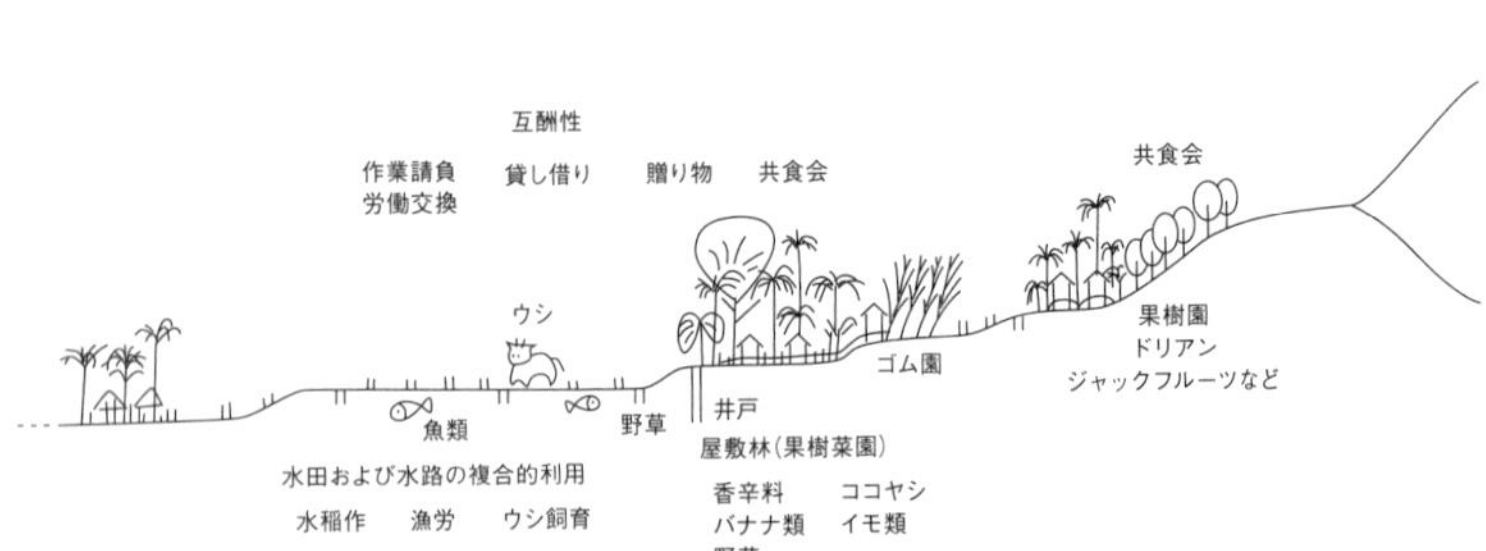

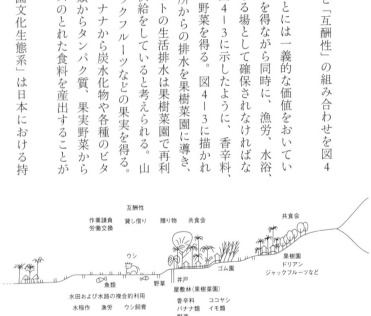

図 4-5　持続的漁労稲作果樹菜園文化生態系の模式図
(fish-rice-garden complex cultural-eco-system)

続的生態系のモデルの一つである「里山モデル」と類似する面がある。日本自然保護協会（1997）、田端（1997）、鷲谷と矢原（1993）などを参考にして、呉（2000: 77）は「農村（農地）周辺の低地や産地に存在する雑木林を代表とする樹林地（すなわち里山林）と、それに隣接する田畑、河川、湿地、ため池、草原、用水路、茅場などの農的自然を形成しているさまざまな構成要素が織りなす総合的景観」という里山の広い捉え方を提示した。これは日本の農村の生計維持活動の有機的まとまりをあらわすものであり、里山田畑複合文化生態系ということもできる。複合的な生業と地域の生態系の結びつきがあり、地域の物質循環にさからわない形で生産活動を展開して多様な食料や生活財を得ていたという点でマレーシアの「漁労稲作果樹菜園文化生態系」と日本の「里山田畑複合文化生態系」は類似している。

しかし両者の違いにも留意しなければならない。G村が熱帯モンスーン地域に位置し、その基層部にイモ類、バナナ類、ヤシ類などの栄養繁殖作物を主として栽培する農業（根栽型農業　中尾 1966）を有するのに対して、温帯の気候の中で展開した日本の稲作はイモと雑穀栽培を基層に有する（佐々木 1971: 211-214）。マレー人村落が互酬的対等社会であるのに対し、日本人社会はタテ社会（中根 1967）であり水利慣行を基礎とした強固な村落共同体と上流の村落と下流の村落の上下関係を形成した（玉城 1983）。

マレー人農村と日本の農村、どちらも地域の資源を複合的に利用した文化生態系が歴史的に形成されたが、日本では農薬の使用が大規模に進められ、反対にマレー人農村においてそれが抑制され魚労を含む複合的文化生態系の持続性が観察された。日本と同じ技術が導入されれば、同じように複合的文化生態系は崩壊し、稲作に特化するという仮説は検証されなかったが、逆に地域の生態系と共に持続的な複合的農業を展開することの合理性が認められた。稲作の現場における農薬への対処が異なるのは、すでに検討したように、農薬による増収効果が明瞭でないこと、開発を進める側と現場に生きる人々の組織のされ方の違い、また技術が発生させる健康上の問題点を認識し反応する文化的装置などに由来することがわかった。

日本の農家で農薬が使用されるのは増産のためだけではない。味とサイズがそろっていて、外見的に整っている生産物を要求されているからである（小島 2000）。この傾向は健康に配慮する文化と矛盾する。持続的文化生態系のために、マレーシアの事例から学ぶことは多い。危険な化学物質に対するフィードバック・ループを国際的に展開し、先進国で禁止されたり使用が制限されたりした農薬が他国で販売されることを抑制しなければならない。健康に配慮する文化は、農民自身の健康はもとより、病虫害に強い品種の選択、外見がきれいであることよりも毒物を含まない安価で栄養価の高い食料の提供によって消費者の健康にも貢献する。個人そして国々が対等で健康に配慮し合い、新しい技術に対して観察と批判の目をもつ文化を維持することが環境問題を防止すると共に、人類の持続的発展のために重要である。

謝辞

調査に協力してくださったマレーシアの皆様に心よりお礼を申し上げる。現地調査のために、スモン弁護団、大竹財団、トヨタ財団、日本学術振興会から研究助成を受けた。記して謝意を表する。一九八二年に調査を始め、川喜田二郎先生（川喜田研究所、当時筑波大学歴史・人類学系）、掛谷誠先生（京都大学、当時筑波大学歴史・人類学系）、佐藤俊先生（筑波大学歴史・人類学系）、前田修先生（当時筑波大学生物科学系）、Zdulkifli Abdul Razak先生（マレーシア科学大学薬学部）、Idris Salleh先生（マレーシア科学大学化学部）に多くの示唆をいただいた。松岡信夫氏（当時市民エネルギー研究所）は筆者がマレーシアを訪問するきっかけをくださった。日本大学薬学部（当時薬学科）の沢村良二先生、長谷川明先生のもとで、卒業論文として有機塩素系化合物の分析法を研究したことが本研究につながった。深く感謝申し上げる。しかし、本論文の記述についてはすべて筆者に責任があることは言うまでもない。

注

（1）アジア、アフリカ、南アフリカ諸地域において農産物の増産を目指した新品種、大型機械、農業用化学物質などが導入されてきた。これは緑の革命といわれる。しかし、対象地域の文化を含む生態系と当該の技術との適合性を考慮しなければ、技術革新が地域の人々の生活の質を向上させるとは限らない。また、地域環境問題の深刻化にともなって私たちは増産だけを考える単純な思考から、安定的な食糧供給と環境保全を両立させる思考に転換しはじめた。「がむしゃらな成長から、生物圏への人間の影響を抑制した、豊かな、「持続的」安定というパターンに転換する（カレンバック 1990）」ことが模索されはじめた。国連の「環境と開発に関する世界委員会」は「持続的開発」という考え方を示した（馬橋 1990）。

これらの考え方に適合するのは、地域の文化を含む生態系が将来にわたって持続的に地域の人々の基本的ニーズを満たし、同時に現在の問題を解決するために変化することを妨げない技術である。そのような技術は、環境汚染、災害、資源の枯渇を引き起こさず、その技術と共に働く人々に質の高い生活をもたらすものである。技術を使用した結果、問題があることが判明した場合は技術は放棄、もしくは修正される。

（2）スチュワード（1979［1955］: 3）は、環境への適応によって引き起こされる文化変化のし方を認識するための方法を文化生態学とした。川喜田（1989: 6-7）は文化生態系の文化構造を主体性と環境性との間の極性をもったいくつかの相として表現した。環境側に密着しているのは技術の相、ついで経済・厚生といった生物学的文化、間接的に環境と関わり主体とかなり直接的に関わるのが社会組織としての文化、最も主体にくいこんだ文化は価値観世界観としての文化とした。西山（1992: 99）は「人間社会を生態系の延長として文化を含んだ生態系、つまり文化生態系として捉えよう」と提案した。

（3）Scott（1987）はマレー人農民にはサボタージュなどを通した日常的なレジスタンスの姿勢がみられると指摘する。しかし、レジスタンスという大枠ではなく、マレー人が個々の問題を処理する際の木目の細かいフィードバックにこそ持続的な生態系の中に生きる秘訣が隠されている。

（4）マレーシアにおいては村人が抱える問題を新聞記事にしたり、逆に村人に消費者情報を提供する市民運動も発達している。詳しくは板垣（1983a, b）を参照。

引用文献

Ahamad Yunus, A. & G. S. Lim
1971 A Problem in the Use of Insecticides in Paddy Fields in West Malaysia: A Case Study. *The Malaysian Agricultural*

Journal 48 (2)
コモナー、B　安部喜也、半谷高久訳
1972『なにが環境の危機を招いたか――エコロジーによる分析と解答』講談社（The Closing Circle, 1971）
ディクソン、D　田窪雅文訳
1980『オルターナティブ・テクノロジー――技術変革の政治学』時事通信社（*Alternative Technology*, William Collins Sons & Co., Ltd. 1974）
Fujimoto, A.
1983 *Income Sharing Among Malay Peasants: A study of Land Tenure and Rice Production*. Singapore University Press
1994 *Malay Farmers Respond*. World Planning
板垣明美
1983a「マレーシアの環境保全活動――ペナン消費者協会等の事例（1）」『地域開発』229: 55-66
1983b「マレーシアの環境保全活動――ペナン消費者協会等の事例（11）」『地域開発』230: 65-72
1985『伝統と近代化の狭間にて：西マレーシア稲作農村における稲作技術の変化と環境の変容に関する研究』1984年度修士論文、筑波大学環境科学研究科（本書第1章）
1989「人災病の発生と処置」『族』9: 24-62
1991「マレー農村は変わったか――マレーシア・ケダ州農村の大規模灌漑プロジェクトと農民の対応」『族』15: 15-59（本書第3章）
1993「マレー人農村の病因論と養生法」『族』21: 1-48
1995『マレー人農村の民間医療に関する文化人類学的研究――人災病の療法と文化社会的機能』東京外国語大学アジア・アフリカ言語文化研究所（筑波大学歴史人類学研究科博士学位論文）

1996 「マレー人農村におけるおしゃべり活動とその成員——親族関係、近隣関係、友人関係の複合体」『横浜市立大学紀要人文科学系列』3: 51-72（本書第2章）

1998 「西マレーシアケダ州農村の『人災病』に関する人類学的研究——メタ・コミュニケーションとしての呪術療法」『横浜市立大学紀要人文科学系列』5: 79-102

2001 「マレーシアのマレー人農村にみる『癒し』の文化——養生法から大ボモ（偉大な治療師まで）」野口鐵郎編『講座　道教　第6巻』

2003 『癒しと呪いの人類学』春風社

Itagaki, A.

2001 "Metaphor of Sadness: An Anthropological Study of Folk Medicine in a Malay Village in *Psycho-somatic responses to Modernization and Invention of Culture in Insular Southeast Asia,* Someya, Y. ed.（科学研究費補助金報告書）

Jegatheesan, S.

1977 *The Green Revolution and the Muda Irrigation Scheme.* MADA monograph No. 30

川喜田二郎

1989 「環境と文化」川村武・高原栄重編『環境科学2　人間社会系』朝倉書店

カレンバック、A.

1990 「21世紀の環境保全型社会に向けて」大来佐武郎監修『講座「地球環境」5　地球環境と市民』中央法規出版

Kin, Ho Nai

1981 *Padi Fertilizers and Agrochemicals Usage and Problems of Environmental Pollution in Muda Area: A Brief Note.* Muda Agricultural Development Authority

1983a *Status of Pesticide Application Technology on Small Farmers in the Muda Area.* Muda Agricultural Development Authority
1983b *An Overview of Weed Problems in the Muda Irrigation Scheme of Peninsular Malaysia.* Muda Agricultural Development Authority

小島佳代
2000 「現代の文脈が要求する農家と消費者の在り方についての三浦市南下浦町松輪地区における現地調査」横浜市立大学文化人類学研究室編『文化人類学研究室演習論文集・三浦市南下浦町松輪地区の文化人類学 平成10年11年度合併号』pp. 1-43

口羽益生、坪内良博、前田成文編
1976 『マレー農村の研究（東南アジア研究叢書12）』創文社

呉尚浩
2000 「市民による里山保全の現代的意義――『市民コモンズ』としての都市里山」『中京大学社会科学研究』第20巻第1号：75-121

馬橋憲男
1990 「エコロジカルなライフスタイル」大来佐武郎監修『講座「地球環境」5 地球環境と市民』中央法規出版

Meler, P. G., Fook, D. C., Lagler, K. F.
1983 Organochlorine Pesticide Residues in Rice Paddies in Malaysia. *Bull. Environ. Contam. Toxicol.* 30: 351-357

Monma, T., K. Yasunobu, Husna Sulaiman, & F. Y. Wong
1996 Forecasting of Rice Farming in the Muda Area, Malaysia: A Survey of Farmers' Views. *Farm Management Development and Transformation under Agricultural Commercialization in Malaysia.* UPM/JIRCAS Collaborative Study Report（1993-

1996), Universiti Pertanian Malaysia Press

Moulton, T. P.

1973 The Effect of Various Insecticides (especially Thiodan and BHC) on Fish in the Paddy Fields of West Malaysia. *The Malaysian Agricultural Journal.* 49 (2)

Muda Agricultural Development Authority

1972 *The Muda Irrigation Scheme: An Exercise in Integrated Agricultural Development.* Muda Agricultural Development Authority (MADA Publication No. 19)

中尾佐助

1966 『栽培植物と農耕の起源』 岩波書店

中根千枝

1967 『タテ社会の人間関係――単一社会の理論』 講談社

野崎倫夫

1981 「マレイシア・ムダかんがい地域の水稲二期作の現状と熱帯農業研究センターの技術体系組立研究の経過並びに計画」『熱帯農業研集報』 41: 22-25

西山賢一

1992 『文化生態学入門――生物としての人間に未来はあるか』 批評社

オダム、E・P 三島次郎訳

1974 『生態学の基礎 上』 培風館

Sahlins, M.

1972 *Stone Age Economics,* Aldine-Antherton Inc (『石器時代の経済学』 法政大学出版局)

佐々木高明
1971『稲作以前』日本放送出版協会
Scott, J. C.
1987 *Weapons of the Weak: Everyday Forms of Peasant Resistance.* Yale University Press
杉本勝夫
1981「マレイシアの稲作の動向と熱帯農業研究センターによる栽培研究の成果及び課題」『熱帯農研集報』No. 41: 16-21
スチュワード、J・H　米山俊直、石田紝子訳
1979『文化変化の理論――多系進化の方法論』弘文堂（*Theory of Culture Change,* University of Illinois Press, 1955）
田端英雄
1997「里山とはどんな自然か」田端英雄編著『エコロジーガイド――里山の自然』保育社
竹下隆三、武田明治、土屋悦輝
1974『環境汚染分析法10――農薬』大日本図書
玉城哲
1983『水社会の構造』論創社
鷲谷いづみ・矢原徹一
1996『保全生態学入門――遺伝子から景観まで　生物多様性を守るために』文一総合出版
Wong, D.
1987 *Peasants in the Making: Malaysia's Green Revolution.* Institute of Southeast Asian Studies
安室知

1991 「エリをめぐる民俗――涸沼のスマキ」『横須賀市博研報』36: 51-78 横須賀市人文博物館

あとがき

本書は、一九八〇年代、九〇年代、二〇〇〇年代、および二〇一七年と二〇一八年八月に実施したマレーシアでのフィールドワークをもとにしている。第1章は、筑波大学環境科学研究科に提出した修士論文「伝統と近代化の狭間にて：西マレーシア稲作農村における稲作技術の変化と環境の変容に関する研究」（一九八五年二月、未発表）をもとにしている。第2章、第3章、第4章の初出はそれぞれ、横浜市立大学紀要『人文社会学系列　第3号』一九九六年三月二〇日発行、「マレー人農村におけるおしゃべり活動とその成員――親族関係、近隣関係、友人関係の複合体」、筑波大学歴史人類学研究科『族』15号一九九一年発行、「マレー農村は変わったか――マレーシア・ケダ州の大規模灌漑プロジェクトと村人の対応」、横浜市立大学紀要『人文社会学系列　二〇〇三年第3号』、「マレーシアにおける農薬使用の問題点と負のフィードバック――ケダ州ムダ地域G村の『漁労稲作果樹菜園文化生態系』の事例」である。

マレーシア農村のゆっくりと流れる時間、その中に生きる人々が大切にしている毎日、身体時間と柔構造社会の面白みと重要性を感じていただければ幸いである。それは、二〇〇〇年代の調査時にも再確認された。また、マレー系のみならず、インド系、中国系マレーシア人の友人たちも、ネットワークに生き、人と共に時間を過ごすことを重視している。

この研究の背景に私の故郷の天城山系の豊かな水とその中で生きる植物動物（人間も含まれる）、そして海と空と大地と太陽が織りなす自然がある。筆者は一九六〇年代の天城山系の豊かな水で潤う美しい棚田で、一五歳（中学三年）まで祖母が所有する水田の稲作を手伝っていた。小学生のときには、田植えの苗束を運んだり、「ウシ」とよばれる物干し竿のような仕掛けに収穫した稲束を掛けたりという、周辺的な仕事をこなした。

中学生になった筆者は田植え糸を左右に渡して赤いビーズのような印がある場所に苗を植える田植え作業に加わった。横一列に並んで、一斉に田植えが始まるともたもたしてはいられない。両隣に母方オバたちがついてくれて、私をフォローし、私は大人たちのスピードに遅れないためにがんばった。縦も横も、真っ直ぐに揃って苗が並び、それが風にたなびく様子はさわやかでありがたいものだった。秋、収穫の季節。歯がギザギザになった稲刈りカマで、黄金色に実った水田の稲束をザクザクと刈り、何束かまとめて藁でゆわえて、ウシにかけて干す。そして、足踏み脱穀機で脱穀し、米袋につめた。脱穀機を使うのは国民の祝日の勤労感謝の日あたりで、「休みのはずなのに私たちはなぜ働く」、「脱穀機の音までキンローキンローと聞こえる」などと冗談をいいながら働いた。

地域の人々がまとまって管理する水管理組合は管理が厳しい。夏の草刈りも大変だった。自分が働いた水田でコメが採れ、それを食べるということは誇りだった。しかし、農薬散布は母やオバが苦情を言いながらも地域の一斉散布には参加したが、父は筆者にそれを依頼することはなかった。なぜならば、中学校入学の入学式の答辞で、地域の自然の保全をテーマとし、なぜ毒物を大量に撒くのかと疑問を投げかけ、自然を生かしたまちづくりを提案するような環境論者だったからである。私はオジが狩りで仕留めた野生動物を食べることがあった、また、野生動物を甘く見てはいけないと知っていたが、動物も植物も私も友達も同じ地元で生まれて育った地元民だと感じていた。それは、水俣病、四日市喘息、イタイイタイ病などが他人事ではない危機感に根ざしていた。その時代に生きた筆者たちの共有の課題でもあった。

毎週家族で泊まりに行って水田や畑作業をしていた祖母の家には水道がなく、近くの川から竹を半分に割ったトヨあるいはトイとよばれる水路で水を引いていた。台所の洗い場の窓から、小川の緑とそこから水を引く竹のトヨ、イチジク、ミカン、レモンなどの果樹と小さな野菜畑、低いところに水田、その向こうに山々が見え、ささやかなまとまった生態系を感じ、美しい風景だと思ったものである。山の植林や下刈りのために若い父親たちが賑やかに山へ登っていった。材木を満載にしたトラックが山を降りた。しかし、それはある時期にパタリと止まった。材木の価格の暴落によって、森林を活用することができなくなったのだ。一方で、マレーシアの熱帯林から木材が日本に輸入され、マレーシアの豊かな原生林は失われていった。マレーシア・サラワクの森の人々、動物たちの生きる場所が大きく変わった。国際会議のために来日したマレーシア人の友人は怒りを口にした。日本にはこんなに森があるのになぜマレーシアの森を破壊するのかと、いまだにこの問題を前にして、値段だけで取引が決定され、波及効果が問われない現実に筆者は絶望感を抱えている。

ひるがえって、大学院生となった筆者は、マレーシアの農村で、高床式家屋の台所の窓から井戸と小さな野菜畑、そして鶏小屋が見え、そのむこうに椰子やバナナ、さらにむこうに水田とゴム林という、伊豆とは違う、しかし同様に美しい風景に出会ったのである。

日本での稲作の経験はマレーシアの現地調査で役に立った。シェア・グループとよばれる女性五人ほどの田植え請負集団の田植え作業にも臆せず参加できた。しかし、田植え糸がないことに驚いた。どこに植えれば良いでしょうか？　と思いながら困っていると、先輩が植え始めた縦列に適当に等間隔に続きを植えてと指示してくれた。持たされた苗を改めて見ると日本の一〇倍くらい長く、上部がざっくり切られている。こんな苗で大丈夫かと気をもむ筆者に、ヤギの爪と名付けられた鉄の爪のような道具が渡されて、これで深く水田に差し込めという。強い雨（スコール）で深水になるため、浅く植えると苗が流されてしまうそうである。稲作にも多様性があるのだ。

目の前の列と隣の列の二列を植えるようにといわれて、筆者はグサグサ植えた。マイペースである。遅いと見た隣の人は、自分の列が終わってから、筆者の列を反対側から植えて加勢してくれた。中学生の筆者がオバたちに助けられながら田植えをしたことを思い出し、似ているけれども違いもあると思いながら、作業を終えて帰った。

筆者はホームステイしていた高床式の家の下で、泥になった足や汗を流そうと衣服を脱いでバテックというろうけつ染めの大きめの布を胸まで巻いて、井戸端の沐浴所に行った。水をかぶろうとしたそのとき、「きゃー！」と叫んだ。ふくらはぎに真っ黒なヒルが血を吸って親指ほどの大きさに膨らんでぶら下がっていたのである。ヒルをむしり取って、井戸水を頭からかけて、石鹸で洗った。自然は甘くないなと知らされた衝撃の体験だった。しかし、ヒルが生きられるならば、毒物が少ない安全な水田ということだ。それ以来、水田に入るときはストッキングをはいて、裾が詰まったズボン、長袖の上着、首には手ぬぐい、帽子をかぶるという工夫をした。

驚きはそれだけでなかった。その晩、筆者の声が枯れてしまった。筆者がきゃーと叫びながら盛んに井戸水を浴びているのを見ていた隣のおじさんがおしゃべりに来ていて「水田から帰って体が熱しているのに、急に水を浴びたから声が枯れたんだよ」と説明した。熱中症の一種だろうか。そして、「この家のお母さんに、タマリンドの実と氷砂糖と水で飲み物を作ってもらって飲みなさい。治るよ」と教えてくれた。お母さんは「私が気づいたら水浴びは後にしろと言ったのに」と残念がっていた。筆者はホームステイ先のお母さんが作ってくれたタマリンド・ジュースを飲んでみた。甘酸っぱくて美味しい飲み物だった。タマリンドはマメ科の植物で巨木からぶら下がっている一メートルもあるかという巨大な褐色のインゲン豆のようなものである。長いさや豆のさやを開けると小豆色のペースト状の実が入っている。タマリンド・ペーストと氷砂糖と水で作ったジュースは強い冷却作用が村人の間で有名な民間薬である。お母さんは「一晩井戸にぶら下げて、月の光を浴びるともっとよく効く」といいながら、針金でつくった網にコップを入れて井戸に吊るしてくれた。

翌日も月光の薬効も加わったタマリンド・ジュースを飲んで、筆者の声枯れは治った。薬学部を卒業したばかりの筆者にとって、このような村人の自慢の治療法はその後も続く楽しい発見だった（詳しくは板垣 2003)。月光に薬効があるという知恵からは文化の奥行きを感じた。

そのあと、田植えを手伝ったグループのリーダーの女性から、顔に塗ると美白効果があるという米粉が小さいジャムの瓶のような入れ物で筆者に届けられた。労働交換でなく、手伝いだから贈り物はいらないといったのだが、「あげると言われたら受け取らなければだめだよ」とお母さんに諭された。水田で働いたら、その後にたとえ家族でも報酬があるというマレー人農村の人らしい心配りだった。ごく周辺的な手伝いで、少しの報酬をもらったのだが筆者は認められたような嬉しい気持ちだった。

人手による田植えを故郷の伊豆とマレーシアの二ヵ所でできた筆者は幸運だったと思っている。そのどちらも家族隣人友人と共に働き、大地からの恵みを得る素朴な営みで、大変な中にも楽しさと誇りがあった。米も麦も野菜も果物も地球からの賜り物だった。

本研究を進めるにあたり、御指導下さった川喜田二郎、掛谷誠、西田正規、佐藤俊、国府田悦夫諸先生に心から感謝している。川喜田二郎先生にいただいた御助言とＫＪ法の指導に感謝する。工技院の天谷和夫先生には簡易水質試験法を教えていただいた。河村武先生には渡航手続きの際大変御世話になった。深く感謝している。スモン弁護団、大竹財団、トヨタ財団に厚くお礼申し上げる。

マレーシア滞在中の指導をして下さったUniversiti Sains MalysiaのDr. Idris Salleh, Professor Dzulkifli Abdul Razak 両先生、繁雑な手続きを手伝って下さった大学スタッフの方々、マスターズ・フラットの友人たち、ルームシェアをしたMalathyさん、重要な情報を提供して下さったペナン消費者協会、地球の友・マレーシアの友人たちに深く感謝している。

快く私のフィールドワークに協力し、何かと親切にして下さった、G村、K村、TB村の方々に心からお礼申し上げる。マレー語を集中的に教えて下さると同時に、さまざまな作法や調理についても幅広い知識を与えて下さった皆さまにお礼を申し上げたい。皆、家族同様に受け入れて下さり、共に楽しい毎日を過ごさせていただいた。共に水田で働き、村について細かい情報を下さった。またTARC（熱帯農業研究所）やMADA（ムダ農業開発公団）も快く調査に協力して下さった。多くの人々の協力をいただいた結果、修士論文の副査であった橋本道夫先生は「右」と「左」からバランス良く情報を得ていると評価して下さった。水質調査をするために毎日共に水田に行き、手伝ってくれた、村の子どもたちにもお礼を言わなければならない。

"Terima kashih, banyak banyak"

筑波大学環境科学研究科文化生態学研究室の友人たちとのディスカッションから多くの示唆を得た。あわせてお礼申し上げたい。

今回の出版にあたって、丸山二三代さん、久保田早奈恵さん、関口由美さんらアシスタントの皆さん、春風社編集部の山岸信子さんの助力にお礼申し上げたい。

板垣　明美

二〇二四年三月

アペンディックス

表1　水田における労働時間調査、サンプルの属性

NO	家番号	耕作者の性と年齢	耕地面積（ha）	副業	家族（人）	備考
1	61	m 23	1.98 （義父の土地）	ウパー	2 （夫婦）	本人、村外から婚入 妻の父の土地に新居
2	39	m 29	3.78（3人） （義父の土地）	ウパー	4 （核家族）	本人、村外から婚入 妻の父の土地に新居
3	52	m 34	2.24	果物行商	6 （核家族＋夫の母）	妻、村外より婚入 夫のカンポンに居住
4	58	m 34	1.68 （義父の土地）	菓子商	2 （夫婦）	本人、村外から婚入 妻の父の土地に新居
5	128	m 39	0.7 （小作）	ゴム 建設工事	7 （核家族）	妻、村外より婚入 夫のカンポンに居住
6	51	m 40	2.24	大工	5 （核家族）	妻、村外より婚入 夫のカンポンに居住
7	49	m 40	1.12 （半分小作）	雑貨店	2 （夫婦）	本人、妻共に村内出身 夫側のカンポンに居住
8	74	m 42	1.82 （1.4小作）	ゴム	5 （核家族）	妻、村外より婚入 夫のカンポンに居住
9	53	m 46	1.12	大工	11 （核家族＋一時居住妹の夫、孫）	本人、村外から婚入 妻のカンポンに居住
10	?	m 55	?	?	?	?
11	?	m 59	?	?	?	?
12	?	m 61	?	?	?	?

＊宗教活動は、付き合いに入れる。
＊副業には、ゴム園の仕事・果物売りの仕事など、水田以外での仕事の他に、近隣や親族の水田作業の請負・折半での仕事・時間給の仕事などを加算した。

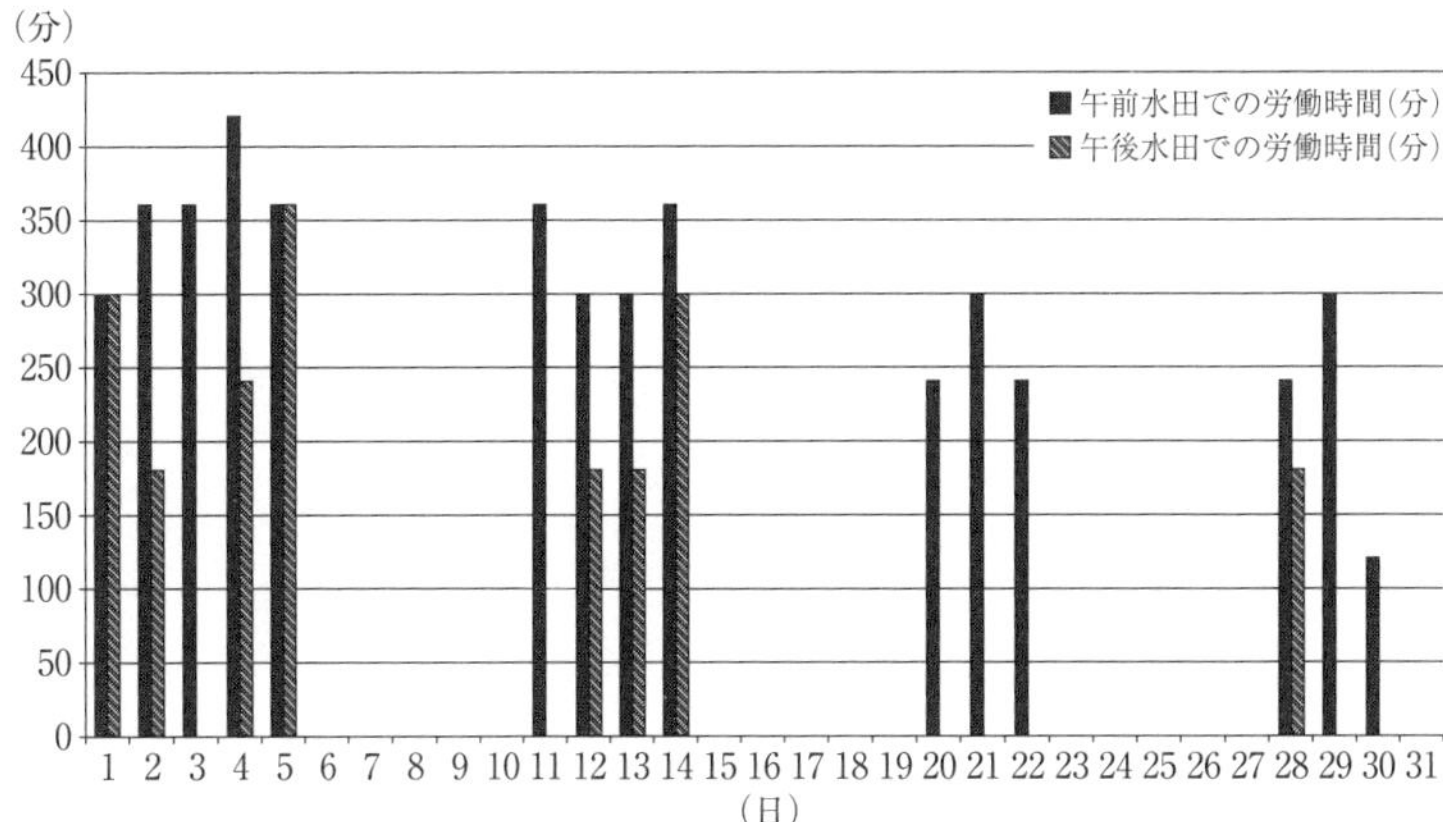

No.1　家番号 61（1983 年 10 月）

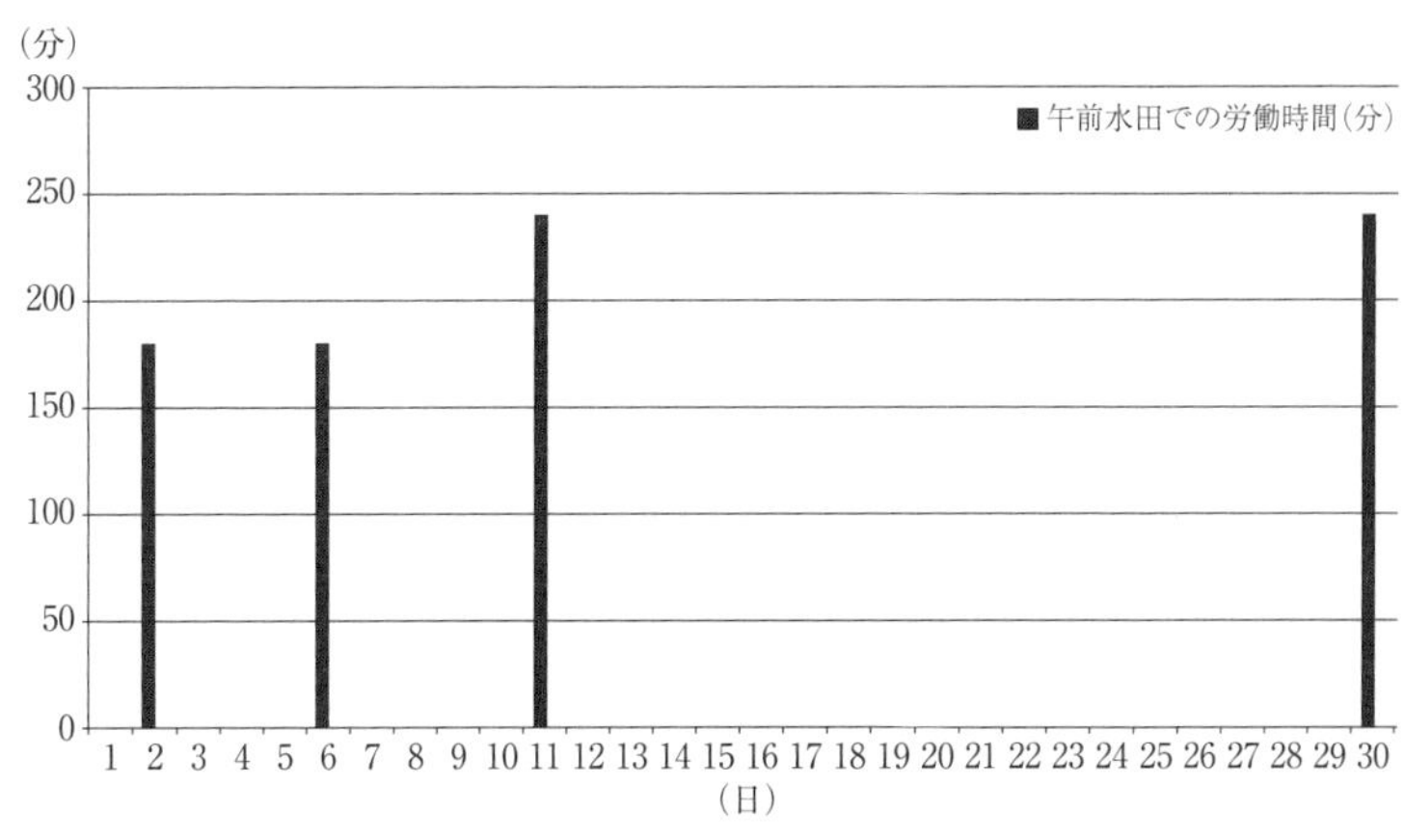

No.1　家番号 61（1983 年 11 月）

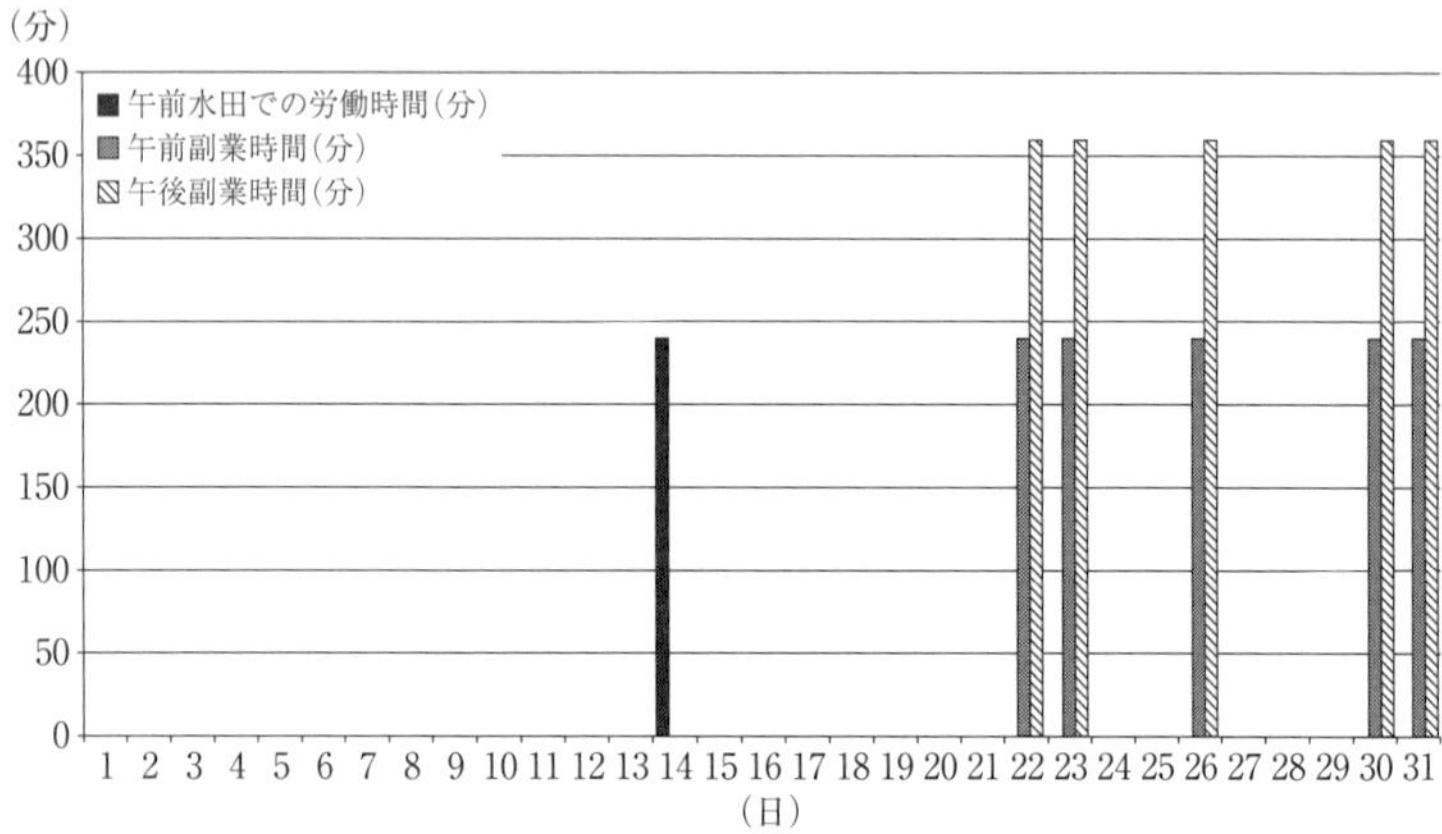

No.1　家番号 61（1983 年 12 月）

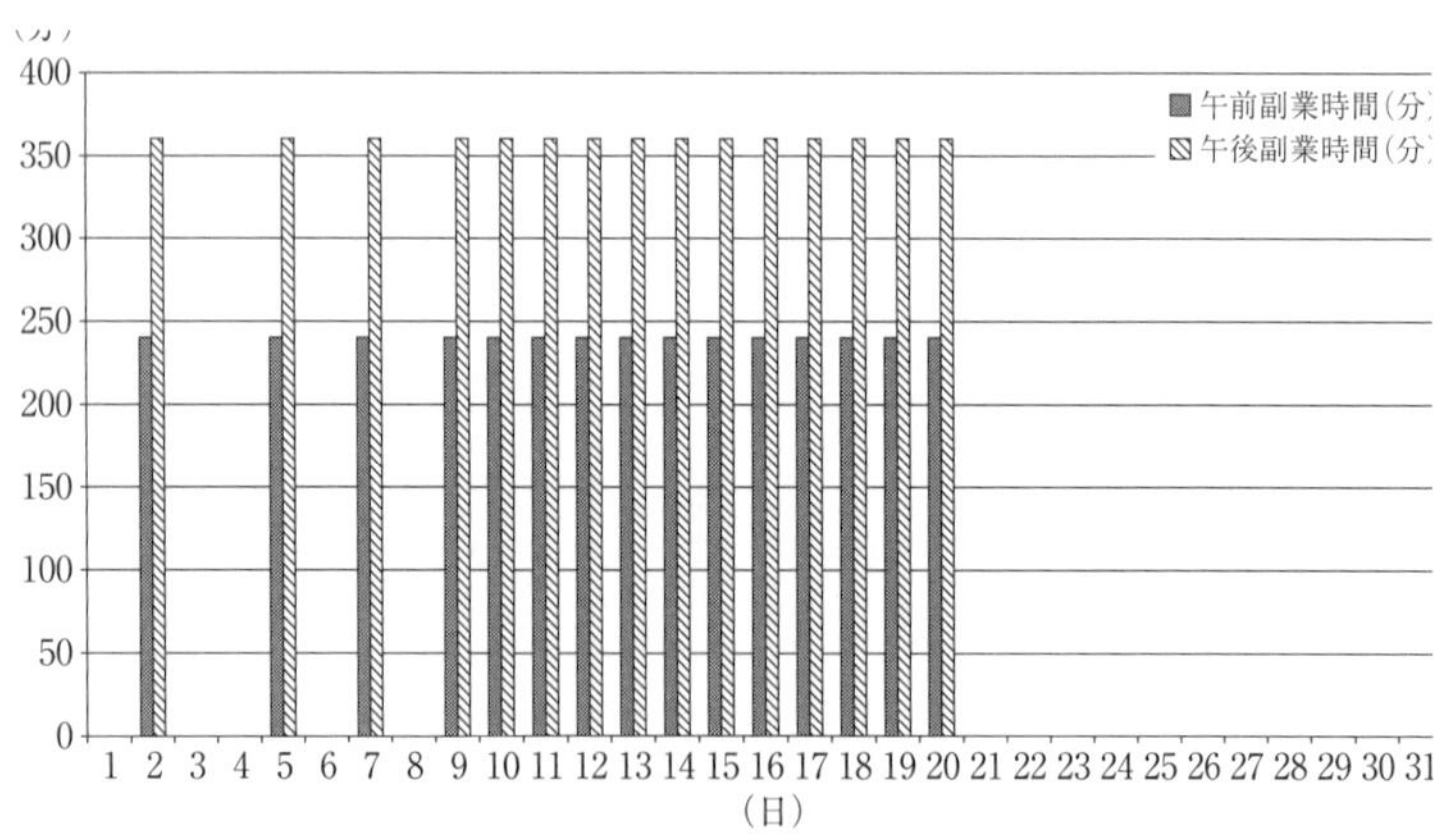

No.1　家番号 61（1984 年 1 月）

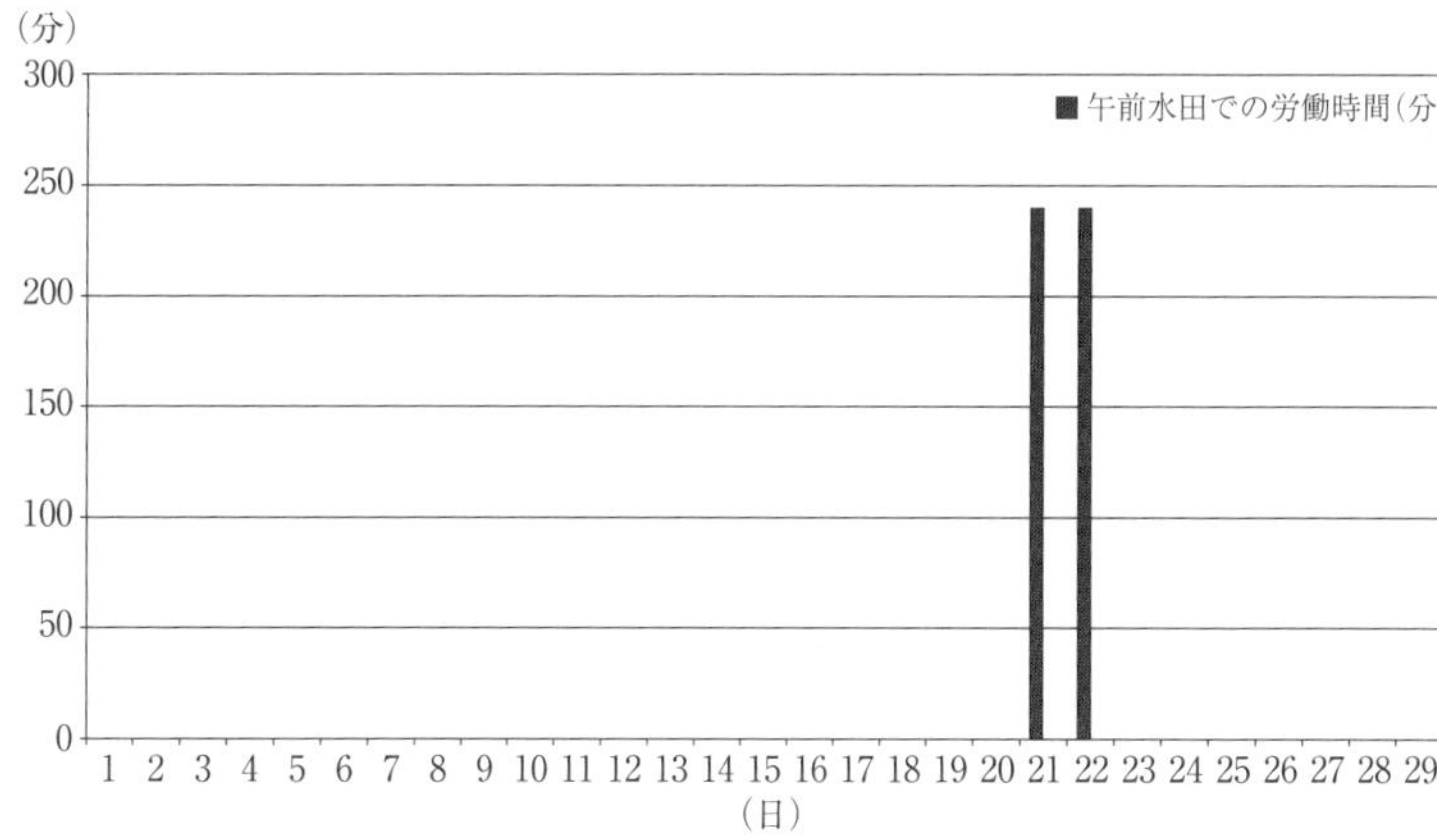

No.1　家番号 61（1984 年 2 月）

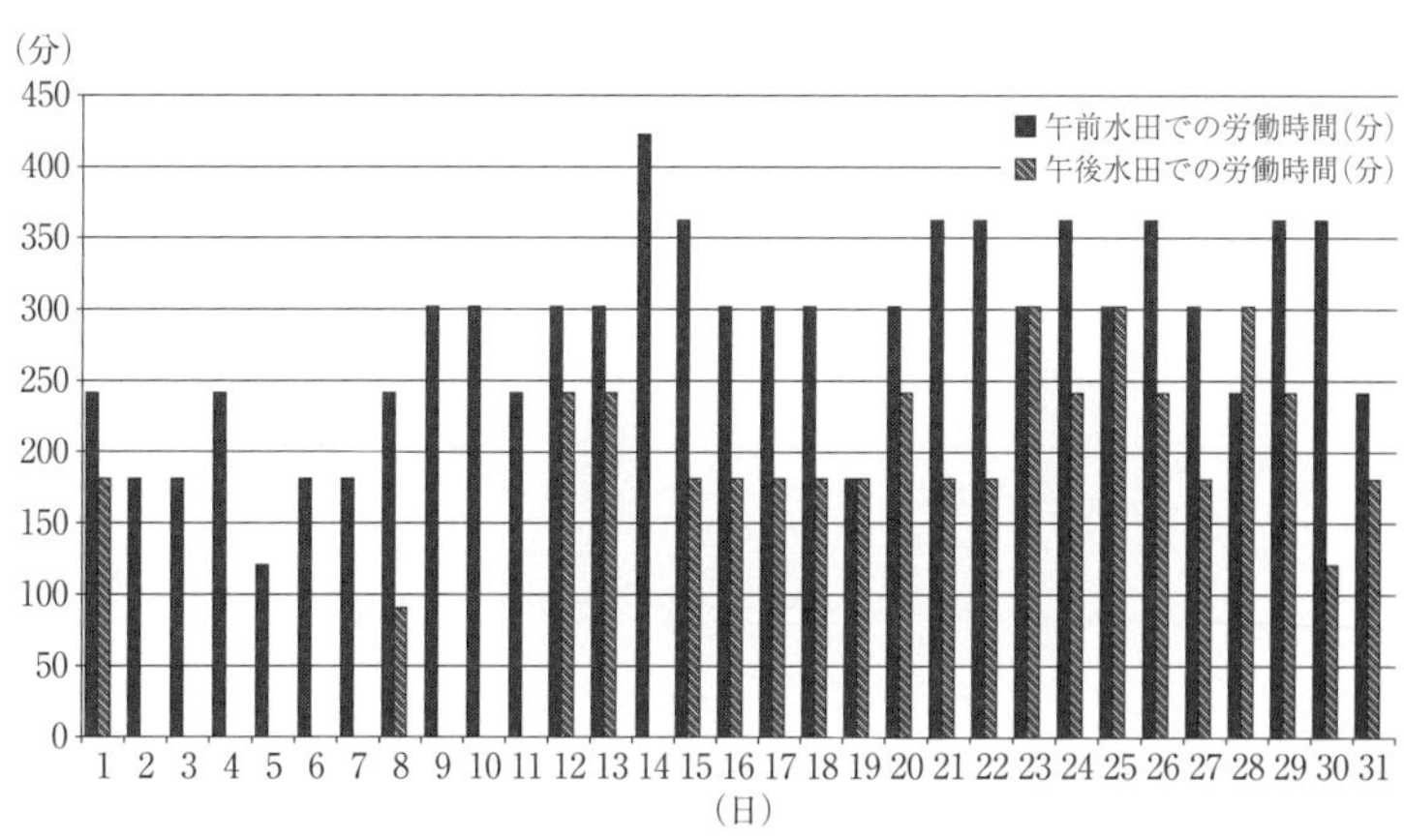

No.2　家番号 39（1983 年 10 月）

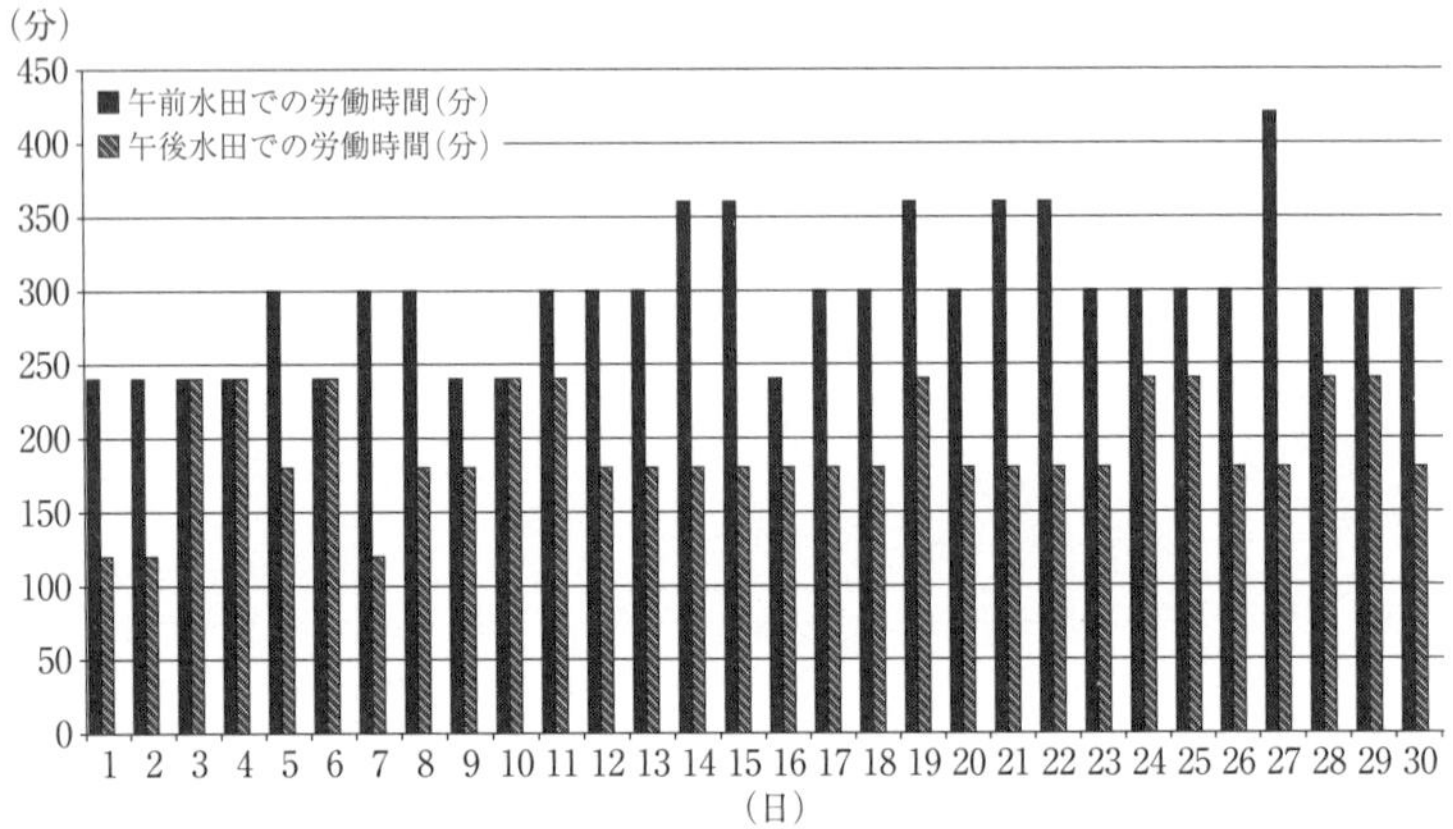

No.2　家番号 39（1983 年 11 月）

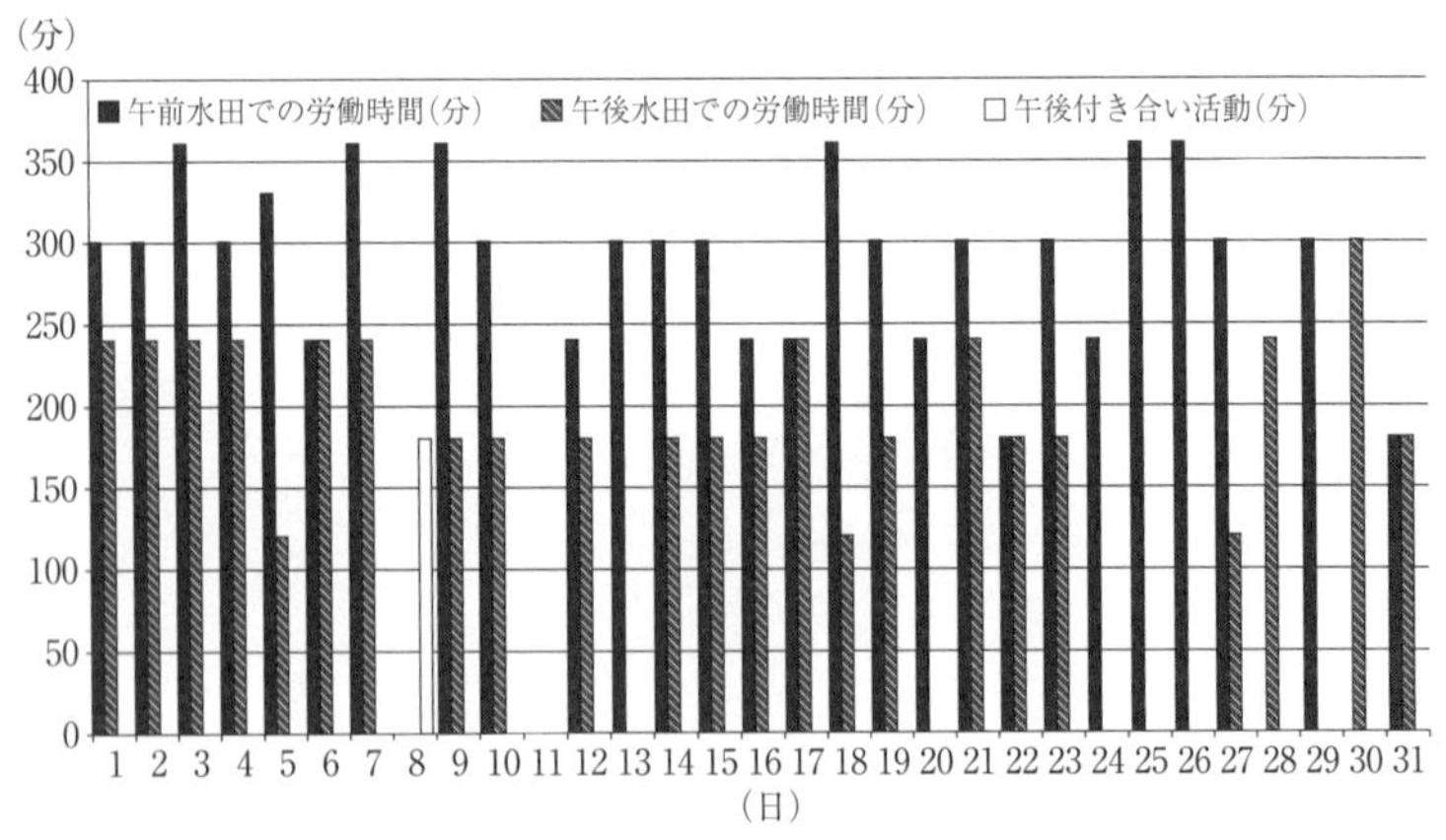

No.2　家番号 39（1983 年 12 月）

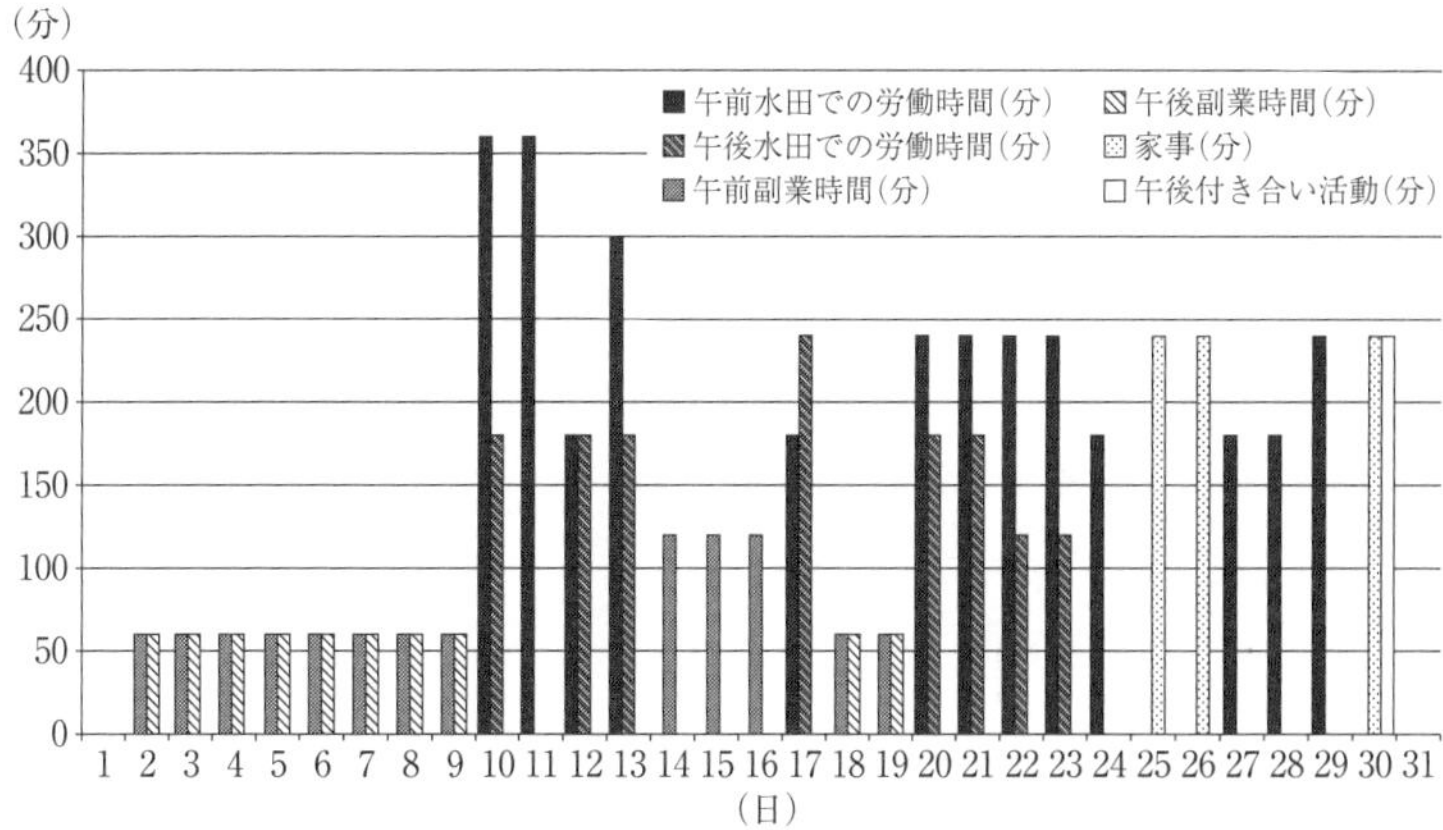

No.2　家番号 39（1984 年 1 月）

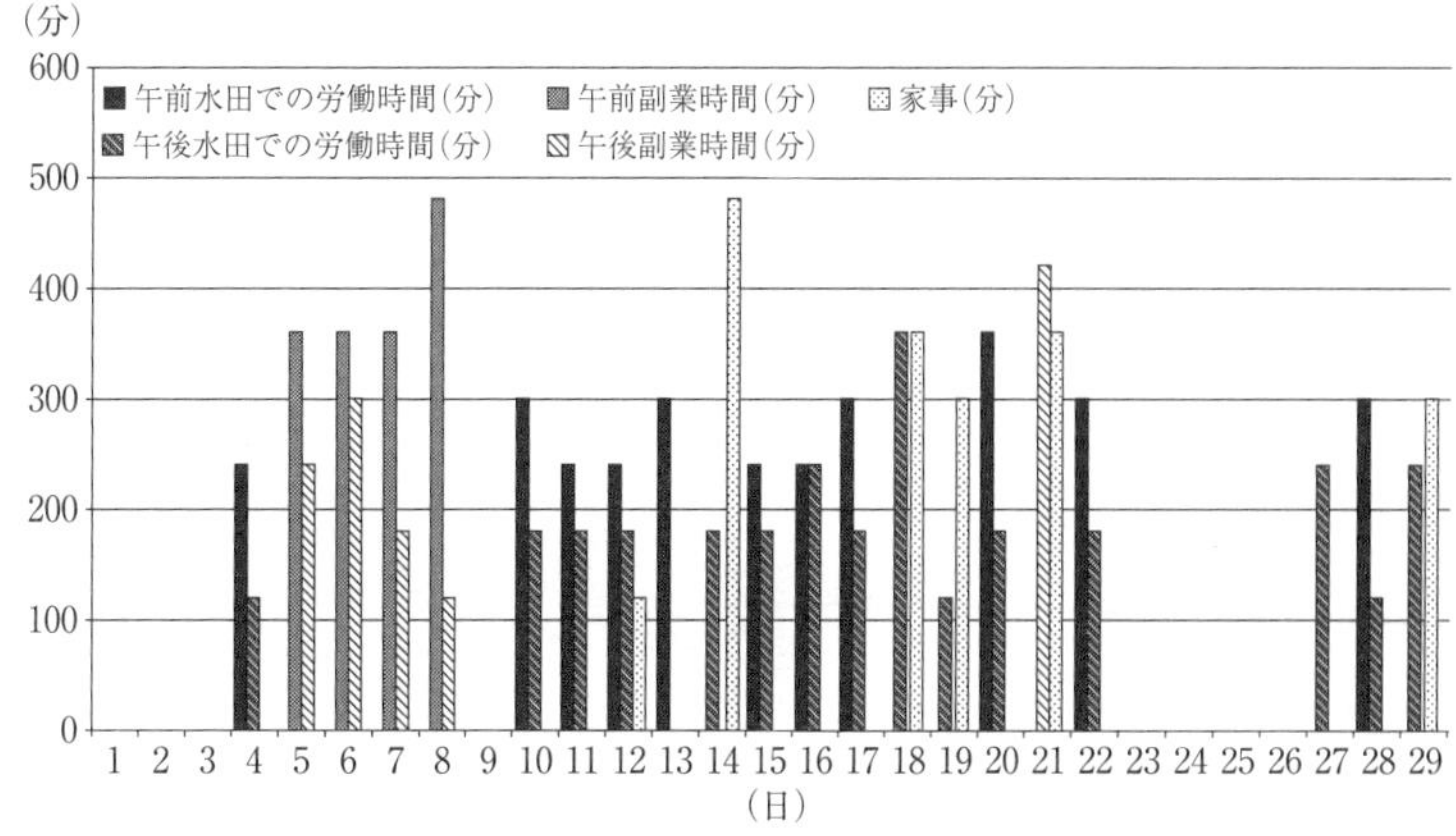

No.2　家番号 39（1984 年 2 月）

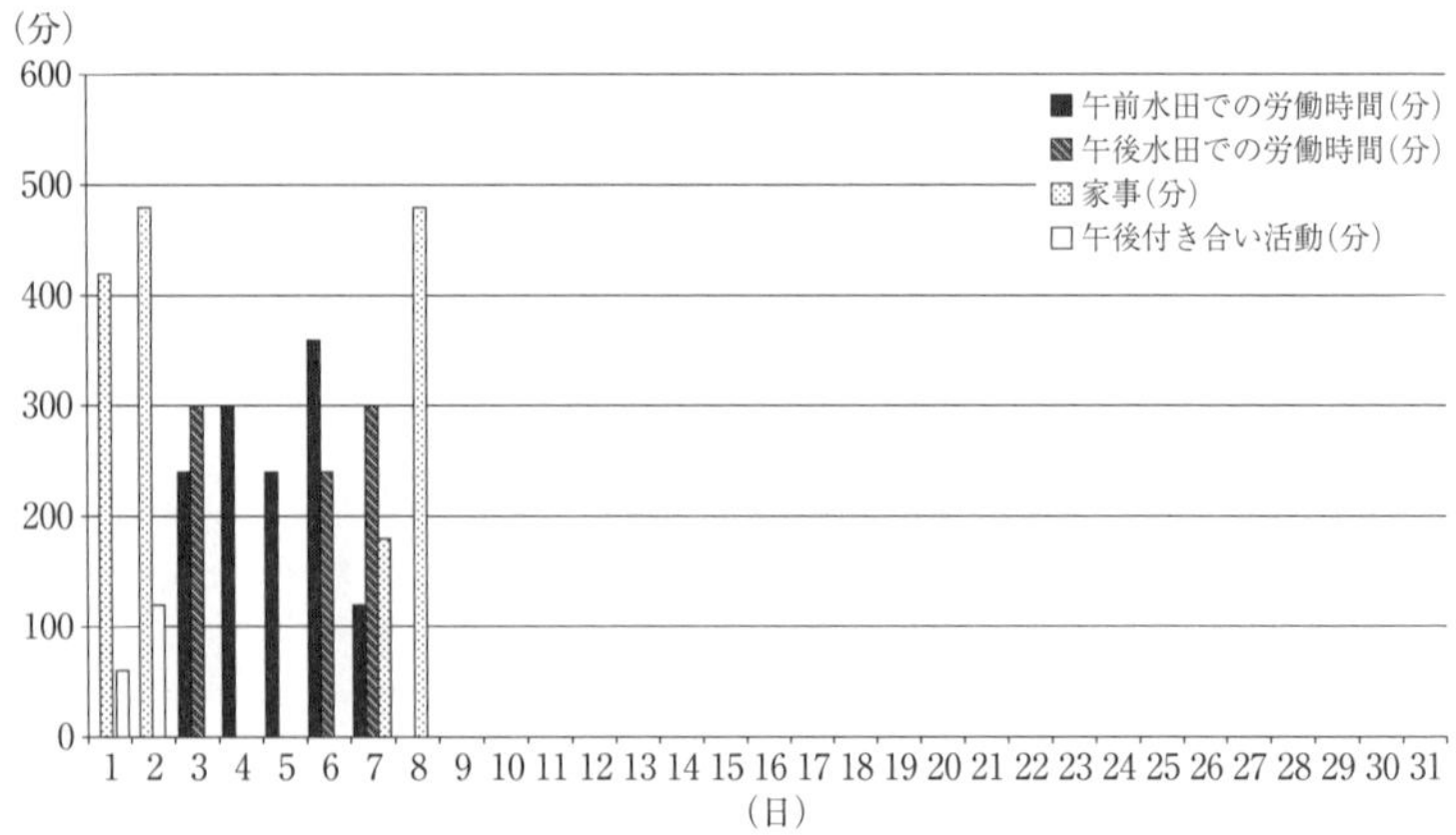

No.2　家番号 39（1984 年 3 月）

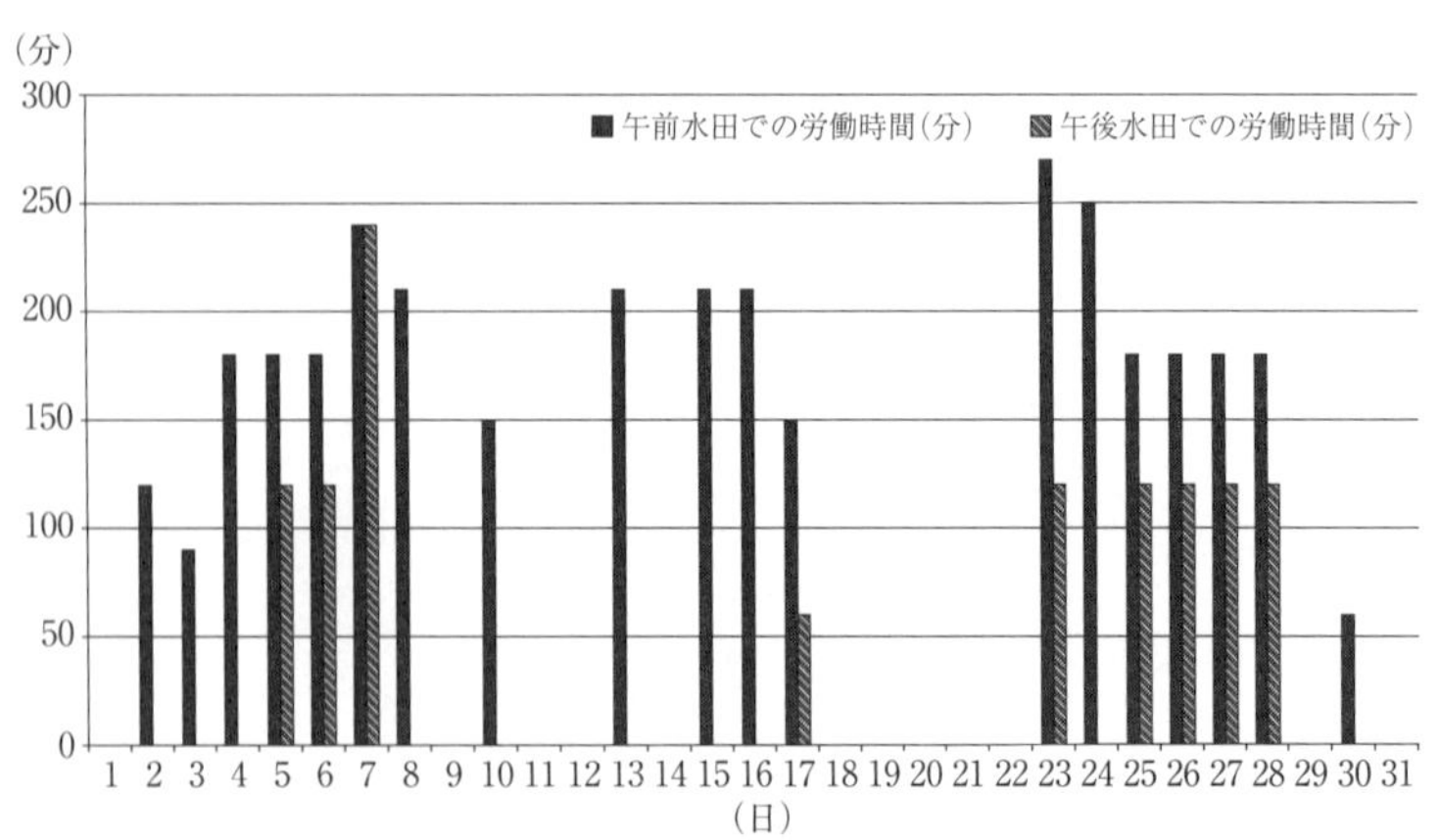

No.3　家番号 52（1983 年 10 月）

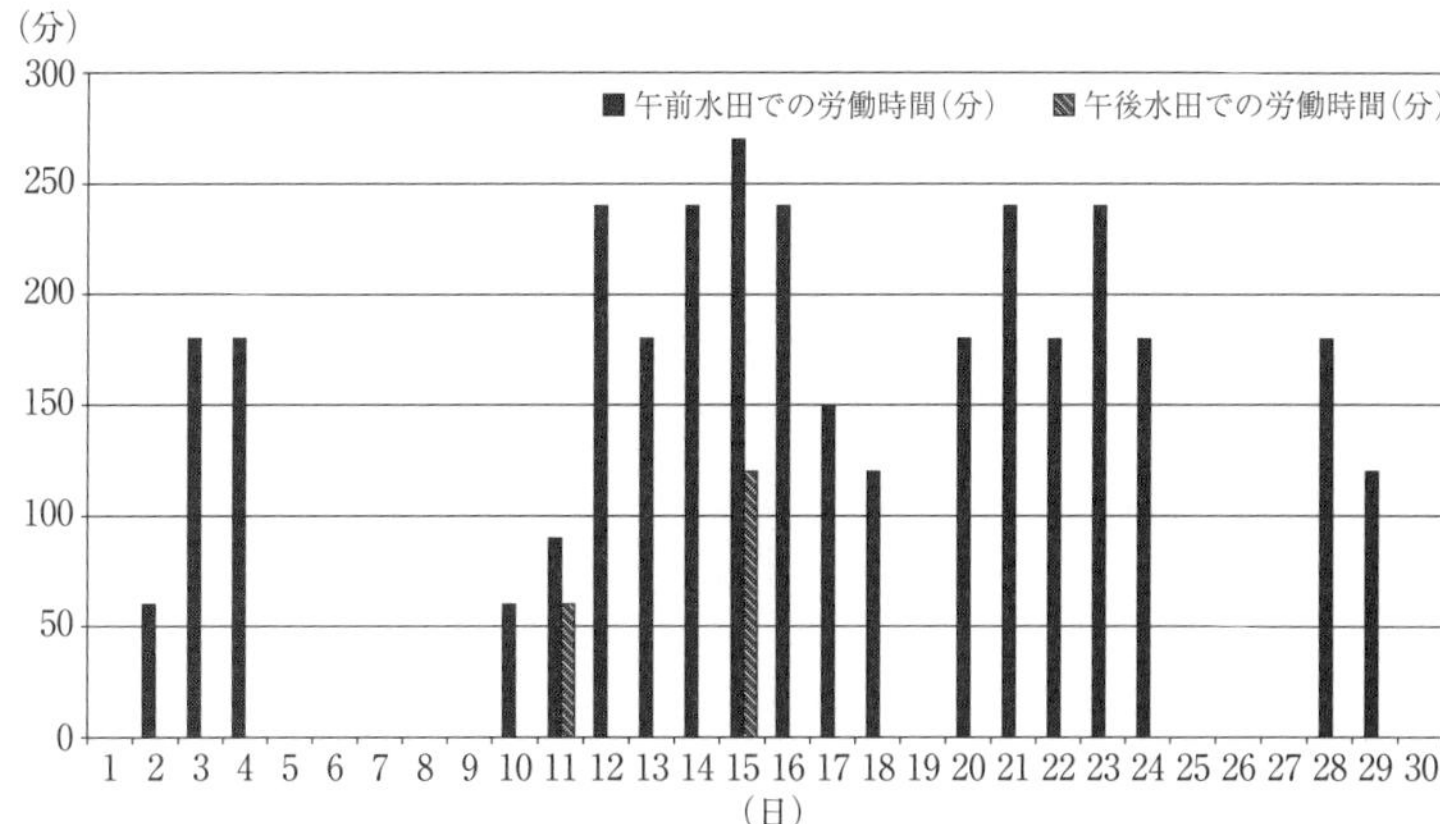

No.3　家番号 52（1983 年 11 月）

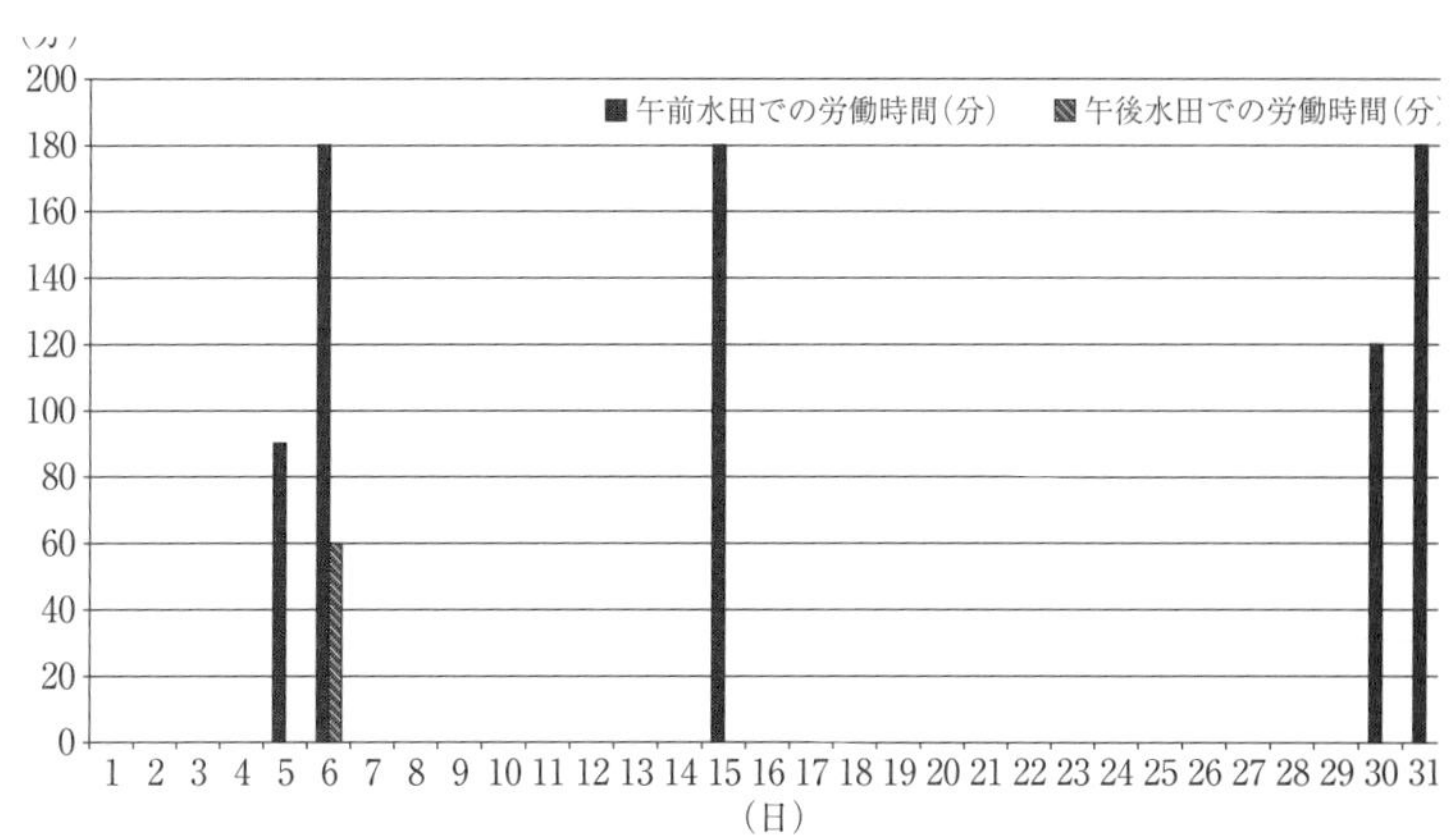

No.3　家番号 52（1983 年 12 月）

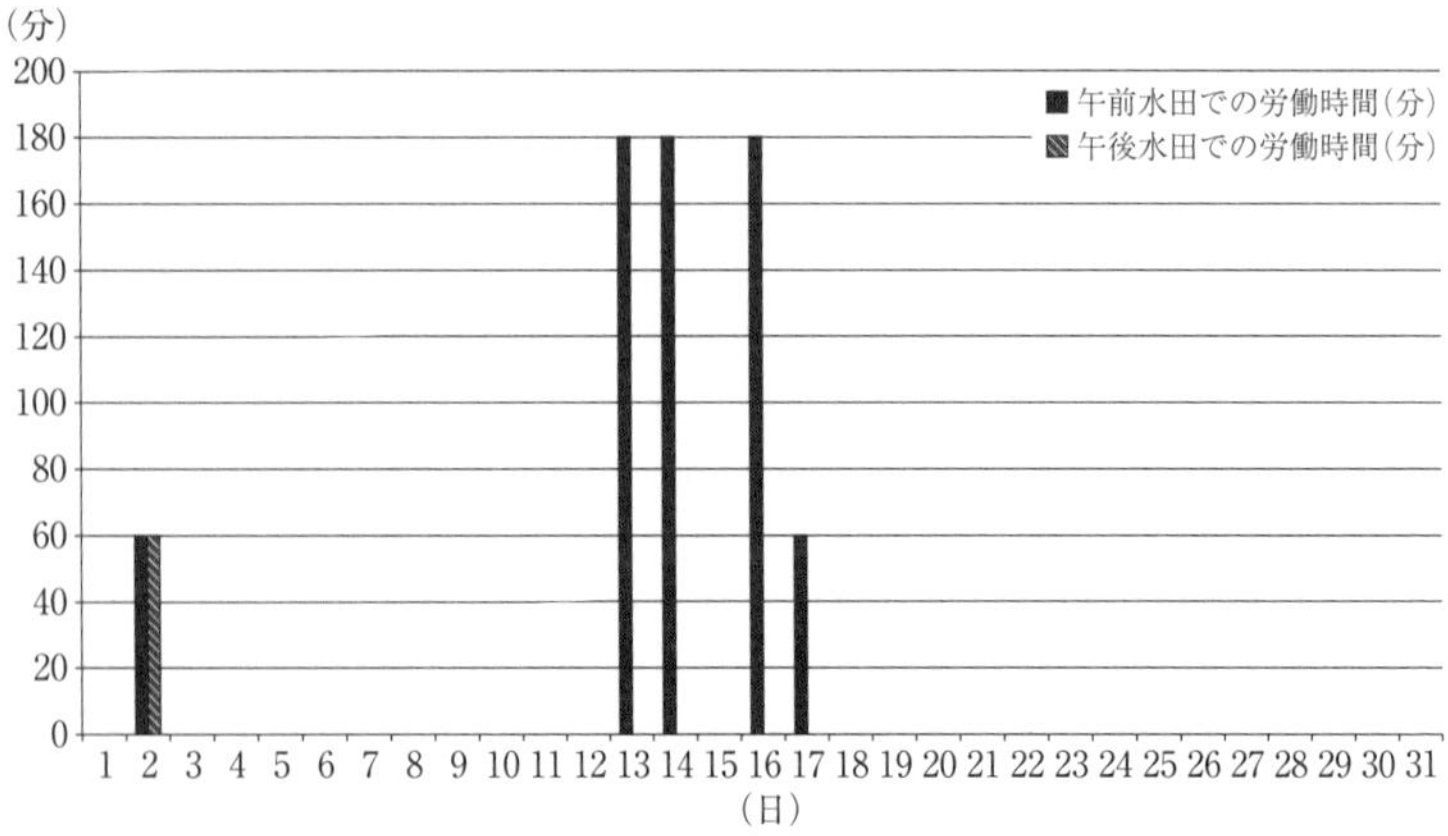

No.3　家番号 52（1984 年 1 月）

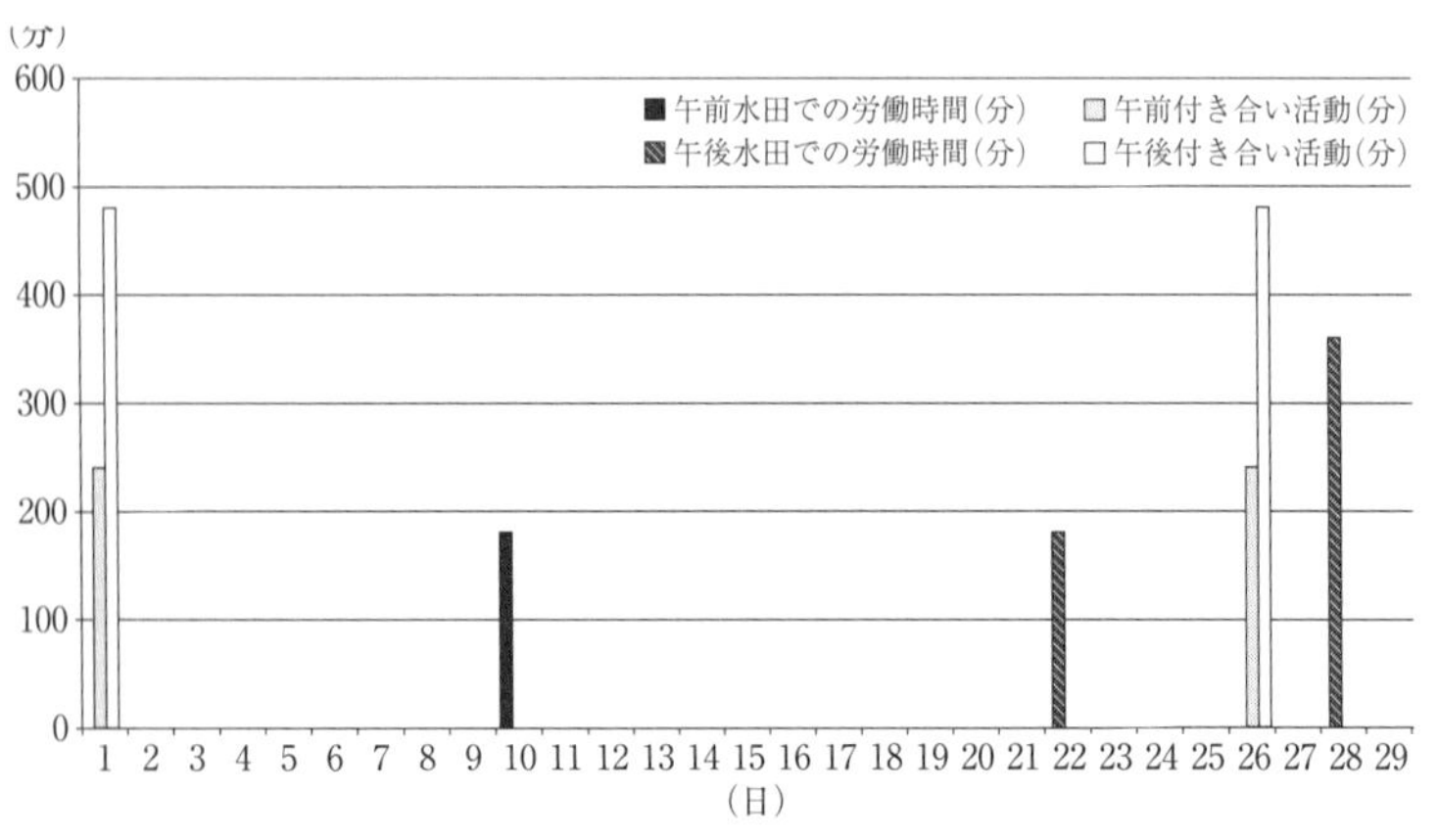

No.3　家番号 52（1984 年 2 月）

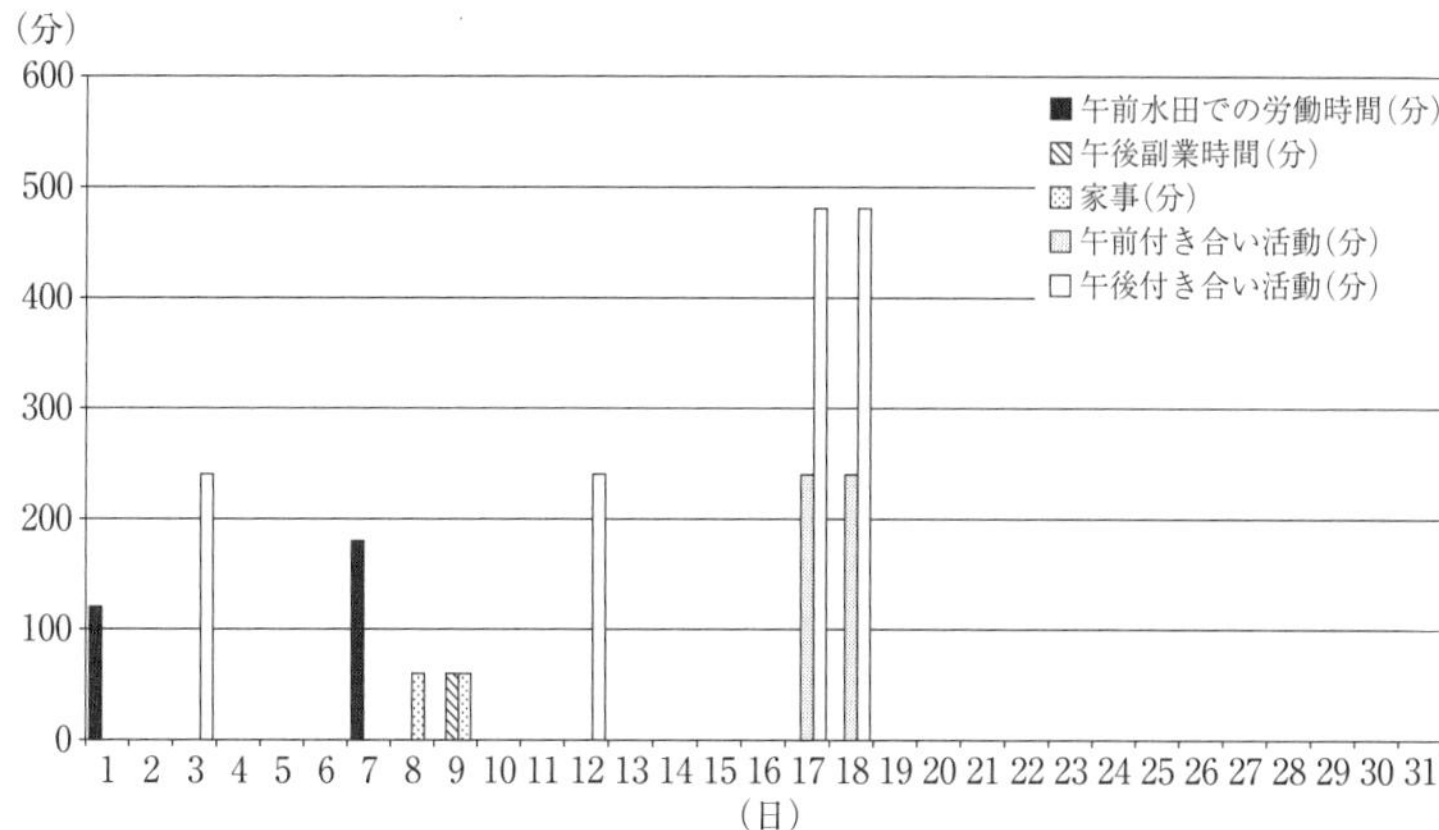

No.3　家番号 52（1984 年 3 月）

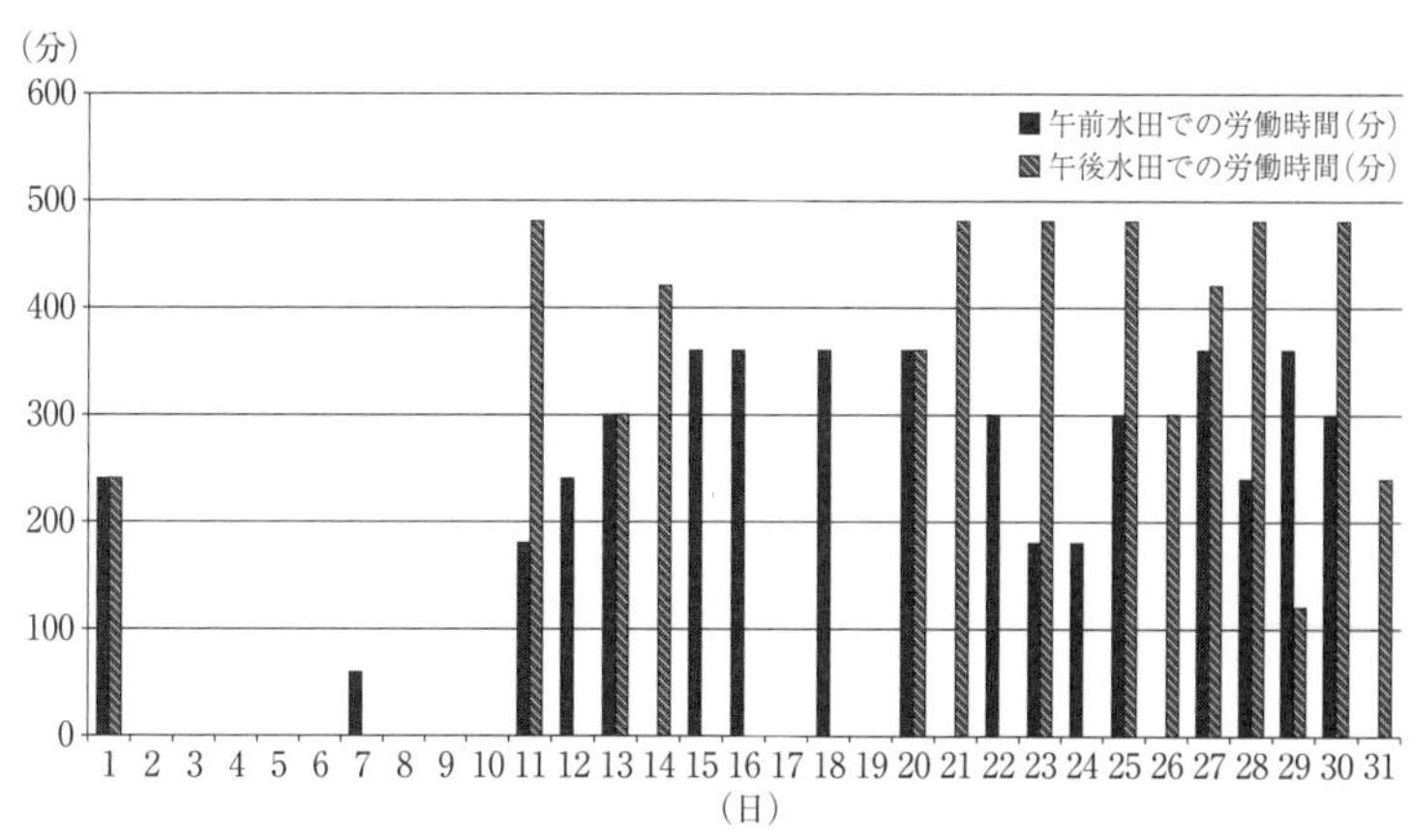

No.4　家番号 58（1983 年 10 月）

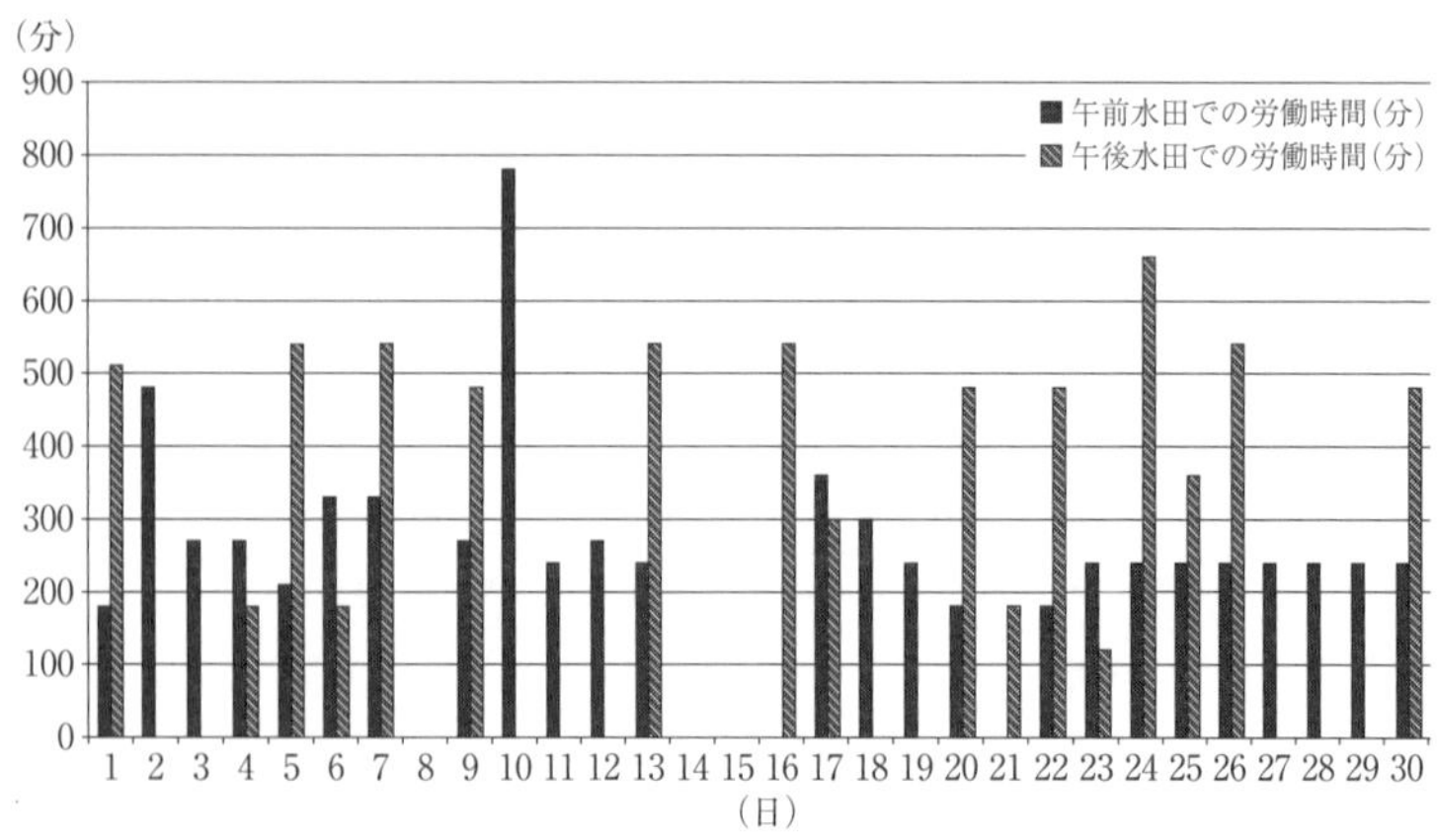

No.4　家番号 58（1983 年 11 月）

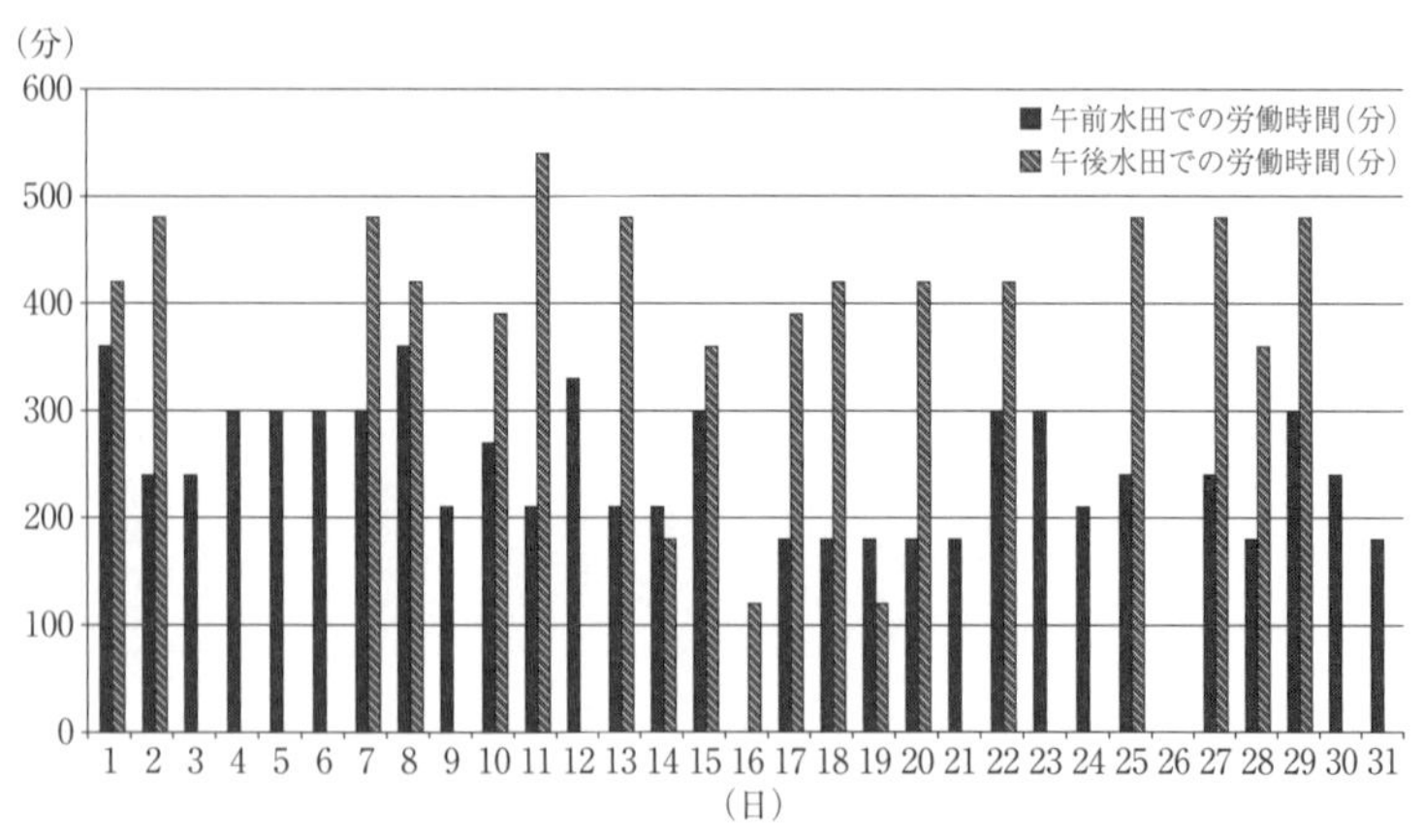

No.4　家番号 58（1983 年 12 月）

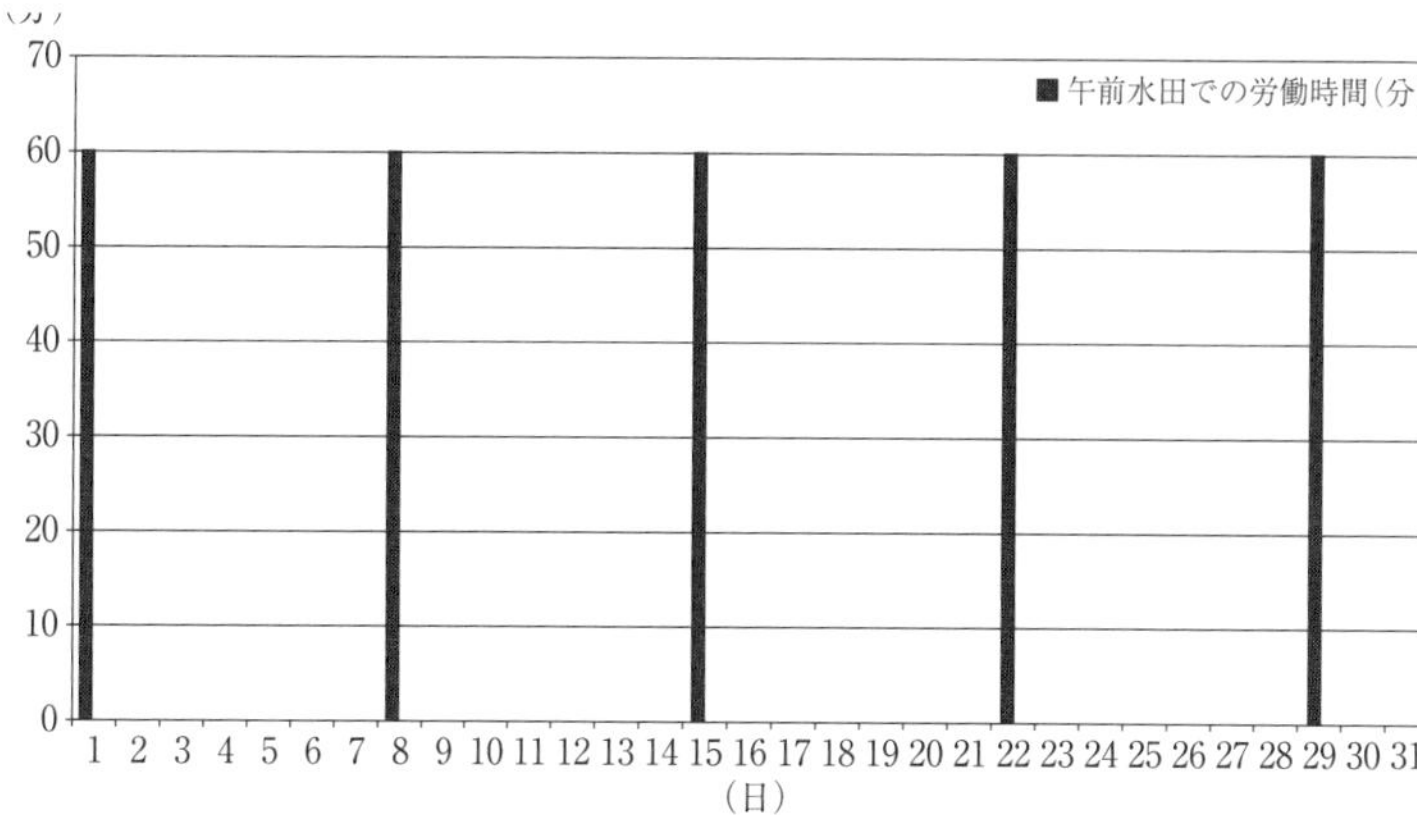

No.4　家番号 58（1984 年 1 月）

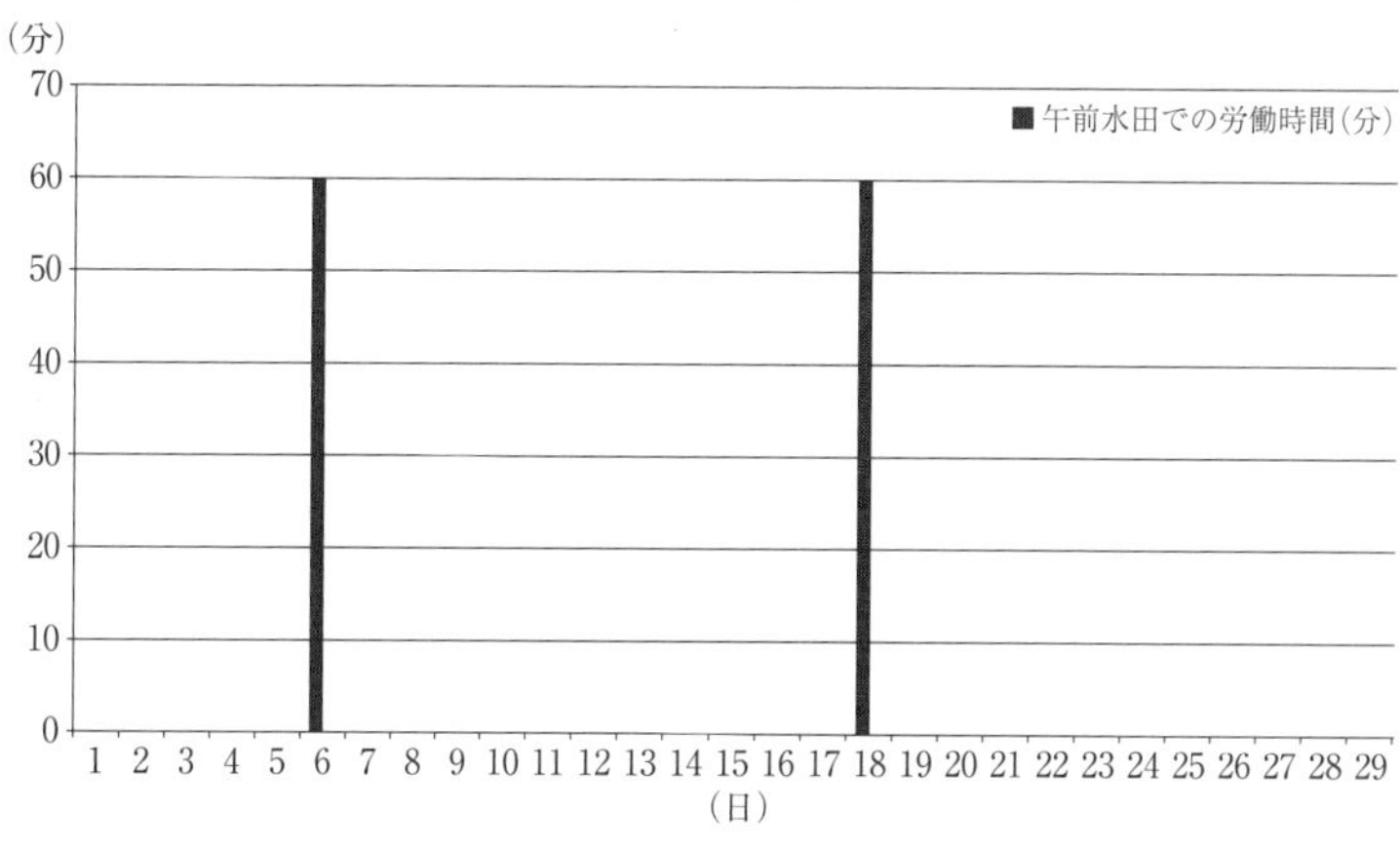

No.4　家番号 58（1984 年 2 月）

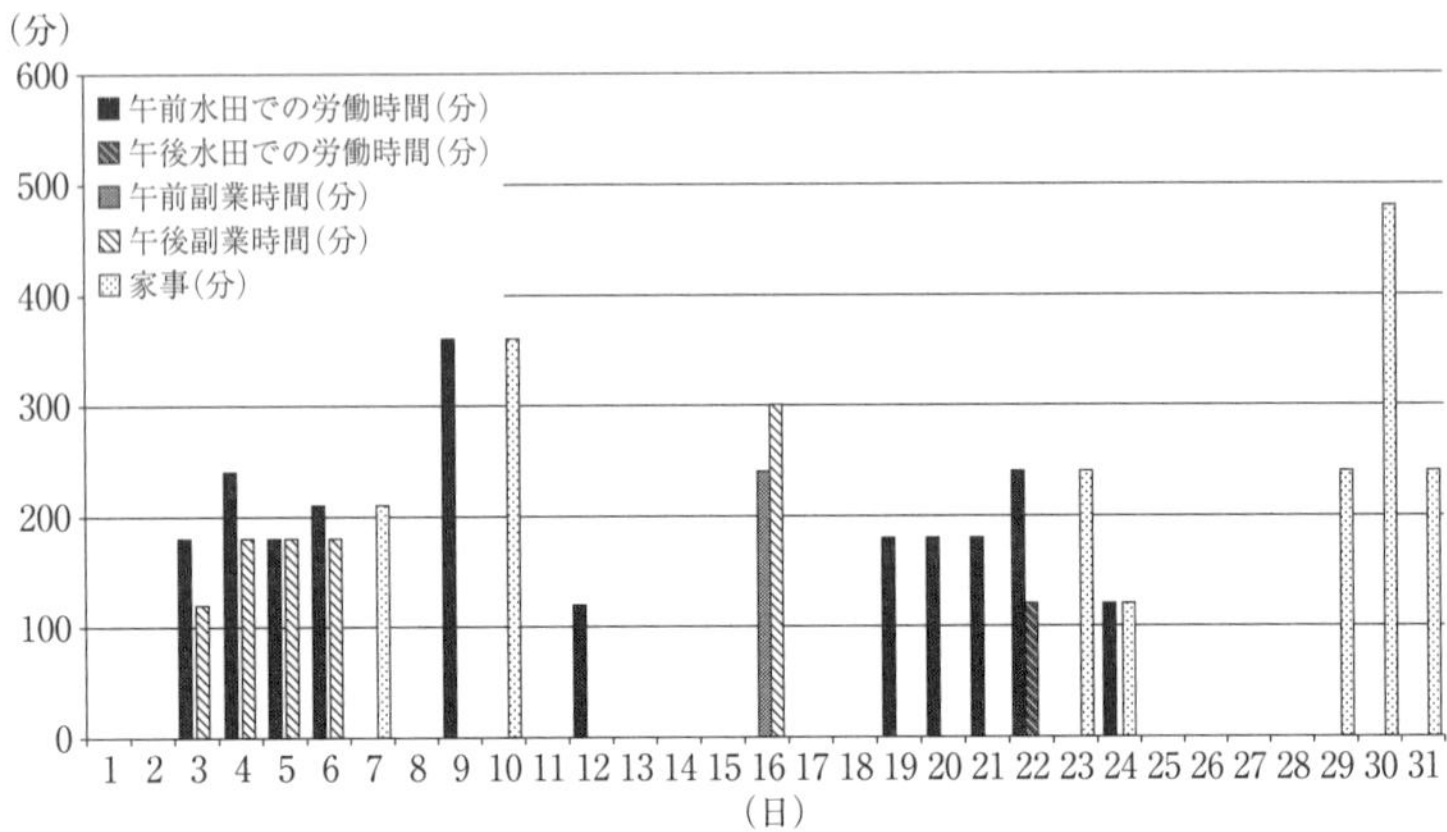

No.5　家番号 128（1983 年 10 月）

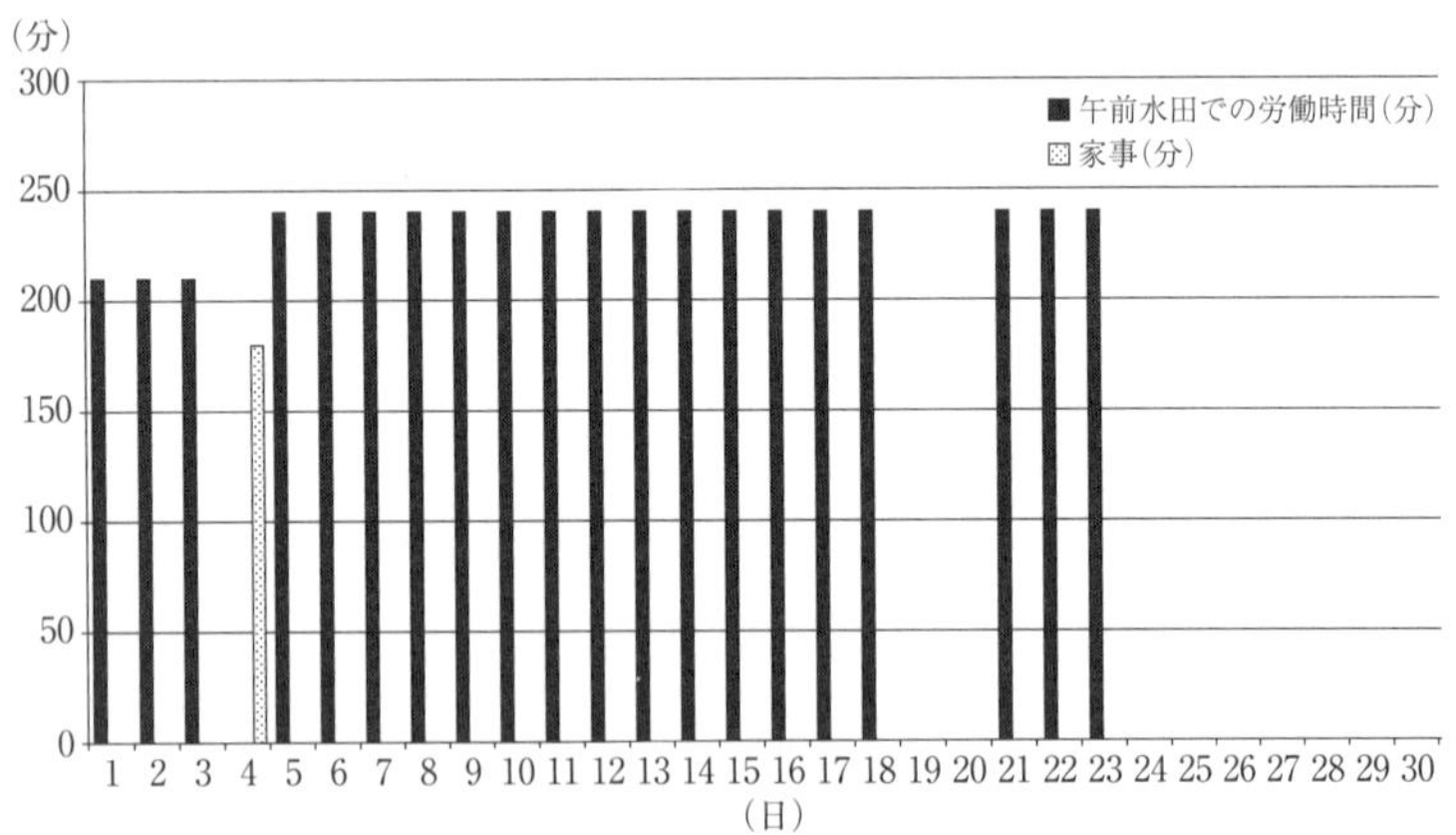

No.5　家番号 128（1983 年 11 月）

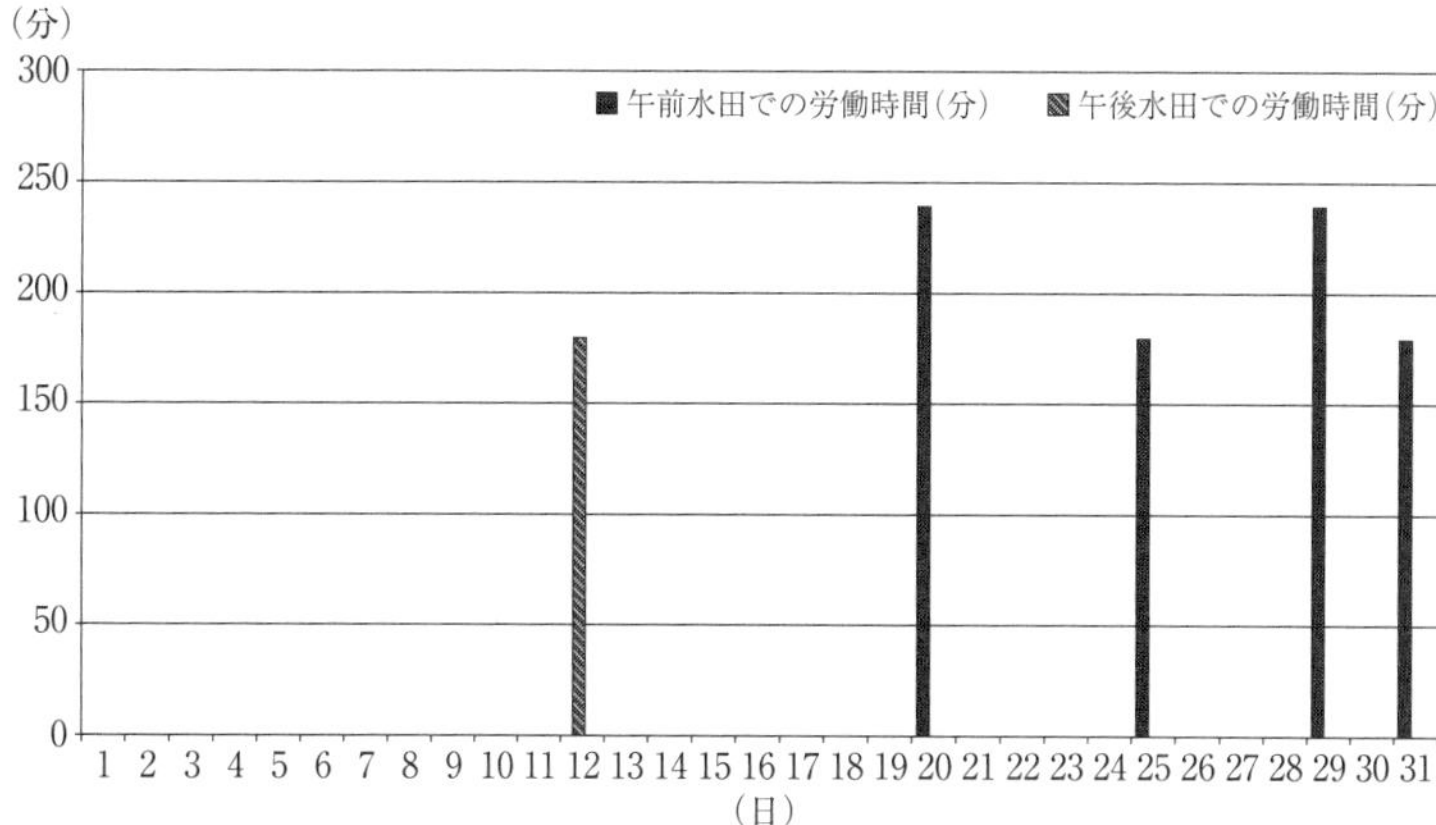

No.5　家番号 128（1983 年 12 月）

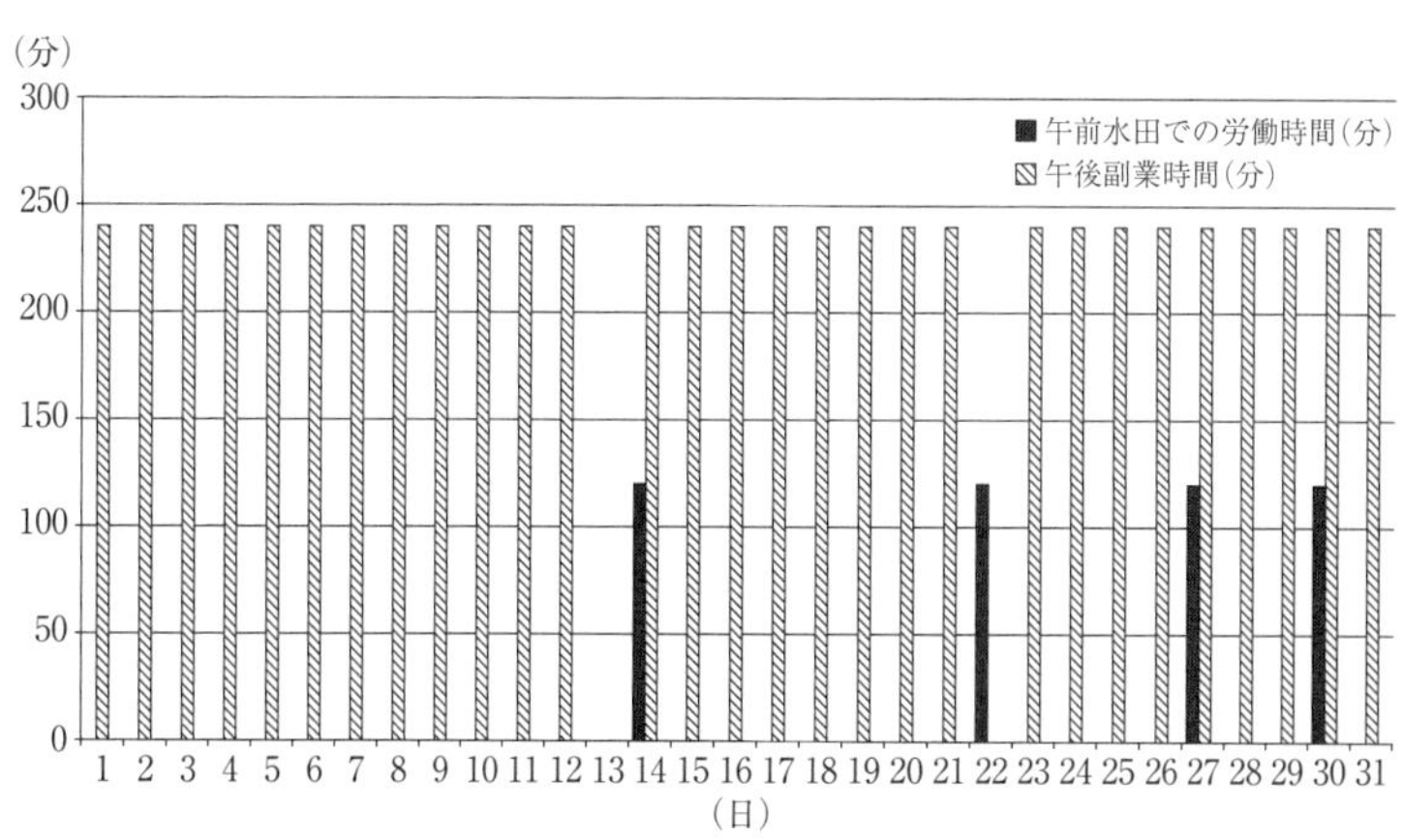

No.5　家番号 128（1984 年 1 月）

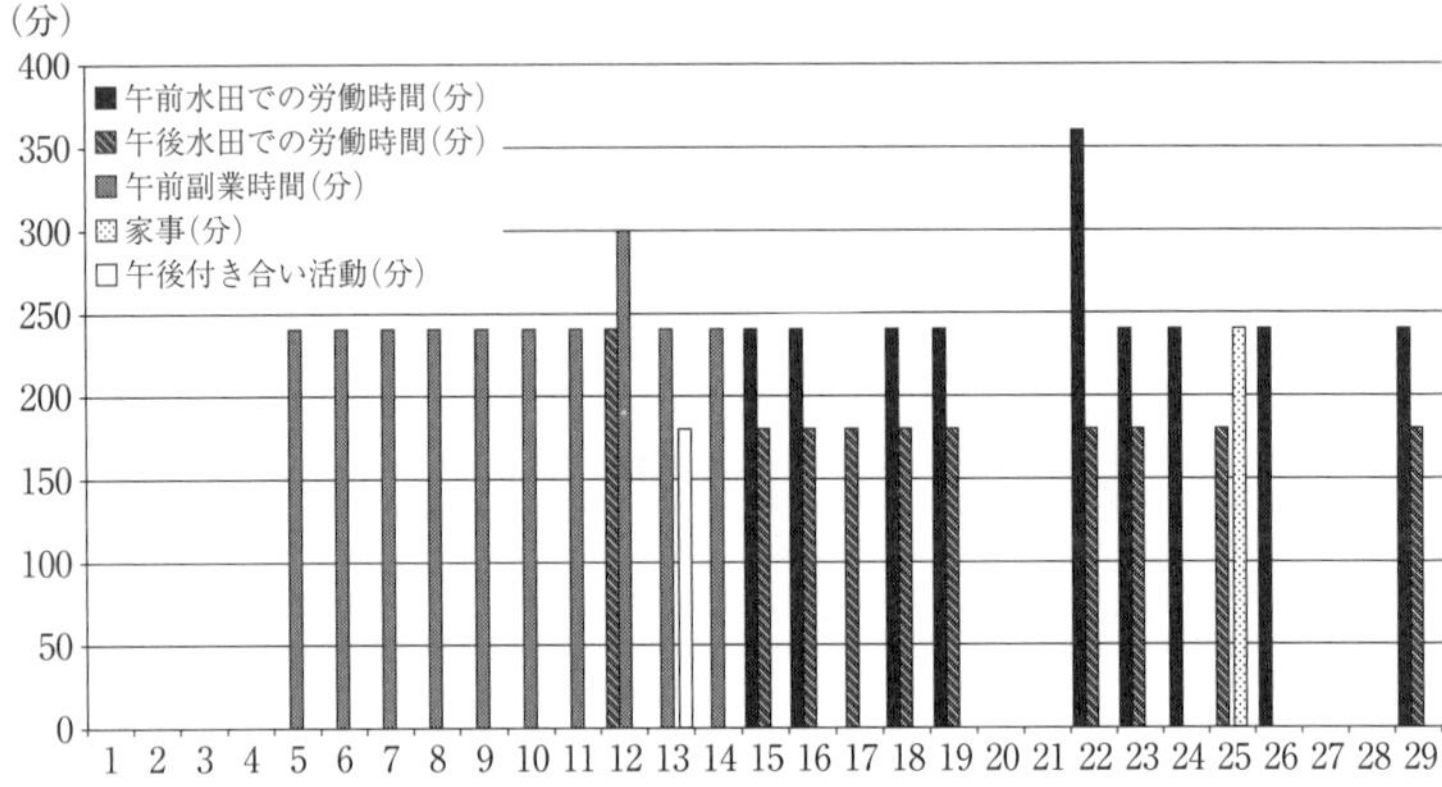

No.5　家番号 128（1984 年 2 月）

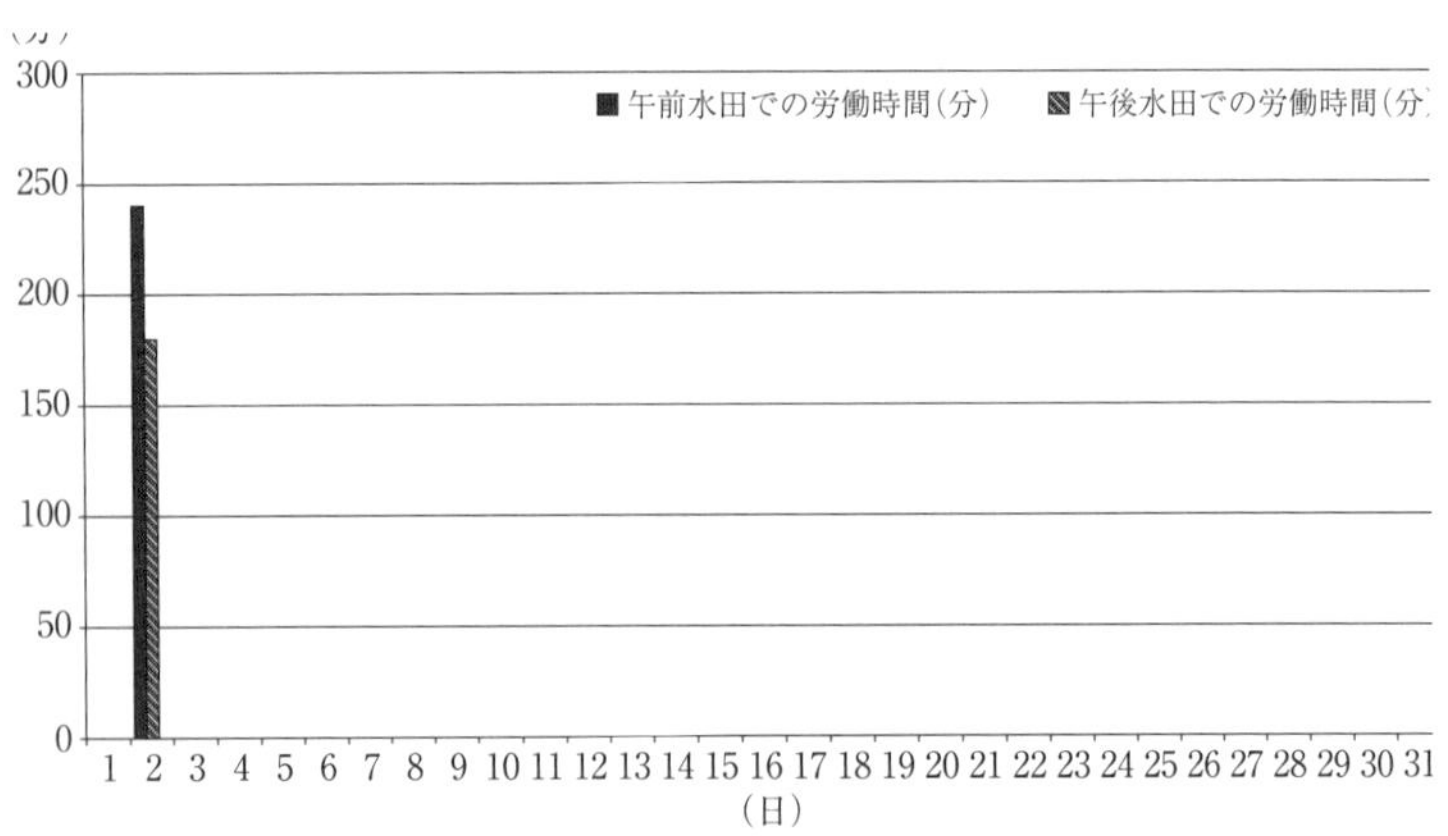

No.5　家番号 128（1984 年 3 月）

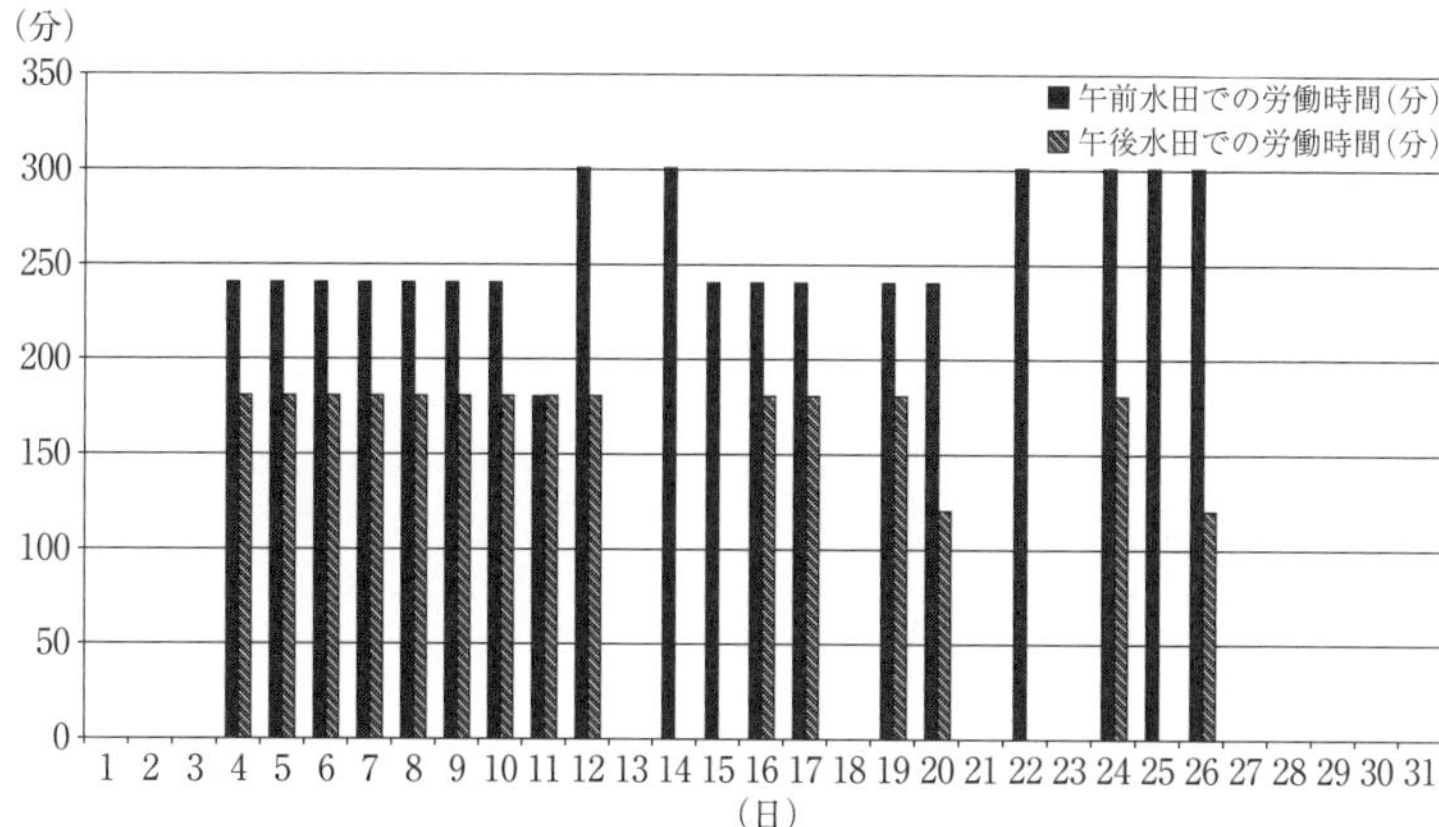

No.6　家番号 51（1983 年 10 月）

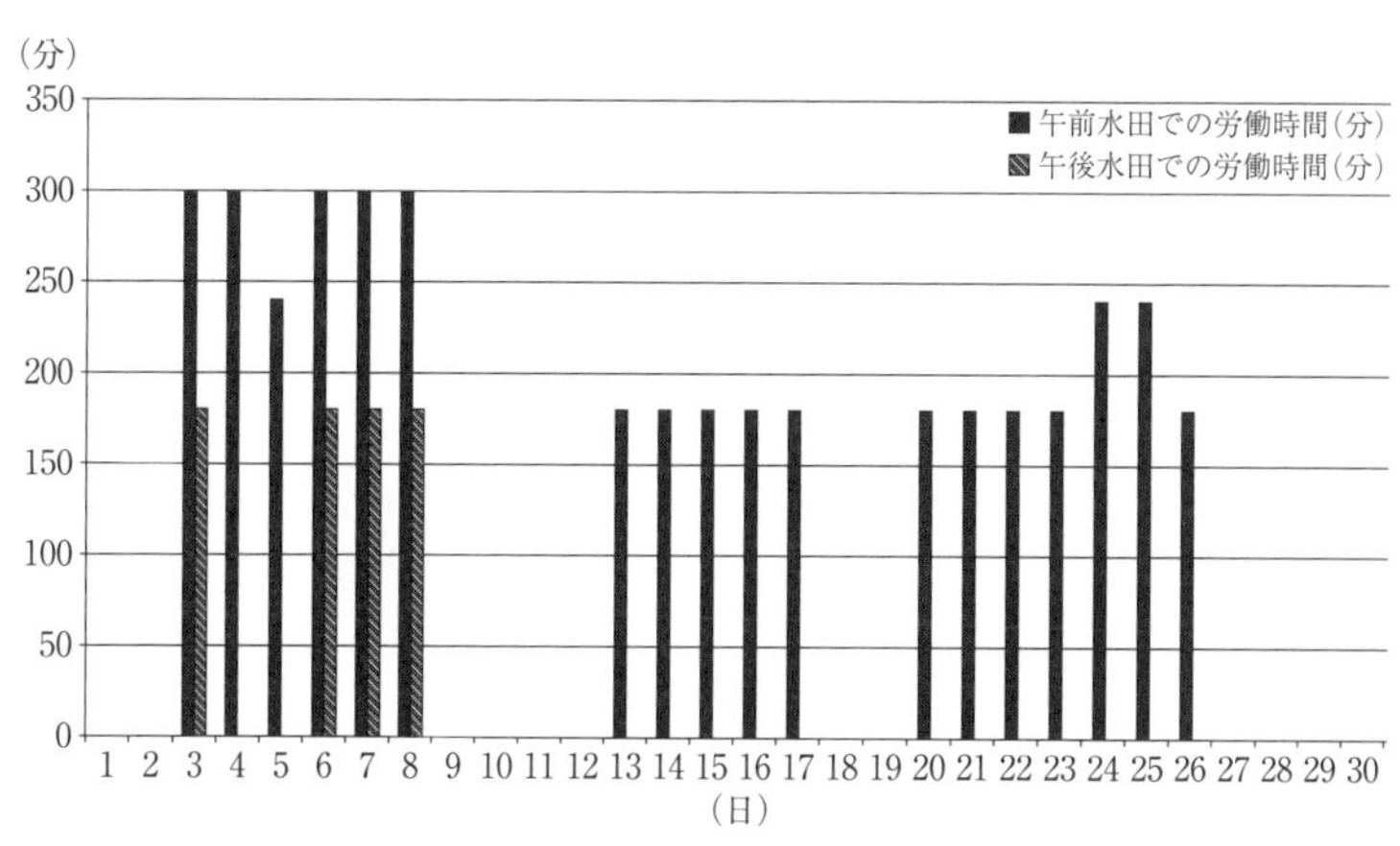

No.6　家番号 51（1983 年 11 月）

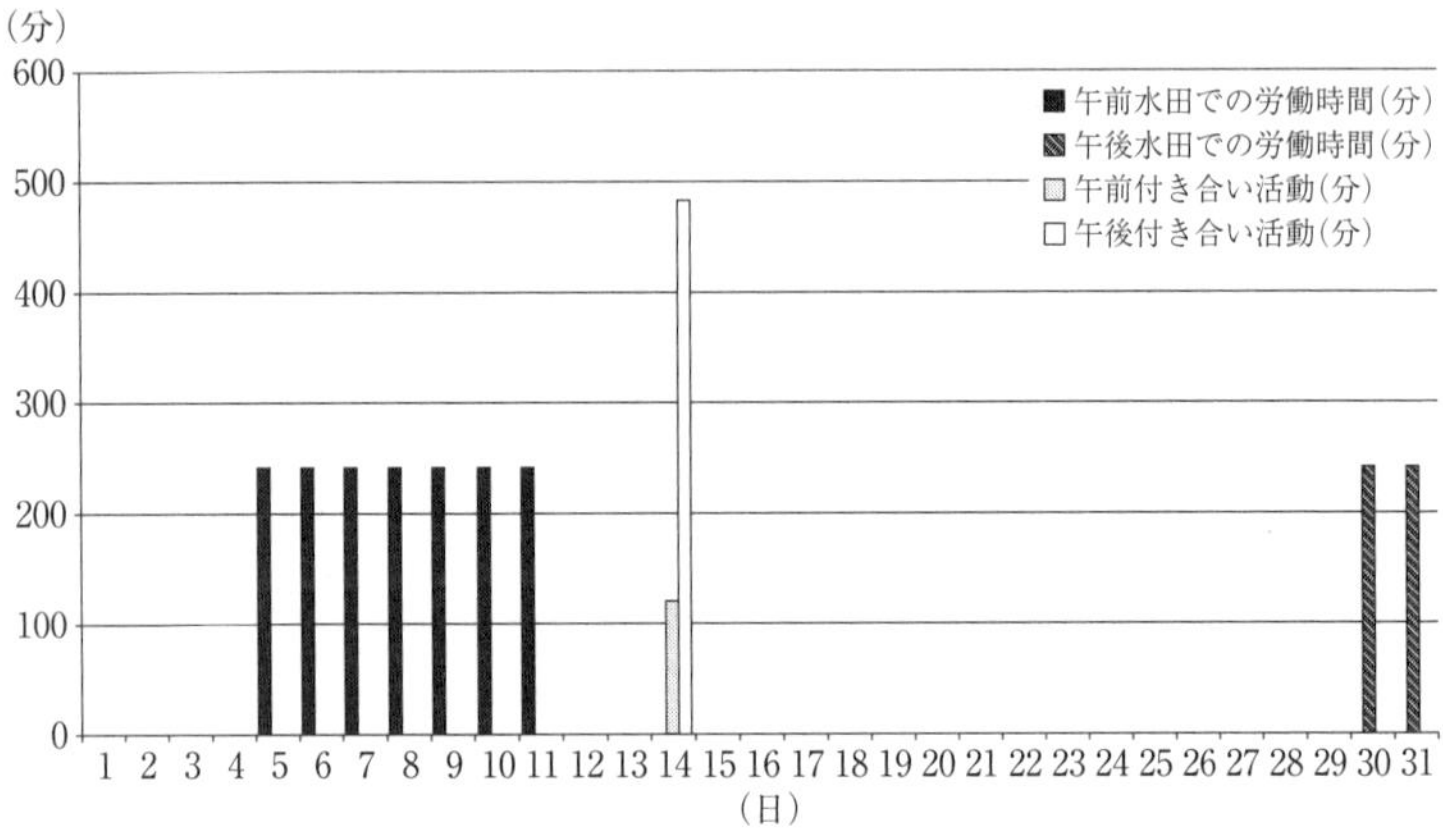

No.6　家番号 51（1983 年 12 月）

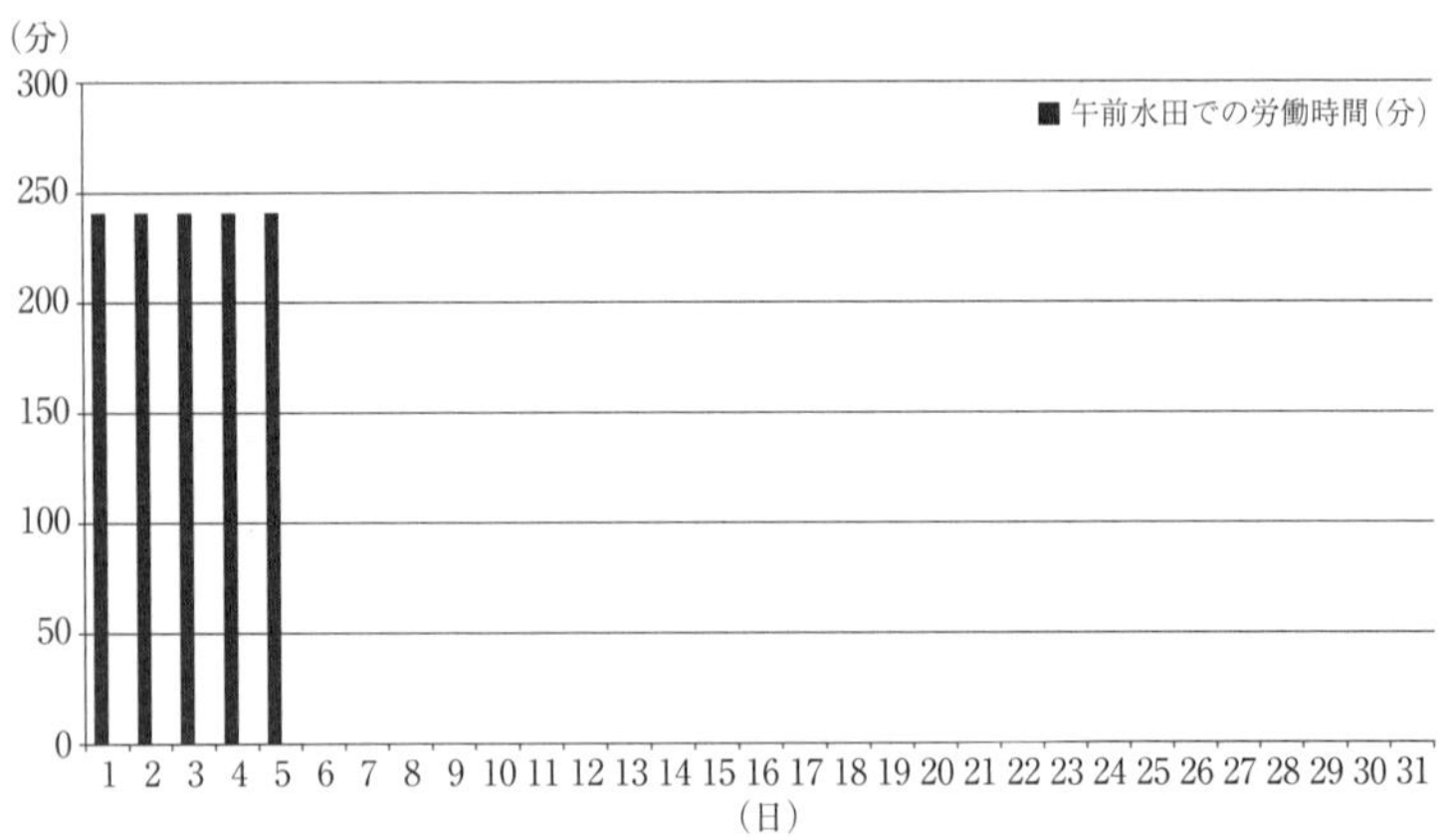

No.6　家番号 51（1984 年 1 月）

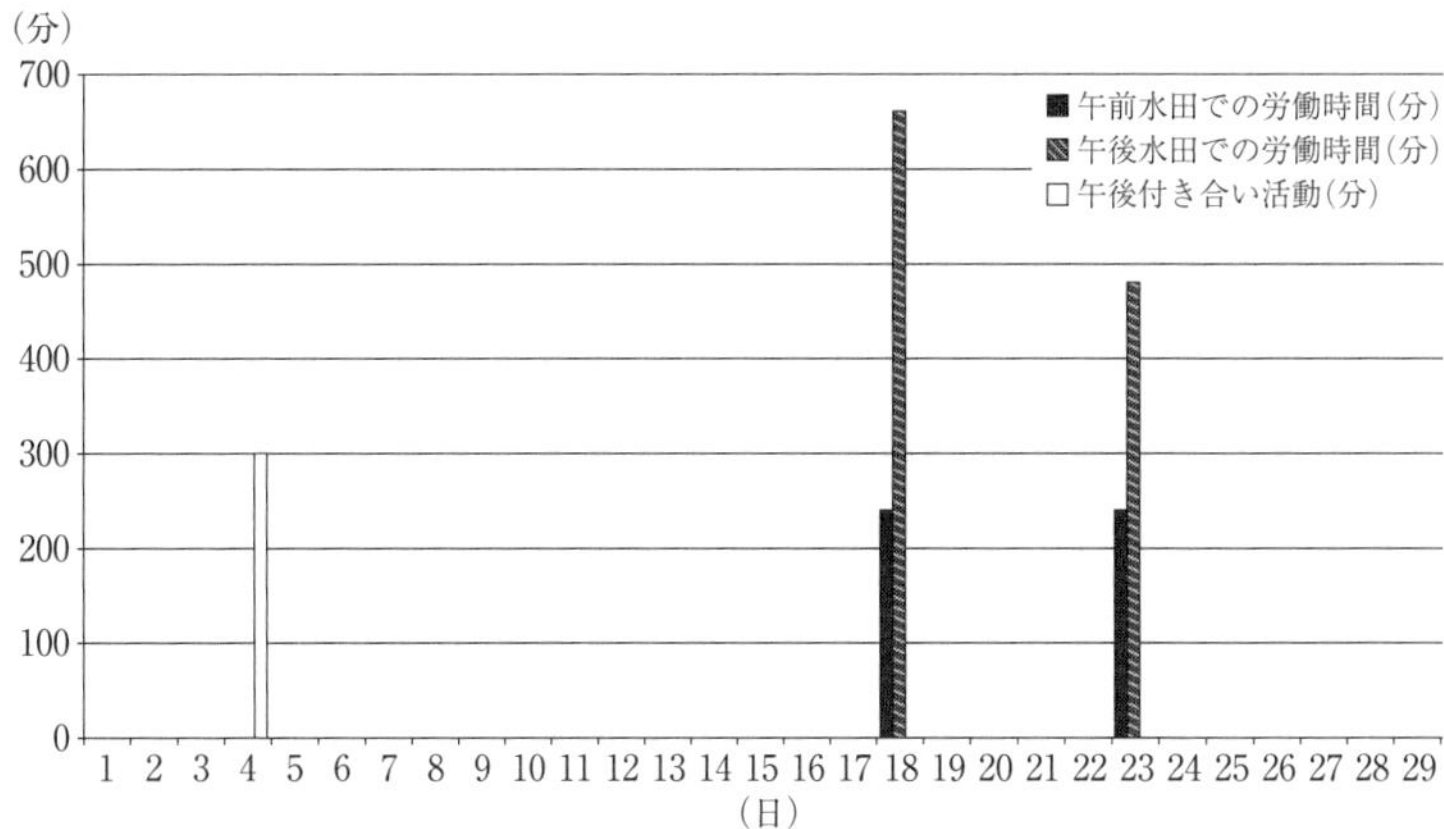

No.6　家番号 51（1984 年 2 月）

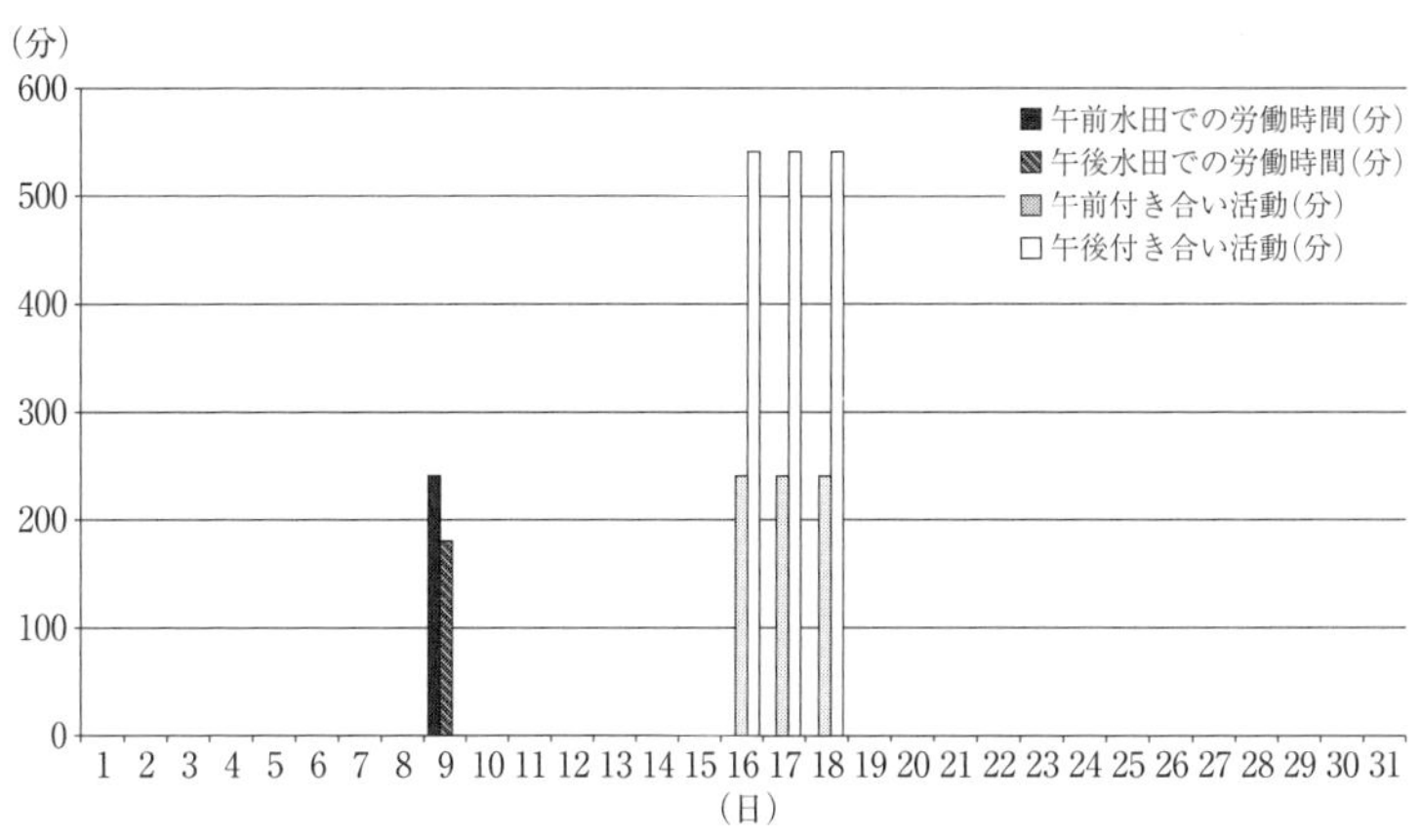

No.6　家番号 51（1984 年 3 月）

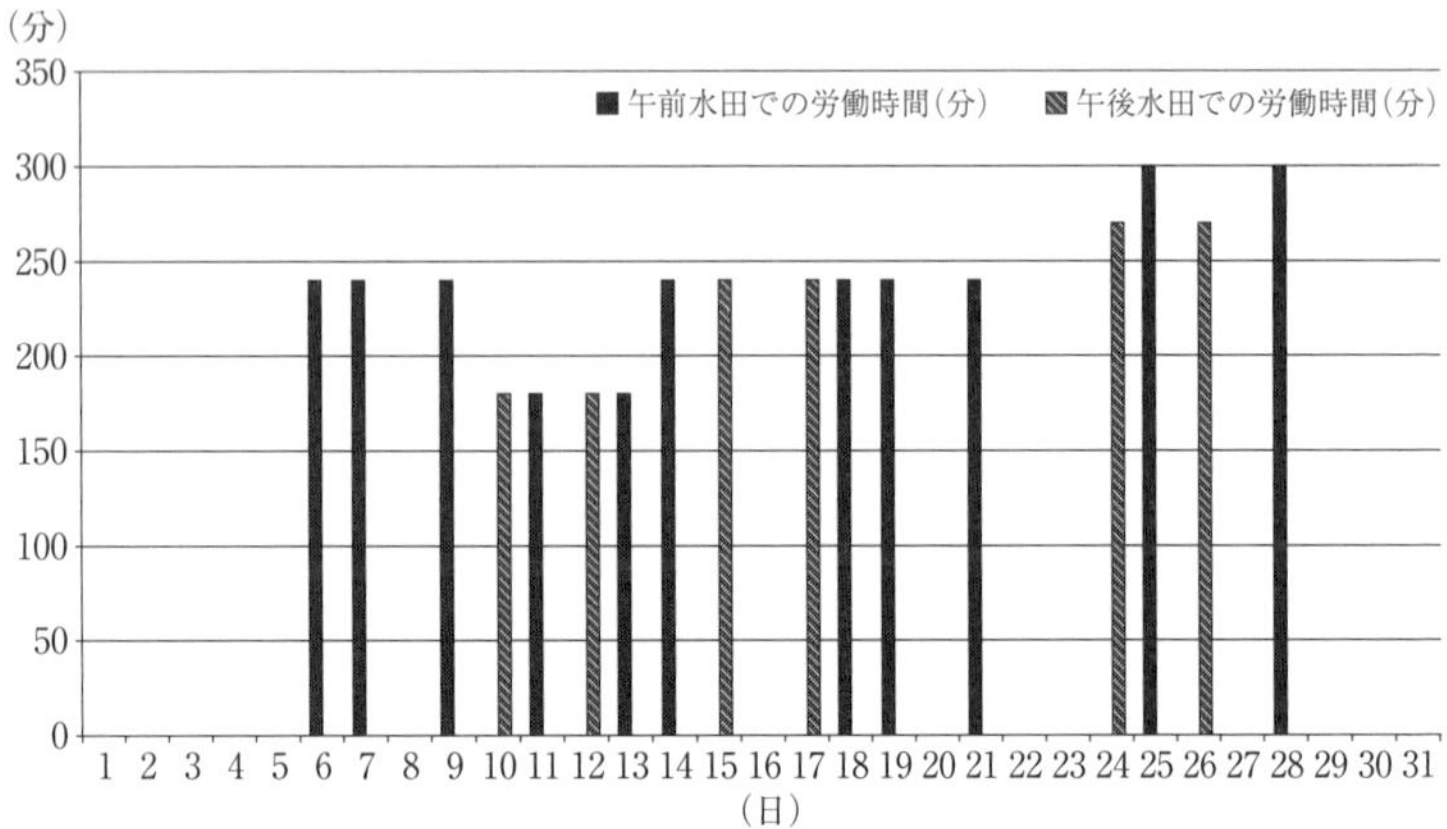

No.7　家番号49（1983年10月）

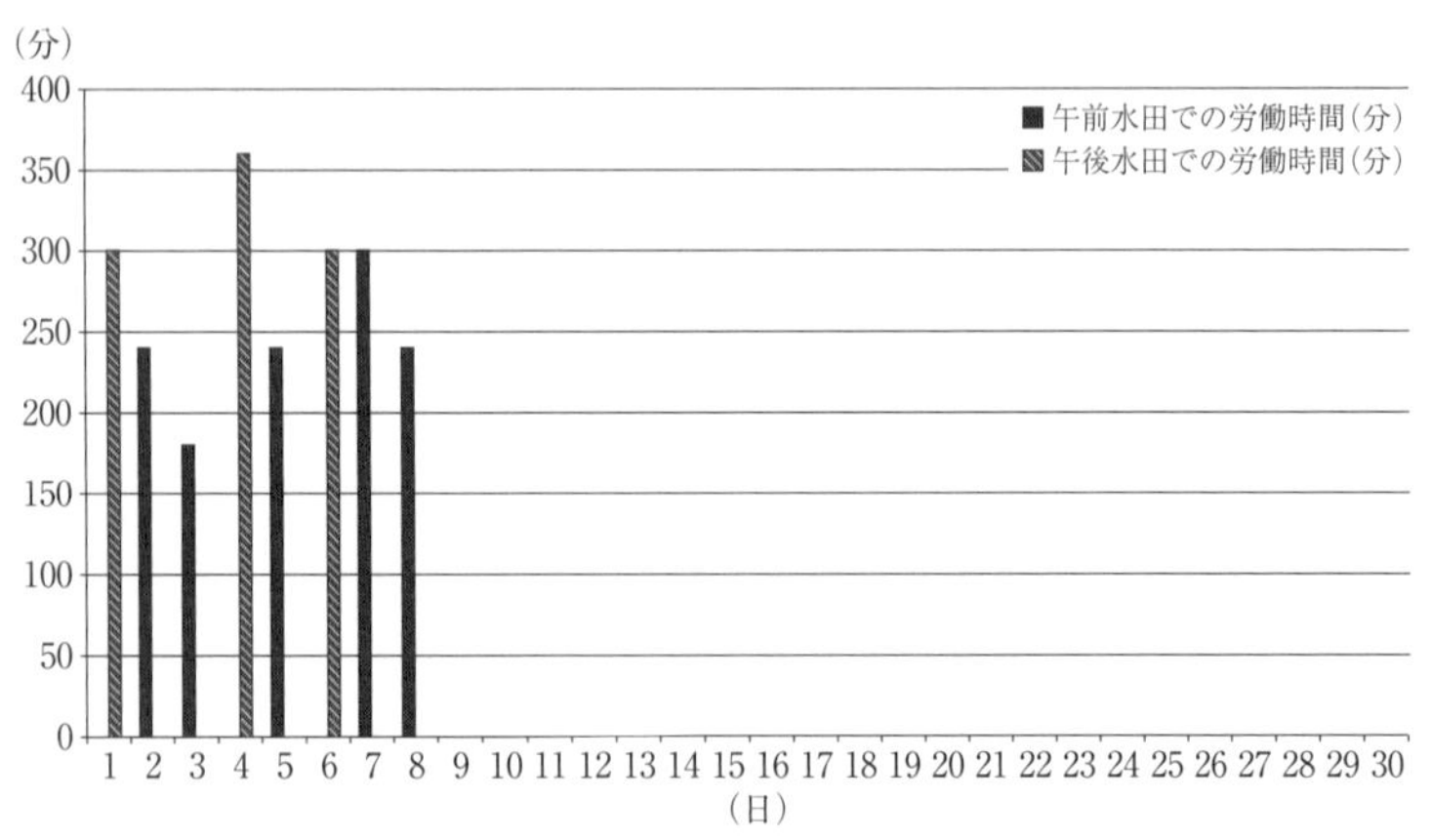

No.7　家番号49（1983年11月）

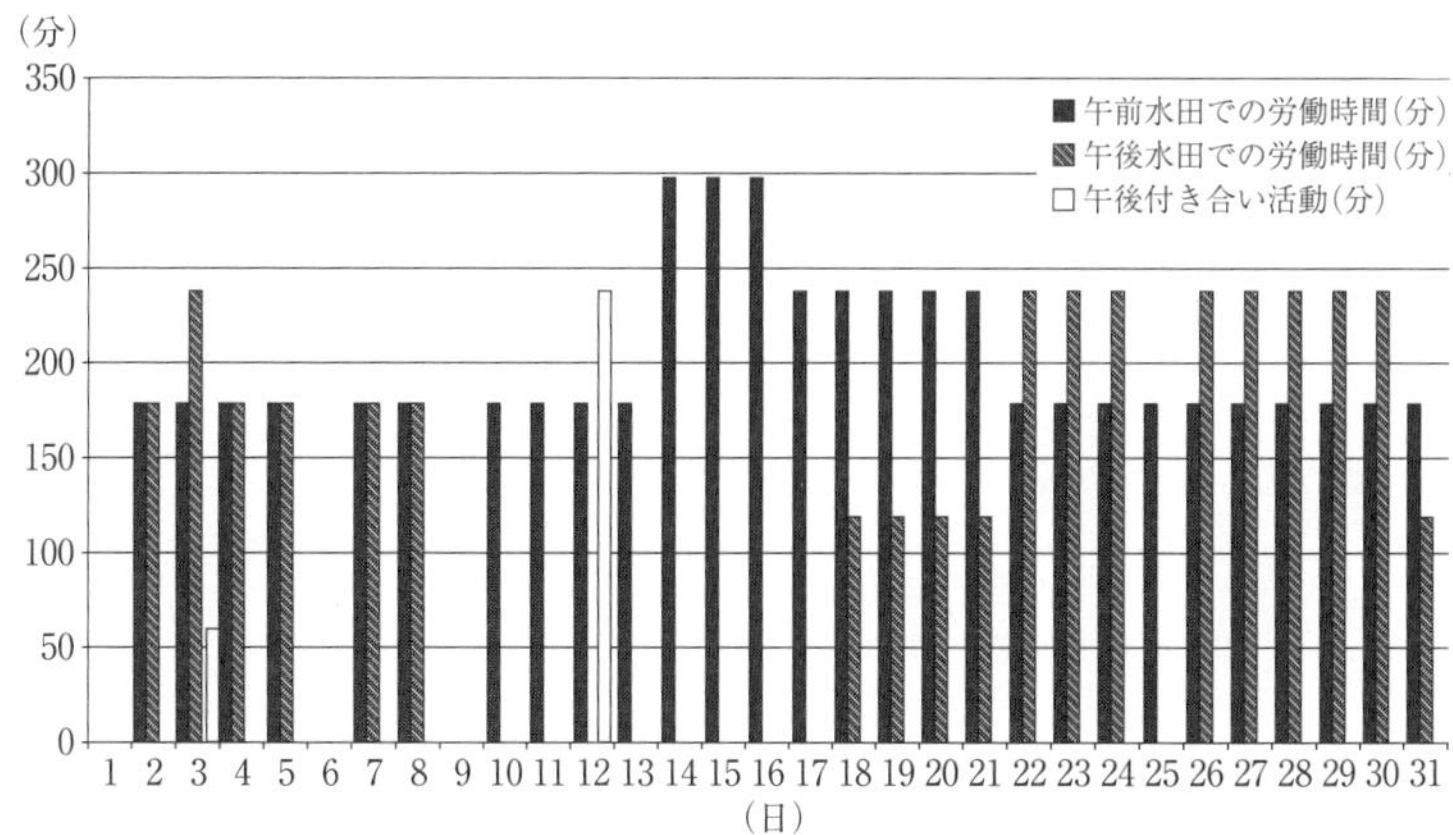

No.8　家番号 74（1983 年 10 月）

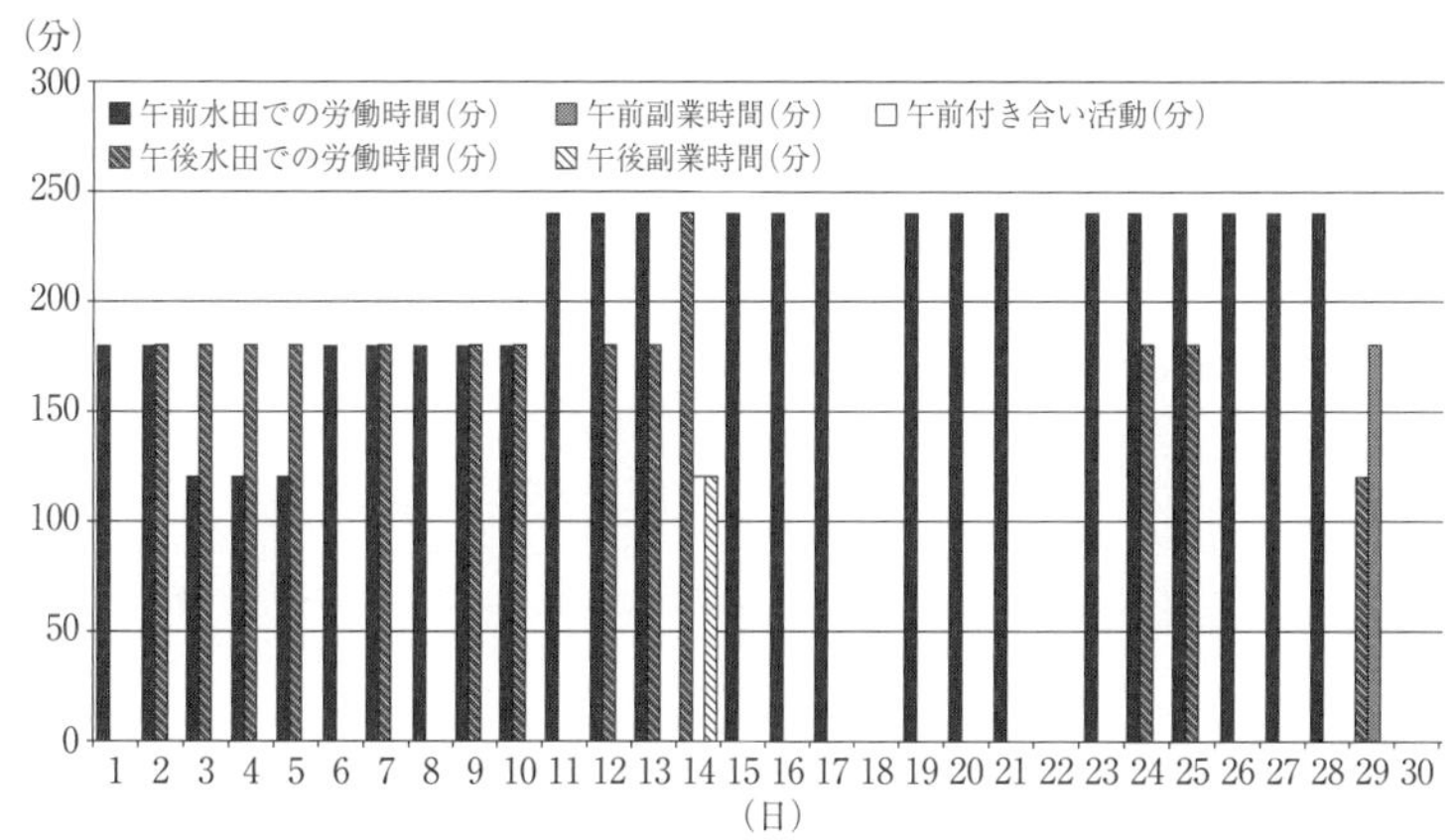

No.8　家番号 74（1983 年 11 月）

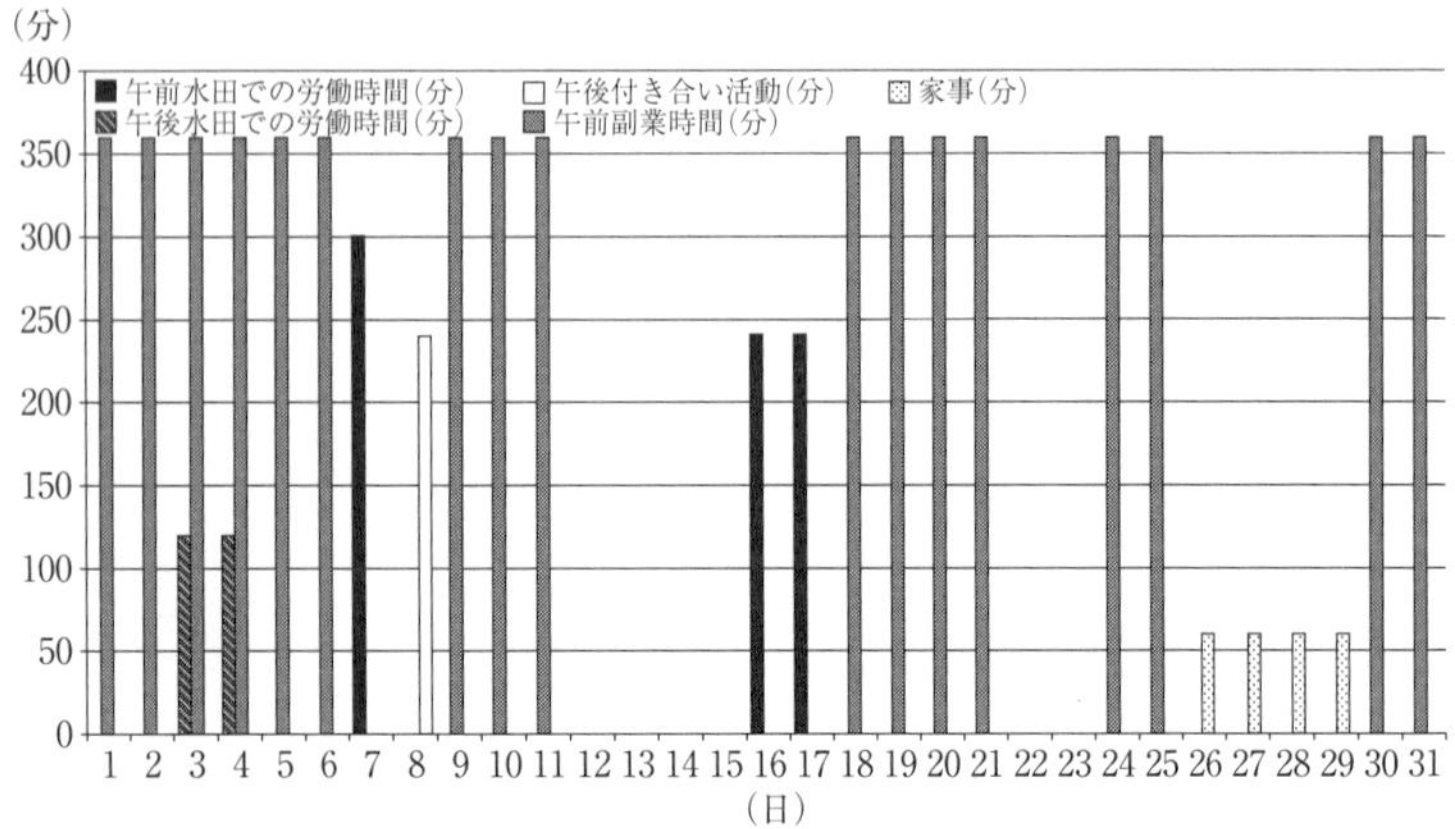

No.8　家番号 74（1983 年 12 月）

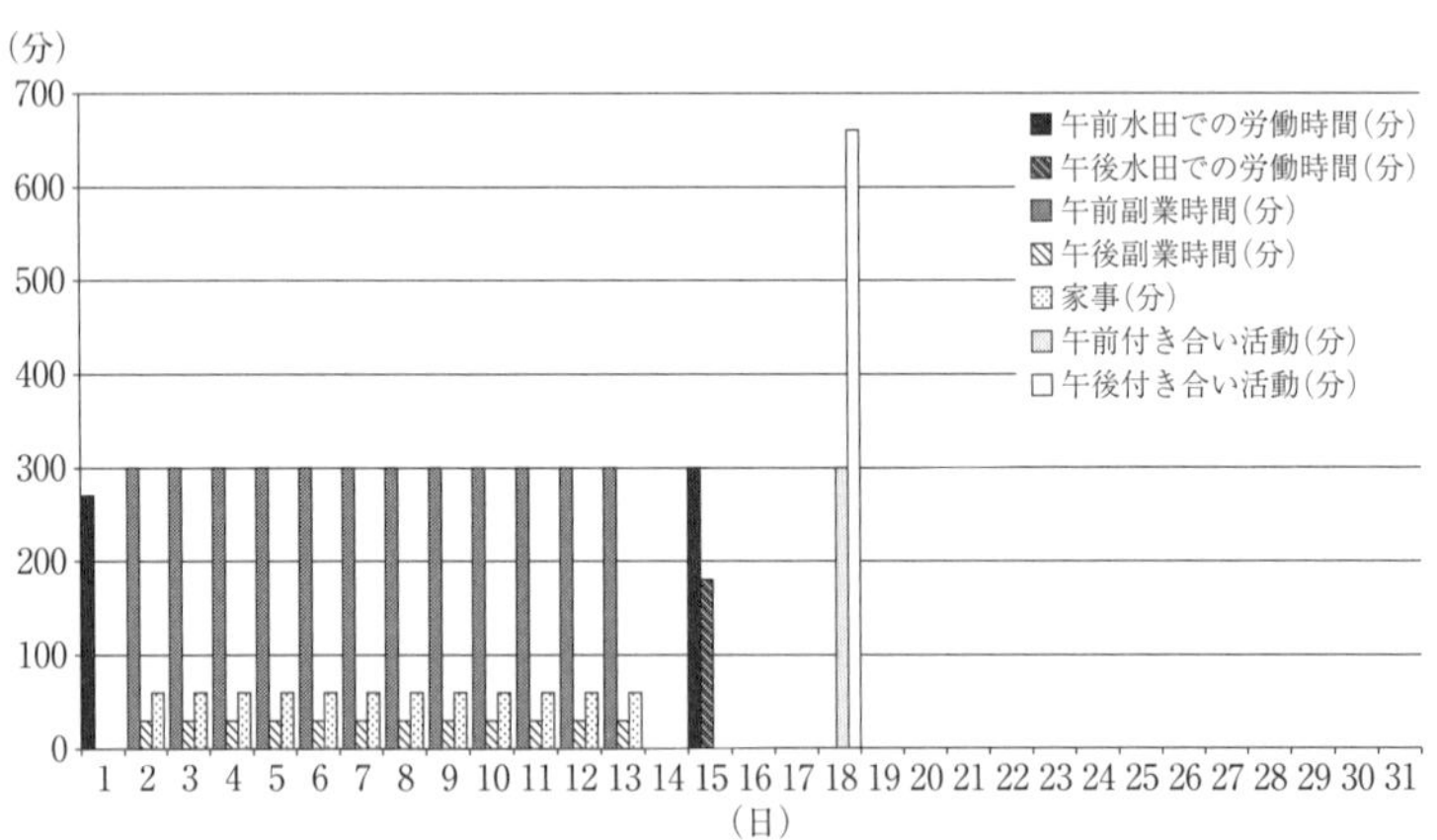

No.8　家番号 74（1984 年 1 月）

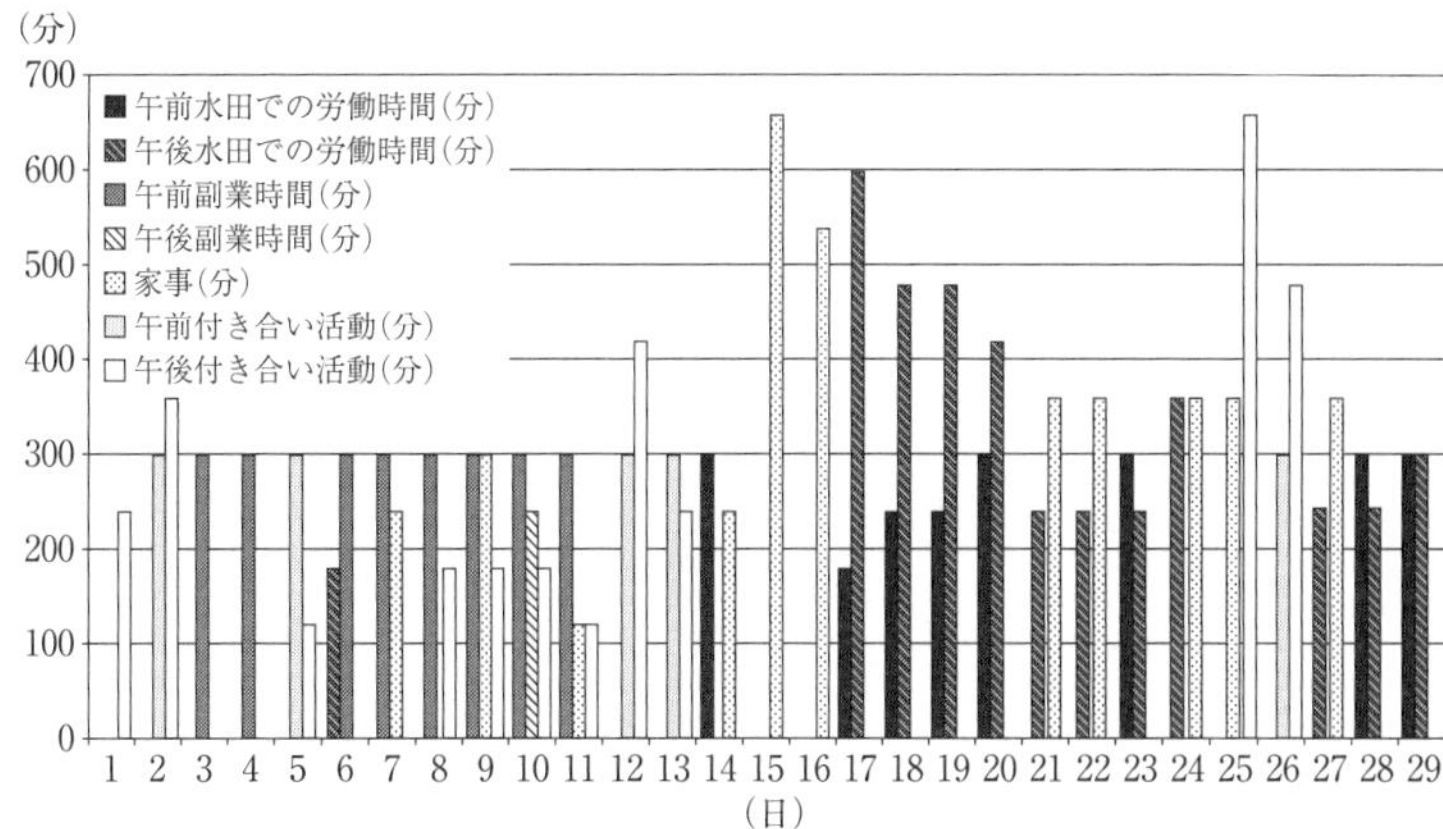

No.8　家番号 74（1984 年 2 月）

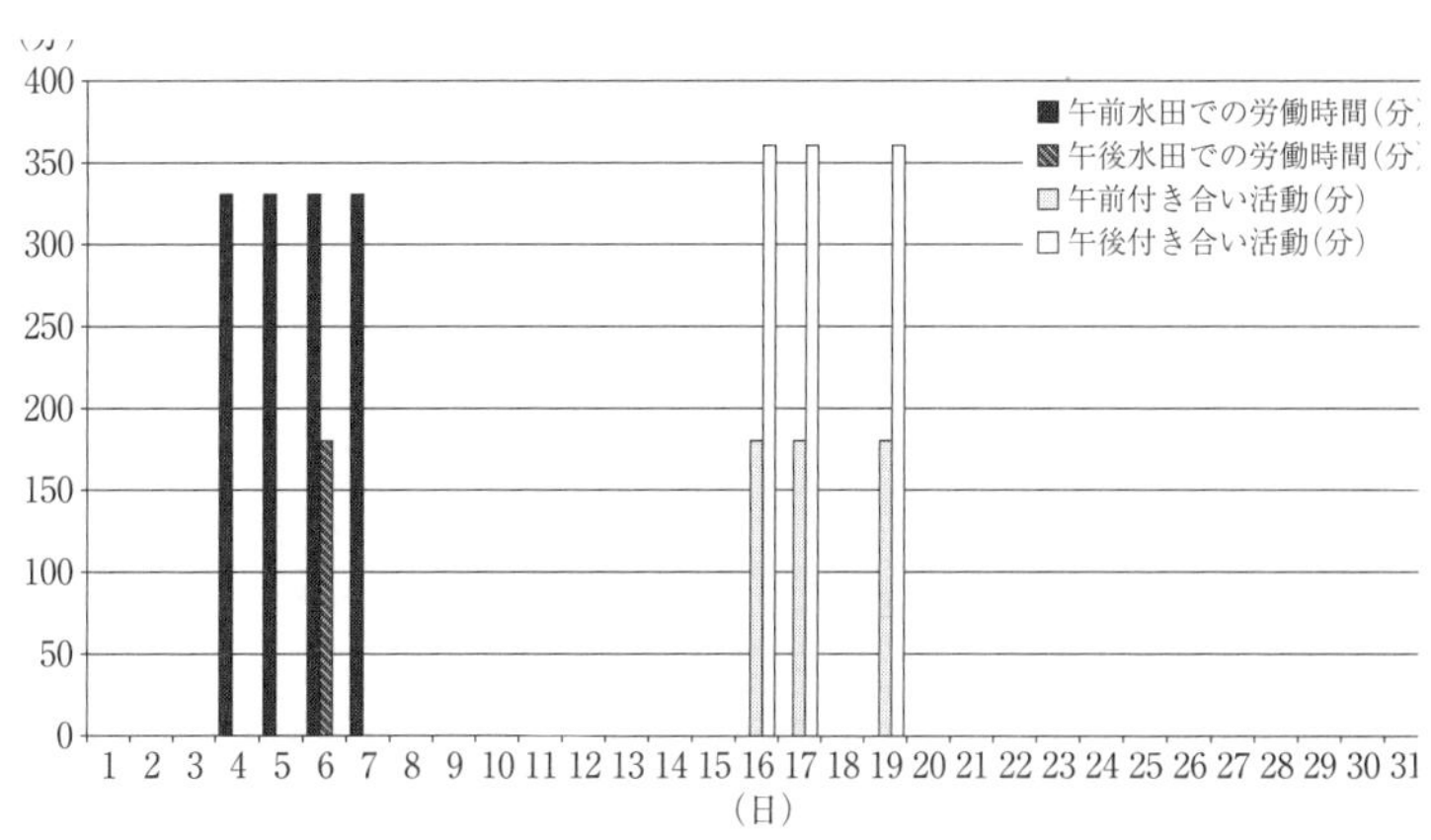

No.8　家番号 74（1984 年 3 月）

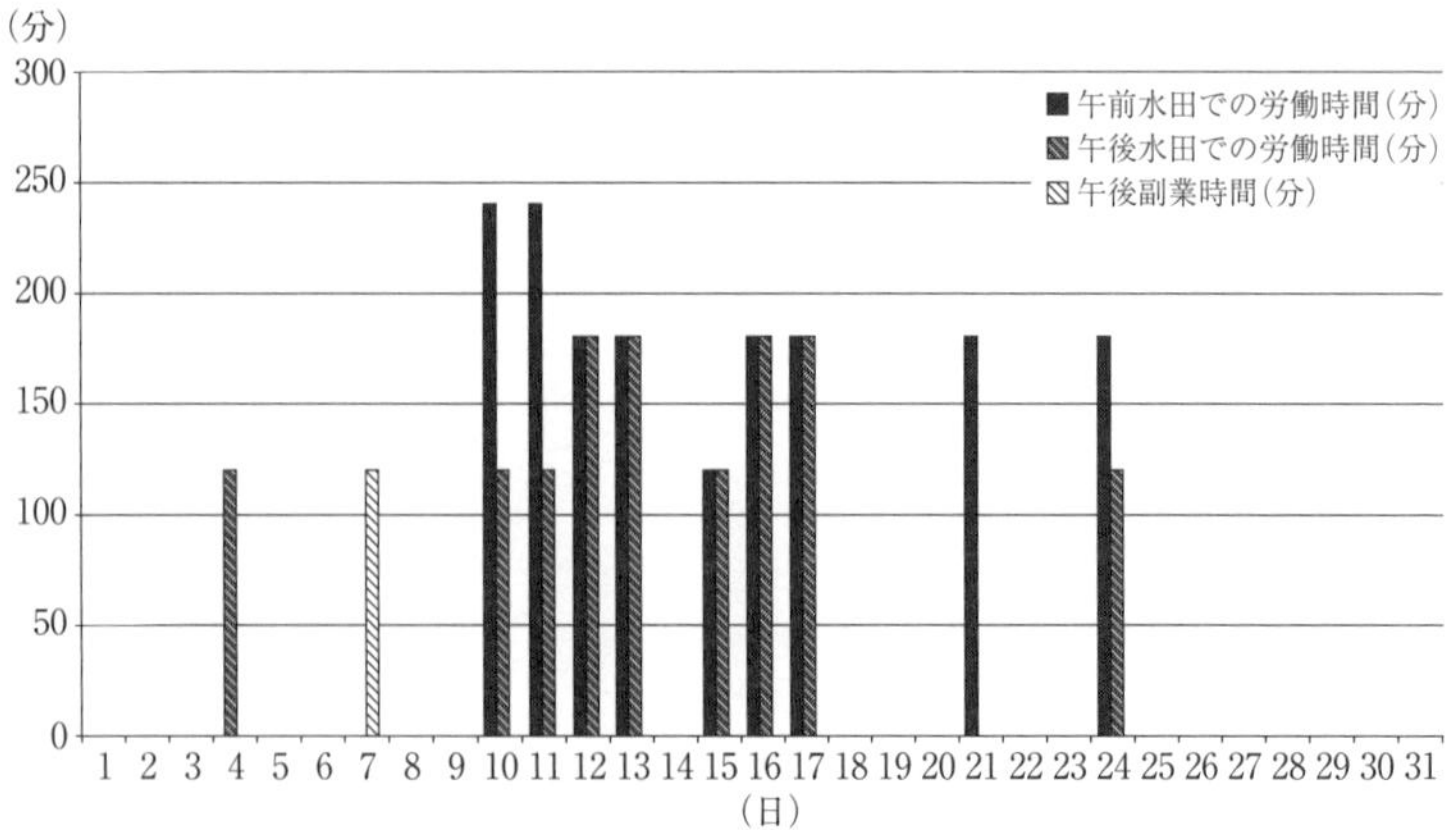

No.9　家番号 53（1983 年 10 月）

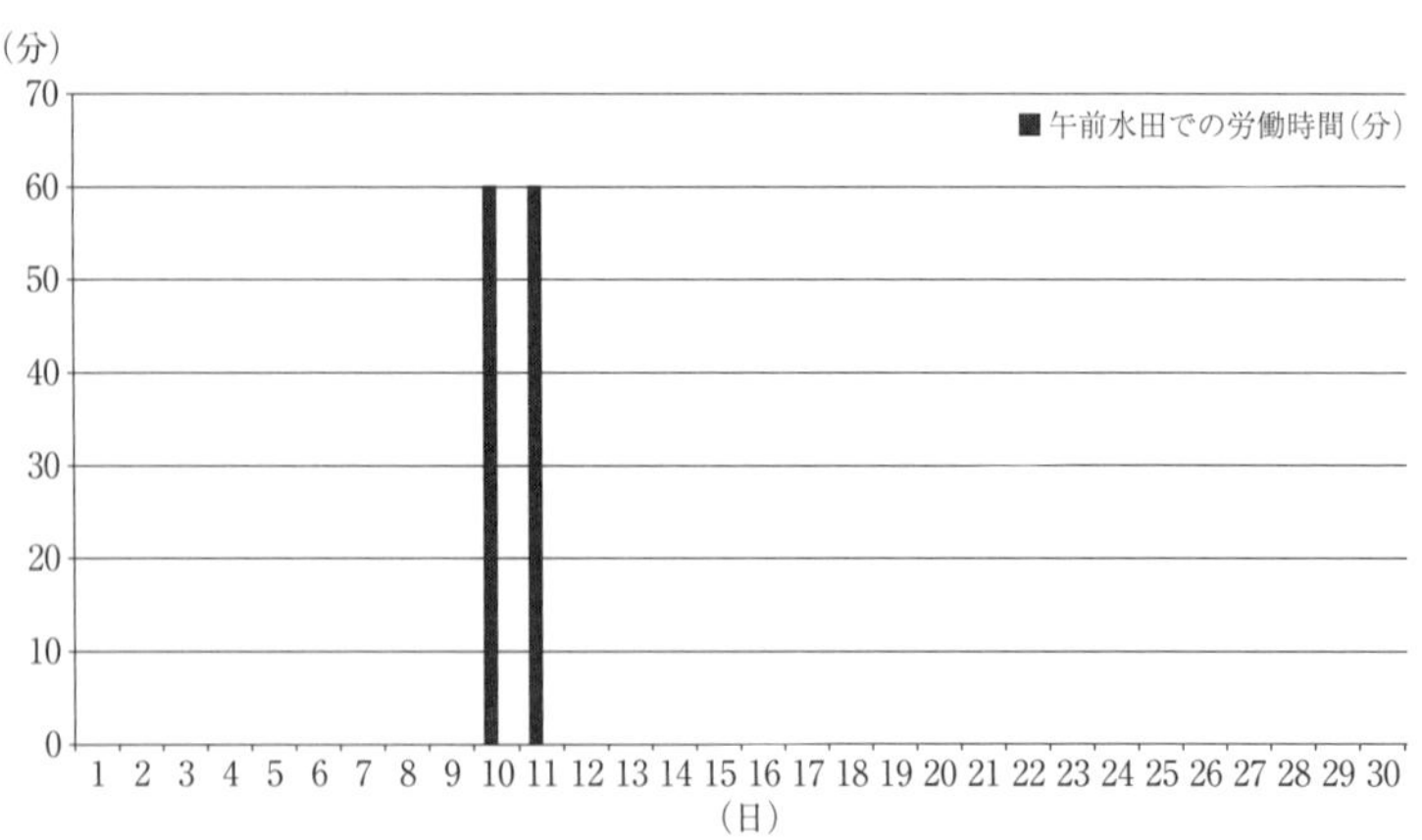

No.9　家番号 53（1983 年 11 月）

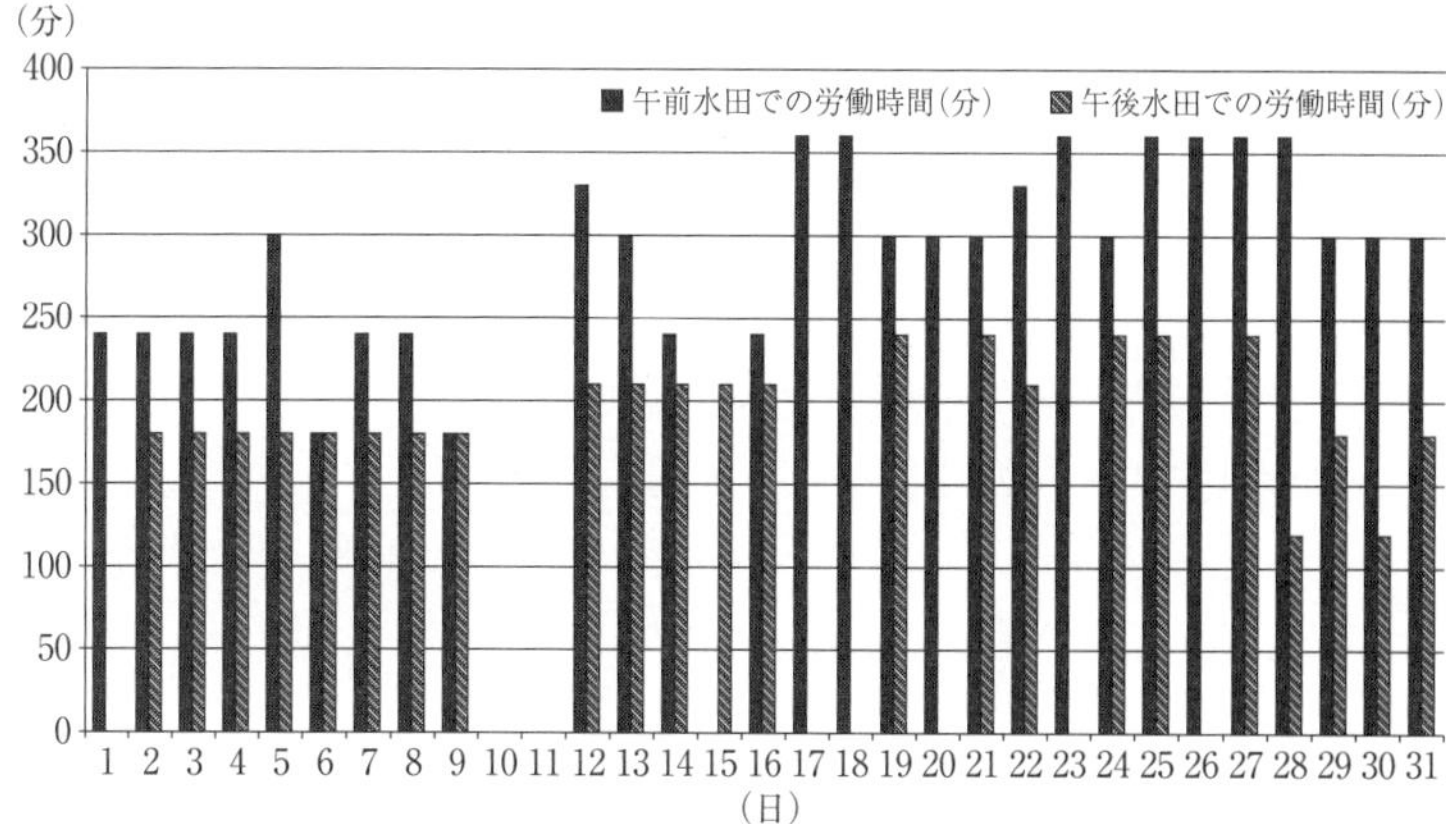

No.10　55歳（1983年10月）

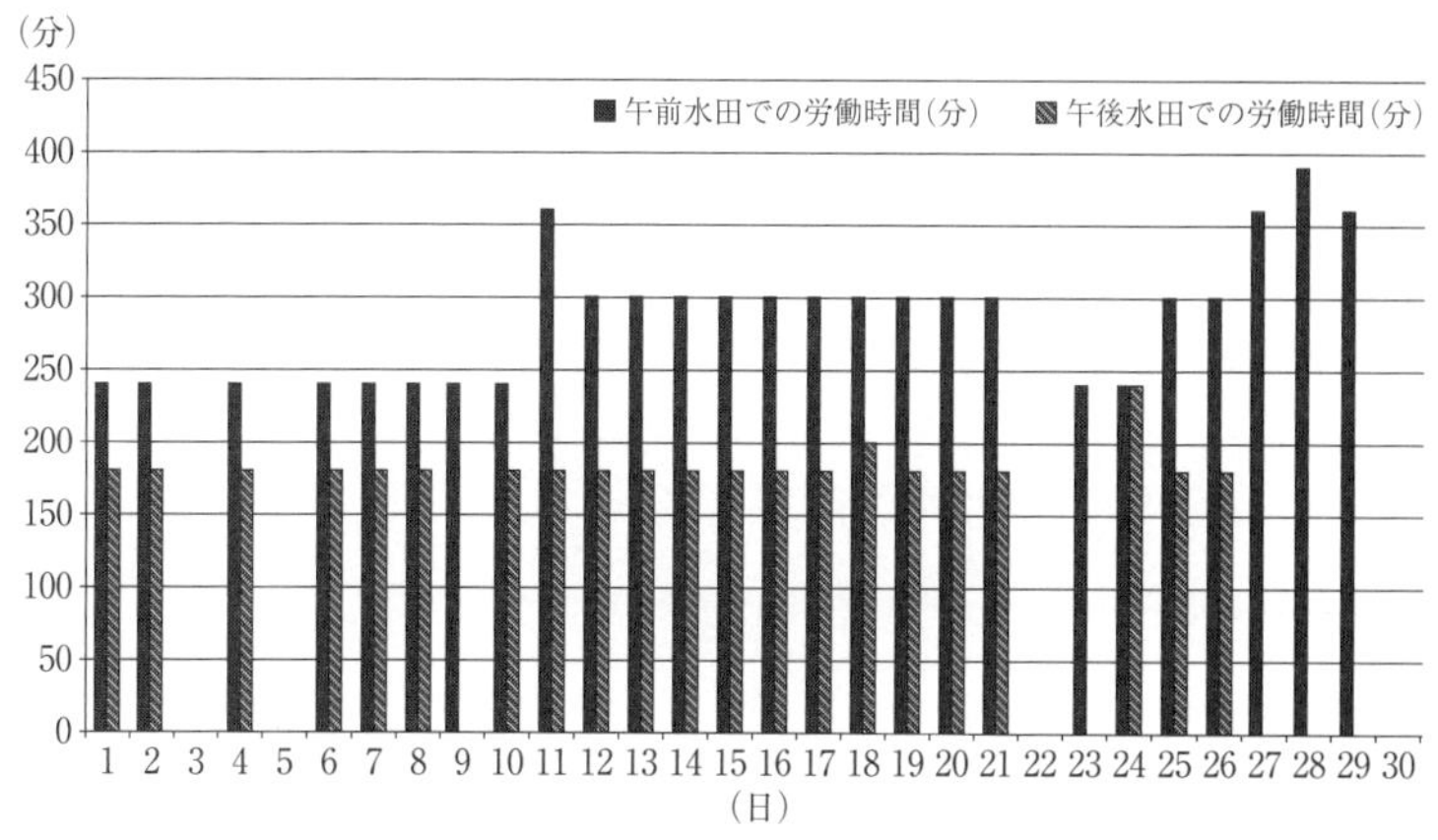

No.10　55歳（1983年11月）

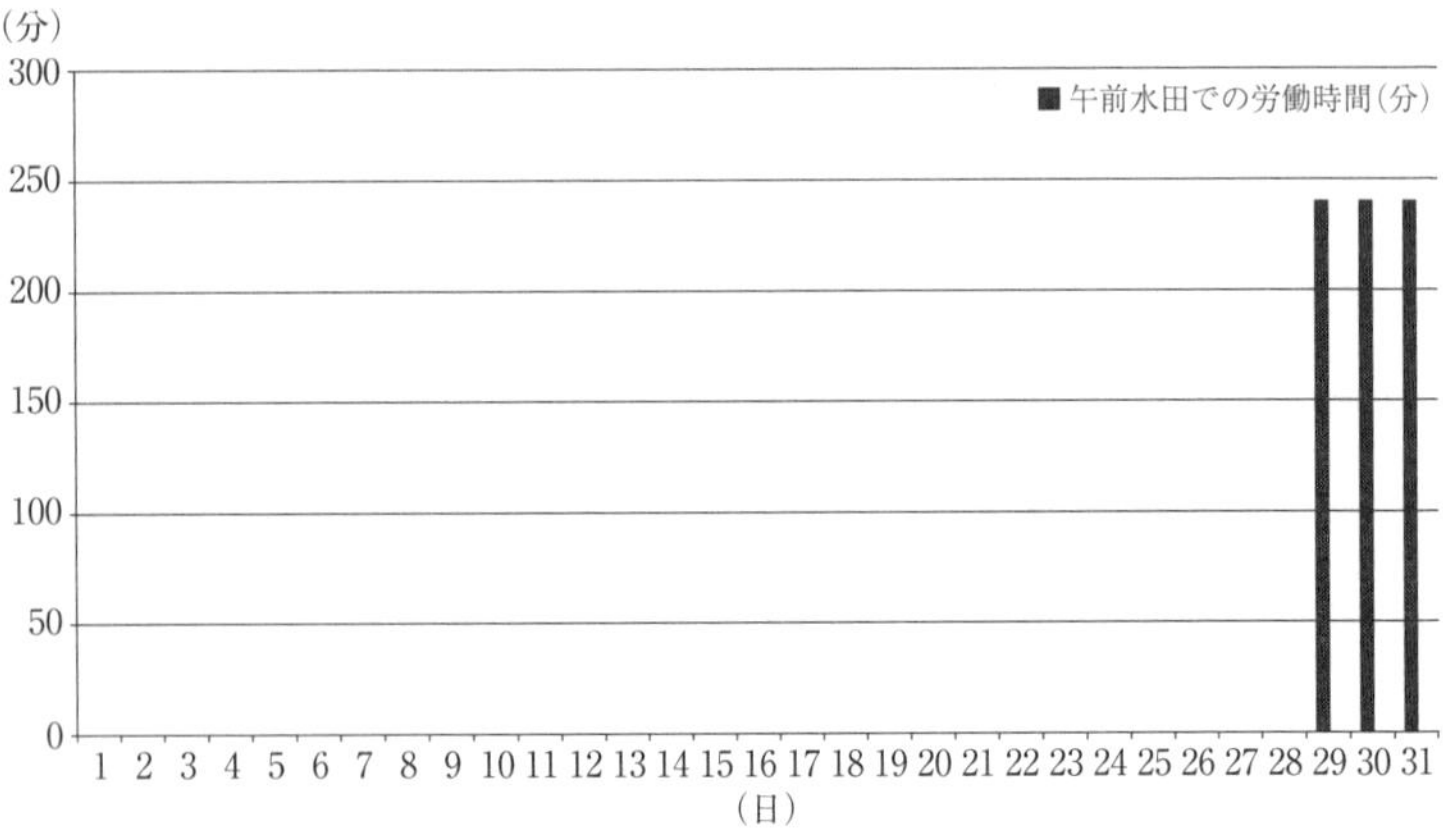

No.11　59歳（1983年10月）

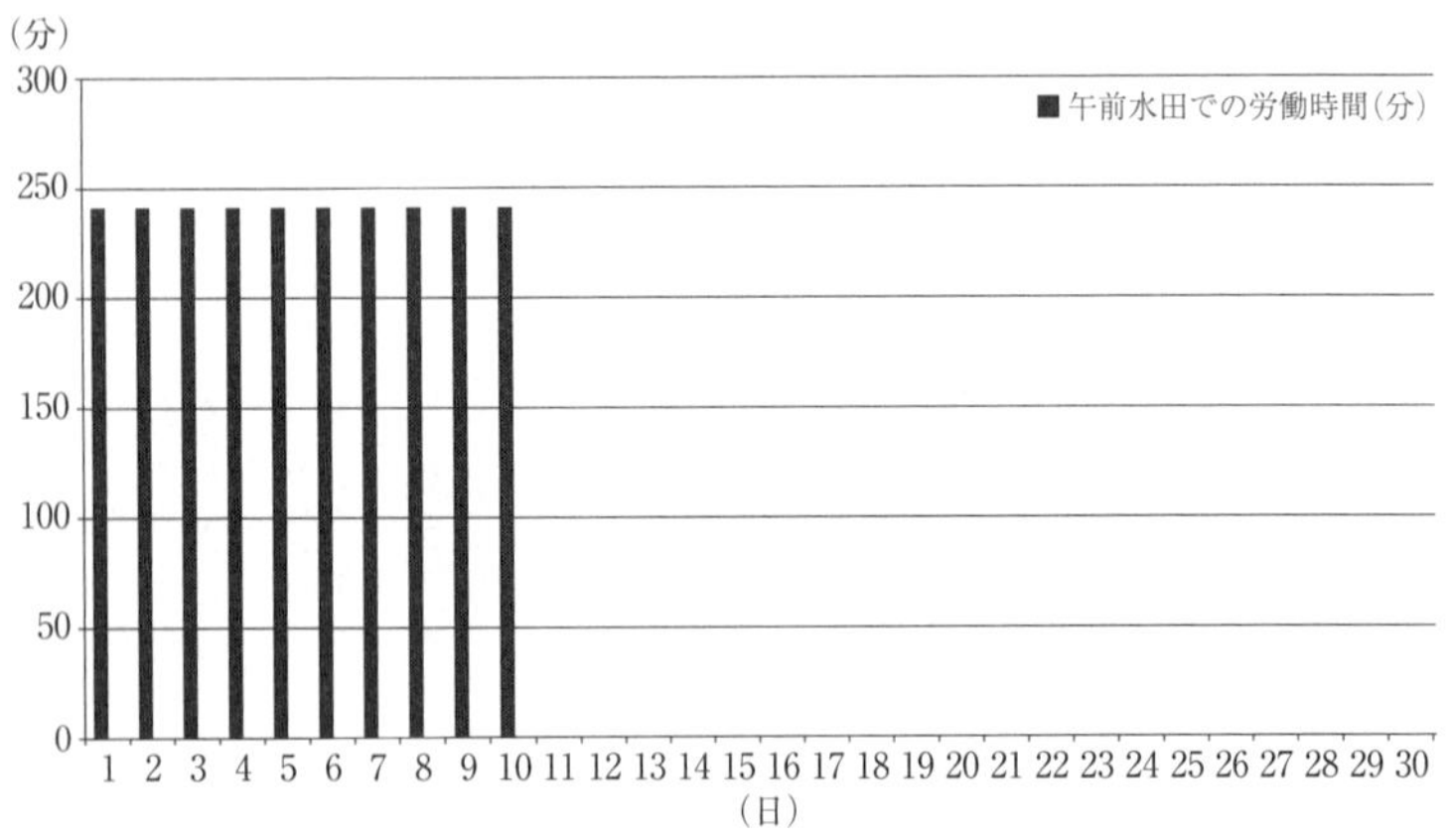

No.11　59歳（1983年11月）

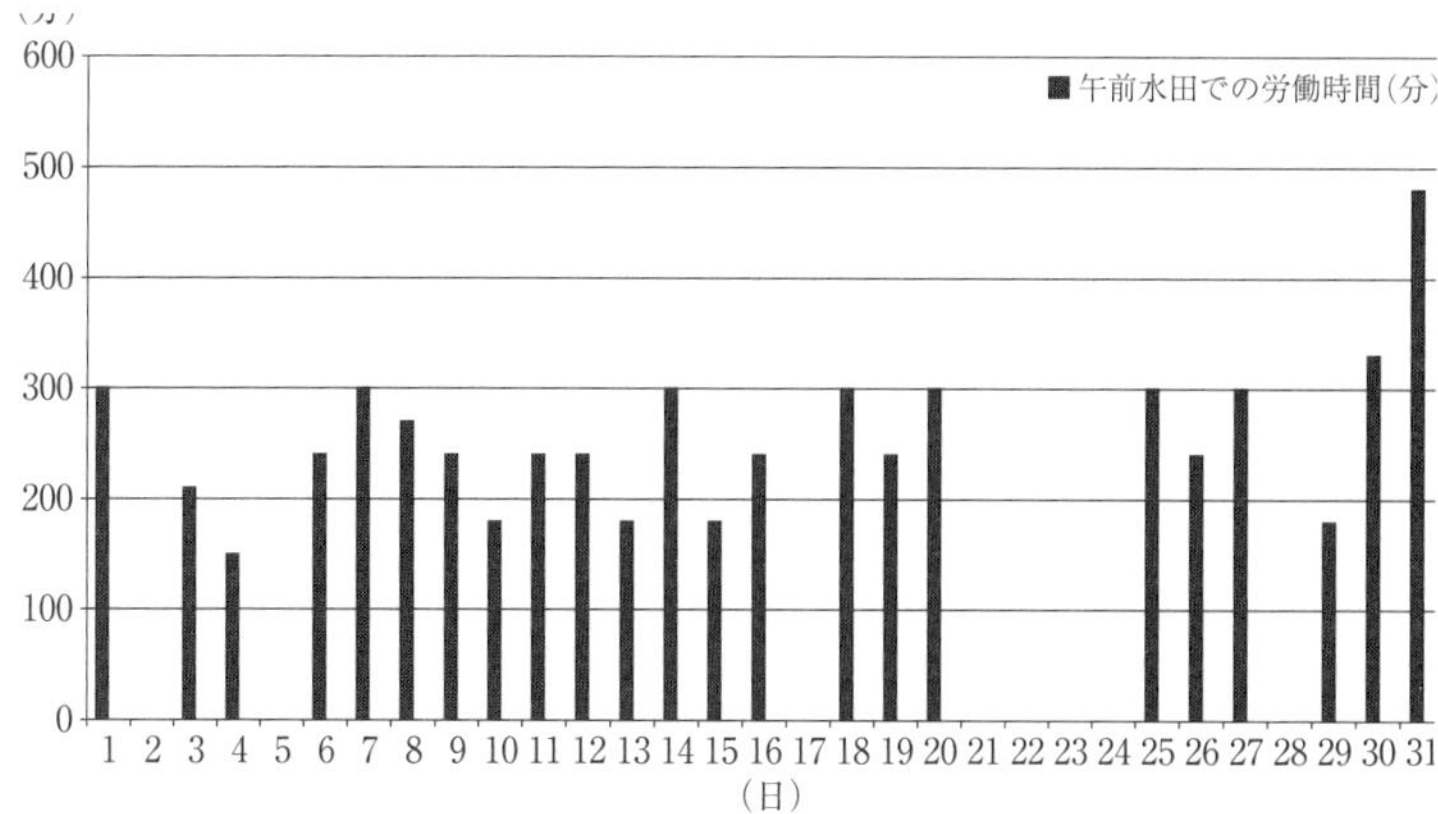

No.11　59歳（1983年12月）

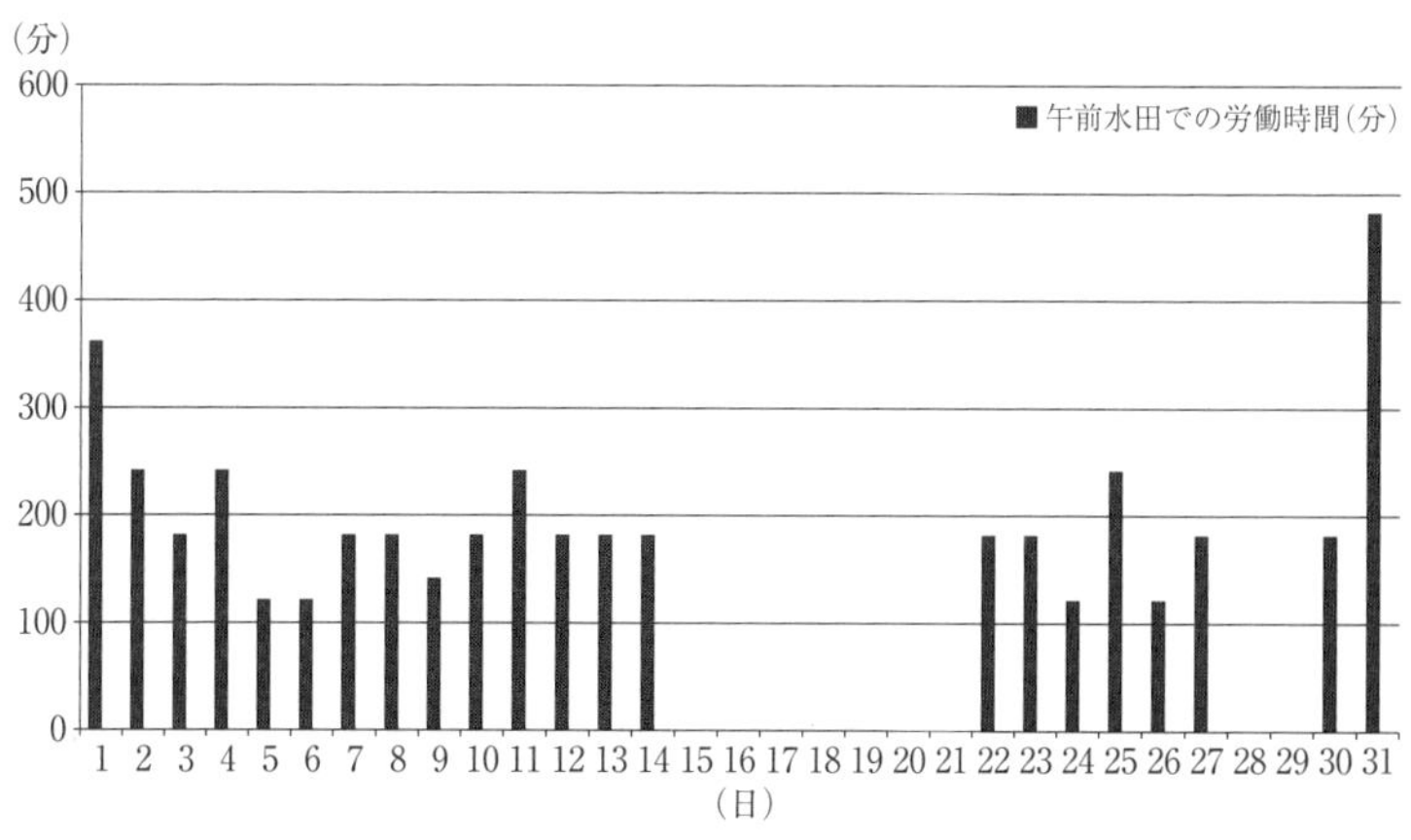

No.11　59歳（1984年1月）

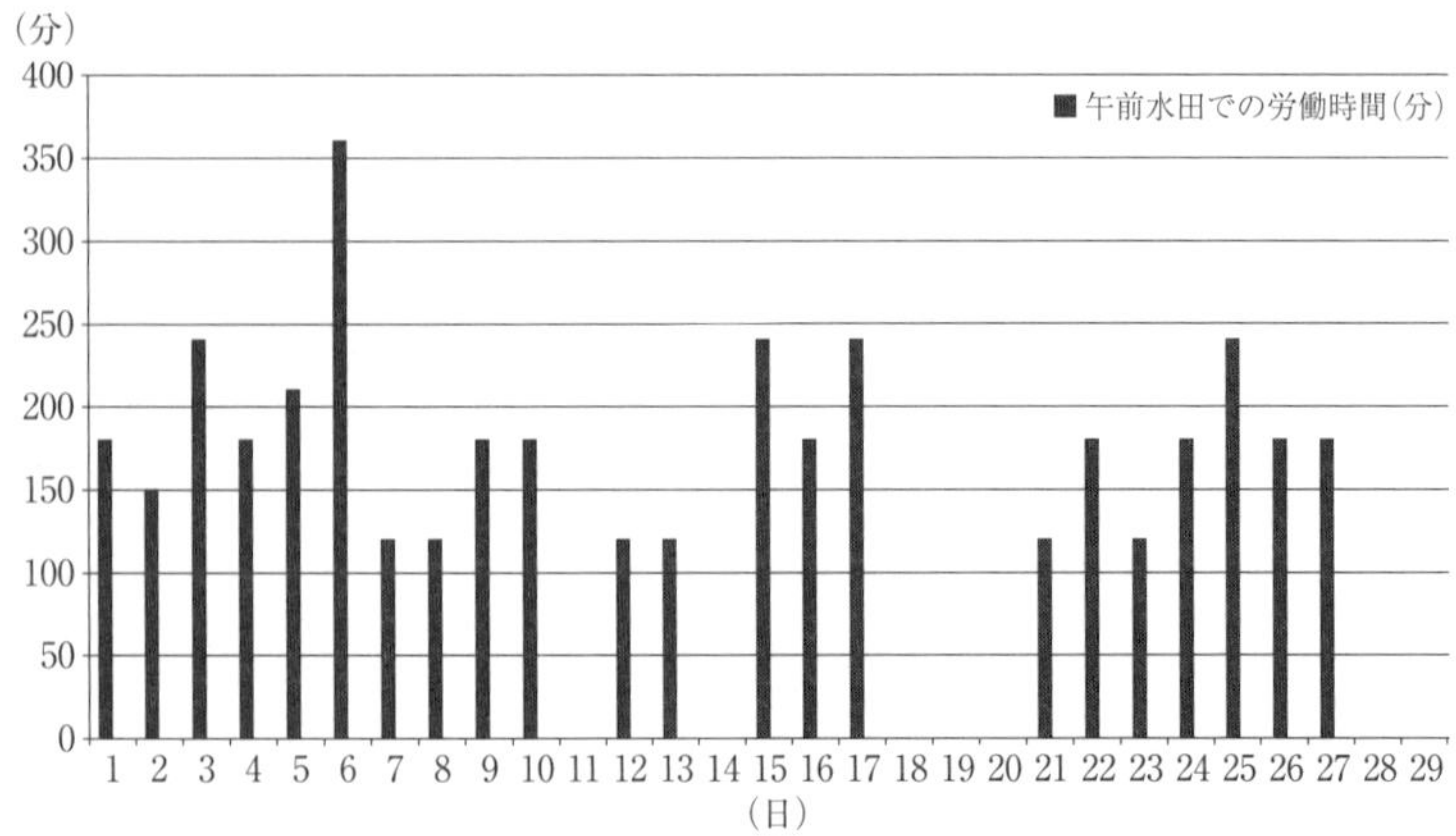

No.11　59歳（1984年2月）

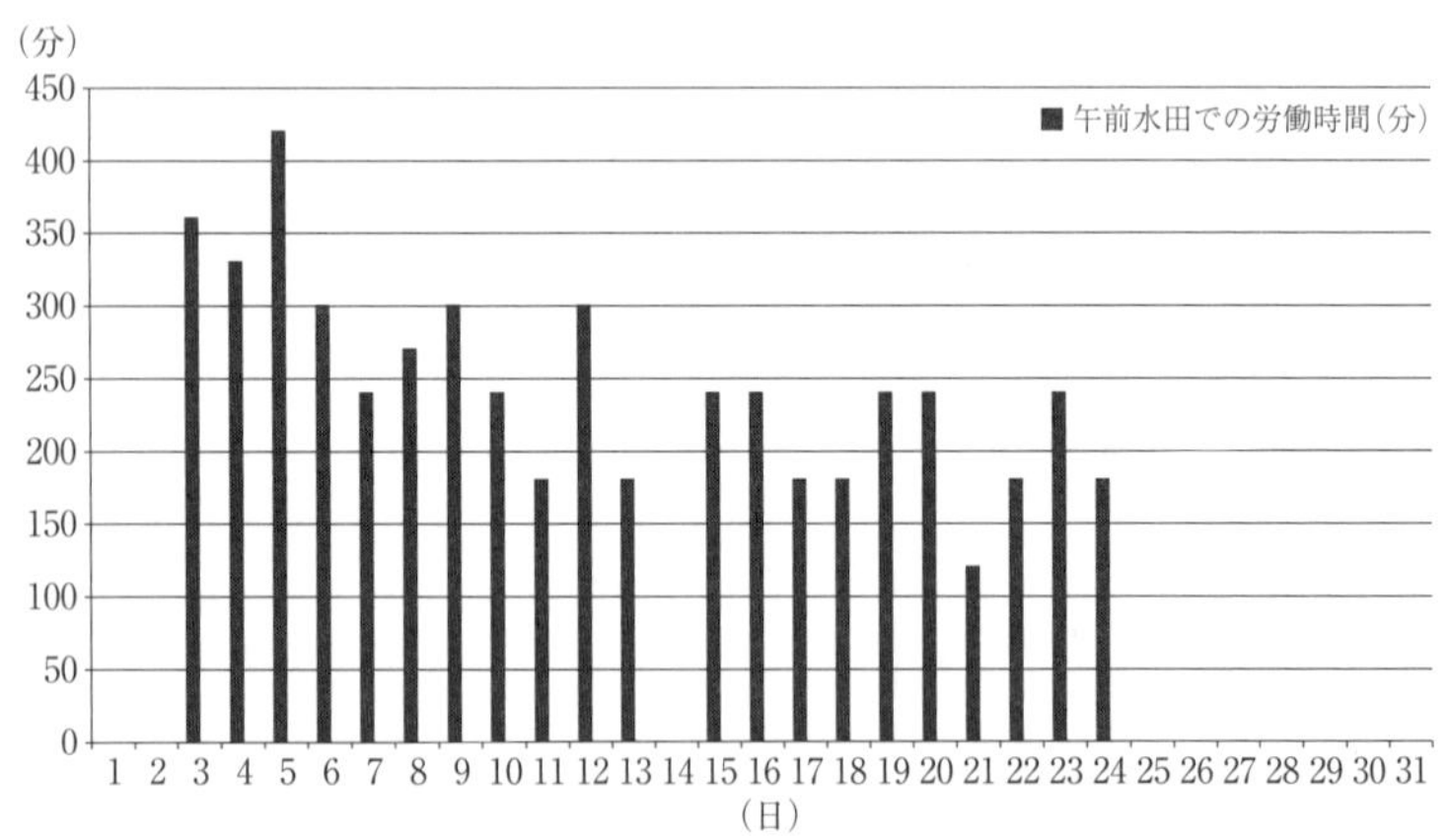

No.11　59歳（1984年3月）

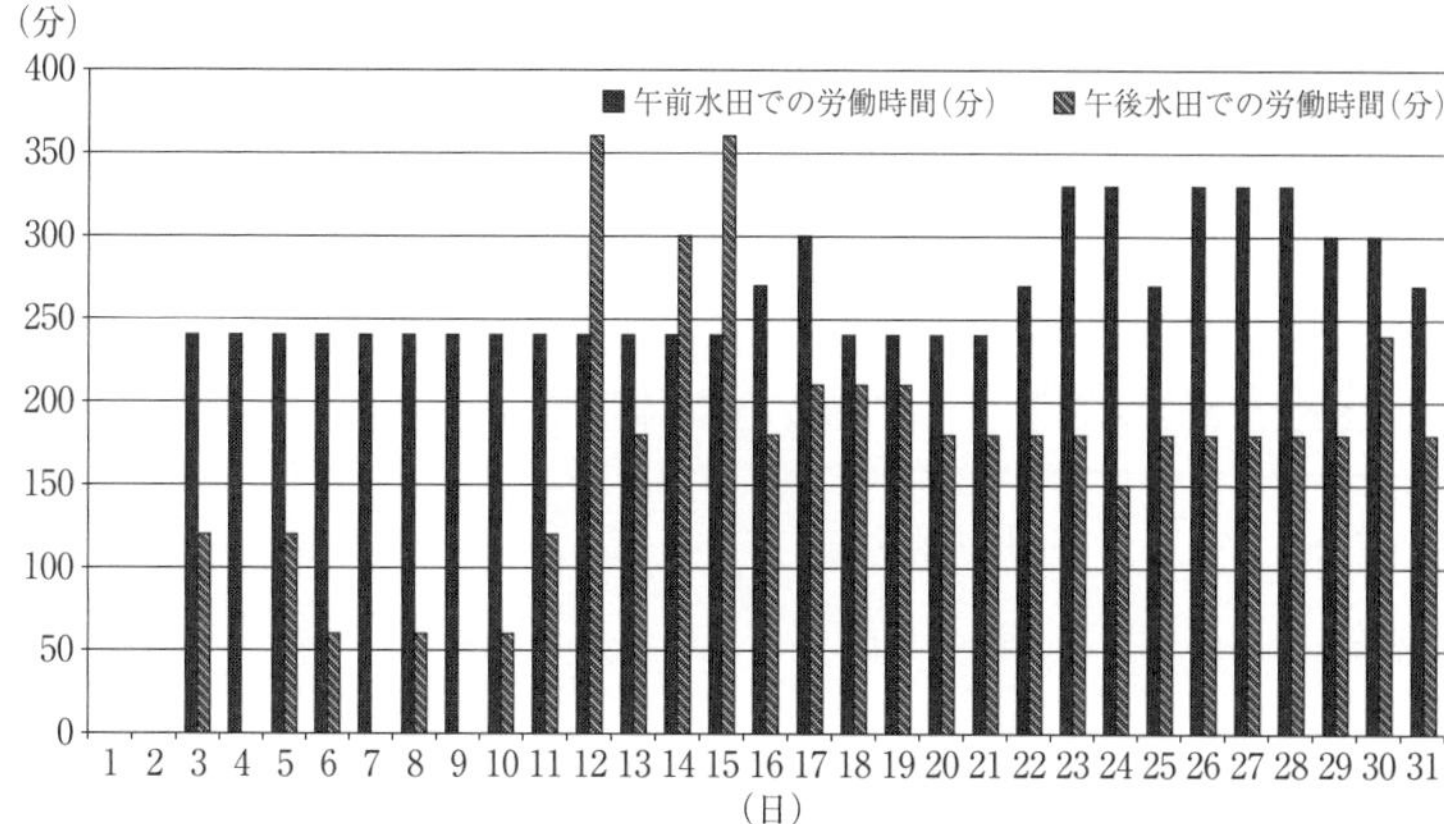

No.12 61歳（1983年10月）

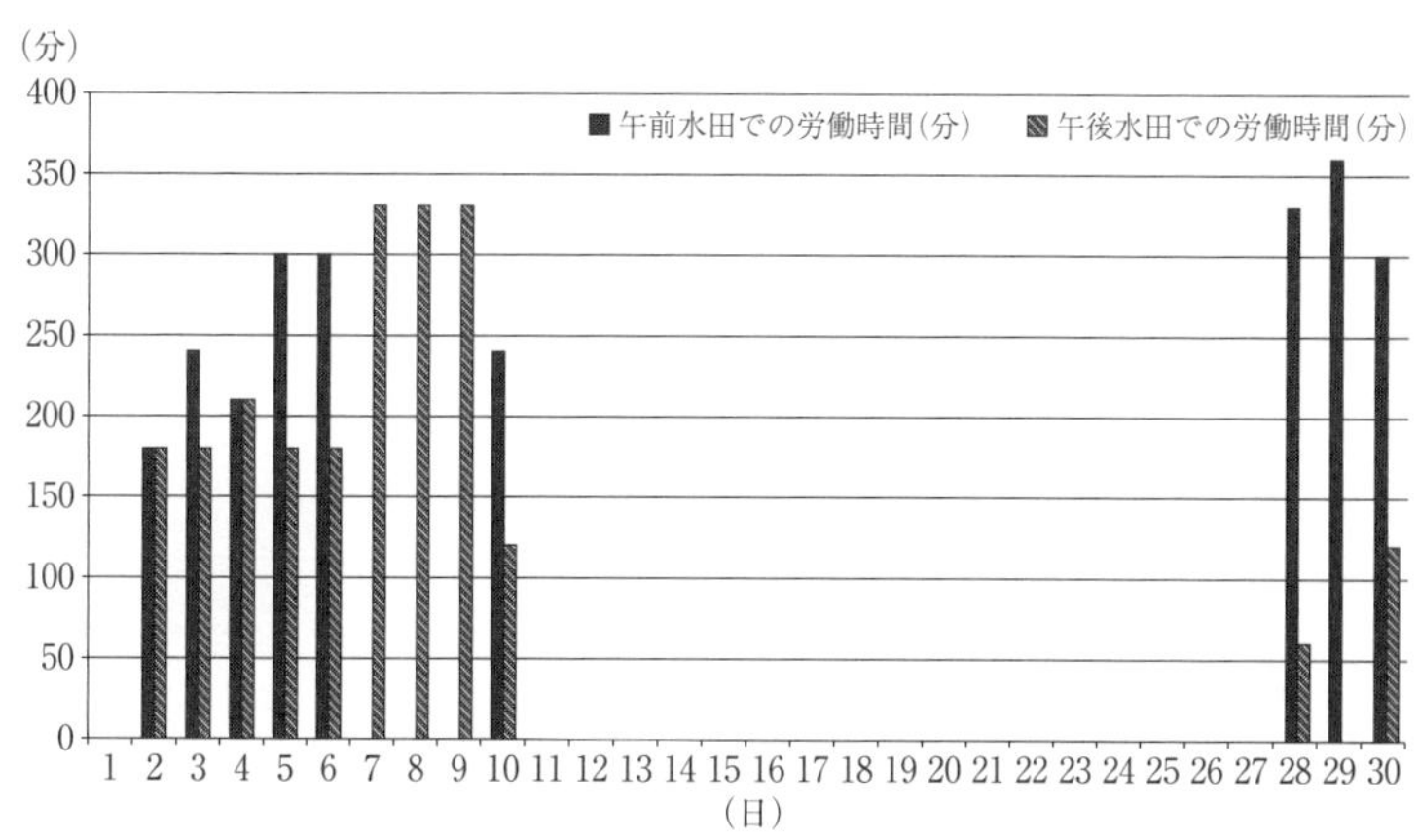

No.12 61歳（1983年11月）

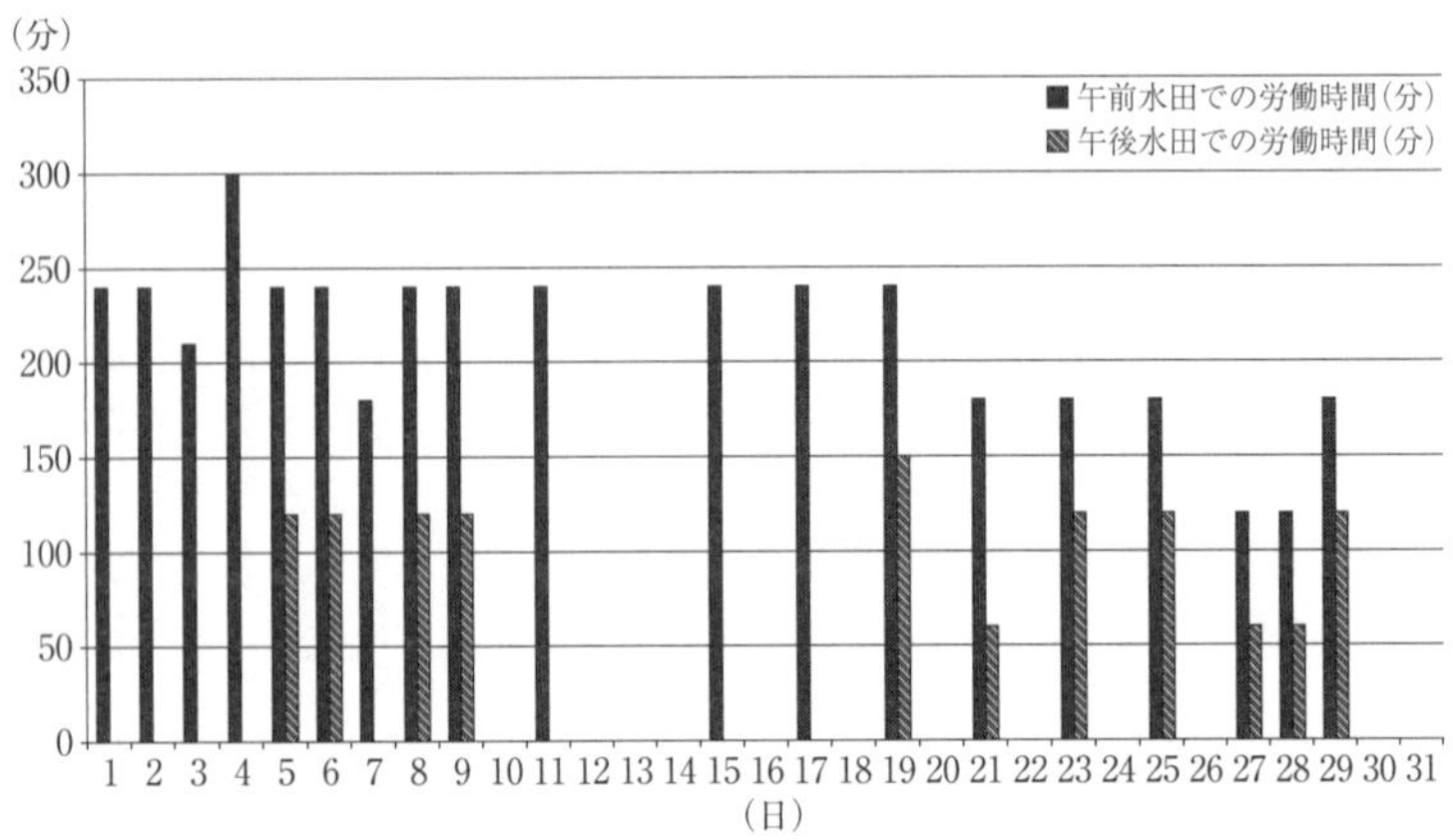

No.12　61歳（1983年12月）

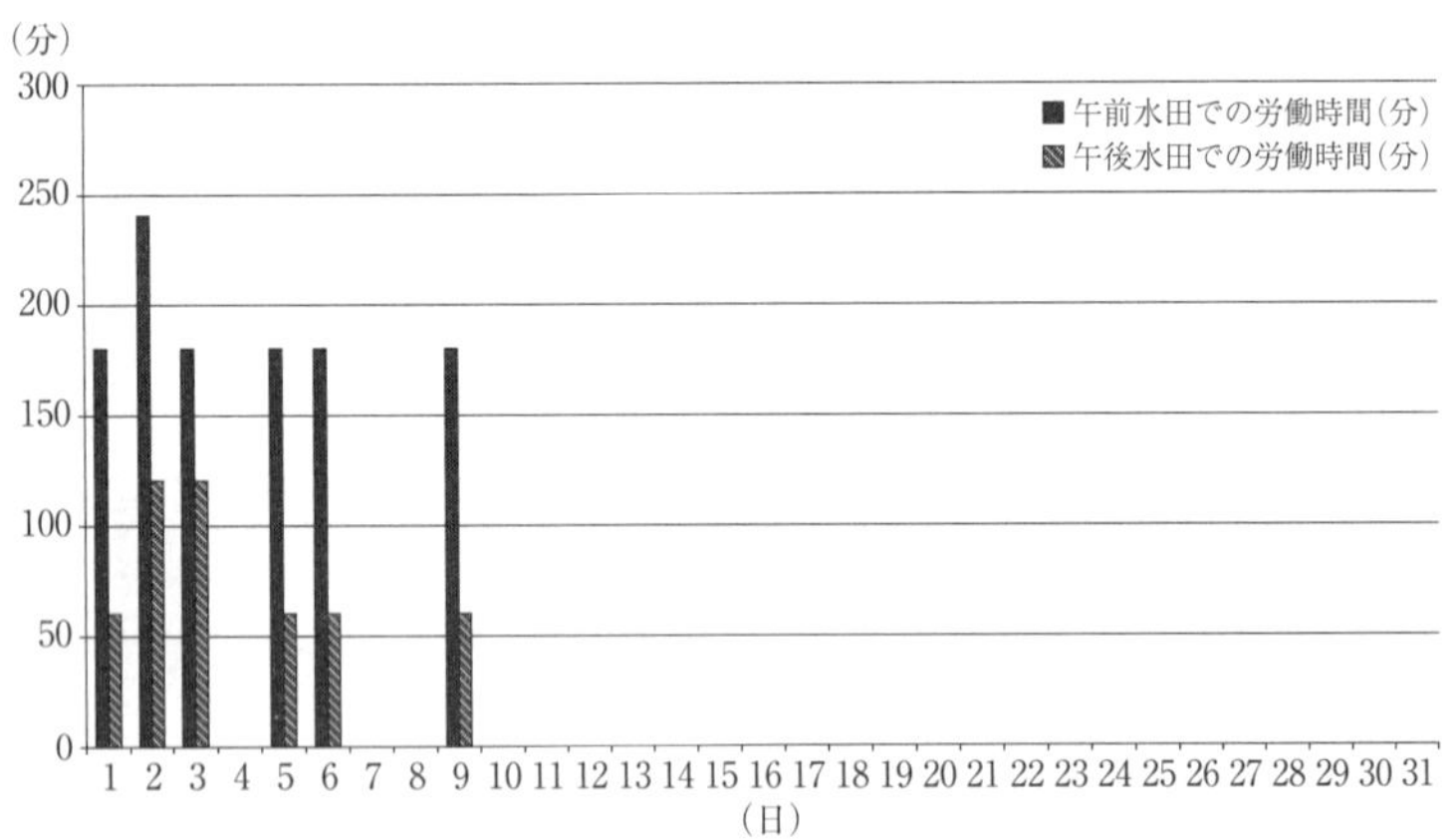

No.12　61歳（1984年1月）

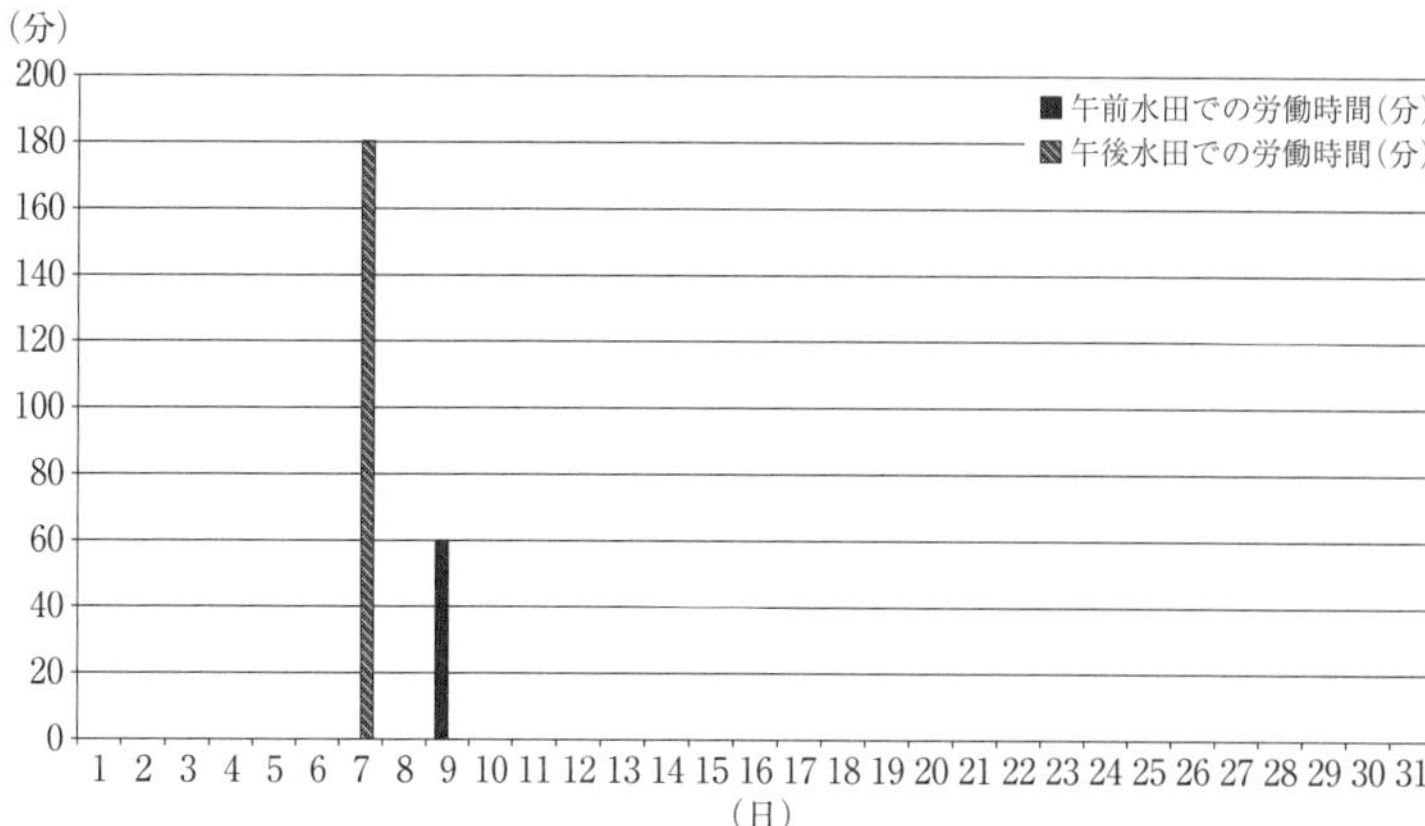

No.12　61 歳（1984 年 3 月）

【著者】板垣明美（いたがき・あけみ）
一九八五年筑波大学大学院環境科学研究科修士課程修了（学術修士）、一九九三年筑波大学大学院歴史・人類学研究科博士課程単位取得退学。博士（文学）。
横浜市立大学都市社会文化研究科准教授。
主要著書に『癒しと呪いの人類学』（二〇〇三年、春風社）、『ヴェトナム――変化する医療と儀礼』（編著、二〇〇八年、春風社）ほか。

ベルブファルブファルの世界――マレーシアの柔構造時間と柔構造社会

二〇二四年六月一八日　初版発行

著者　板垣明美　いたがき あけみ

発行者　三浦衛
発行所　春風社　Shumpusha Publishing Co., Ltd.
横浜市西区紅葉ヶ丘五三　横浜市教育会館三階
〈電話〉〇四五・二六一・三一六八　〈FAX〉〇四五・二六一・三一六九
〈振替〉〇〇二〇〇・一・三七五二四
http://www.shumpu.com　✉ info@shumpu.com

装丁　矢萩多聞
挿画　越野世帆里
印刷・製本　シナノ書籍印刷株式会社
乱丁・落丁本は送料小社負担でお取り替えいたします。

ISBN 978-4-86110-920-1 C0039 ¥3000E